“基于工作过程的项目化教学”

新税制创新教材

Practical Tutorials for Corporate Tax Positions

企业纳税岗位实务实用教程

胡爱萍 主编

龙 欢 胡跃清 副主编

夏赛连 张 琛 谢淑芳 赵艳娥 参编

肖淑兰 主审

东北财经大学出版社 Dongbei University of Finance & Economics Press 大连

图书在版编目（CIP）数据

企业纳税岗位实务实用教程 / 胡爱萍主编. —大连 ：东北财经大学出版社，2020.8
（“基于工作过程的项目化教学”新税制创新教材）
ISBN 978-7-5654-3866-0

Ⅰ. 企…　Ⅱ. 胡…　Ⅲ. 企业-纳税-中国-高等职业教育-教材
Ⅳ. F279.235.4

中国版本图书馆CIP数据核字（2020）第077510号

东北财经大学出版社出版
（大连市黑石礁尖山街217号　邮政编码　116025）
网　　址：http：//www.dufep.cn
读者信箱：dufep@dufe.edu.cn
大连图腾彩色印刷有限公司印刷　　东北财经大学出版社发行

幅面尺寸：185mm×260mm　字数：503千字　印张：21.25　插页：1
2020年8月第1版　　2020年8月第1次印刷

责任编辑：包利华　　责任校对：冯　群
封面设计：冀贵收　　版式设计：冀贵收

定价：48.00元

教学支持　售后服务　　联系电话：（0411）84710309

如有印装质量问题，请联系营销部：（0411）84710711

税收政策牵动着一个国家的经济命脉，直接影响相关纳税人的权益。随着税制改革的深入，税收法规的变动相当频繁。企业涉税业务变得愈加复杂，企业的涉税工作愈加受到企业的重视。培养"会计税、会报税、会缴税"、适合信息时代市场需求的高技能应用型人才，才能符合高职高专和应用型本科人才培养目标的要求。因此，编者带领编写团队（均来自教学第一线，老中青结合，其中含教授2人、副教授3人、注册会计师2人、高级会计师1人）依据最新税收法律法规和会计准则的规定，结合教学研究和税务实务经验编写了这本《企业纳税岗位实务实用教程》。

本教材以具体企业纳税流程为主线，共分为11个项目，对现行税种进行了全面的阐述。与同类教材相比，本教材具有如下特色：

第一，内容具有时代性，方法接地气。本教材是依据高等职业院校和应用型本科人才培养目标编写的，融税收法律、法规和会计核算为一体的综合性教材，由于与办税员业务岗位直接对接，本教材实用性、操作性很强。通过学习，使学生熟练掌握税法基础理论、应纳税额的计算与账务处理的基本方法，熟悉申报流程，具备处理涉税业务的基本技能和办税能力，具备基本的分析和利用税务信息的职业能力，使学生的岗位适应能力与操作技能达到专业上岗标准。本教材内容为编者多年企业实际工作和教学、科研工作之经验之谈，接地气。写作内容紧跟国家财税制度改革的步伐，新税制改革的具体内容截至2020年7月30日，具有时代性。

第二，本教材立足中小企业税务岗位业务内容的定位与设计，体例论证严密，呈现形式逼真、做学合一。每个项目以典型岗位任务为引领，强调 "学中做"，以完成具体税种纳税岗位操作能力为目标，理论与实践相结合，通俗与实用并存，符合高职高专和应用型本科学生就业方向与就业岗位需求，立足"岗位环境、职业需求、仿真设计、信息技术"来设计内容，适用好用。

第三，课程内容定位准确。根据财经类专业（会计、审计、财税等）的人才培养目标及各专业特点，财经类专业学生学习税务知识的目的，使学生具备从事会计专业相关职业岗位所必需的税务登记、税款计算、纳税申报、税款缴纳、会计处理等相关的税收知识和技能，并具备必要的行业基本职业素质。

第四，课程教学资源网络化。为方便学生自主学习和教师授课，超星学习通中配备"纳税实务"课程网页，并配备了丰富的教学资源，如授课计划、课程标准、授课PPT以及课程授课录屏、习题、答案与模拟测试等，且随时更新和补充。

本教材内容的设计，以就业为导向，以能力培养为宗旨，根据能力本位的教学需要，着力体现教、学、做"一体化"的原则。

本教材由胡爱萍（教授/高级会计师）任主编，负责全书修改，并总纂定稿；龙欢、胡跃清任副主编。具体编写人员及分工如下：湖南交通职业技术学院胡爱萍编写项目1、项目2、项目8；湖南信息科学职业学院龙欢编写项目3、项目6；湖南信息科学职业学院胡跃清编写项目5；湖南信息科学职业学院赵艳娥编写项目11；湖南交通职业技术学院夏赛连编写项目4；湖南交通职业技术学院张琛编写项目7；湖南生物机电职业技术学院谢淑芳编写项目9、项目10。全书由湖南生物机电职业技术学院肖淑兰主审。

编　者

2020年8月

Contents

目录

项目 1

企业纳税岗位基础工作准备

01

【典型工作任务】

企业财务部门一般设有出纳岗位、往来结算岗位、纳税岗位、材料物资岗位、成本核算岗位、固定资产岗位、资本核算岗位、财务主管岗位等。作为企业的纳税岗位会计人员，你必须明确自身岗位职责，熟悉国家现行税制体系，会划分企业的类型，会判断企业在不同环节应缴纳的税种；要为企业计税、报税，还要进行涉税业务的会计核算。一个精明的纳税岗位会计人员，既要懂税法、会会计，还要努力降低企业的纳税成本，规避税务风险，追求企业的最大税收利益。

【岗位工作能力】

1. 具有办理纳税事宜必备的基本税收知识；

2. 能识记税收征管范围，认知纳税人的权利与义务；

3. 能根据企业纳税员岗位职责定位应完成的办税工作。

任务 1.1　税收法律制度认知

一、税收和税收法律关系

国家为履行其职能需要，必须有一定的财力、物力作保障。从古到今，国家取得财政收入的形式多种多样，如生产收入、债务收入、罚没收入等，但使用时间最长、运用范围最广、积累财政资金最为有效的则是税收这种财政分配形式。目前，世界上许多国家的税收收入占财政收入的比重达90%以上，有的甚至高达95%以上。因此，税收是财政收入的一种最主要的形式。然而国家为了保证财政收入的及时性、稳定性，就必须通过税收立法，以法律的形式来规定纳税主体履行纳税义务的具体项目、数额和纳税程序，惩治偷逃税款的行为。可见，税收与税法有着必然的联系。

1. 税收与税法

（1）税收的概念。

税收是国家为行使其职能并满足社会公共需要，凭借其政治权力，运用法律手段，按照法定标准，向社会成员强制、无偿征收而取得财政收入的一种形式。税收凭借的是国家政治权力来参与社会剩余产品分配。税收具有组织收入和调节经济两个主要职能。对于这一概念，可以从以下几个方面加以把握：

❶税收是财政收入的一种形式。

❷税收的目的是国家实现其职能的需要。

❸税收的主体包括征税主体和纳税主体两个方面。征税主体即指国家；纳税主体即指纳税单位和个人。

❹税收课征的对象是社会产品，但不是全部社会产品，而只是社会总产品扣除补偿生产过程中消耗掉的价值部分以后的余额，即社会新创造的国民收入。

❺征税依据是国家政治权力。

❻税收属于分配范畴。

（2）税收的基本特征。

所谓税收的基本特征，就是税收作为一种特定的分配关系所固有的特点。它是税收本质的外在体现，是税收区别于其他财政收入范畴的形式界定。税收这种方式与国家取得财政收入的其他方式相比，在形式上具有三个基本特征，即无偿性、强制性和固定性，习惯上称之为税收“三性”。

❶税收的无偿性。税收的无偿性，是指国家取得税收不需要向缴纳的单位和个人付出任何代价。

❷税收的强制性。税收的强制性，是指国家依靠政治权力强制征税，具体来讲，是指在国家税法规定的范围内，任何单位和个人都必须依法纳税，否则就要受到法律的制裁。

❸税收的固定性。税收的固定性，是指课税对象和征收数额之间的数量比例，通过法律形式预先加以规定，征纳双方都必须共同遵守。

（3）税法。

所谓税法，是指由国家制定的，用以调整国家与纳税人之间在征、纳税方面权利与义务关系的法律规范的总称。它是国家及纳税人依法征税、依法纳税的行为准则。从立法过程来看，税法属于制定法。

总之，税收是税法所确定的内容，而税法是税收的存在形式。税法是经济法极为重要的组成部分，是征税机关依法征税、纳税人依法纳税的行为规范。

【同步思考1-1】富兰克林有一句富有哲理的名言：人一生下来有两件事不可避免，一是死亡，二是缴税。试分析其含义。

【同步思考1-2】ABC公司是当地的纳税大户，该公司向税务机关申请税收折扣，但遭到税务机关的拒绝。试分析税务机关的拒绝有无道理。

2.税收法律关系

税收法律关系是指由税法所确认和调整的国家和纳税人之间的税收征纳权利、义务关系。这种关系既是税收分配关系在法律规范上的体现，也是税收征纳关系在法律上的体现。

（1）税收法律关系的构成（见表1-1）。

表1-1 税收法律关系的构成

三方面构成	内容
1.主体	（1）双主体 （2）对纳税方采用属地兼属人原则 （3）主体双方法律地位是平等的，但权利和义务不对等
2.客体	征税对象
3.内容	征、纳双方各自享有的权利和承担的义务

❶主体。税收法律关系的主体，是指在税收法律关系中依法享有权利和承担义务的当事人，主要有三类，即国家、税务机关、纳税人。按性质不同，可将其分为两类，即征税主体和纳税主体。A.征税主体是指参与税收法律关系，代表国家行使税收征管权的当事人，即国家税务机关，包括国家各级税务机关和海关。B.纳税主体是履行纳税义务的当事人，包括法人、自然人和其他组织。对这种主体的确定采用属地兼属人原则，即在华的外

国企业、组织、外籍人、无国籍人等，凡在中国境内有所得来源的，都是我国税收法律关系的主体，都应在我国纳税。不同种类的纳税主体，在税收法律关系中享有的权利和承担的义务不尽相同。

❷客体。税收法律关系的客体，是税收法律关系中各种权利和义务共同指向的对象，即征税对象，主要包括货币、实物和行为。例如，所得税法律关系的客体就是生产经营所得和其他所得；财产税法律关系的客体即是财产；流转税法律关系的客体主要包括货物、服务和劳务收入。

❸内容。税收法律关系的内容，是指税收法律关系主体所享有的权利和所承担的义务，主要包括纳税人的权利义务和征税机关的权利义务，是税法的灵魂。

【边学边做 1–1·判断题】在税收法律关系中，征纳双方法律地位的平等主要体现为双方权利与义务的对等。（　　）

【边学边做 1–2·判断题】征税人员、征税机关委托的组织和个人、税务代理人等，也是税法主体。（　　）

（2）税收法律关系的产生、变更和消灭。

税收法律关系是一种经常变更的社会关系，它会因税收法律事实的变化而产生、变更和消灭。税收法律事实可分为两类：一类是行为；另一类是事件。

❶税收法律关系因下列税收法律事实的出现而产生：国家颁布某些税收法律、法规、规章；纳税人发生了税法规定的行为或事件；新的纳税单位和个人出现等。

❷税收法律关系因下列税收法律事实而变更：修改原有税收法律；征纳税程序发生变更；纳税人的生产经营及收入情况发生变化；纳税人发生了税法规定予以减免税的特殊事件等。

❸税收法律关系因下列税收法律事实而出现暂时或永久性的消灭：纳税人依法履行了某项纳税义务；废止某项税法；课税对象或税目有了变化；纳税主体消亡，如负有纳税义务的个人死亡或纳税人破产等。

（3）税收法律关系的保护。

税收法律关系是同国家利益及企业和个人的权益相联系的。税收法律关系的保护对权利主体双方是对等的，不能只对一方保护，而对另一方不予保护。

二、税法基本要素

税法基本要素简称“税法要素”，是构成税法的基本因素，是所有完善的单行税法都共同具备的。税法要素既包括实体性的，也包括程序性的，即在税制体系中，既包括实体法也包括程序法。税法要素一般包括：

（1）纳税义务人。

纳税义务人是税法规定直接负有纳税义务的单位和个人，也称纳税主体，它规定了税款的法律承担者。纳税义务人可以是自然人，也可以是法人。

（2）征税对象。

征税对象又称课税对象，是征税的目的物，即对什么东西征税，是征税的客体，是一种税区别于另一种税的主要标志；决定着某一种税的基本征税范围，同时也决定不同税种的名称。

（3）税目。

税目是税法上规定应征税的具体项目，是征税对象的具体化，反映各税种的具体征税项目。

（4）计税依据。

计税依据是征税对象的数量化，是应纳税额计算的基础。从价计征的，以计税金额为计税依据。从量计征的，以征税对象的数量、容积、体积等为计税依据。

（5）税源。

税源，即税收的源泉。从根本上说，税源来自当年的剩余产品。税源与征税对象有时是重合的，但大多数情况下两者并不一致。征税对象只是表明对什么征税，税源则表明税收收入的来源。

【边学边做1-3·单选题】下列各项中，表述正确的是（　　）。

A.税目是区分不同税种的主要标志

B.税率是衡量税负轻重的重要标志

C.纳税人就是履行纳税义务的法人和自然人

D.征税对象就是税收法律关系中征纳双方权利义务所指的物品

（6）税率。

税率是应纳税额与征税对象数量之间的法定比例，是计算税收负担的尺度，体现课税的深度。税率是最活跃、最有力的税收杠杆，是税收制度的中心环节。按照税率的表现形式，税率可以分为以绝对量形式表示的税率和以百分比形式表示的税率。我国目前税率形式有比例税率、超额累进税率、定额税率、超率累进税率，见表1-2。

表1-2　税率使用情况表

税率形式	适用的税种
比例税率	增值税、城市维护建设税、企业所得税等
超额累进税率	个人所得税
定额税率	城镇土地使用税、车船税等
超率累进税率	土地增值税

【边学边做1-4·单选题】假定计税依据为15 000元（可以理解为非居民个人所得税中工资薪金所得的应纳税所得额），采用超额累进税率，3 000元以下的，适用税率为3%；3 000~12 000元的，适用税率为10%，12 000~25 000元的，适用税率为20%，则应纳税额为（　　）。

A.1 250元　　B.2 200元　　C.1 445元　　D.1 590元

【边学边做1-5·多选题】下列税种中，适用定额税率的有（　　）。

A.城镇土地使用税　　B.土地增值税

C.车船税　　D.资源税

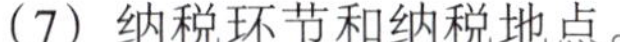

（7）纳税环节和纳税地点。

纳税环节是指按税法规定对处于不断运动中的纳税对象选定的应当征税的环节。

纳税地点是指与征纳税活动有关的各种地理位置。如纳税人的户籍所在地、居住地、营业执照（加载统一社会信用代码，下同）颁发地、生产经营所在地等。

（8）纳税时间。

纳税时间，又称为征税时间，是税务机关征税和纳税人纳税的时间范围。

（9）税收优惠。

税收优惠是指税法对某些特定的纳税人或征税对象给予的一种免除规定，它包括减免税、税收抵免等多种形式。税收优惠按照优惠目的通常可以分为照顾性优惠和鼓励性优惠两种，主要包括如下内容：

❶减税，即依据税法规定减除纳税义务人一部分应纳税款。它是对某些纳税人进行扶持或照顾，以减轻其税收负担的一种特殊规定，一般分为法定减税、特定减税和临时减税三种方式。

❷免税，即对某些特殊纳税人免征某种（或某几种）税的全部税款，一般分为法定免税、特定免税和临时免税三种方式。

❸起征点，即对征税对象开始征税的起点规定一定的数额。征税对象达到起征点的就全额征税，未达到起征点的不征税。税法对某些税种规定了起征点。

❹免征额，即按一定标准从课税对象全部数额中扣除一定的数额，扣除部分不征税，只对超过的部分征税。

（10）法律责任。

法律责任是指税收法律关系的主体（征税主体、纳税主体）因违反税收法律法规所应当承担的法律后果。违法行为是承担法律责任的前提，而法律制裁是追究法律责任的必然结果。法律制裁，习惯上又称为罚则或违章处理，是对纳税人违反税法的行为所采取的惩罚措施，它是税收强制性特征的具体体现。

【边学边做 1-6·判断题】税法规定的起征点就是对纳税对象中的一部分给予减免，只就减除后剩下的部分计征税款。（　　）

三、我国现行税制体系

税收政策牵动着一个国家的经济命脉。直接影响相关纳税人的权益。纳税是每个公民应尽的义务，因此，每一个人都应该关心税收政策的动向。

伴随着中国特色社会主义市场经济体制的建立和完善，我国税制也经历了巨大变化，我国先后于1983年、1984年实行了两步“利改税”改革，确立了国家通过税收参与国民收入分配的模式；改革开放初期，通过“利改税”和工商税制改革，我国初步建成了一套涉外税制和国内税制“双轨”并行的税制体系，“双轨制”虽则造成了内外资企业的不平等，但有利于鼓励更多的外资企业进入中国市场，扩大财源，推进了我国改革开放的深入；1994年我国进行大规模的工商税制改革，形成了工商税制的整体格局，确定了以增值税为主体的货物和劳务税制、改革了所得税制、调整了其他税收，初步建立起适应社会主义市场经济体制所必需的税制；2008年我国统一了内外资企业所得税法律制度，正式颁布的《中华人民共和国企业所得税法》营造了公平的税收环境，具有划时代的意义；2016年5月1日起，我国全部营业税纳税人纳入“营改增”试点范围，开征了66年的营业税完成了其历史使命，告别了历史舞台，至此中国税制改革迈出了关键的一步，为建立更加公平、高效的流转税制度打下了坚实的基础。

目前，我国现行的税制体系按其性质和作用可以分为以下几类：

❶流转税类，主要在生产、流通或者服务业中发挥作用，包括增值税、消费税和关税。

❷资源税类，主要对因开发和利用自然资源差异而形成的级差收入发挥调节作用，包括资源税、城镇土地使用税和土地增值税。

❸所得税类，主要对生产者的利润和个人的纯收入发挥作用，包括企业所得税和个人所得税。

❹财产和行为税类，主要对某些财产与行为发挥作用，包括房产税、车船税、印花税和契税。

❺特定目的税类，主要对特定对象和特定的行为发挥作用，包括城市维护建设税、耕地占用税、车辆购置税、船舶吨税和烟叶税。

上述17个税种中，除关税和船舶吨税由海关负责征收管理外，其他税种都由税务机关负责征收管理。

四、纳税人的权利与义务

（一）纳税人的权利

1.知情权

视频

办税程序、方式与纳税人权利、义务（上）

有权向税务机关了解国家税收法律、行政法规的规定以及与纳税程序有关的情况，包括现行税收法律、行政法规和税收政策规定；办理税收事项的时间、方式、步骤以及需要提交的资料；应纳税额核定及其他税务行政处理决定的法律依据、事实依据和计算方法；与税务机关在纳税、处罚和采取强制执行措施时发生争议或纠纷时，可以采取的法律救济途径及需要满足的条件。

视频

办税程序、方式与纳税人权利、义务（下）

2.保密权

有权要求税务机关为自己的情况保密。税务机关将依法为纳税人的商业秘密和个人隐私保密，主要包括纳税人的技术信息、经营信息和纳税人、主要投资人以及经营者不愿公开的个人事项。上述事项，如无法律、行政法规明确规定或者纳税人的许可，税务机关将不会对外部门、社会公众和其他个人提供。但根据法律规定，税收违法行为信息不属于保密范围。

3.税收监督权

对税务机关违反税收法律、行政法规的行为，如税务人员索贿受贿、徇私舞弊、玩忽职守，不征或者少征应征税款，滥用职权多征税款或者故意刁难等，可以进行检举和控告。同时，对其他纳税人的税收违法行为也有权进行检举。

4.纳税申报方式选择权

可以直接到办税服务厅办理纳税申报或者报送代扣代缴、代收代缴税款报告表，也可以按照规定采取邮寄、数据电文或者其他方式办理上述申报、报送事项。但采取邮寄或数据电文方式办理上述申报、报送事项的，需经主管税务机关批准。

纳税人如采取邮寄方式办理纳税申报，应当使用统一的纳税申报专用信封，并以邮政部门收据作为申报凭据。邮寄申报以寄出的邮戳日期为实际申报日期。

数据电文方式是指税务机关确定的电话语音、电子数据交换和网络传输等电子方式。纳税人如采用电子方式办理纳税申报，应当按照税务机关规定的期限和要求保存有关资料，并定期书面报送给税务机关。

5. 申请延期申报权

如不能按期办理纳税申报或者报送代扣代缴、代收代缴税款报告表，应当在规定的期限内向税务机关提出书面延期申请。经核准延期办理申报、报送事项的，应当在税法规定的纳税期内按照上期实际缴纳的税额或者税务机关核定的税额预缴税款，并在核准的延期内办理税款结算。

6. 申请延期缴纳税款权

如因有特殊困难，不能按期缴纳税款的，经省、自治区、直辖市税务局批准，可以延期缴纳税款，但是最长不得超过3个月。计划单列市税务局可以参照省级税务机关的批准权限，审批延期缴纳税款申请。

纳税人满足以下任何一个条件，均可以申请延期缴纳税款：❶因不可抗力，导致发生较大损失，正常生产经营活动受到较大影响的；❷当期货币资金在扣除应付职工工资、社会保险费后，不足以缴纳税款的。

7. 申请退还多缴税款权

对超过应纳税额缴纳的税款，税务机关发现后，应自发现之日起10日内办理退还手续；如纳税人自结算缴纳税款之日起3年内发现的，可以向税务机关要求退还多缴的税款并加算银行同期存款利息。税务机关应自接到纳税人退还申请之日起30日内查实并办理退还手续，涉及从国库中退库的，依照法律、行政法规有关国库管理的规定退还。

8. 依法享受税收优惠权

可以依照法律、行政法规的规定书面申请减税、免税。减税、免税的申请须经法律、行政法规规定的减税、免税审查批准机关审批。减税、免税期满，应当自期满次日起恢复纳税。减税、免税条件发生变化的，应当自发生变化之日起15日内向税务机关报告；不再符合减税、免税条件的，应当依法履行纳税义务。

如纳税人享受的税收优惠需要备案的，应当按照税收法律、行政法规和有关政策规定，及时办理事前或事后备案。

9. 委托税务代理权

有权就以下事项委托税务代理人代为办理：❶办理、变更或者注销税务登记；❷除增值税专用发票外的发票领购手续，纳税申报或扣缴税款报告，税款缴纳和申请退税，制作涉税文书，审查纳税情况，建账建制，办理财务、税务咨询，申请税务行政复议，提起税务行政诉讼以及国家税务总局规定的其他业务。

10. 陈述与申辩权

对税务机关作出的决定，享有陈述权、申辩权。如果纳税人有充分的证据证明自己的行为合法，税务机关就不得对纳税人实施行政处罚；即使纳税人的陈述或申辩不充分合理，税务机关也会解释实施行政处罚的原因，不会因申辩而加重处罚。

11. 对未出示税务检查证和税务检查通知书的拒绝检查权

税务机关派出的人员进行税务检查时，应当向纳税人出示税务检查证和税务检查通知书；对未出示税务检查证和税务检查通知书的，纳税人有权拒绝检查。

12. 税收法律救济权

对税务机关作出的决定，依法享有申请行政复议、提起行政诉讼、请求国家赔偿等权利。

纳税人、纳税担保人同税务机关在纳税上发生争议时，必须先依照税务机关的纳税决定缴纳或者解缴税款及滞纳金或者提供相应的担保，然后可以依法申请行政复议；对行政复议决定不服的，可以依法向人民法院起诉。对税务机关的处罚决定、强制执行措施或者税收保全措施不服的，可以依法申请行政复议，也可以依法向人民法院起诉。

当税务机关的职务违法行为给纳税人和其他税务当事人的合法权益造成侵害时，纳税人和其他税务当事人可以要求税务行政赔偿，主要包括：❶纳税人在限期内已缴纳税款，税务机关未立即解除税收保全措施，使纳税人的合法权益遭受损失的；❷税务机关滥用职权，违法采取税收保全措施、强制执行措施或者采取税收保全措施、强制执行措施不当，使纳税人或者纳税担保人的合法权益遭受损失的。

13.依法要求听证的权利

对纳税人作出规定金额以上罚款的行政处罚之前，税务机关会向纳税人送达“税务行政处罚事项告知书”，告知已经查明的违法事实、证据、行政处罚的法律依据和拟将给予的行政处罚。对此，纳税人有权要求举行听证。税务机关将应纳税人的要求组织听证。如纳税人认为税务机关指定的听证主持人与本案有直接利害关系，有权申请主持人回避。

对应当进行听证的案件，税务机关不组织听证，行政处罚决定则不能成立。但纳税人放弃听证权利或者被正当取消听证权利的除外。

14.索取有关税收凭证的权利

税务机关征收税款时，必须开具完税凭证。扣缴义务人代扣、代收税款时，纳税人要求扣缴义务人开具代扣、代收税款凭证时，扣缴义务人应当开具。

税务机关扣押商品、货物或者其他财产时，必须开付收据；查封商品、货物或者其他财产时，必须开付清单。

【边学边做1-7·单选题】某纳税人A于2020年8月12日领取营业执照，在办理税务登记之前，其财务人员拨打了“12366”纳税服务热线，询问办理税务登记的相关手续。税务专员向其一次性详细告知工商登记“一窗受理”“五证合一”“一照一码”登记模式的内容，并告知无须再次进行税务登记，不再领取税务登记证。这便是纳税人的（　　）。

A.监督权　　B.知情权　　C.委托代理权　　D.说明权

（二）纳税人的义务

1.依法进行税务登记的义务

应当自领取营业执照之日起30日内，持有关证件，向税务机关申报办理税务登记。税务登记主要包括领取营业执照（或统一社会信用代码证）后的设立登记，税务登记内容发生变化后的变更登记，依法申请停业、复业登记，依法终止纳税义务的注销登记等。

值得注意的是：2015年9月10日，国家税务总局发布《国家税务总局关于落实“三证合一”登记制度改革的通知》；同年10月1日起，在全面实施工商营业执照、组织机构代码证、税务登记证“三证合一”登记制度改革基础上，再将社会保险登记证和统计登记证整合为“五证合一”登记制度。新设立的企业和农民专业合作社领取相关主管部门核发的加载有法人和其他组织统一社会信用代码的营业执照后，无须再次进行税务登记、领取证照。由“一个窗口”受理的申请资料和登记信息，在部门间共享、互认，其他必要涉税信息在纳税人办理有关事宜时及时采集，陆续补充。信息发生变化的，由纳税人直接向税务机关申报变更，但发生注销登记的，必须先向税务机关申报清税。

2.依法设置账簿、保管账簿和有关资料以及依法开具、使用、取得和保管发票的义务

应当按照有关法律、行政法规和国务院财政、税务主管部门的规定设置账簿，根据合法、有效的凭证记账，进行核算；从事生产、经营的，必须按照国务院财政、税务主管部门规定的保管期限保管账簿、记账凭证、完税凭证及其他有关资料；账簿、记账凭证、完税凭证及其他有关资料不得伪造、变造或者擅自损毁。

此外，纳税人在购销商品、提供或者接受经营服务以及从事其他经营活动时，应当依法开具、使用、取得和保管发票。

3.财务会计制度和会计核算软件备案的义务

纳税人的财务、会计制度或者财务、会计处理办法和会计核算软件，应当报送税务机关备案。纳税人的财务、会计制度或者财务、会计处理办法与国务院或者国务院财政、税务主管部门的有关税收规定相抵触的，应依照国务院或者国务院财政、税务主管部门的有关税收规定计算应纳税款、代扣代缴和代收代缴税款。

4.按照规定安装、使用税控装置的义务

国家根据税收征收管理的需要，积极推广使用税控装置。纳税人应当按照规定安装、使用税控装置，不得损毁或者擅自改动税控装置。纳税人未按规定安装、使用税控装置，或者损毁、擅自改动税控装置的，税务机关将责令限期改正，并可根据情节轻重处以规定数额内的罚款。

5.按时、如实申报的义务

必须依照法律、行政法规规定或者税务机关依照法律、行政法规的规定确定的申报期限、申报内容如实办理纳税申报，报送纳税申报表、财务会计报表以及税务机关根据实际需要要求报送的其他纳税资料。

扣缴义务人，必须依照法律、行政法规规定或者税务机关依照法律、行政法规的规定确定的申报期限、申报内容如实报送代扣代缴、代收代缴税款报告表以及税务机关根据实际需要要求报送的其他有关资料。

纳税人即使在纳税期内没有应纳税款，也应当按照规定办理纳税申报。享受减税、免税待遇的，在减税、免税期间应当按照规定办理纳税申报。

6.按时缴纳税款的义务

应当按照法律、行政法规规定或者税务机关依照法律、行政法规的规定确定的期限，缴纳或者解缴税款。

未按照规定期限缴纳税款或者未按照规定期限解缴税款的，税务机关除责令限期缴纳外，从滞纳税款之日起，按日加收滞纳税款0.5‰的滞纳金。

7.代扣、代收税款的义务

按照法律、行政法规规定负有代扣代缴、代收代缴税款义务的，必须依照法律、行政法规的规定履行代扣、代收税款的义务。依法履行代扣、代收税款义务的，纳税人不得拒绝；纳税人拒绝的，应当及时报告税务机关处理。

8.接受依法检查的义务

有接受税务机关依法进行税务检查的义务，应主动配合税务机关按法定程序进行的税务检查，如实地反映自己的生产经营情况和执行财务制度的情况，并按有关规定提供报表

和资料，不得隐瞒和弄虚作假，不能阻挠、刁难税务机关的检查和监督。

9.及时提供信息的义务

除通过税务登记和纳税申报向税务机关提供与纳税有关的信息外，还应及时提供其他信息。如有歇业、经营情况变化、遭受各种灾害等特殊情况的，应及时向税务机关说明，以便税务机关依法妥善处理。

10.报告其他涉税信息的义务

为了保障国家税收能够及时、足额征收入库，税收法律还规定了纳税人有义务向税务机关报告如下涉税信息：

❶有义务就与关联企业之间的业务往来，向当地税务机关提供有关的价格、费用标准等资料。

有欠税情形而以财产设定抵押、质押的，应当向抵押权人、质权人说明欠税情况。

❷企业合并、分立的报告义务。纳税人有合并、分立情形的，应当向税务机关报告，并依法缴清税款。合并时未缴清税款的，应当由合并后的纳税人继续履行未履行的纳税义务；分立时未缴清税款的，分立后的纳税人对未履行的纳税义务应当承担连带责任。

❸报告全部银行账号中的义务。纳税人从事生产、经营，应当按照国家有关规定，持税务登记证件（或营业执照），在银行或者其他金融机构开立基本存款账户和其他存款账户，并自开立基本存款账户或者其他存款账户之日起15日内，向主管税务机关书面报告全部银行账户；账户发生变化的，应当自变化之日起15日内，向主管税务机关书面报告。

❹处分大额财产报告的义务。纳税人的欠缴税款数额在5万元以上的，在处分不动产或者大额资产之前，应当向税务机关报告。

【边学边做1-8·单选题】某税务局在日常管理中发现，B公司在银行开设了3个账户，除基本存款账户外，其余账户未向税务机关报告。对于未按规定报告银行账户的事实，该税务局责令其在10日内向税务机关报告全部银行账户，并对B公司处以罚款。该税务局的行为（　　）。

A.不合法，因为损害了纳税人的保密权

B.合法，纳税人有报告其他涉税信息的义务

任务1.2　企业纳税岗位工作认知

一、纳税会计的对象

纳税会计的对象即纳税会计核算监督的内容。凡是企业在生产经营过程中能够用货币表现的各种税务活动，都是企业纳税会计核算和监督的内容。其主要包括：

1.税基

税基，即课税的基础，或者称为计税的依据（征税依据）。如流转税的税基是流转额。

2.税款的计算与核算

对于每一税种，应纳税额的计算是企业纳税会计核算和监督的基本内容，它要求企业按照税收相关法律法规进行计算，并按照纳税会计的核算方法进行核算。

3.税款的缴纳、退补和减免

纳税人必须按照税法规定及时进行纳税事项的处理，并按税法规定的纳税期限、纳税环节及纳税地点进行纳税申报及缴纳税款。同时，如果已纳税款超过应纳的税款，依照法律、行政法规及有关国库管理的规定，纳税人可以申请退还。

纳税人进行经营活动，如果出现税法规定的减免税情形，可以依照法律、行政法规的规定书面申请减税和免税。

4.税收滞纳金和罚款

按税法规定，及时足额上缴税款是企业作为纳税人应尽的义务。纳税人如果由于各种原因逾期缴纳税款或违反税法规定未及时足额上缴税款，就必须按照税法规定缴纳税收滞纳金或接受税收罚款。

二、纳税会计的任务与核算方法

（一）纳税会计的任务

❶正确计算应缴税款，维护纳税人的合法权益，并进行正确的会计处理；

❷按照税法的规定，合理、及时、足额地缴纳各种税款，并进行相应的会计处理；

❸发挥会计监督和税务监督的作用，促进企业正确处理分配关系；

❹正确编制、及时报送纳税申报表和会计报表，认真执行税务机关的审查意见；

❺进行企业税务活动的财务分析，改善经营管理，调节产品结构，提高经济效益。

（二）纳税会计的核算方法

纳税会计是财务会计中的一个专门处理会计收益与应税收益之间差异的会计程序，其目的在于协调财务与税收之间的关系，保证财务报告充分揭示真实的会计信息。纳税会计使用财务会计中所使用的一系列会计方法。平时纳税会计人员只需按照会计准则、会计制度进行会计处理，只有当财务会计的处理与税法（或税收，下同）规定不一致时，才按税法规定进行计算和调整。因此，纳税会计并非另起炉灶，另设一套账簿、凭证、报表，而是在此基础上进行纳税计算与调整。

三、纳税会计核算科目

纳税会计核算的主要会计科目设置，是按会计核算中使用的会计科目分类的。会计科目内容可分为销售税金、费用性税金、资本性税金、所得税及增值税等。销售税金在销售过程中实现，按销售收入或数量计税并作为营业利润的减项，在“税金及附加”科目中核算，如消费税、城市维护建设税、资源税等；费用性税金在生产经营过程中发生，也统一记入“税金及附加”科目中，如房产税、印花税、城镇土地使用税等；资本性税金在投资活动中发生，应计入资本价值，如契税、耕地占用税等。对净利润来说，所得税是费用性税金，通过“所得税费用”科目核算；而增值税是价外税，其会计核算具有特殊性。

在日常经营活动中，企业应主要设置“应交税费”“税金及附加”等科目进行涉税经济业务的会计核算。

1.“应交税费”科目

本科目属于负债类科目，用来核算企业按照税法规定计算应缴纳的各种税费，可按应缴纳的税费项目进行明细核算。企业按照税法规定计算的应交增值税、消费税、企业所得税、资源税、土地增值税、城市维护建设税、房产税、城镇土地使用税、车船税、教育费附加等记入本科目的贷方；企业实际缴纳的各项税费，记入本科目的借方。本科目期末若为贷方余额，反映企业应交而尚未缴纳的税费；期末若为借方余额，反映企业多交或尚未抵扣的税费。值得注意的是，企业代扣代缴的个人所得税等，也通过本科目核算。

2.“税金及附加”科目

本科目属于损益类科目，用来核算企业经营活动中发生的消费税、城市维护建设税、资源税和教育费附加、房产税、车船税、城镇土地使用税、印花税等相关税费。企业按规定计算确定的与经营活动相关的税费，借记本科目，贷记“应交税费”科目。期末，应将本科目余额转入“本年利润”科目，结转后本科目无余额。

此外，企业还应根据所交税费的具体业务，设置“所得税费用”等科目。

四、涉税业务会计核算的依据

1.应纳税凭证

应纳税凭证是确定本期应纳、已纳和未纳税费，以及是否正确计算应纳税费的记账依据，如“消费税纳税申报表”是贷记“应交税费”科目的原始依据。

2.完税凭证

完税凭证是全面反映税收征纳情况的书面文件，既是纳税单位和个人履行纳税义务的合法凭证，又是税务机关进行税收会计和统计核算、监督的原始凭证，同时也是国库收纳国家预算收入的凭证。税务机关在征收税款的过程中向纳税人依法开具完税凭证，对于正确贯彻执行国家的税收政策，保证国家财政收入及时足额入库，维护纳税人的合法权益，都有重要意义。以往全国税务系统启用5种纸质税收票证，分别为：税收缴款书（税务收现专用）、税收缴款书（代扣代收专用）、印花税票销售凭证、税收完税证明（表格式）、税收完税证明（文书式）。除印花税票销售凭证不作完税凭证用外，其他4种票证均可作完税凭证用；除税收完税证明（文书式）不作纳税人记账用外，其他4种票证均可作记账用。其中，税收缴款书、印花税票销售凭证为手写和计算机通用票证；税收完税证明为计算机打印票证，手写无效。随着“互联网+”的普及，完税凭证逐渐会采用电子税务局开具的电子完税凭证。如自2019年1月1日起，纳税人申请开具税款所属期为2019年1月1日（含）以后的个人所得税缴（退）税情况证明的，税务机关不再开具税收完税证明（文书式），纳税人可以通过电子税务局开具“纳税记录”。

五、企业纳税会计的具体工作

1.税务登记

税务登记是税务机关根据税法规定对纳税人的生产、经营活动进行登记并据此对纳税人实施税务管理的一种基本制度。它的意义在于：有利于税务机关了解纳税人的基本情况，掌握税源，加强征收与管理，防止漏管漏征；建立税务机关与纳税人之间正常的工作联系，强化税收政策和法规的宣传，增强纳税意识等。

税务登记又称为纳税登记，它是税务机关对纳税人实施税收管理的首要环节和基础工作。税务登记分为开业税务登记、变更税务登记、注销税务登记和停业、复业登记。

2.领购和使用发票

发票，是指在购销商品、提供或者接受服务以及从事其他经营活动中，开具、收取的收、付款凭证。纳税人领取加载有统一社会信用代码的营业执照后，应携带有关证件向主管税务机关申请领购发票。主管税务机关根据纳税人税收风险程度、纳税信用级别和实际经营情况，合理确定发票领用数量和最高开票限额，及时做好发票发放工作。

3.涉税业务会计核算

企业的涉税业务是一项操作性很强的业务。在企业涉税业务的处理过程中，既要熟悉相关业务的会计处理方法，又要按照税法的规定，依法进行纳税调整，并准确无误地填写纳税申报表，才能正确、合法地进行纳税申报与税款缴纳。

4.计算各税种应纳税额，填制纳税申报表

从事企业税收实务工作时，应当熟悉国家最新税收政策，确定企业需缴纳哪些税种。企业在开始生产经营后，要根据日常涉税业务会计核算资料，按照纳税义务发生时间，整理涉税资料，根据税收政策正确计算每个税种应纳的税额，并填制纳税申报表。

5.进行纳税申报并进行相应账务处理

纳税申报是纳税人按照税法规定的期限和内容，向税务机关提交有关纳税事项书面报告的法律行为，是纳税人履行纳税义务、界定纳税人法律责任的主要依据。纳税申报的对象为纳税人和扣缴义务人。纳税人、扣缴义务人要依照法律、行政法规或者税务机关的规定确定的申报期限，如实办理纳税申报。

6.缴纳税款，并进行相应账务处理

企业应按照税法规定，按时缴纳税款，并正确进行会计处理。

在办理具体纳税工作的同时，还必须不定期地进行企业纳税自检，分析企业经济活动，及时规避税务风险，在依法纳税的同时，合理进行税务筹划活动，以减少税收负担，获取企业经济利益。

【职业基础能力训练】

一、单项选择题

1.税收是国家财政收入的主要形式，国家征税凭借的是（　　）。

A.国家权力　　B.政治权力　　C.行政权力　　D.财产权利

2.税收的三个固有特征为（　　）。

A.广泛性、强制性、政策性　　B.政策性、强制性、无偿性

C.无偿性、固定性、强制性　　D.无偿性、自觉性、灵活性

3.以下不属于纳税义务人的权利的是（　　）。

A.申请延期申报权　　B.保密权　　C.委托税务代理权　　D.按时、如实申报

4.纳税人是指（　　）的单位和个人。

A.最终负担税款　　B.直接负有纳税义务

C.代收代缴税款　　D.向税务机关交纳税款

5.税法构成要素中，用以区别不同税种的标志是（　　）。

A.征税对象　　B.税目　　C.纳税环节　　D.纳税人

6.目前我国大多数税种的税率实行（　　）。

A.定额税率　　B.比例税率　　C.复合税率　　D.累进税率

7.税收负担可以转嫁的税，称为（　　）。

A.价内税　　B.间接税　　C.直接税　　D.从价税

8.纳税会计是以（　　）为准绳。

A.国家税收法律制度　　B.会计制度

C.会计准则　　D.公司法与合同法

9.纳税人是税法规定直接负有纳税义务的单位和个人，也称（　　）。

A.纳税主体　　B.纳税客体　　C.征税主体　　D.征税客体

10.（　　）是指税法规定的对应纳税额的全部免征。

A.免税　　B.减税　　C.减率　　D.减额

11.（　　）是纳税人发生纳税义务后向国家缴纳税款的法定期限。

A.纳税地点　　B.纳税期限　　C.减免税期限　　D.纳税环节

12.税务机关将依法为纳税人的商业秘密和个人隐私保密，但纳税人的（　　）不属于保密范围。

A.技术信息　　B.税收违法行为信息

C.经营信息　　D.主要投资人以及经营者不愿公开的个人事项

二、多项选择题

1.下列税种中，属于流转税的是（　　）。

A.消费税　　B.关税　　C.增值税　　D.土地增值税

2.税率主要有（　　）3种类型。

A.比例税率　　B.累进税率　　C.定额税率　　D.零税率

3.税收的“三性”包括（　　）。

A.强制性　　B.无偿性　　C.有偿性　　D.固定性

4.记入利润表中“税金及附加”的税金有（　　）。

A.增值税　　B.房产税　　C.城镇土地使用税　　D.印花税

5.下列各项中，属于纳税人或扣缴义务人的权利的有（　　）。

A.知情权　　B.保密权　　C.税收监督权　　D.申请延期申报权

6.企业税收实务的具体工作内容包括（　　）。

A.税务登记　　B.应纳税额的计算　　C.进行纳税申报　　D.税款的缴纳

7.纳税会计的任务包括（　　）。

A.正确计算应缴税款，及时进行会计处理

B.按照税法的规定，合理、及时、足额缴纳各种税款，并进行相应会计处理

C.发挥会计监督和税务监督的作用，促进企业正确处理分配关系

D.正确、及时报送会计报表和纳税申报表，认真执行税务机关的审查意见

E.进行企业税务活动的财务分析，改善经营管理，调节产品结构，提高经济效益

8.征税对象分为（　　）。

A.流转额　　B.所得额　　C.自然资源　　D.财产　　E.行为

9.以计税依据为标准，税收可以分为（　　）。

A.直接税　　B.间接税　　C.从价税　　D.从量税

10.在我国税收法律关系中，征税主体一方是代表国家行使征税权的国家机关，主要包括（　　）。

A.税务机关　　B.中国人民银行　　C.海关　　D.企业主管部门

11.税法构成要素中，（　　）是基本要素。

A.纳税义务人　　B.征税对象　　C.纳税期限　　D.税率

12.国家税务主管机关的权力有（　　）。

A.制定税收法律　　B.依法征税　　C.进行税务检查　　D.对违章者进行处罚

三、判断题

1.企业纳税会计的方法与一般财务会计的方法是不同的。（　　）

2.依法纳税是每个企业和公民应尽的义务。（　　）

3.企业纳税会计不应执行企业会计制度、会计准则所规定的会计科目，而是执行独立的会计科目。

（　　）

4.企业在对会计要素进行计量时，一般应当采用公允价值而非历史成本。（　　）

5.企业税收实务工作资料的真实性，没有必要接受税务机关的检查监督。 （ ）

6.企业只有在领取营业执照之后，才能到指定的税务机关购买各种与业务相关的发票。 （ ）

7 企业办税人员不仅必须熟悉和掌握税法知识，还必须掌握必要的会计知识。 （ ）

8.企业进行涉税会计业务核算时应设置“应交税费”科目。 （ ）

9.纳税会计在核算和监督企业的纳税活动时，必须以税法为依据。 （ ）

10.“税金及附加”科目核算企业应纳的增值税、消费税、城市维护建设税、资源税、土地增值税和教育费附加等的计提情况。 （ ）

【职业技能专项训练】

为了熟悉企业纳税工作，做好上岗前准备。组织学生到校外实习基地进行参观，号召学生利用课余时间走进工厂、企业、办税大厅，与企业会计人员及税务干部座谈，熟悉国家税收相关政策与一般企业具体纳税事项。举办一场以“如何当好一名办税员”为题的办税员岗位模拟竞聘会。

项目 2
企业增值税实务

02

【典型工作任务】

1. 企业申请认定为一般纳税人的办理工作；

2. 企业具体纳税人的判定，征税对象的确定，适用税率的选择以及增值税优惠政策的运用；

3. 企业计税销售额的确定，一般计税方式下，当期销项税额与当期进项税额、当期应纳税额的计算；

4. 企业采用简易计税方式下，小规模纳税人当期应纳增值税额的计算；

5. 企业涉税业务凭证的填制、账簿的登记工作；

6. 企业增值税纳税申报表以及相关附表的填制与报送工作。

【岗位工作能力】

1. 会判断企业哪些业务应当征收增值税，会选择企业具体涉税业务适用的税率和计税方式。

2. 能根据业务资料计算一般纳税人企业的销项税额、进项税额和应纳的增值税额；会计算小规模纳税人应纳的增值税额。

3. 能根据业务资料进行一般纳税人和小规模纳税人企业增值税业务的会计核算。

4. 能根据业务资料准确填报增值税一般纳税人和小规模纳税人的纳税申报表，并能进行增值税网上申报工作。

任务 2.1　增值税基本法律内容认知

增值税是以增值额为征税对象而征收的一种流转税。现增值税税收收入占我国全部税收收入近40%，是我国第一大税种。1993年12月13日，国务院发布了《中华人民共和国增值税暂行条例》（简称《增值税暂行条例》），在全国范围内实施规范的增值税制。2009年1月1日起，全国全面推行增值税转型改革，实行消费型增值税。为了进一步完善增值税，消除重复征税，自2016年5月1日起，在全国范围内全面推开“营改增”试点，以往营业税纳税单位由缴纳营业税改为缴纳增值税。2019年以来推出了一系列增值税优惠政策（包括税率下调、加计抵减、国内旅客运输服务纳入抵扣范围、不动产一次性抵扣、小微企业普惠性税收优惠等深化增值税改革），推进增值税实质性减税的相关政策，以及重点领域、重点群体等优惠政策。

视频

全面深化增值税改革

一、增值税的概念

增值税是以销售货物、提供劳务或者发生应税行为过程中实现的增值额为征税对象而征收的一种流转税。增值税按对外购固定资产处理方式的不同，可划分为生产型增值税、收入型增值税和消费型增值税。

❶生产型增值税，是指计算增值税时，不允许扣除外购固定资产的价款，作为课税基数的法定增值额除包括纳税人新创造的价值外，还包括当期计入成本的外购固定资产价款部分。

❷收入型增值税，是指计算增值税时，对外购固定资产价款只允许扣除当期计入产品

价值的折旧费部分。

❸消费型增值税，是指计算增值税时，允许将当期购入的固定资产价款一次性全部扣除。

增值税属于流转税，既有流转税的一般特点，也有其自身的特点：

❶税基广阔，逐环节征税，具有征收的普遍性和连续性。从生产经营的横向来看，无论是工商业还是服务等行业，只要有增值额就要纳税；从生产经营的纵向来看，货物销售或劳务提供和服务行为的发生无论经过多少环节，都要按各环节发生的增值额纳税。

❷不重复征税，具有税收中性的特征。增值税虽然环环征税，但是每个环节仅仅就其增值的部分征税，并未造成重复征税的问题。所谓“税收中性”，是指税收对经济行为（包括企业生产决策、生产组织形式等）不产生影响，由市场对资源配置发挥基础性、主导性作用。政府在建立税制时，以不干扰经营者的投资决策和消费者的消费选择为原则。

❸实行价外税。税收负担随应税商品、劳务和服务的流转而向购买者转嫁，最后由最终消费者承担，因此增值税属于间接税。最终消费者是全部税款的承担者。

❹简化税率。我国增值税纳税人分为一般纳税人和小规模纳税人两种类型，均实行比例税率。无论是不同的行业、不同的企业，还是不同的产品，对增值税都采用单一比例税率，以贯彻征收简便、易行的原则。

二、增值税的纳税义务人

根据《增值税暂行条例》的规定，在中华人民共和国境内销售货物或者提供加工、修理修配劳务（以下简称劳务），销售服务、无形资产、不动产以及进口货物的单位和个人，为增值税的纳税义务人。

其中，单位是指企业、行政单位、事业单位、军事单位、社会团体及其他单位；个人是指个体工商户和其他个人。

单位以承包、承租、挂靠方式经营的，承包人、承租人、挂靠人（以下统称承包人）以发包人、出租人、被挂靠人（以下统称发包人）名义对外经营并由发包人承担相关法律责任的，以该发包人为纳税人。否则，以承包人为纳税人。

以上增值税纳税义务人按其经营规模及会计核算健全与否可划分为一般纳税人或小规模纳税人。

与增值税纳税义务人相对应的是增值税的扣缴义务人。增值税的扣缴义务人是指我国境外的单位或者个人在境内提供应税服务，在境内未设有经营机构的，以其代理人为增值税扣缴义务人；在境内没有代理人的，以接受方为增值税扣缴义务人。这是税收源泉控税的一个手段。

三、增值税的征税范围

根据《增值税暂行条例》的规定，增值税的征税范围为在中华人民共和国境内销售货物、进口货物及提供加工、修理修配劳务和销售服务、无形资产或者不动产等行为。

（一）销售或进口的货物

货物是指有形动产，包括电力、热力和气体在内，不包括不动产和无形资产。销售货物是指有偿转让货物的所有权，也就是从购买方取得货币、货物或其他经济利益等转让货物所有权的行为，包括生产、批发、零售和进口各个环节的销售。

（二）提供应税劳务

提供应税劳务是指有偿提供加工、修理修配劳务。

加工是指受托加工货物，即委托方提供原料与主要材料，受托方按照委托方的要求制造货物并收取加工费用的业务。

修理修配是指受托对损伤和丧失功能的货物进行修复，使其恢复原状和功能的业务。

【边学边做2-1·多选题】根据我国现行增值税相关规定，纳税人提供的下列劳务中，应当缴纳增值税的有（　　）。

A.汽车的租赁　　B.汽车的修理

C.房屋的修缮　　D.受托加工白酒

（三）销售服务、无形资产或者不动产（以下称应税行为）

销售服务、无形资产或者不动产是指在我国境内有偿提供应税服务、有偿转让无形资产或不动产。但属于下列非经营活动的情形除外：❶行政单位收取的同时满足条件的政府性基金或者行政事业性收费；❷单位或者个体工商户聘用的员工为本单位或者雇主提供取得工资的服务；❸单位或者个体工商户为聘用的员工提供服务；❹财政部和国家税务总局规定的其他情形。

1.销售服务

销售服务，是指提供交通运输服务、邮政服务、电信服务、建筑服务、金融服务、现代服务和生活服务的行为。

（1）交通运输服务。

交通运输服务，是指利用运输工具将货物或者旅客送达目的地，使其空间位置得到转移的业务活动，包括陆路运输服务、水路运输服务、航空运输服务和管道运输服务。

❶陆路运输服务。

陆路运输服务，是指通过陆路（地上或者地下）运送货物或者旅客的运输业务活动，包括铁路运输服务和其他陆路运输服务。

a.铁路运输服务，是指通过铁路运送货物或者旅客的运输业务活动。

b.其他陆路运输服务，是指铁路运输以外的陆路运输业务活动，包括公路运输、缆车运输、索道运输、地铁运输、城市轻轨运输等。

出租车公司向使用本公司自有出租车的出租车司机收取的管理费用，按照陆路运输服务缴纳增值税。

❷水路运输服务。

水路运输服务，是指通过江、河、湖、川等天然、人工水道或者海洋航道运送货物或者旅客的运输业务活动。

水路运输的程租、期租业务，属于水路运输服务。

程租业务，是指运输企业为租船人完成某一特定航次的运输任务并收取租赁费的业务。

期租业务，是指运输企业将配备有操作人员的船舶承租给他人使用一定期限，承租期内听候承租方调遣，不论是否经营，均按天向承租方收取租赁费，发生的固定费用均由船东负担的业务。

❸航空运输服务。

航空运输服务，是指通过空中航线运送货物或者旅客的运输业务活动。

航空运输的湿租业务，属于航空运输服务。

湿租业务，是指航空运输企业将配备有机组人员的飞机承租给他人使用一定期限，承租期内听候承租方调遣，不论是否经营，均按一定标准向承租方收取租赁费，发生的固定费用均由承租方承担的业务。

航天运输服务，按照航空运输服务缴纳增值税。

航天运输服务，是指利用火箭等载体将卫星、空间探测器等空间飞行器发射到空间轨道的业务活动。

❹管道运输服务。

管道运输服务，是指通过管道设施输送气体、液体、固体物质的运输业务活动。

无运输工具承运业务，按照交通运输服务缴纳增值税。

无运输工具承运业务，是指经营者以承运人身份与托运人签订运输服务合同，收取运费并承担承运人责任，然后委托实际承运人完成运输服务的经营活动。

（2）邮政服务。

邮政服务，是指中国邮政集团公司及其所属邮政企业提供邮件寄递、邮政汇兑和机要通信等邮政基本服务的业务活动，包括邮政普遍服务、邮政特殊服务和其他邮政服务。

❶邮政普遍服务。

邮政普遍服务，是指函件、包裹等邮件寄递，以及邮票发行、报刊发行和邮政汇兑等业务活动。

函件，是指信函、印刷品、邮资封片卡、无名址函件和邮政小包等。

包裹，是指按照封装上的名址递送给特定个人或者单位的独立封装的物品，其重量不超过50千克，任何一边的尺寸不超过150厘米，长、宽、高合计不超过300厘米。

❷邮政特殊服务。

邮政特殊服务，是指义务兵平常信函、机要通信、盲人读物和革命烈士遗物的寄递等业务活动。

❸其他邮政服务。

其他邮政服务，是指邮册等邮品销售、邮政代理等业务活动。

（3）电信服务。

电信服务，是指利用有线、无线的电磁系统或者光电系统等各种通信网络资源，提供语音通话服务，传送、发射、接收或者应用图像、短信等电子数据和信息的业务活动，包括基础电信服务和增值电信服务。

❶基础电信服务。

基础电信服务，是指利用固网、移动网、卫星、互联网，提供语音通话服务的业务活动，以及出租或者出售带宽、波长等网络元素的业务活动。

❷增值电信服务。

增值电信服务，是指利用固网、移动网、卫星、互联网、有线电视网络，提供短信和彩信服务、电子数据和信息的传输及应用服务、互联网接入服务等业务活动。

卫星电视信号落地转接服务，按照增值电信服务缴纳增值税。

（4）建筑服务。

建筑服务，是指各类建筑物、构筑物及其附属设施的建造、修缮、装饰，线路、管道、设备、设施等的安装以及其他工程作业的业务活动，包括工程服务、安装服务、修缮服务、装饰服务和其他建筑服务。

❶工程服务。

工程服务，是指新建、改建各种建筑物、构筑物的工程作业，包括与建筑物相连的各种设备或者支柱、操作平台的安装或者装设工程作业，以及各种窑炉和金属结构工程作业。

❷安装服务。

安装服务，是指生产设备、动力设备、起重设备、运输设备、传动设备、医疗实验设备以及其他各种设备、设施的装配、安置工程作业，包括与被安装设备相连的工作台、梯子、栏杆的装设工程作业，以及被安装设备的绝缘、防腐、保温、油漆等工程作业。

固定电话、有线电视、宽带、水、电、燃气、暖气等经营者向用户收取的安装费、初装费、开户费、扩容费以及类似收费，按照安装服务缴纳增值税。

❸修缮服务

修缮服务，是指对建筑物、构筑物进行修补、加固、养护、改善，使之恢复原来的使用价值或者延长其使用期限的工程作业。

❹装饰服务。

装饰服务，是指对建筑物、构筑物进行修饰装修，使之美观或者具有特定用途的工程作业。

❺其他建筑服务。

其他建筑服务，是指上列工程作业之外的各种工程作业服务，如钻井（打井）、拆除建筑物或者构筑物、平整土地、园林绿化、疏浚（不包括航道疏浚）、建筑物平移、搭脚手架、爆破、矿山穿孔、表面附着物（包括岩层、土层、沙层等）剥离和清理等工程作业。

（5）金融服务。

金融服务，是指经营金融保险的业务活动，包括贷款服务、直接收费金融服务、保险服务和金融商品转让。

❶贷款服务。

a. 贷款，是指将资金贷与他人使用而取得利息收入的业务活动。

各种占用、拆借资金取得的收入，包括金融商品持有期间（含到期）利息（保本收益、报酬、资金占用费、补偿金等）收入、信用卡透支利息收入、买入返售金融商品利息收入、融资融券收取的利息收入，以及融资性售后回租、押汇、罚息、票据贴现、转贷等业务取得的利息及利息性质的收入，按照贷款服务缴纳增值税。

b. 融资性售后回租，是指承租方以融资为目的，将资产出售给从事融资性售后回租业务的企业后，从事融资性售后回租业务的企业将该资产出租给承租方的业务活动。

以货币资金投资收取的固定利润或者保底利润，按照贷款服务缴纳增值税。

❷直接收费金融服务。

直接收费金融服务，是指为货币资金融通及其他金融业务提供相关服务并且收取费用的业务活动，包括提供货币兑换、账户管理、电子银行、信用卡、信用证、财务担保、资产管理、信托管理、基金管理、金融交易场所（平台）管理、资金结算、资金清算、金融支付等服务。

❸保险服务。

保险服务，是指投保人根据合同约定，向保险人支付保险费，保险人对合同约定的可能发生的事故因其发生所造成的财产损失承担赔偿保险金责任，或者当被保险人死亡、伤残、疾病或者达到合同约定的年龄、期限等条件时承担给付保险金责任的商业保险行为，包括人身保险服务和财产保险服务。

a.人身保险服务，是指以人的寿命和身体为保险标的的保险业务活动。

b.财产保险服务，是指以财产及其有关利益为保险标的的保险业务活动。

❹金融商品转让。

a.金融商品转让，是指转让外汇、有价证券、非货物期货和其他金融商品所有权的业务活动。

b.其他金融商品转让包括基金、信托、理财产品等各类资产管理产品和各种金融衍生品的转让。

（6）现代服务。

现代服务，是指围绕制造业、文化产业、现代物流产业等提供技术性、知识性服务的业务活动，包括研发和技术服务、信息技术服务、文化创意服务、物流辅助服务、租赁服务、鉴证咨询服务、广播影视服务、商务辅助服务和其他现代服务。

❶研发和技术服务。

研发和技术服务，包括研发服务、合同能源管理服务、工程勘察勘探服务、专业技术服务。

a.研发服务，也称技术开发服务，是指就新技术、新产品、新工艺或者新材料及其系统进行研究与试验开发的业务活动。

b.合同能源管理服务，是指节能服务公司与用能单位以契约形式约定节能目标，节能服务公司提供必要的服务，用能单位以节能效果支付节能服务公司投入及其合理报酬的业务活动。

c.工程勘察勘探服务，是指在采矿、工程施工前后，对地形、地质构造、地下资源蕴藏情况进行实地调查的业务活动。

d.专业技术服务，是指气象服务、地震服务、海洋服务、测绘服务、城市规划、环境与生态监测服务等专项技术服务。

❷信息技术服务。

信息技术服务，是指利用计算机、通信网络等技术对信息进行生产、收集、处理、加工、存储、运输、检索和利用，并提供信息服务的业务活动，包括软件服务、电路设计及测试服务、信息系统服务、业务流程管理服务和信息系统增值服务。

a.软件服务，是指提供软件开发服务、软件维护服务、软件测试服务的业务活动。

b.电路设计及测试服务，是指提供集成电路和电子电路产品设计、测试及相关技术支持服务的业务活动。

c.信息系统服务，是指提供信息系统集成、网络管理、网站内容维护、桌面管理与维护、信息系统应用、基础信息技术管理平台整合、信息技术基础设施管理、数据中心、托管中心、信息安全服务、在线杀毒、虚拟主机等业务活动，包括网站对非自有的网络游戏提供的网络运营服务。

d.业务流程管理服务，是指依托信息技术提供的人力资源管理、财务经济管理、审计管理、税务管理、物流信息管理、经营信息管理和呼叫中心等服务的活动。

e.信息系统增值服务，是指利用信息系统资源为用户附加提供的信息技术服务，包括数据处理、分析和整合、数据库管理、数据备份、数据存储、容灾服务、电子商务平台等。

❸文化创意服务。

文化创意服务，包括设计服务、知识产权服务、广告服务和会议展览服务。

a.设计服务，是指把计划、规划、设想通过文字、语言、图画、声音、视觉等形式传递出来的业务活动，包括工业设计、内部管理设计、业务运作设计、供应链设计、造型设计、服装设计、环境设计、平面设计、包装设计、动漫设计、网游设计、展示设计、网站设计、机械设计、工程设计、广告设计、创意策划、文印晒图等。

b.知识产权服务，是指处理知识产权事务的业务活动，包括对专利、商标、著作权、软件、集成电路布图设计的登记、鉴定、评估、认证、检索服务。

c.广告服务，是指利用图书、报纸、杂志、广播、电视、电影、幻灯、路牌、招贴、橱窗、霓虹灯、灯箱、互联网等各种形式为客户的商品、经营服务项目、文体节目或者通告、声明等委托事项进行宣传和提供相关服务的业务活动，包括广告代理和广告的发布、播映、宣传、展示等。

d.会议展览服务，是指为商品流通、促销、展示、经贸洽谈、民间交流、企业沟通、国际往来等举办或者组织安排的各类展览和会议的业务活动。

❹物流辅助服务。

物流辅助服务，包括航空服务、港口码头服务、货运客运场站服务、打捞救助服务、装卸搬运服务、仓储服务和收派服务。

A.航空服务，包括航空地面服务和通用航空服务。

a.航空地面服务，是指航空公司、飞机场、民航管理局、航站等向在境内航行或者在境内机场停留的境内外飞机或者其他飞行器提供的导航等劳务性地面服务的业务活动，包括旅客安全检查服务、停机坪管理服务、机场候机厅管理服务、飞机清洗消毒服务、空中飞行管理服务、飞机起降服务、飞行通讯服务、地面信号服务、飞机安全服务、飞机跑道管理服务、空中交通管理服务等。

b.通用航空服务，是指为专业工作提供飞行服务的业务活动，包括航空摄影、航空培训、航空测量、航空勘探、航空护林、航空吊挂播撒、航空降雨、航空气象探测、航空海洋监测、航空科学实验等。

B.港口码头服务，是指港务船舶调度服务、船舶通信服务、航道管理服务、航道疏浚服务、灯塔管理服务、航标管理服务、船舶引航服务、理货服务、系解缆服务、停泊和移泊服务、海上船舶溢油清除服务、水上交通管理服务、船只专业清洗消毒检测服务和防止船只漏油服务等为船只提供服务的业务活动。

港口设施经营人收取的港口设施保安费按照港口码头服务缴纳增值税。

C.货运客运场站服务，是指货运客运场站提供货物配载服务、运输组织服务、中转换乘服务、车辆调度服务、票务服务、货物打包整理服务、铁路线路使用服务、加挂铁路客车服务、铁路行包专列发送服务、铁路到达和中转服务、铁路车辆编解服务、车辆挂运服务、铁路接触网服务、铁路机车牵引服务等业务活动。

D.打捞救助服务，是指提供船舶人员救助、船舶财产救助、水上救助和沉船沉物打捞服务的业务活动。

E.装卸搬运服务，是指使用装卸搬运工具或者人力、畜力将货物在运输工具之间、装卸现场之间或者运输工具与装卸现场之间进行装卸和搬运的业务活动。

F.仓储服务，是指利用仓库、货场或者其他场所代客贮放、保管货物的业务活动。

G.收派服务，是指接受寄件人委托，在承诺的时限内完成函件和包裹的收件、分拣、派送服务的业务活动。

a.收件服务，是指从寄件人收取函件和包裹，并运送到服务提供方同城的集散中心的业务活动。

b.分拣服务，是指服务提供方在其集散中心对函件和包裹进行归类、分发的业务活动。

派送服务，是指服务提供方从其集散中心将函件和包裹送达同城的收件人的业务活动。

❺租赁服务。

租赁服务，包括融资租赁服务和经营租赁服务。

A.融资租赁服务，是指具有融资性质和所有权转移特点的租赁活动。即出租人根据承租人所要求的规格、型号、性能等条件购入有形动产或者不动产租赁给承租人，合同期内租赁物所有权属于出租人，承租人只拥有使用权，合同期满付清租金后，承租人有权按照残值购入租赁物，以拥有其所有权。不论出租人是否将租赁物销售给承租人，均属于融资租赁。

按照标的物的不同，融资租赁服务可分为有形动产融资租赁服务和不动产融资租赁服务。

融资性售后回租不按照本税目缴纳增值税。

B.经营租赁服务，是指在约定时间内将有形动产或者不动产转让给他人使用且租赁物所有权不变更的业务活动。

按照标的物的不同，经营租赁服务可分为有形动产经营租赁服务和不动产经营租赁服务。

将建筑物、构筑物等不动产或者飞机、车辆等有形动产的广告位出租给其他单位或者个人用于发布广告，按照经营租赁服务缴纳增值税。

车辆停放服务、道路通行服务（包括过路费、过桥费、过闸费等）等按照不动产经营租赁服务缴纳增值税。

水路运输的光租业务、航空运输的干租业务，属于经营租赁服务。

a.光租业务，是指运输企业将船舶在约定的时间内出租给他人使用，不配备操作人员，不承担运输过程中发生的各项费用，只收取固定租赁费的业务活动。

b.干租业务，是指航空运输企业将飞机在约定的时间内出租给他人使用，不配备机组人员，不承担运输过程中发生的各项费用，只收取固定租赁费的业务活动。

❻鉴证咨询服务。

鉴证咨询服务，包括认证服务、鉴证服务和咨询服务。

a.认证服务，是指具有专业资质的单位利用检测、检验、计量等技术，证明产品、服务、管理体系符合相关技术规范、相关技术规范的强制性要求或者标准的业务活动。

b.鉴证服务，是指具有专业资质的单位受托对相关事项进行鉴证，发表具有证明力的意见的业务活动，包括会计鉴证、税务鉴证、法律鉴证、职业技能鉴定、工程造价鉴证、工程监理、资产评估、环境评估、房地产土地评估、建筑图纸审核、医疗事故鉴定等。

c.咨询服务，是指提供信息、建议、策划、顾问等服务的活动，包括金融、软件、技术、财务、税收、法律、内部管理、业务运作、流程管理、健康等方面的咨询。

翻译服务和市场调查服务按照咨询服务缴纳增值税。

⑦广播影视服务。

广播影视服务，包括广播影视节目（作品）的制作服务、发行服务和播映（含放映，下同）服务。

a.广播影视节目（作品）制作服务，是指进行专题（特别节目）、专栏、综艺、体育、动画片、广播剧、电视剧、电影等广播影视节目和作品制作的服务，具体包括与广播影视节目和作品相关的策划、采编、拍摄、录音、音视频文字图片素材制作，场景布置，后期的剪辑、翻译（编译）、字幕制作，片头、片尾、片花制作，特效制作，影片修复，编目和确权等业务活动。

b.广播影视节目（作品）发行服务，是指以分账、买断、委托等方式，向影院、电台、电视台、网站等单位和个人发行广播影视节目（作品）以及转让体育赛事等活动的报道及播映权的业务活动。

c.广播影视节目（作品）播映服务，是指在影院、剧院、录像厅及其他场所播映广播影视节目（作品），以及通过电台、电视台、卫星通信、互联网、有线电视等无线或者有线装置播映广播影视节目（作品）的业务活动。

⑧商务辅助服务。

商务辅助服务，包括企业管理服务、经纪代理服务、人力资源服务、安全保护服务。

a.企业管理服务，是指提供总部管理、投资与资产管理、市场管理、物业管理、日常综合管理等服务的业务活动。

b.经纪代理服务，是指各类经纪、中介、代理服务，包括金融代理、知识产权代理、货物运输代理、代理报关、法律代理、房地产中介、职业中介、婚姻中介、代理记账、拍卖等。

货物运输代理服务，是指接受货物收货人、发货人、船舶所有人、船舶承租人或者船舶经营人的委托，以委托人的名义，为委托人办理货物运输、装卸、仓储和船舶进出港口、引航、靠泊等相关手续的业务活动。

代理报关服务，是指接受进出口货物的收、发货人的委托，代为办理报关手续的业务活动。

c.人力资源服务，是指提供公共就业、劳务派遣、人才委托招聘、劳动力外包等服务的业务活动。

d.安全保护服务，是指提供保护人身安全和财产安全，维护社会治安等的业务活动，包括场所住宅保安、特种保安、安全系统监控以及其他安保服务。

⑨其他现代服务。

其他现代服务，是指除研发和技术服务、信息技术服务、文化创意服务、物流辅助服务、租赁服务、鉴证咨询服务、广播影视服务和商务辅助服务以外的现代服务。

（7）生活服务。

生活服务，是指为满足城乡居民日常生活需求而提供的各类服务活动，包括文化体育服务、教育医疗服务、旅游娱乐服务、餐饮住宿服务、居民日常服务和其他生活服务。

❶文化体育服务。

文化体育服务，包括文化服务和体育服务。

a.文化服务，是指为满足社会公众文化生活需求而提供的各种服务，包括文艺创作、文艺表演、文化比赛，图书馆的图书和资料借阅，档案馆的档案管理，文物及非物质文化遗产保护，组织举办宗教活动、科技活动、文化活动，提供游览场所。

b.体育服务，是指组织举办体育比赛、体育表演、体育活动，以及提供体育训练、体育指导、体育管理的业务活动。

❷教育医疗服务。

教育医疗服务，包括教育服务和医疗服务。

a.教育服务，是指提供学历教育服务、非学历教育服务、教育辅助服务的业务活动。

学历教育服务，是指根据教育行政管理部门确定或者认可的招生和教学计划组织教学，并颁发相应学历证书的业务活动，包括初等教育、初级中等教育、高级中等教育、高等教育等。

非学历教育服务，包括学前教育及各类培训、演讲、讲座、报告会等。

教育辅助服务，包括教育测评、考试、招生等服务。

b.医疗服务，是指提供医学检查、诊断、治疗、康复、预防、保健、接生、计划生育、防疫服务等方面的服务，以及与这些服务有关的提供药品、医用材料器具、救护车、病房住宿和伙食的业务。

❸旅游娱乐服务。

旅游娱乐服务，包括旅游服务和娱乐服务。

a.旅游服务，是指根据旅游者的要求，组织安排交通、游览、住宿、餐饮、购物、文娱、商务等服务的业务活动。

b.娱乐服务，是指为娱乐活动同时提供场所和服务的业务，具体包括歌厅、舞厅、夜总会、酒吧、台球、高尔夫球、保龄球、游艺（包括射击、狩猎、跑马、游戏机、蹦极、卡丁车、热气球、动力伞、射箭、飞镖）。

❹餐饮住宿服务。

餐饮住宿服务，包括餐饮服务和住宿服务。

a.餐饮服务，是指通过同时提供饮食和饮食场所的方式为消费者提供饮食消费服务的业务活动。

b.住宿服务，是指提供住宿场所及配套服务等的业务活动，包括宾馆、旅馆、旅社、度假村和其他经营性住宿场所提供的住宿服务。

❺居民日常服务。

居民日常服务，是指主要为满足居民个人及其家庭日常生活需求而提供的服务，包括市容市政管理、家政、婚庆、养老、殡葬、照料和护理、救助救济、美容美发、按摩、桑拿、氧吧、足疗、沐浴、洗染、摄影扩印等服务。

❻其他生活服务。

其他生活服务，是指除文化体育服务、教育医疗服务、旅游娱乐服务、餐饮住宿服务和居民日常服务之外的生活服务。

【边学边做 2-2 · 多选题】根据增值税法律制度的规定，下列业务中，属于现代服务税目的有（　　）。

A.租赁服务　　B.运输服务　　C.物流辅助服务　　D.餐饮服务

2.销售无形资产

销售无形资产，是指转让无形资产所有权或使用权的业务活动。无形资产是指不具实物形态，但能带来经济利益的资产，包括技术、商标、著作权、商誉、自然资源使用权和其他权益性无形资产。

❶技术，包括专利技术和非专利技术。

❷自然资源使用权，包括土地、海域使用权，探矿、采矿权，取水权，以及其他自然资源使用权。

❸其他权益性无形资产，包括基础设施资产经营权、公共事业特许权、配额、经营权、经销权、分销权、代理权、会员权、肖像权等。

3.销售不动产

销售不动产，是指转让不动产所有权的业务活动。不动产是指不能移动或移动后会引起性质、形状改变的财产，包括：

❶建筑物，包括住宅、商业营业用房、办公楼等建造物。

❷构筑物，包括道路、桥梁、隧道、水坝等建造物。

转让建筑物有限产权或永久使用权的，转让在建的建筑物或构筑物所有权的，以及在转让建筑物或构筑物时一并转让其所占土地的使用权的，按销售不动产缴纳增值税。

（四）属于征税范围的特殊行为

属于征税范围的特殊行为包括视同销售行为、混合销售行为、兼营行为、代购货物等，具体见表2-1。

表2-1　属于征税范围的特殊行为

特殊行为	要点说明
视同销售行为	❶将货物交付其他单位或者个人代销 ❷销售代销货物 ❸设有两个以上机构并实行统一核算的纳税人，将货物从一个机构移送其他机构用于销售，但相关机构设在同一县（市）的除外 ❹将自产或者委托加工的货物用于非增值税应税项目 ❺将自产、委托加工的货物用于集体福利或者个人消费 ❻将自产、委托加工或者购进的货物作为投资，提供给其他单位或者个体工商户 ❼将自产、委托加工或者购进的货物分配给股东或者投资者 ❽将自产、委托加工或者购进的货物无偿赠送给其他单位或者个人 ❾单位和个体工商户向其他单位或者个人无偿提供服务、转让无形资产或不动产，但以公益活动为目的或者以社会公众为对象的除外 ❿财政部和国家税务总局规定的其他情形

续表

特殊行为	要点说明
混合销售行为	一项销售行为如果既涉及货物又涉及服务，为混合销售行为： ❶从事货物的生产、批发和零售的单位和个体工商户（包括以生产、批发和零售为主要业务，兼营销售服务的单位和个体工商户）的混合销售行为，按销售货物缴纳增值税 ❷其他单位和个体工商户的混合销售行为，按销售服务缴纳增值税
兼营行为	纳税人销售货物、加工修理修配劳务、服务、无形资产或者不动产适用不同税率或者征收率的，应当分别核算适用不同税率或者征收率的销售额；未分别核算销售额的，一律从高适用税率或者征收率。但纳税人兼营免税、减税项目，没有分别核算销售额的，不得免税和减税
代购货物	代购货物行为，凡同时具备以下条件的，代购环节本身不征收增值税；不同时具备以下条件的，无论会计制度规定如何核算，均征收增值税： ❶受托方不垫付资金 ❷销货方将发票开具给委托方，并由受托方将该发票转交给委托方 ❸受托方按销售方实际收取的销售额和增值税额（若为代理进口货物，则为海关代征的增值税额）与委托方结算货款，并另外收取手续费

【边学边做2-3·多选题】根据增值税法律制度的规定，企业发生的下列行为中，属于视同销售货物的有（ ）。

A.将购进的货物用于扩建职工食堂

B.将本企业生产的货物分配给投资者

C.将委托加工的货物用于集体福利

D.将购进的货物作为投资提供给其他单位

【边学边做2-4·多选题】下列各项中，属于增值税混合销售行为的有（ ）。

A.建材商店销售建材，也给其他客户提供装饰服务

B.汽车制造公司在生产销售汽车的同时又为客户提供修理服务

C.塑钢门窗销售商店在销售产品的同时负责为购货客户提供安装服务

D.电信局为客户提供电话安装服务的同时又销售所安装的电话机

（五）属于增值税征税范围的特殊项目

❶货物期货（包括商品期货和贵金属期货），在期货的实物交割环节纳税。

❷银行销售金银的业务，征收增值税。

❸典当业的死当物品销售业务和寄售业代委托人销售寄售物品的业务，征收增值税。

❹电力公司向发电企业收取的过网费，应当征收增值税。

【边学边做2-5·多选题】纳税人销售下列特定货物，按税法规定的征收率计算缴纳增值税的有（ ）。

A.寄售商店代销寄售物品　　B.典当业销售死当物品

C.生产销售商品　　D.销售委托加工收回的商品物资

四、增值税的税率和征收率

（一）增值税税率

就增值税一般纳税人而言，我国增值税设置了一档基本税率和两档低税率，此外还有对出口货物实施的零税率。

1. 基本税率

自2019年4月1日起，纳税人销售或进口货物，提供加工修理修配劳务，提供有形资产租赁服务，除适用低税率和零税率外，一律按13%的基本税率征收增值税。

2. 低税率

从2019年4月1日起，增值税的低税率有9%和6%两档。增值税低税率的具体规定见表2-2。

表2-2 适用增值税低税率的具体范围

低税率	具体范围
9%	（1）粮食、食用植物油（含橄榄油；不含肉桂油、桉油、香茅油）、鲜奶（含按国际标准生产的巴氏杀菌乳、灭菌乳，不含调制乳） （2）自来水、暖气、冷水、热水、煤气、石油液化气、天然气、沼气、居民用煤炭制品 （3）图书、报纸、杂志 （4）饲料、化肥、农药、农机、农膜 （5）农产品 （6）音像制品和电子出版物；二甲醚，密集型烤房设备、频振式杀虫灯、自动虫情测报灯、粘虫板、农用挖掘机、养鸡和养猪设备系列 （7）国内印刷企业承印的合法国外图书 （8）动物骨粒 （9）提供交通运输、邮政、基础电信、建筑、不动产租赁服务 （10）销售不动产 （11）转让土地使用权
6%	提供增值电信服务、金融服务、现代服务（有形动产租赁服务和不动产租赁服务除外）、生活服务、销售无形资产（转让土地使用权除外）

值得注意的是，《国家税务总局关于深化增值税改革有关事项的公告》（国家税务总局公告2019年第14号，以下简称"14号公告"）就降低税率政策实施后，纳税人开具红字发票的税率选择问题予以明确。增值税一般纳税人在增值税税率调整前已按原16%、10%适用税率开具的增值税发票，发生销售折让、中止或者退回等情形需要开具红字发票的，按照原适用税率开具红字发票；开票有误需要重新开具的，先按照原适用税率开具红字发票后，再重新开具正确的蓝字发票。纳税人在增值税税率调整前未开具增值税发票的增值税应税销售行为，需要补开增值税发票的，应当按照原适用税率补开。增值税发票税控开票软件税率栏次默认显示调整后税率，纳税人发生上述所列情形的，可以手工选择原适用税率开具增值税发票。

3. 零税率

纳税人出口货物和财政部、国家税务总局规定的应税服务，税率为零；国务院另有规定的除外。

（二）征收率

增值税对小规模纳税人及一些特定情况采用简易计税办法计税。采用简易计税办法计税，适用征收率来计算增值税。

1.基本规定

❶小规模纳税人在我国境内销售货物、提供应税劳务和发生应税行为，适用简易计税办法计税，增值税征收率为3%。

❷一般纳税人发生特定应税行为，可以选择适用简易计税办法计税，增值税征收率为3%；一经选择，36个月内不得变更。

2.按简易办法征收增值税的优惠政策继续执行，不得抵扣进项税额的项目

❶下列按售价全额依3%征收率减按2%征收：

a.销售增值税转型前（2009年1月1日以前）购入或自建并已使用过的动产固定资产。

b.销售营改增试点以前购进或自制并使用过的固定资产。

c.购进或者自制固定资产时为小规模纳税人，认定为一般纳税人后销售该固定资产。

d.按简易计税办法征税，销售按照规定不得抵扣且未抵扣进项税额的固定资产（企业自用小轿车自2013年8月1日起，允许抵扣进项税额）。

e.旧机动车经营单位销售旧机动车、摩托车、游艇等。

值得注意的是，自2020年5月1日至2023年12月31日，从事二手车经销的纳税人销售其收购的二手车，由原按照简易计税办法依3%征收率减按2%征收增值税，改为减按0.5%征收增值税。

❷拍卖收入，临时外出经营在经营地的开票收入，依3%征收率在经营地预征。

❸一般纳税人的下列情形，按3%的征收率简易计税：a.寄售商店代销寄售物品；b.典当业销售死当物品；c.经国务院或国务院授权机关批准的免税商店零售的免税品。

❹一般纳税人销售自产货物，特殊情况无法取得进项税额抵扣凭证的，可选择按照简易计税办法依照3%征收率缴纳增值税，如建筑用或生产建材所用的砂、土、石料；自来水生产厂生产的自来水；小型水力发电单位生产的电力。

❺一般纳税人提供下列服务，可选择简易计税办法，适用3%征收率：

a.公共交通运输服务，包括轮客渡、公交客运、地铁、城市轻轨、出租车、长途客运班车。

b.以“营改增”前取得的有形动产为标的物提供的经营租赁服务，以及在“营改增”前签订的尚未执行完毕的有形动产租赁合同。

c.经认定的动漫企业为开发动漫产品提供的动漫脚本编撰、形象设计、背景设计、动画设计、分镜、动画制作、摄制、描线、上色、画面合成、配音、配乐、音效合成、剪辑、字幕制作、压缩转码服务，以及在境内转让动漫版权。

d.电影放映服务、仓储服务、装卸搬运服务、收派服务和文化体育服务。

❻一般纳税人提供建筑服务，特殊情况下可选择简易计税，适用3%征收率。

一般纳税人提供建筑服务，可选择简易计税的情况包括：清包工方式、甲供工程和建筑工程老项目。选择简易计税的一般纳税人，以实际价款（全部价款和价外费用扣除分包款后的余额）为销售额。

❼一般纳税人出租其2016年4月30日前取得的不动产，可选择适用简易计税办法，按照5%征收率计算应纳税额。

❽一般纳税人销售自行开发的房地产老项目，可以选择简易计税办法按5%征收率计税，此时，以取得的全部价款和价外费用为销售额，不得扣除土地价款。

五、小规模纳税人与一般纳税人的征税管理

1.小规模纳税人

小规模纳税人是指年应征增值税销售额在500万元以下，会计核算不健全，不能按规定报送有关税务资料的增值税纳税人。小规模纳税人实行简易计税办法，不得抵扣进项税额。所谓会计核算不健全，是指不能准确核算增值税的销项税额、进项税额和应纳税额。

2.一般纳税人

年应税销售额超过500万元的，应当向主管税务机关办理一般纳税人申请登记，采用税款抵扣制。

（1）一般规定。

❶符合一般纳税人条件但不申请登记一般纳税人的，不得抵扣进项税额，也不得使用增值税专用发票。

❷一经登记为一般纳税人，不得再转为小规模纳税人。

（2）特殊规定。

❶如果纳税人年应税销售额在规定标准以下，但会计核算健全的，可以向主管税务机关申请一般纳税人登记。

❷年应税销售额超过小规模纳税人标准的其他个人（即除个体工商户以外的其他自然人）按小规模纳税人纳税。

值得注意的是，2019年12月31日前，一般纳税人可选择转登记为小规模纳税人。如果转登记后，连续12个月或者4个季度的应税销售额超过500万元的，则应再次登记为一般纳税人，且不得再转登记为小规模纳税人。为确保小规模纳税人充分享受政策，按固定期限纳税的小规模纳税人可根据其实际经营情况选择以1个月或1个季度为纳税期限；一经选择，一个会计年度内不得变更。

增值税小规模纳税人（其他个人除外）发生增值税应税行为，需要开具增值税专用发票的，可以自愿使用增值税发票管理系统自行开具。选择自行开具增值税专用发票的小规模纳税人，税务机关不再为其代开增值税专用发票。将取消增值税发票认证的纳税人范围扩大至全部一般纳税人。取消增值税发票认证，也就是由以往手工扫描需要抵扣的纸质发票，调整为由纳税人网上选择确认需要抵扣的增值税发票电子信息。纳税人应当按照发票用途确认结果申报抵扣增值税进项税额或申请出口退税、代办退税。纳税人通过增值税电子发票公共服务平台开具的增值税电子普通发票，采用电子签名代替发票专用章，其法律效力、基本用途、基本使用规定等与增值税普通发票相同。

3.可以向主管税务机关申请一般纳税人登记的纳税人

可以向主管税务机关申请一般纳税人登记的纳税人是指其年应税销售额未超过财政部、国家税务总局规定的小规模纳税人标准的纳税人和新开业的纳税人（即自税务登记日起30日内申请一般纳税人登记的纳税人）。

其中，年应税销售额是指在连续不超过12个月的经营期内累计应征增值税销售额，包括免税销售额。

对提出申请并且同时符合下列条件的纳税人，主管税务机关应当为其办理一般纳税人登记：

❶有固定的生产经营场所；

❷能够按照国家统一的会计制度规定设置账簿，根据合法、有效凭证核算，能够提供准确税务资料。

4.不办理一般纳税人登记的纳税人

下列纳税人不办理一般纳税人登记：

❶个体工商户以外的其他个人；

❷选择按照小规模纳税人纳税的非企业性单位；

❸选择按小规模纳税人纳税的不经常发生应税行为的企业。

【边学边做2-6·单选题】按照现行规定，下列各项中必须登记为小规模纳税人的是（　　）。

A.年应税销售额60万元的汽车修理厂

B.年应税销售额600万元的广告公司

C.年应税销售额80万元以下，会计核算制度健全的其他个人

D.非企业性单位

六、增值税的税收优惠

增值税的减免税等优惠政策，由国务院统一规定，现行的优惠政策主要有如下内容：

（一）法定免税项目

视频

税收优惠与出口退税（上）

❶农业生产者销售的自产农产品。

❷避孕药品和用具。

❸古旧图书，是指向社会收购的古书和旧书。

❹直接用于科学研究、科学试验和教学的进口仪器、设备。

❺外国政府、国际组织无偿援助的进口物资和设备。

视频

税收优惠与出口退税（下）

❻由残疾人组织直接进口供残疾人专用的物品。

❼销售自己使用过的物品。自己使用过的物品，是指其他个人自己使用过的物品。

（二）不征税项目

❶根据国家指令无偿提供的铁路运输服务、航空运输服务，用于公益事业的服务，不征收增值税。

❷存款利息，不征收增值税。

❸被保险人获得的保险赔付，不征收增值税。

❹房地产主管部门或者其指定机构、公积金管理中心、开发企业以及物业管理单位代收的住宅专项维修资金，不征收增值税。

❺在资产重组过程中，通过合并、分立、出售、置换等方式，将全部或者部分实物资产以及与其相关联的债权、负债和劳动力一并转让给其他单位和个人，其中涉及的不动产、土地使用权转让行为，不征收增值税。

❻金融商品持有期间（含到期）取得的非保本的投资收益，不属于利息或利息性质的收入，不征收增值税。

❼基金、信托、理财产品等各类资产管理产品持有至到期，不征收增值税。

❽供应或开采未经加工的天然水（如水库供应农业灌溉用水，工厂自采地下水用于

生产)，不增收增值税。

❾对国家管理部门行使其管理职能，发放的执照、牌照和有关证件等收取的工本费收入，不增收增值税。

❿基本建设单位和从事建筑安装业务的企业附设的工厂、车间生产的水泥预制构件、其他构件及建筑材料，用于本单位或本企业的建筑工程的，应在移送使用时征收增值税。但对其在建筑现场制造的预制构件，凡直接用于本单位或本企业建筑工程的，不征收增值税。

⓫转让企业全部产权涉及的应税货物的转让，不属于增值税的征税范围，不征收增值税。

⓬自2016年5月1日起，对增值税纳税人收取的会员费收入，按照销售“无形资产——其他权益性无形资产——会员权”缴纳增值税；但是各党派、共青团、工会、妇联、中科协、青联、侨联收取党费、团费、会费，以及政府间国际组织收取会费，属于非经营活动，不征收增值税。

（三）其他免征税项目

❶自2012年1月1日起，免征蔬菜流通环节增值税。

❷自2008年6月1日起，纳税人生产销售和批发、零售有机肥产品免征增值税。

❸为进一步扶持小微企业发展，对增值税小规模纳税人中月销售额10万元（以1个季度为1个纳税期的，季度销售额30万元）以下的应税行为，免征增值税。现行增值税应税行为包括销售货物、劳务、服务、无形资产和不动产。

❹纳税人销售自产的综合利用产品和提供资源综合利用劳务，可享受增值税即征即退政策。

❺境内的单位和个人销售规定的服务和无形资产免征增值税，但财政部和国家税务总局规定适用增值税零税率的除外。

❻为了鼓励科学研究和技术开发，促进科技进步，经国务院批准，继续对内资研发机构和外资研发中心采购国产设备全额退还增值税。

（四）营业税改征增值税试点期间的政策

营业税改征增值税试点期间，以下项目免征增值税：

❶托儿所、幼儿园提供的保育和教育服务。

❷养老机构提供的养老服务。

❸残疾人福利机构提供的育养服务。

❹婚姻介绍服务。

❺殡葬服务。

❻残疾人员本人为社会提供的服务。

❼医疗机构提供的医疗服务。

❽从事学历教育的学校提供的教育服务。

❾学生勤工俭学提供的服务。

❿农业机耕、排灌、病虫害防治、植物保护、农牧保险以及相关技术培训业务，家禽、牲畜、水生动物的配种和疾病防治服务。

⓫纪念馆、博物馆、文化馆、文物保护单位管理机构、美术馆、展览馆、书画院、图

书馆在自己的场所提供文化体育服务取得的第一道门票收入。

⑫寺院、宫观、清真寺和教堂举办文化、宗教活动的门票收入。

⑬行政单位之外的其他单位收取的符合《营业税改征增值税试点实施办法》第十条规定条件的政府性基金和行政事业性收费。

⑭个人转让著作权。

⑮个人销售自建自用住房。

⑯台湾航运公司、航空公司从事海峡两岸海上直航、空中直航业务在大陆取得的运输收入。

⑰纳税人提供的直接或者间接国际货物运输代理服务。

⑱符合规定条件的贷款、债券利息收入。

⑲自2019年2月1日至2020年12月31日，医疗机构接受其他医疗机构委托，按照不高于地（市）级以上价格主管部门会同同级卫生主管部门及其他相关部门制定的医疗服务指导价格（包括政府指导价和按照规定由供需双方协商确定的价格等），提供《全国医疗服务价格项目规范》所列的各项服务。

⑳被撤销金融机构以货物、不动产、无形资产、有价证券、票据等财产清偿债务。

㉑保险公司开办的1年期以上人身保险产品取得的保费收入。

㉒符合规定条件的金融商品转让收入。

㉓金融同业往来利息收入。

㉔同时符合规定条件的担保机构从事中小企业信用担保或者再担保业务取得的收入（不含信用评级、咨询、培训等收入）（3年内免征增值税）。

㉕国家商品储备管理单位及其直属企业承担商品储备任务，从中央或者地方财政取得的利息补贴收入和价差补贴收入。

㉖纳税人提供技术转让、技术开发和与之相关的技术咨询、技术服务。

㉗同时符合规定条件的合同能源管理服务。

㉘自2019年2月1日至2020年12月31日，对企业集团内单位（含企业集团）之间的资金无偿借贷行为，免征增值税。保险公司开办1年期以上返还性人身保险产品，在列入财政部和税务总局发布的免征营业税名单或办理免税备案手续后，此前已缴纳营业税中尚未抵减或退还的部分，可抵减以后月份应缴纳的增值税。

㉙《财政部 税务总局 退役军人部关于进一步扶持自主就业退役士兵创业就业有关税收政策的通知》（财税〔2019〕21号）的政策执行期限为2019年1月1日至2021年12月31日。纳税人在2021年12月31日享受本通知规定税收优惠政策未满3年的，可继续享受至3年期满为止。

㉚就进一步支持和促进重点群体创业就业，《财政部 税务总局 人力资源社会保障部 国务院扶贫办关于进一步支持和促进重点群体创业就业有关税收政策的通知》规定的税收政策执行期限为2019年1月1日至2021年12月31日。纳税人在2021年12月31日享受以上通知规定税收优惠政策未满3年的，可继续享受至3年期满为止。该政策分以下两类情形：a.建档立卡贫困人口、持“就业创业证”的人员，从事个体经营的，自办理个体工商户登记当月起，在3年（36个月，下同）内按每户每年12 000元为限额依次扣减其当年实际应缴纳的增值税；b.企业招用建档立卡贫困人口，以及在人社部门公共就业服务机

构登记失业半年以上且持“就业创业证”或“就业失业登记证”的人员，与其签订1年以上期限劳动合同并依法缴纳社会保险费的，自签订劳动合同并缴纳社会保险费当月起，在3年内按实际招用人数予以定额依次扣减增值税。

㉛自2019年1月1日至2020年供暖期结束，对供热企业向居民个人（以下称居民）供热取得的采暖费收入免征增值税。自2019年1月1日至2020年12月31日，对饮水工程运营管理单位向农村居民提供生活用水取得的自来水销售收入，免征增值税。

㉜为进一步鼓励创业创新，自2019年1月1日至2021年12月31日，《财政部　税务总局　科技部　教育部关于科技企业孵化器　大学科技园和众创空间税收政策的通知》（财税〔2018〕120号）规定，对国家级、省级科技企业孵化器、大学科技园和国家备案众创空间，向在孵对象提供孵化服务取得的收入，免征增值税。

㉝家政服务企业由员工制家政服务员提供家政服务取得的收入。

㉞福利彩票、体育彩票的发行收入。

㉟军队空余房产租赁收入。

㊱为了配合国家住房制度改革，企业、行政事业单位按房改成本价、标准价出售住房取得的收入。

㊲将土地使用权转让给农业生产者用于农业生产。

㊳涉及家庭财产分割的个人无偿转让不动产、土地使用权。

㊴土地所有者出让土地使用权和土地使用者将土地使用权归还给土地所有者。

㊵县级以上地方人民政府或自然资源行政主管部门出让、转让或收回自然资源使用权（不含土地使用权）。

㊶随军家属就业。

㊷军队转业干部就业。

（五）增值税即征即退政策

❶一般纳税人提供管道运输服务，对其增值税实际税负超过3%的部分实行增值税即征即退政策。

❷经人民银行、银保监会或者商务部批准从事融资租赁业务的一般纳税人，提供有形动产融资租赁服务和有形动产融资性售后回租服务，对其增值税实际税负超过3%的部分实行增值税即征即退政策。

（六）增值税起征点

纳税人销售额未达到国务院财政、税务主管部门规定的起征点的，免征增值税；达到起征点的，全额计算缴纳增值税。

增值税起征点的幅度规定如下：

❶按期纳税的，为月销售额5 000~20 000元（含本数）；

❷按次纳税的，为每次（日）销售额300~500元（含本数）。

起征点的调整由财政部和国家税务总局规定。省、自治区、直辖市财政厅（局）和国家税务机关应在规定的幅度内，根据实际情况确定本地区适用的起征点，并报财政部、国家税务总局备案。

值得注意的是，增值税起征点仅适用于个人（不包括认定为一般纳税人的个体工商户）。

（七）其他有关减免税规定

❶纳税人兼营免税、减税项目的，应当分别核算免税、减税项目的销售额；未分别核算销售额的，不得免税、减税。

❷纳税人销售货物、提供应税劳务和发生应税行为适用免税规定的，可以放弃免税，依照《增值税暂行条例》的规定缴纳增值税。放弃免税后，36个月内不得再申请免税。

❸纳税人销售货物、提供应税劳务和发生应税行为同时适用免税和零税率规定的，优先适用零税率。

❹安置残疾人单位既符合促进残疾人就业增值税优惠政策条件，又符合其他增值税优惠政策条件的，可同时享受多项增值税优惠政策，但年度申请退还增值税总额不得超过本年度内应纳增值税总额。

任务2.2　增值税税款计算

一、一般纳税人的应纳增值税税额计算

（一）增值税进项税额的计算

增值税一般纳税人采用购进扣税法，凭增值税专用发票和合法的抵扣凭证注明的税款进行税额抵扣，其应纳税额的计算公式为：

应纳税额=当期销项税额-当期进项税额

即增值税应纳税额为当期销项税额抵扣当期进项税额后的余额。因此，要正确计算一般纳税人的应纳税额，关键是要理解和掌握销项税额、进项税额及当期的期限这三个概念。

进项税额，是指纳税人购进货物、加工修理修配劳务以及服务、无形资产或者不动产，支付或者负担的增值税税额。

在同一项购销业务中，进项税额与销项税额相对应，即销售方收取的销项税额就是购买方支付的进项税额。正是这种对应关系，决定了一般纳税人的纳税采用抵扣法，即用收取的销项税额抵扣其支付的进项税额，余额就是纳税人实际缴纳的增值税额。但需要注意的是，在计算应纳税额时，纳税人支付的进项税额并不都能从销项税额中抵扣。对此，税法明确规定了可抵扣的进项税额范围。纳税人不按照规定随意抵扣进项税额的，则以偷税论处。

1.准予从销项税额中抵扣的进项税额

（1）以票扣税。

根据《增值税暂行条例》的规定，准予从销项税额中抵扣的进项税额，限于下列增值税扣税凭证上注明的增值税税额和按规定的扣除率计算的进项税额：

❶从销售方取得的增值税专用发票（含税控机动车销售统一发票，下同）上注明的增值税税额。

❷从海关取得的海关进口增值税专用缴款书上注明的增值税税额。

（2）计算扣税。

纳税人购进农产品，除取得增值税专用发票或者海关进口增值税专用缴款书外，按照

农产品收购发票或者销售发票上注明的农产品买价和适用的扣除率计算进项税额。

进项税额的计算公式为：

进项税额=买价×扣除率

具体说明：

❶纳税人购进农产品收到一般纳税人开具的增值税专用发票或海关专用缴款书，按专用发票或海关专用缴款书上注明的税额抵扣。

❷纳税人从小规模纳税人购进农产品，取得3%征收率的增值税专用发票，从2019年4月1日起，按票面金额和9%的扣除率计算抵扣进项税额。

❸从2019年4月1日起，纳税人从农业生产者手中购进农产品，按收购发票和销售发票注明的买价和9%的扣除率计算进项税额。

❹从2019年4月1日起，如果纳税人购进的农产品用于生产13%税率的货物的，在领用当期加计扣除1%的进项税额，也就是实际扣除率为10%，这是考虑到农产品深加工行业的特殊性。

【特别注意】

❶增值税一般纳税人取得的小规模纳税人由税务机关代开的增值税专用发票，按增值税专用发票注明的税额抵扣进项税额。

❷一般纳税人自2018年1月1日起，租入固定资产、不动产，既用于一般计税方法计税项目，又用于简易计税办法计税项目、免征增值税项目、集体福利或者个人消费的，其进项税额准予从销项税额中全额抵扣。

❸原2016年5月1日后取得并在会计制度上按固定资产核算的不动产或者2016年5月1日后取得的不动产在建工程，其进项税额应自取得之日起2年内从销项税额中抵扣，第一年抵扣比例为60%，第二年抵扣比例为40%的政策，自2019年4月1日起不再分2年抵扣。此前按照上述规定尚未抵扣完毕的待抵扣进项税额，可自2019年4月税款所属期起从销项税额中抵扣。也就是说，2019年4月1日（含）以后购入的不动产进项税额应一次性申报抵扣；2019年4月1日（不含）以前购入的不动产，其尚未抵扣的进项税额，可以自2019年4月税款所属期起的任一月份一次性申报抵扣，不得为调节税款而分次申报抵扣。

（3）旅客运输服务抵扣问题。

从2019年4月1日起，取得注明旅客身份信息的飞机票、火车票、汽车票等可计算抵扣增值税，也就是说，纳税人购进国内旅客运输服务未取得增值税专用发票的，需根据取得的凭证类型，分别计算进项税额。

视频

购进国内旅客运输服务进项税抵扣

❶取得注明旅客身份信息的航空运输电子客票行程单的，按照下列公式计算进项税额：

航空旅客运输进项税额=（票价+燃油附加费）÷（1+9%）×9%

需要注意的是，民航发展基金不作为计算进项税额的基数。

❷取得注明旅客身份信息的铁路车票的，按照下列公式计算进项税额：

铁路旅客运输进项税额=票面金额÷（1+9%）×9%

❸取得注明旅客身份信息的公路、水路等其他客票的，按照下列公式计算进项税额：

公路、水路等其他旅客运输进项税额=票面金额÷（1+3%）×3%

另外，自境外单位或者个人购进服务、无形资产或者不动产，从税务机关或者扣缴义务人取得的代扣代缴税款的完税凭证上注明的增值税税额；接受境外单位或者个人提供的应税行为，从税务机关或者境内代理人取得的解缴税款的中华人民共和国税收缴款凭证上注明的增值税额。

（4）加计抵减问题。

自2019年4月1日至2021年12月31日，允许生产、生活性服务业纳税人按照当期可抵扣进项税额加计10%抵减应纳税额。加计抵减的境内进项税额是指纳税人取得的按增值税现行规定允许从销项税额中抵扣的全部进项税额。但加计抵减额不同于进项税额，加计抵减额直接抵减应纳税额，而进项税额用于抵扣销项税额。发生进项税额转出时，其相应的加计抵减额应同步调减。

❶增值税加计抵减政策中所称的生产、生活服务业纳税人，是指提供邮政服务、电信服务、现代服务、生活服务（简称“四项服务”）取得的销售额占全部销售额的比重超过50%的纳税人。增值税加计抵减额的计算公式为：

当期计提加计抵减额=当期可抵扣进项税额×10%

当期可抵减加计抵减额=上期末加计抵减额余额+当期计提加计抵减额-当期调减加计抵减额

需要注意的是，对于存在除上述四项服务之外的兼营情形，纳税人提供四项服务所取得的销售额占全部销售额的比重必须超过50%，才可享受增值税加计抵减政策。加计抵减政策按年适用，但对2019年4月1日（含）后设立的纳税人，自设立之日起3个月或取得首笔经营收入起3个月内，其四项服务的销售额占比超过50%的，自登记为一般纳税人之日起适用增值税加计抵减政策。

❷纳税人出口货物劳务、发生跨境应税行为不适用加计抵减政策，其对应的进项税额不得计提加计抵减额。

纳税人兼营出口货物劳务、发生跨境应税行为且无法划分不得计提加计抵减额的进项税额，应按照以下公式计算：

不得计提加计抵减额的进项税额=当期无法划分的全部进项税额×当期出口货物劳务和发生跨境应税行为的销售额÷当期全部销售额

2.不得从销项税额中抵扣的进项税额

下列项目的进项税额不得从销项税额中抵扣：

❶纳税人购进货物、接受应税劳务或者应税服务，取得增值税扣税凭证不符合法律、行政法规或者国务院税务主管部门有关规定的。

❷用于简易计税办法计税项目、免征增值税项目、集体福利或者个人消费的购进货物、加工修理修配劳务、服务、无形资产和不动产。

对纳税人涉及的固定资产、无形资产（不包括其他权益性无形资产）、不动产项目的进项税额，凡发生专用于简易计税办法计税项目、免征增值税项目、集体福利或者个人消费项目的，该进项税额不得予以抵扣；发生兼用于增值税应税项目和上述项目情况的，该进项税额准予全部抵扣。固定资产，是指使用期限超过12个月的机器、机械、运输工具及其他与生产经营有关的设备、工具、器具等。

纳税人购进其他权益性无形资产，无论是专用于简易计税办法计税项目、免征增值税项目、集体福利项目或者个人消费，还是兼用于上述项目，均可以抵扣进项税额。

❸非正常损失的购进货物，以及相关的加工修理修配劳务和交通运输服务。

❹非正常损失的在产品、产成品所耗用的购进货物（不包括固定资产）、加工修理修配劳务和交通运输服务。

❺非正常损失的不动产，以及该不动产所耗用的购进货物、设计服务和建筑服务。

❻非正常损失不动产在建工程所耗用的购进物资、设计服务和建筑服务。纳税人新建、改建、扩建、修缮、装饰不动产，均属于不动产在建工程。

上述❸和❹中所称的货物，是指构成不动产实体的材料设备，包括建筑装饰材料和给排水、采暖、卫生、通风、照明、通信、煤气、消防、中央空调、电梯、电气、智能化楼宇设备及配套设施。

以上❸、❹、❺、❻中所述的非正常损失，是指因管理不善造成货物被盗、丢失、霉烂变质，以及因违反法律法规造成货物或者不动产被依法没收、销毁、拆除的情形。

❼购进的贷款服务、餐饮服务、居民日常服务和娱乐服务。

一般意义上，餐饮服务、居民日常服务和娱乐服务主要接受对象是个人；贷款服务利息支出进项税额不得抵扣，是因为不符合增值税链条关系，按照增值税“道道征道道扣”的原则，对居民存款利息未征税，因此对贷款利息支出进项税额不予抵扣。需要注意的是，2019年3月前购进的旅客服务的进项税额不得从销项税额中抵扣，但自2019年4月1日起购进的旅客服务的进项税额可以从销项税额中抵扣。

❽财政部和国家税务总局规定的其他情形。

不得抵扣进项税额的政策针对以下问题，适用了低于正常税率的征收率：a.增值税链条的中断；b.涉税凭证的不规范；c.采用简易计税办法计算增值税。

3.扣减进项税额

由于增值税实行以当期进项税额抵扣当期销项税额的“购进扣税法”，当期购进的货物或接受应税劳务和发生应税行为如果事先并未确定将用于非生产经营项目，其进项税额会在当期销项税额中予以抵扣。

❶已抵扣进项税额的购进货物（不含固定资产）、劳务或服务，如果事后改变用途用于简易计税办法计税项目、免征增值税项目、集体福利、个人消费或发生非正常损失等，应将该进项税额从改变用途当期发生的进项税额中扣减。无法准确确定该转出的进项税额时，按当期实际成本和征税时的税率计算。

❷已抵扣进项税额的固定资产、无形资产或者不动产，发生不允许抵扣的进项税额（发生非正常损失，或者改变用途，专用于简易计税办法计税项目、免征增值税项目、集体福利或者个人消费或发生非正常损失）时按照下列公式计算不得抵扣的进项税额，并从当期进项税额中扣减：

不得抵扣的进项税额=固定资产、无形资产或者不动产净值×适用税率

按照规定不得抵扣进项税额的不动产，发生用途改变，用于允许抵扣进项税额项目的，在改变用途的次月计算可抵扣进项税额。

可抵扣进项税额=增值税扣税凭证注明或计算的进项税额×不动产净值率

❸纳税人适用一般计税方法计税的，因销售折让、中止或者退回退还给购买方的增值税额，应当从当期的销项税额中抵减；因销售折让、中止或者退回而收回的增值税额，应当从当期的进项税额中扣减。涉及已开具的增值税专用发票，如发生销货退回、开票有误、应税行为中止等情形但不符合作废条件的，或者因销货部分退回及发生销售折让，需

要开具红字专用发票的，必须按税务机关规定的方法处理。未按照规定开具红字增值税专用发票的，不得扣减销项税额或者销售额。

4.进项税额的抵扣期限

增值税一般纳税人取得的增值税专用发票、机动车销售统一发票以及海关进口增值税专用缴款书，未在规定期限内到税务机关办理认证、申报抵扣的，不得作为合法的增值税扣税凭证，不得计算进项税额抵扣。但随着“金税三期”的不断发展，增值税发票电子底账不断完善，从2016年开始到2019年，税务总局逐步推行取消增值税发票认证。自2019年3月起，一般纳税人取得增值税专用发票，可以不再进行上门认证或扫描认证，而是通过各省的增值税发票查询平台，查询、选择用于申报抵扣或者出口退税的增值税发票信息（简称“选择抵扣”）。自2020年3月1日起，根据增值税征管的有关规定：❶增值税一般纳税人取得的2017年1月1日及以后开具的增值税专用发票、海关进口增值税专用缴款书、机动车销售统一发票、收费公路通行费增值税电子普通发票，不再需要在360日内认证确认，已经超期的，可以自2020年3月1日后，通过本省（自治区、直辖市和计划单列市）增值税发票综合服务平台进行用途确认；❷增值税一般纳税人取得的2016年12月31日及以前开具的增值税专用发票、海关进口增值税专用缴款书、机动车销售统一发票，超过认证确认等期限的，但符合相关条件的，仍可按照国家税务总局相关规定，继续抵扣其进项税额。

（二）增值税销项税额的计算

销项税额是纳税人销售货物，提供加工修理修配劳务，销售服务、无形资产或者不动产，按照销售额和适用税率计算，并向购买方收取的增值税税额，其计算公式为：

销项税额=销售额×税率

1.一般销售方式下销售额的确定

销售额是纳税人发生应税销售行为向购买方收取的全部价款和价外费用，但是不包括收取的销项税额，这体现了增值税的价外税性质。价外费用，包括价外向购买方收取的手续费、补贴、基金、集资费、返还利润、奖励费、违约金、滞纳金、延期付款利息、赔偿金、代收款项、代垫款项、包装费、包装物租金、储备费、优质费、运输装卸费，以及其他各种性质的价外收费。但下列项目不包括在内：

❶受托加工应征消费税的消费品所代收代缴的消费税。

❷同时符合以下条件的代垫运输费用：承运部门的运输费用发票开具给购买方，纳税人将该发票转交给购买方。

❸符合国家税收法律、法规规定条件代为收取的政府性基金或者行政事业性收费。

❹销售货物的同时代办保险等而向购买方收取的保险费，以及向购买方收取的代购买方缴纳的车辆购置税、车辆牌照费。

❺其他以委托方名义开具发票代委托方收取的款项。

凡价外费用，无论其会计制度规定如何核算，均应并入到销售额中计算应纳税额。需要说明的是，对于增值税一般纳税人向购买方收取的价外费用，应视为含税收入，在征税时应换算成不含税收入，再并入销售额。

2.特殊销售方式下销售额的确定

（1）纳税人采取折扣、折让方式销售货物。

❶折扣销售（商业折扣），是由于购货方购货数量较大等原因而给予购货方的价格优

惠。按税法规定，如果销售额和折扣额在同一张发票的“金额”栏分别注明的，可以按折扣后的销售额征收增值税；如果将折扣额另开发票，或仅在发票的“备注”栏注明抵扣额的，不论其在财务上如何处理，折扣额均不得从销售额中减除。另外，折扣销售仅限于价格折扣，不包括实物折扣。对于实物折扣多付出的实物，不按照折扣销售处理，而按照视同销售计算增值税。

❷销售折扣（现金折扣），是为了鼓励购货方及早付款而给予购货方的一种折扣优待，如“2/10，1/20，N/30”。销售折扣不得从销售额中减除，因为销售折扣发生在销货之后，是一种融资性质的理财费用。

❸销售退回或折让，是指货物售出后，由于品种、质量等原因，购货方要求予以退货或要求销货方给予购货方的一种价格折让。由于是货物的品种和质量问题而引起的销售额减少，对手续完备的销售退回或折让而退还给购买方的增值税，可从发生销售退回或折让的当期的销项税额中扣减。对于销售回扣，其实质是变相的商业贿赂，不得从销售额中减除。

（2）纳税人采取以旧换新方式销售货物。

以旧换新方式销售货物是纳税人在销售过程中，折价收回同类旧货物，并以折价款部分冲减新货物价款的一种销售方式。

采取以旧换新方式销售货物的（金银首饰除外），应按新货物的同期销售价格确定销售额，不得扣减旧货物的收购价格。对有偿收回的旧货物，不得抵扣进项税额。对金银首饰以旧换新业务，可按销售方实际收取的不含增值税的全部价款征收增值税。

（3）纳税人采取还本销售方式销售货物。

还本销售实质上是一种抵押筹资行为，销货方将货物出售之后，按约定时间一次或分次将购货款部分或全部退还给购货方，退还的货款即为还本支出。税法规定，纳税人采取还本销售方式销售货物，其销售额应是货物的销售全价，不得从销售额中减除还本支出。

（4）纳税人采取以物易物方式销售货物。

以物易物是指购销双方不是以货币结算或主要不以货币结算，而是以货物相互结算，实现货物购销，是一种较为特殊的货物购销方式。税法规定，以物易物双方都应作购销处理，以各自发出的货物核算销售额，并以此计算销项税额，以各自收到的货物按规定核算购货额，并以此计算进项税额。以物易物双方，如果未相互开具增值税专用发票，也应计算销项税额，但没有进项税额。如果双方相互开具了增值税专用发票，则双方既要计算销项税额，也可抵扣进项税额。

（5）包装物押金的计价。

❶纳税人为销售货物而出租、出借包装物收取的押金，单独记账核算的，不并入销售额征税。

❷对因逾期未收回包装物不再退还的押金，应按所包装货物的适用税率计算销项税额。“逾期”是指按合同约定实际逾期或以1年（12个月）为期限。对收取1年以上的押金，无论是否退还均并入销售额征税。对于个别包装物周转使用期限较长的，报经税务机关确定后，可适当放宽逾期期限。

❸酒类（除黄酒、啤酒外）包装物押金，收到时作销售处理。对销售啤酒、黄酒所收

取的包装物押金，按上述一般押金的规定处理。

包装物押金属于含税金额，计税时应先将该押金换算为不含税金额，再并入销售额征税，按其所包装货物的适用税率征税。另外，包装物押金不同于包装物租金，租金在销货时作为价外费用并入销售额计算销项税额。

3.纳税人视同销售货物和发生应税行为的销售额确定

纳税人发生应税行为价格明显偏低或者偏高且不具有合理商业目的的，或者发生视同销售服务、无形资产或不动产行为而无销售额的，主管税务机关有权按照下列顺序确定销售额：

❶按纳税人最近时期同类货物的平均销售价格确定。

❷按其他纳税人最近时期同类货物的平均销售价格确定。

❸按组成计税价格确定。组成计税价格的计算公式为：

组成计税价格=成本×（1+成本利润率）

属于应征消费税的货物，其组成计税价格中应加计消费税额，计算公式为：

组成计税价格=成本×（1+成本利润率）+消费税

或 组成计税价格=成本×（1+成本利润率）÷（1-消费税税率）

公式中的“成本”是指：销售自产货物的为实际生产成本，销售外购货物的为实际采购成本。公式中的“成本利润率”由国家税务总局确定，一般为10%。但同时属于从价定率计征消费税的货物，其成本利润率应按消费税中规定的成本利润率计算。

下列情形不属于视同销售：

❶保险公司销售保险时，附带赠送客户的促销品（作为保险公司的一种营销模式，购买者已统一支付对价，不属于视同销售）。

❷房地产开发企业销售房产时赠送客户的精装修、家电、汽车等（作为一种营销模式，不属于视同销售）。

❸超市开展“买一送一”销售活动。

❹商场开展“捆绑销售”。

值得注意的是：❶用于公益事业或者以社会公众为对象的，单位或者个体工商户向其他单位或者个人无偿提供服务，不作视同销售。❷用于公益事业或者以社会公众为对象的，单位或者个人向其他单位或者个人无偿转让无形资产或者不动产，不作视同销售。❸自2019年2月1日至2020年12月31日，对企业集团内单位（含企业集团）之间的资金无偿借贷行为，免征增值税（视同销售贷款服务免税）。❹自2019年1月1日至2022年12月31日，对单位或者个体工商户将自产、委托加工或购买的货物通过公益性社会组织、县级及以上人民政府及其组成部门和直属机构，或直接无偿捐赠给目标脱贫地区的单位和个人，免征增值税。❺纳税人出租不动产，租赁合同中约定免租期的，不属于增值税视同销售范围。❻药品生产企业销售自产创新药的销售额，为向购买方收取的全部价款和价外费用，其提供给患者后续免费使用的相同创新药，不属于增值税视同销售范围。

4.兼营与混合销售行为销售额的确定

（1）兼营行为。

纳税人销售货物又提供应税劳务或发生应税服务的行为，称为兼营行为。纳税人销售货物、加工修理修配劳务、服务、无形资产或者不动产适用不同税率或者征收率的，应当分别核算适用不同税率或者征收率的销售额；未分别核算销售额的，一律从高适用税率或者征收率。

税法规定，一般纳税人兼营免税项目而无法划分不得抵扣的进项税额，按下列公式计算不得抵扣的进项税额：

$$不得抵扣的进项税额=\frac{当月免税项目销售额}{当月全部销售额}\times 当月无法划分的全部进项税额$$

（2）混合销售行为。

参见本书表2-1（属于征税范围的特殊行为），在此不再赘述。

5. 含税销售额的换算

增值税实行价外税，如果对于一般纳税人取得的含税销售额（或者有未开具发票销售行为），在计算销项税额时，必须换算为不含税的销售额。换算公式为：

含税销售额=不含税销售额×（1+增值税税率）

不含税销售额=含税销售额÷（1+增值税税率）

在确定应税销售额时应当注意，销售额以人民币计算。纳税人以人民币以外的货币结算销售额的，应当折合成人民币计算，折合率可以选择销售额发生当天或者当月1日的人民币汇率中间价。纳税人应事先确定采用何种折合率，确定后12个月内不得变更。

（三）增值税应纳税额的计算

增值税销项税额与进项税额确定后就可以得出当期应纳的增值税额，增值税一般纳税人应纳税额的计算方法为：

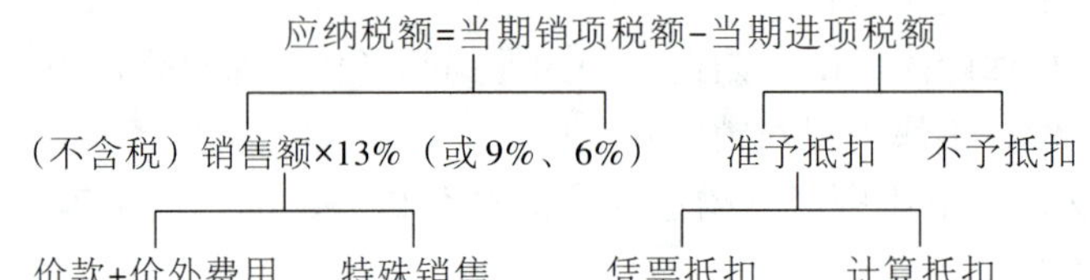

如果上式计算结果为正数，则为当期应纳增值税；如果计算结果为负数，则形成留抵税额，待下期抵扣。下期应纳税额的计算公式变为：

应纳税额=当期销项税额-当期进项税额-上期留抵税额

值得注意的是：

❶增值税一般纳税人计算当期应纳的增值税额采用购进扣税法，其中“当期”是指纳税期限。一般情况下，纳税期限为1个月，则“当期”指1个月内的时间范围，如以2019年12月为例，12月的纳税期限为12月1日至12月31日。

❷自2019年4月1日起，符合《关于深化增值税改革有关政策的公告》规定条件的纳税人，可向主管税务机关申请退还增量留抵税额。

允许退还的增量留抵税额=增量留抵税额×进项构成比例×60%。

其中，增量留抵税额是指与2019年3月底相比新增加的期末留抵税额；进项构成比例则是指2019年4月至申请退税前一税款所属期内已抵扣的增值税专用发票（含税控机动车销售统一发票）、海关进口增值税专用缴款书、解缴税款完税凭证注明的增值税额占同期全部已抵扣进项税额的比重。纳税人申请办理留抵退税，应于符合留抵退税条件的次月起，在增值税纳税申报期内，完成本期增值税纳税申报后，通过电子税务局或办税服务厅提交“退（抵）税申请表”。纳税人出口货物劳务、发生跨境应税行为，适用免抵退税办法的，可以在同一申报期内，既申报免抵退税又申请办理留抵退税。申请办理留抵退税的纳税人，出口货物劳务、跨境应税行为适用免抵退税办法的，应当按期申报免抵退税。当期可申报免抵退税的出口销售额为零的，应办理免抵退税零申报。

（四）建筑业增值税应纳税额的计算

一般纳税人销售建筑服务，应采取一般计税方法计税，适用9%的增值税税率。一般纳税人跨县（市、区）提供建筑服务的，应按工程项目分别计算应预缴税款，分别预缴。以取得的实际价款和2%预征率在建筑服务发生地预缴，然后，再以取得的全部价款和价外费用为销售额计算应纳税额，向机构所在地申报。

跨县（市、区）提供建筑服务，纳税人应自行建立预缴税款台账，区分不同地区和项目逐笔登记全部收入、支付的分包款、已扣除的分包款、扣除分包款的发票号码、已预缴税款及预缴税款的完税凭证号码等内容，留存备查。

【例2-1】湘建公司是一家位于长沙市的大型建筑施工企业，同时承建多个大型项目。该公司为增值税一般纳税人，2020年1月份有关业务如下：

（1）长沙A项目是体育场施工项目，开工日期2020年1月1日，工程总承包款2亿元。本月收到甲方预付工程款，开出专用发票，金额5 000万元，税率9%，税额450万元；本月将地基修建工程分包给分包商，支付分包款，取得专用发票，金额1 000万元，税率9%，税额90万元（专用发票备注栏已注明长沙A项目体育场工程及项目地点）；本月购进工程所需建筑材料，取得专用发票，金额2 000万元，税率13%，税额260万元。

（2）湘潭B项目是住宅楼项目，开工日期为2019年12月1日，工程总承包款1.5亿元。本月收到甲方预付工程款，开出专用发票，金额3 000万元，税率9%，税额270万元；将工程部分项目分包，本月支付分包款，取得专用发票，金额500万元，税率9%，税额45万元（专用发票备注栏已注明湘潭B项目住宅楼工程及项目地点）。

该公司2020年1月份各项目应缴纳的增值税税额计算如下：

（1）长沙A项目应纳税额计算如下：

销项税额=450万元

进项税额=90+260=350（万元）

应纳税额=450-350=100（万元）

（2）湘潭B项目因异地施工，应在湘潭预缴2%税款，回长沙再向机构所在地申报。因分包款专用发票备注栏已注明项目名称及地点，故预缴税款时可以减除分包款。

预缴税款=（3 000-500）×2%=50（万元）

应缴税款=270-45-50=175（万元）

（五）生活服务业增值税应纳税额的计算

一般纳税人销售服务，应采用一般计税方法计税，适用6%的增值税税率。但提供旅游服务，可选择以取得的全部价款和价外费用，扣除向旅游服务购买方收取并支付给其他单位或者个人的住宿费、餐饮费、交通费、签证费、门票费和支付给其他接团旅游企业的旅游费用后的余额为销售额。选择以余额为销售额的纳税人，向旅游服务购买方收取并支付的上述费用，不得开具增值税专用发票，可以开具普通发票。

【例2-2】白云宾馆是增值税一般纳税人，主营餐饮服务和住宿服务。2020年1月，白云宾馆业务情况如下：

（1）本月取得住宿服务收入，开出专用发票，金额500 000元，税率6%，税额30 000元。

（2）本月取得餐饮收入，开出普通发票，金额1 000 000元，税率6%，税额60 000元。

（3）本月餐饮部从菜市场购入蔬菜共计90 000元。

（4）本月购进服务员工作服，取得专用发票，金额10 000元，税率13%，税额1 300元。

（5）住宿部购入床单和被罩，取得专用发票，金额50 000元，税率13%，税额6 500元。

白云宾馆1月份的应纳增值税税额计算如下：

（1）单位人员出差住宿服务收入，允许开具增值税专用发票，也能作为进项税额抵扣。饭店销项税额为30 000元。

（2）餐饮服务，不得开具专用发票，只能开具普通发票。销项税额为60 000元。

（3）从菜市场购进蔬菜，不能取得发票，无允许抵扣的进项税额。

（4）服务员统一着装为经营所需，购买的工作服取得专用发票，允许抵扣进项税额1 300元。

（5）购进床单和被罩，取得专用发票，允许抵扣进项税额6 500元。

当期销项税额=30 000+60 000=90 000（元）

当期进项税额=1 300+6 500=7 800（元）

应纳税额=90 000−7 800=82 200（元）

【注意】自2020年3月1日至12月31日，除湖北省外，其他省、自治区、直辖市的增值税小规模纳税人，适用3%征收率的应税销售收入，减按1%征收率征收增值税。比如，甲公司为增值税小规模纳税人，增值税按季申报。甲公司2020年1—2月含税销售额分别为8万元、15万元，3月份销售额为20万元。根据《财政部 税务总局关于实施小微企业普惠性税收减免政策的通知》第一条和《国家税务总局关于小规模纳税人免征增值税政策有关征管问题的公告》第一条规定，小规模纳税人发生增值税应税销售行为，合计月销售额未超过10万元（以1个季度为1个纳税期的，季度销售额未超过30万元）的，免征增值税。则甲公司2020年1—3月取得的销售收入合计超过30万元，不能享受小规模纳税人季度销售额30万元以下免征增值税政策。1—2月取得的销售额需要按照3%征收率计算缴纳税款；但2020年3月份取得的适用3%征收率的应税销售收入，可以享受减按1%征收率的优惠。那么，甲公司1季度应当缴纳的增值税=（80 000+150 000）÷（1+3%）×3%+200 000÷（1+1%）×1%=223 300.97×3%+198 019.80×1%=6 699.03+1 980.20=8 679.23（元）。

二、小规模纳税人的应纳增值税税额计算

小规模纳税人采用简易计税办法。简易计税办法同样适用于一般纳税人的一些特定行为。简易计税办法应按照销售额和征收率计算应纳税额，不得抵扣进项税额。

值得注意的是，自2019年1月1日至2021年12月31日，对月销售额10万元以下（含本数，下同）的增值税小规模纳税人，免征增值税。

小规模纳税人应纳税额的计算公式为：

应纳税额=销售额×征收率

上述销售额不包括其应纳的增值税税额，纳税人采用销售额和应纳增值税税额合并定价方法的，按照下列公式计算销售额：

销售额=含税销售额÷（1+征收率）

需要解释两点：

❶按简易计税办法取得的销售额，是指销售货物或提供应税劳务和发生应税行为向购买方收取的全部价款和价外费用，但是不包括按3%或5%的征收率收取的增值税税额；

❷增值税小规模纳税人购置税控收款机发生的增值税税额可以抵免当期应纳增值税，当期应纳税额不足抵免的，未抵免的部分可在下期继续抵免。

值得注意的是，增值税小规模纳税人适用简易征收办法，开具的是普通发票，其销售额包含增值税，小规模纳税人与一般纳税人发生业务关系，一般纳税人需要增值税专用发票的，小规模纳税人可以向主管税务机关申请代开增值税专用发票。自2019年3月1日起，小规模纳税人发生增值税应税行为，需要开具增值税专用发票的，可以自愿使用增值税发票管理系统自行开具。

小规模纳税人销售其取得的不动产，需要开具增值税专用发票的，若发生在2020年2月1日之前，应当按照有关规定向税务机关申请代开；若发生在2020年2月1日之后，可使用增值税发票管理系统自行开具。

纳税人应当就开具增值税专用发票的销售额计算增值税应纳税额，并在规定的纳税申报期内向主管税务机关申报缴纳。在填写增值税纳税申报表时，应当将当期开具增值税专用发票的销售额，按照3%和5%的征收率，分别填写在“增值税纳税申报表（小规模纳税人适用）”的第2栏和第5栏“税务机关代开的增值税专用发票不含税销售额”的“本期数”相应栏次中。

【例2-3】某房地产开发企业为一般纳税人，2020年1月销售一处2016年4月30日前竣工的房产，销售金额共计1 560 000元，该业务适用简易征收办法，计算该房地产开发企业该笔业务应缴纳的增值税税额。

应纳增值税税额=1 560 000÷（1+5%）×5%=74 285.71（元）

任务2.3 增值税纳税申报

一、增值税的征收管理

（一）增值税专用发票管理

增值税专用发票，是增值税纳税人销售货物、提供劳务或者销售服务以及发生其他应税销售行为开具的票据，是购买方支付增值税税额并可按照增值税有关规定据以抵扣增值税进项税额的凭证。

一般纳税人应通过增值税防伪税控系统使用专用发票。使用，包括领购、开具、缴销、认证专用发票及其相应的数据电文。

按现行政策规定，小规模纳税人自行开具或申请代开增值税专用发票，应就其所开具发票对应的应税行为缴纳增值税。自2019年4月1日起，小规模纳税人月销售额未超过10万元，当期因代开普通发票已经缴纳的税款，可在办理纳税申报时向主管税务机关申请退还；当期因开具增值税专用发票已经缴纳的税款，申请退税的前提条件是追回所开具的增值税专用发票全部联次或者按规定开具红字专用发票。小规模纳税人月销售额超过10万元的，使用增值税发票管理系统开具增值税普通发票、机动车销售统一发票、增值税电子普通发票。已经使用增值税发票管理系统的小规模纳税人，月销售额未超过10万元的，可以继续使用现有税控设备开具发票；已经自行开具增值税专用发票的，可以继续自行开具增值税专用发票，并就开具增值税专用发票的销售额计算缴纳增值税。

1. 专用发票的联次及用途

国家税务总局公告2020年第1号

专用发票由基本联次或者基本联次附加其他联次构成。基本联次为3联，分别为：

❶发票联，作为购买方核算采购成本和增值税进项税额的记账凭证；

❷抵扣联，作为购买方报送主管税务机关认证和留存备查的扣税凭证；

❸记账联，作为销售方核算销售收入和增值税销项税额的记账凭证。

其他联次用途，由一般纳税人自行确定。

2. 专用发票的领购

一般纳税人领购专用设备后，凭“最高开票限额申请表”“发票领购簿”到主管税务机关办理初始发行。初始发行，是指主管税务机关将一般纳税人的企业名称、纳税人识别号、开票限额、购票限量、购票人员姓名、密码、开票机数量、国家税务总局规定的其他信息等载入空白金税盘和IC卡的行为。一般纳税人凭“发票领购簿”、金税盘（或IC卡）和经办人身份证明领购专用发票。

一般纳税人有下列情形之一的，不得领购开具专用发票：

（1）会计核算不健全，不能向税务机关准确提供增值税销项税额、进项税额、应纳税额数据及其他有关增值税税务资料的。

（2）有《中华人民共和国税收征收管理法》规定的税收违法行为，拒不接受税务机关处理的。

（3）有下列行为之一，经税务机关责令限期改正而仍未改正的：

❶虚开增值税专用发票；

❷私自印制专用发票；

❸向税务机关以外的单位和个人买取专用发票；

❹借用他人专用发票；

❺未按规定开具专用发票；

❻未按规定保管专用发票和专用设备；

❼未按规定申请办理防伪税控系统变更发行；

❽未按规定接受税务机关检查。

有上述情形的，如已领购专用发票，主管税务机关应暂扣其结存的专用发票和IC卡。

3. 专用发票的使用管理

（1）专用发票开票限额。

专用发票实行最高开票限额管理。最高开票限额，是指单份专用发票开具的销售额合计数不得达到的上限额度。

最高开票限额由一般纳税人申请，税务机关依法审批。最高开票限额为10万元及以下的，由区（县）级税务机关审批；最高开票限额为100万元的，由地市级税务机关审批；最高开票限额为1 000万元及以上的，由省级税务机关审批。防伪税控系统的具体发行工作由区县级税务机关负责。

（2）专用发票开具范围。

一般纳税人发生应税行为，应向购买方开具专用发票。

属于下列情形之一的，不得开具增值税专用发票：

❶商业企业一般纳税人零售烟、酒、食品、服装、鞋帽（不包括劳保专用部分）、化妆品等消费品的；

❷销售货物、劳务或者服务，销售不动产或无形资产适用免税规定的（法律、法规及国家税务总局另有规定的除外）；

❸向消费者个人销售货物、提供劳务，销售服务或者无形资产或者不动产的；

❹小规模纳税人销售货物、劳务或者服务，销售不动产或无形资产发生的应税行为的（需要自行开具或申请代开增值税专用发票，国家税务总局另有规定的除外）。

（3）专用发票开具要求。

丢失已开专用发票部分联次怎么办？

专用发票应按下列要求开具：

❶项目齐全，与实际交易相符；

❷字迹清楚，不得压线、错格；

❸发票联和抵扣联加盖财务专用章或者发票专用章；

❹按照增值税纳税义务的发生时间开具。

（二）增值税纳税义务发生时间

（1）纳税人销售货物或应税劳务、应税服务，其纳税义务发生时间为收讫销售款项或者取得索取销售款项凭据的当天；先开具发票的，为开具发票的当天。按销售结算方式的不同，纳税义务发生时间具体又分为下列几种形式：

❶采取直接收款方式销售货物，不论货物是否发出，均为收到销售款或者取得索取销售款凭据的当天。

❷采取托收承付和委托银行收款方式销售货物，为发出货物并办妥托收手续的当天。

❸采取赊销和分期收款方式销售货物，为书面合同约定的收款日期的当天；无书面合同的或书面合同没有约定收款日期的，为货物发出的当天。

❹采取预收货款方式销售货物，为货物发出的当天，但生产销售生产工期超过12个月的大型机械设备、船舶、飞机等货物，为收到预收款或书面合同约定的收款日期的当天。

❺委托其他纳税人代销货物，为收到代销单位的代销清单或者收到全部或者部分货款的当天。未收到代销清单及货款的，为发出代销货物满180天的当天。

❻销售应税劳务，为提供劳务同时收讫销售款或取得索取销售款凭据的当天。

❼纳税人发生视同销售货物行为，为货物移送的当天。

❽纳税人提供有形动产租赁服务采取预收款方式，为收到预收款的当天。

❾纳税人发生视同提供应税服务，为应税服务完成的当天。

（2）纳税人进口货物，其纳税义务发生时间为报关进口的当天。

（3）增值税扣缴义务发生时间为纳税人增值税纳税义务发生的当天。

（三）增值税的纳税期限

增值税的纳税期限分别为1日、3日、5日、10日、15日、1个月或者1个季度。纳税人的具体纳税期限，由主管税务机关根据纳税人应纳税额的大小分别核定；不能按照固定期限纳税的，可以按次纳税。纳税人以1个月或者1个季度为1个纳税期的，自期满之日起15日内申报纳税；以1日、3日、5日、10日或者15日为1个纳税期的，自期满之日起5日内预缴税款，于次月1日起15日内申报纳税并结清上月应纳税款。纳税人进口货物，应当自海关填发海关进口增值税专用缴款书之日起15日内缴纳税款。遇最后一日是法定休假日的，以休假日期满的次日为期限的最后一日；在期限内有连续3日以上法定休假日的，按休假日天数顺延。

发、供电企业和航空运输企业、邮政企业、中国铁路总公司、电信企业等的总机构及其分支机构按增值税汇总纳税相关规定进行申报。

（四）增值税纳税地点

❶固定业户应当向其机构所在地的主管税务机关申报纳税。总机构和分支机构不在同一县（市）的，应当分别向各自所在地的主管税务机关申报纳税；经国务院财政、税务主管部门或其授权的财政、税务机关批准，可以由总机构汇总向总机构所在地的主管税务机关申报纳税。

❷固定业户到外县（市）销售货物或应税劳务，应当向其机构所在地的主管税务机关申请开具外出经营活动税收管理证明，并向其机构所在地的主管税务机关申报纳税；未开具证明的，应当向销售地或劳务发生地的主管税务机关申报纳税；未向销售地或劳务发生地的主管税务机关申报纳税的，由其机构所在地的主管税务机关补征税款。

❸非固定业户销售货物或提供应税劳务，应当向销售地或劳务发生地的主管税务机关申报纳税；未向销售地或劳务发生地的主管税务机关申报纳税的，由其机构所在地或居住地的主管税务机关补征税款。

❹进口货物，应当向报关地海关申报纳税。

❺扣缴义务人应当向其机构所在地或者居住地的主管税务机关申报缴纳其扣缴的税款。

二、一般纳税人增值税的纳税申报

1.纳税申报的必报资料

❶增值税纳税申报表（一般纳税人适用），见表2-8；

❷增值税纳税申报表附列资料（一）（本期销售情况明细），见表2-3；

❸增值税纳税申报表附列资料（二）（本期进项税额明细），见表2-4；

❹增值税纳税申报表附列资料（三）（服务、不动产和无形资产扣除项目明细），见表2-5；

❺增值税纳税申报表附列资料（四）（税额抵减情况表），见表2-6；

❻增值税减免税申报明细表，见表2-7。

自2019年5月1日起，国家税务总局对增值税纳税申报表进行了调整和优化，纳税申报表及其附列资料为必报资料。

2.纳税申报其他必报资料

❶使用防伪税控系统的纳税人，必须报送记录当期纳税信息的IC卡；

❷增值税运输发票抵扣清单；

❸海关完税凭证抵扣清单；

❹代开发票抵扣清单；

❺主管税务机关规定的其他必报资料。

3.备查资料

备查资料一般包括：❶已开具增值税普通发票的存根联；❷符合抵扣条件并且在本期申报抵扣的增值税专用发票抵扣联；❸海关进口货物完税凭证、购进农产品普通发票及购进废旧物资普通发票的复印件；❹收购凭证的存根联或报查联；❺代扣代缴税款凭证存根联；❻主管税务机关规定的其他备查资料。备查资料是否需要在当期报送，由各税务机关确定。

三、小规模纳税人增值税的纳税申报

1.小规模纳税人纳税申报资料

小规模纳税人纳税申报时，应提供增值税纳税申报表（小规模纳税人适用）及其附列资料和增值税减免税申报明细表。

小规模企业无论当月有无销售额，均应填报增值税纳税申报表（小规模纳税人适用），于次月15日前报主管税务征收机关。增值税纳税申报表（小规模纳税人适用）的格式与内容见表2-9。

2.小规模纳税人申报缴税

（1）直接申报缴税方式。

纳税人按主管税务机关规定的纳税期限携带填列准确无误的申报资料到申报征收窗口办理申报缴款手续，以税务机关填开的中华人民共和国税收通用缴款书为完税凭证，进行会计核算。

（2）电子申报缴税方式。

小规模纳税人的电子申报缴税方式与一般纳税人相同，小规模纳税人必须在法定申报期内将申报表录入电子申报缴税系统，通过计算机网络进行远程申报，根据“财税库银横向联网系统”协议向纳税人指定的银行账号适时进行税款划缴，以开户行领取的电子缴税付款凭证作为完税单据，进行会计核算。

值得注意的是，自2019年1月1日至2021年12月31日，对月销售额10万元以下（含本数，下同）的增值税小规模纳税人，免征增值税，但不动产销售除外。小规模纳税人发生增值税应税销售行为，扣除本期发生的销售不动产的销售额后未超过10万元的，其销售货物、劳务、服务、无形资产取得的销售额免征增值税。

适用增值税差额征税政策的小规模纳税人，以差额后的销售额确定是否可以享受《国家税务总局关于小规模纳税人免征增值税政策有关征管问题的公告》规定的免征增值税政策。纳税人填报“增值税纳税申报表（小规模纳税人适用）”时，以差额后的销售额填入“免税销售额”相关栏次。

其他个人出租不动产采取一次性收取租金形式出租不动产取得的租金收入，可在对应的租赁期内平均分摊，分摊后的月租金收入未超过10万元的，免征增值税。小规模纳税人中的单位和个体工商户销售不动产，按现行政策规定应预缴增值税的，凡在预缴地实现的月销售额未超过10万元的，当期无需预缴税款。《国家税务总局关于小规模纳税人免征增值税政策有关征管问题的公告》下发前已预缴税款的，可以向预缴地主管税务机关申请退还。其他个人销售不动产，继续按照现行规定征免增值税。如其他个人将购买2年以上（含2年）的普通住房对外销售等符合免税条件的，仍可继续享受免税；如不符合免税条件的，则应按现行政策规定纳税。按固定期限纳税的小规模纳税人可根据其实际经营情况选择以1个月或1个季度为纳税期限。一经选择，1个会计年度内不得变更。

任务2.4 增值税会计核算

一、一般纳税人增值税会计科目设置

增值税实行价外税，是一种间接税。对于一般纳税人采用税款抵扣法，只就每个流通环节的增值部分征税，因此，生产经营各环节的纳税人不是负税人。通过一道道环节的征税、扣税，增值税最终由消费者负担，而生产、流通企业在这一过程中只起着税负传递的作用，并不负担税款。企业发生的有关增值税业务实际上属于特殊的资金往来业务，销售货物收取的增值税属于代收款项，购进货物所支付的增值税属于代垫款项，都需要在会计处理上进行单独核算，而两者之差体现为企业与国家这种债务人和债权人之间的关系。由于增值税一般纳税人和小规模纳税人在增值税计算方法上存在差异，因此增值税会计核算也不相同。

为了准确反映增值税的计算和缴纳情况，增值税一般纳税人应当在“应交税费”科目下设置“应交增值税”“未交增值税”“预交增值税”“待抵扣进项税额”“待认证进项税额”“待转销项税额”“增值税留抵税额”“简易计税”“转让金融商品应交增值税”“代扣代交增值税”等二级明细科目。

（一）“应交税费——应交增值税”科目

“应交税费——应交增值税”科目的借方发生额，反映企业购进货物、劳务或接受应税服务所支付的进项税额、减免税额以及实际已缴纳的增值税额；其贷方发生额反映企业销售货物、劳务、服务、不动产或无形资产所收取的销项税额、出口货物退税额以及进项税额转出数；期末贷方余额反映企业应该交纳的增值税，借方余额反映企业尚未抵扣的增值税。

增值税一般纳税人应在“应交增值税”明细账内根据企业增值税核算具体需要设置“进项税额”“销项税额抵减”“已交税金”“出口抵减内销产品应纳税额”“转出未交增值税”“销项税额”“出口退税”“进项税额转出”“转出多交增值税”等专栏。

❶“进项税额”专栏，记录一般纳税人购进货物、加工修理修配劳务、服务、无形资产或不动产而支付或负担的、准予从当期销项税额中抵扣的增值税额。

❷“已交税金”专栏，记录一般纳税人当月已交纳的应交增值税额。

❸“出口抵减内销产品应纳税额”专栏，记录实行“免抵退”办法的一般纳税人按规定计算的出口货物的进项税抵减内销产品的应纳税额。

❹“转出未交增值税”专栏，记录一般纳税人月度终了转出当月应交未交增值税额至“未交增值税”明细科目贷方的税额。

❺“销项税额”专栏，记录一般纳税人销售货物、加工修理修配劳务、服务、无形资产或不动产应收取的增值税额。

❻“出口退税”专栏，记录一般纳税人出口货物、加工修理修配劳务、服务、无形资产按规定退回的增值税额。

❼“进项税额转出”专栏，记录一般纳税人购进货物、加工修理修配劳务、服务、无

形资产或不动产等发生非正常损失以及其他原因而不应从销项税额中抵扣、按规定转出的进项税额。

❽“转出多交增值税”专栏，记录企业本月多交的增值税额在月末转入“未交增值税”明细科目借方的税额。

营改增后，企业可以视企业业务情况增设“销项税额抵减”专栏，记录企业因按规定扣减销售额而减少的销项税额。设置“减免税款”专栏，记录一般纳税人按现行增值税制度规定准予减免的增值税：a. 自2019年4月1日至2021年12月31日，对于生产、生活性服务业纳税人按照当期可抵扣进项税额加计10%抵减应纳税额（生活性服务业纳税人自2019年10月1日至2021年12月31日，按当期可抵扣进项税额加计15%抵减应纳税额）；b. 一般纳税人购进税控设备抵减的增值税。按规定抵减的增值税，借记“应交税费——应交增值税（减免税款）”科目，贷记“管理费用”等科目。

“应交税费——应交增值税”科目账户结构如下所示：

应交税费——应交增值税

进项税额 已交税金 减免税款 出口抵减内销产品应纳税额 转出未交增值税	销项税额 出口退税 进项税额转出 转出多交增值税

（二）“应交税费——未交增值税”科目

“应交税费——未交增值税”科目核算一般纳税人月度终了从“应交增值税”或“预交增值税”明细科目转入当月应交未交、多交或预缴的增值税额，以及当月交纳以前期间未交的增值税额。

（三）“应交税费——预交增值税”科目

“应交税费——预交增值税”科目核算一般纳税人转让不动产、提供不动产经营租赁服务、提供建筑服务、采用预收款方式销售自行开发的房地产项目等，以及其他按现行增值税制度规定应预缴的增值税额。

（四）“应交税费——待抵扣进项税额”科目

“应交税费——待抵扣进项税额”科目核算一般纳税人已取得增值税扣税凭证并经税务机关认证，按照增值税制度规定准予以后期间从销项税额中抵扣的进项税额，包括一般纳税人自2016年5月1日后取得并按固定资产核算的不动产或者2016年5月1日后取得的不动产在建工程，按现行增值税制度规定准予以后期间从销项税额中抵扣的进项税额（该规定自2019年4月1日起已停止执行）；实行纳税辅导期管理的一般纳税人取得的尚未交叉稽核比对的增值税扣税凭证上注明或计算的进项税额。

（五）“应交税费——待认证进项税额”科目

“应交税费——待认证进项税额”科目核算一般纳税人由于未经税务机关认证而不得从当期销项税额中抵扣的进项税额，包括一般纳税人已取得增值税扣税凭证、按照现行增值税制度规定准予从销项税额中抵扣，但尚未经税务机关认证的进项税额；一般纳税人已申请稽核但尚未取得稽核相符结果的海关缴款书进项税额。

（六）“应交税费——待转销项税额”科目

“应交税费——待转销项税额”科目核算一般纳税人销售货物、加工修理修配劳务、服务、无形资产或不动产，已确认相关收入（或利得）但尚未发生增值税纳税义务而需于以后期间确认为销项税额的增值税额。

（七）“应交税费——简易计税”科目

“应交税费——简易计税”科目核算一般纳税人采用简易计税办法发生的增值税计提、扣减、预缴、缴纳等业务。

企业视业务情况，可在“应交税费”科目下增设“转让金融商品应交增值税”明细科目，核算纳税人转让金融商品发生的增值税额；如果纳税人购进在境内未设经营机构的境外单位或个人在境内的应税行为有代扣代缴增值税的，可设置“代扣代交增值税”明细科目来核算；“增值税留抵税额”明细科目则核算兼有销售服务、无形资产或不动产的原增值税一般纳税人，截至纳入“营改增”试点之日前，增值税期末留抵税额按照现行增值税制度规定不得从销售服务、无形资产或不动产的销项税额中抵扣的增值税额。

二、一般纳税人增值税的会计核算

（一）一般纳税人进项税额的会计核算

1.可抵扣进项税额的核算

（1）采购等业务取得增值税专用发票的核算。

一般纳税人购进货物、加工修理修配劳务、服务、无形资产或不动产，按应计入相关成本费用或资产的金额，借记“在途物资”或“原材料”、“库存商品”、“生产成本”、“无形资产”、“固定资产”、“管理费用”等科目；按当月已认证的可抵扣增值税额，借记“应交税费——应交增值税（进项税额）”科目，按当月未认证的可抵扣增值税额，借记“应交税费——待认证进项税额”科目；按应付或实际支付的金额，贷记“应付账款”“应付票据”“银行存款”等科目。发生退货的，如原增值税专用发票已作认证，应根据税务机关开具的红字增值税专用发票作相反的会计分录；如原增值税专用发票未作认证，应将发票退回并编制相反的会计分录。

（2）购入免税农产品进项税额的核算。

企业购进免税农产品，按买价的9%计算准予抵扣的进项税额，但购进用于生产销售或委托受托加工13%税率货物的农产品（即深加工农产品），按10%扣除率计算准予抵扣的进项税额，即加计扣除1%，借记“应交税费——应交增值税（进项税额）”科目；按买价扣除相应的进项税额后的余额，借记“原材料”等科目；按应付或实际支付的价款，贷记“应付账款”“应付票据”“银行存款”等科目。

【例 2-4】某企业从农场收购一批免税农产品作为本企业原材料用，取得的收购凭证（经税务机关批准）注明的价款为200 000元，款项已支付，货物已验收入库。

如该企业收购农产品用于生产销售13%税率货物的农产品，当月购进的会计处理如下：

借：原材料　　182 000

　　应交税费——应交增值税（进项税额）　　18 000

　贷：银行存款　　200 000

假如该企业下月将收购的农产品用于生产销售13%税率货物的农产品，会计处理如下：

借：应交税费——应交增值税（进项税额） 2 000

贷：生产成本 2 000

（3）货物等已验收入库但尚未取得增值税扣税凭证的核算。

一般纳税人购进的货物等已到达并验收入库，但尚未收到增值税扣税凭证并未付款的，应在月末按货物清单或相关合同协议上的价格暂估入账，不需要将增值税的进项税额暂估入账。下月初，用红字冲销原暂估入账金额，待取得相关增值税扣税凭证并经认证后，按应计入相关成本费用或资产的金额，借记“原材料”“库存商品”“固定资产”“无形资产”等科目；按可抵扣的增值税额，借记“应交税费——应交增值税（进项税额）”科目；按应付金额，贷记“应付账款”等科目。

2.不得抵扣进项税额的核算

（1）取得普通发票的购进货物的核算。

一般纳税人在购入货物时（不包括购进免税农产品），只取得普通发票的，应按发票累计全部价款入账，不得将增值税分离出来进行抵扣处理。在进行会计处理时，借记“原材料”“制造费用”“管理费用”“其他业务成本”等科目；贷记“应付账款”“应付票据”“银行存款”等科目。

（2）购入用于集体福利等项目的货物或劳务的核算。

企业购入货物及接受应税劳务直接用于职工集体福利等，按其专用发票上注明的增值税额，计入购入货物及接受劳务成本，借记“应付职工薪酬”等科目，贷记“银行存款”等科目。需要注意的是，纳税人购进用于交际应酬的货物同样不允许抵扣进项税额。

（3）购进货物过程中发生非正常损失的核算。

企业在货物购进过程中，如果因管理不善造成货物被盗或发生霉烂、变质以及因违反法律法规造成货物或者不动产被依法没收、销毁、拆除而产生的损失，称为非正常损失，其进项税额不得抵扣。《增值税暂行条例》规定，非正常损失不包括自然灾害造成的损失。

3.进项税额转出的核算

购进物资、在产品、产成品发生因管理不善造成的非正常损失，其进项税额应相应转入有关科目不得抵扣，借记“待处理财产损溢”科目，贷记“应交税费——应交增值税（进项税额转出）”科目。

（二）一般纳税人销项税额的会计核算

1.销售业务的核算

企业销售货物、加工修理修配劳务、服务、无形资产或不动产，应当按应收或已收的金额，借记“应收账款”“应收票据”“银行存款”等科目；按取得的收入金额，贷记“主营业务收入”“其他业务收入”“固定资产清理”“工程结算”等科目；按现行增值税制度规定计算的销项税额（或采用简易计税办法计算的应纳增值税额），贷记“应交税费——应交增值税（销项税额）”或“应交税费——简易计税”科目。发生销售退回的，应根据按规定开具的红字增值税专用发票编制相反的会计分录。

按照国家统一的会计制度确认收入或利得的时点早于按照增值税制度确认增值税纳税义务发生时点的，应将相关销项税额记入“应交税费——待转销项税额”科目，待实际发生纳税义务时再转入“应交税费——应交增值税（销项税额）”或“应交税费——简易计税”科目。

按照增值税制度确认增值税纳税义务发生时点早于按照国家统一的会计制度确认收入或利得的时点的，按应纳增值税额，借记“应收账款”科目，贷记“应交税费——应交增值税（销项税额）”或“应交税费——简易计税”科目；按照国家统一的会计制度确认收入或利得时，应按扣除增值税销项税额后的金额确认收入。

2.视同销售的核算

企业发生税法上视同销售的行为，应当按照企业会计准则或制度的相关规定进行相应的会计处理，并按照现行增值税相关规定计算的销项税额（或采用简易计税办法计算的应纳增值税额），借记“应付职工薪酬”“利润分配”等科目，贷记“应交税费——应交增值税（销项税额）”或“应交税费——简易计税”科目。

（三）增值税月末结转及缴纳的核算

1. 月末转出多交增值税和未交增值税的核算

月度终了，企业应当将当月应交未交或多交的增值税自“应交增值税”明细科目转入“未交增值税”明细科目。对于当月应交未交的增值税，借记“应交税费——应交增值税（转出未交增值税）”科目，贷记“应交税费——未交增值税”科目；对于当月多交的增值税，借记“应交税费——未交增值税”科目，贷记“应交税费——应交增值税（转出多交增值税）”科目。

2.缴纳以前期间未交增值税的核算

企业缴纳以前期间未交的增值税，借记“应交税费——未交增值税”科目，贷记“银行存款”科目。

【例 2-5】2020年1月，恒大公司发生销项税额合计1 000 000元，进项税额转出200 000元，进项税额合计800 000元。

恒大公司当月应交增值税=1 000 000+200 000-800 000=400 000（元）

为方便核算，很多企业都是在月底结账时计算出应交增值税额，并转入“应交税费——未交增值税”科目，次月15日前向税务部门申报并扣税。

恒大公司月末结账时的会计处理如下：

借：应交税费——应交增值税（转出未交增值税）　　400 000

　贷：应交税费——未交增值税　　400 000

恒大公司次月申报缴税时的会计处理如下：

借：应交税费——未交增值税　　400 000

　贷：银行存款　　400 000

3.缴纳当月应交增值税的核算

企业缴纳当月应交的增值税，借记“应交税费——应交增值税（已交税金）”科目，贷记“银行存款”科目。

4.预缴增值税的核算

企业预缴增值税时，借记“应交税费——预交增值税”科目，贷记“银行存款”科目。月末，企业应将“预交增值税”明细科目余额转入“未交增值税”明细科目，借记“应交税费——未交增值税”科目，贷记“应交税费——预交增值税”科目。房地产开发企业等在预缴增值税后，应直至纳税义务发生时方可从“应交税费——预交增值税”科目结转至“应交税费——未交增值税”科目。

5. 减免增值税的核算

对于当期直接减免的增值税，借记“应交税费——应交增值税（减免税款）”科日，贷记相关损益类科目。

三、小规模纳税人增值税的会计核算

（一）小规模纳税人会计科目的设置

小规模纳税人只需设置“应交税费——应交增值税”二级账户，采用三栏式账页，其贷方发生额反映企业销售货物或提供应税劳务应该缴纳的增值税额；借方发生额反映企业已经缴纳的增值税额；期末贷方余额反映企业应缴而未缴的增值税额；期末借方余额反映企业多缴的增值税额。

（二）小规模纳税人增值税的会计核算

小规模纳税人不能享受税收抵扣权，其采购货物或者接受应税劳务，无论是取得增值税专用发票还是普通发票，所支付的税款均需直接计入所采购货物或接受应税劳务的成本。小规模纳税人使用“应交税费——应交增值税”账户，一般沿用借、贷、余三栏式账户，不需要在“应交增值税”明细账下再设专栏。

1. 一般销售业务的会计核算

（1）小规模纳税人销售货物时，按已收或应收的金额，借记“银行存款”“应收账款”“应收票据”等科目；按取得的收入金额，贷记“主营业务收入”“其他业务收入”等科目；按现行增值税制度规定计算的应纳增值税额，贷记“应交税费——应交增值税”科目。值得注意的是，自2019年4月1日至2021年12月31日，对于生产、生活性服务业小规模纳税人，可按照当期应纳的增值税额加计10%，抵减应纳税额，借记“应交税费——应交增值税”科目，贷记“管理费用”等科目，同采用购进税控设备抵减增值税优惠政策的处理一致。

（2）小规模纳税人销售自己使用过的固定资产和旧货，如果销售行为发生在2009年1月1日以后，不区分购进年限，应编制的会计分录为：借记“银行存款”等科目，贷记“固定资产清理”（销售额）、“应交税费——应交增值税”等科目。

2. 视同销售的会计核算

企业发生税法上视同销售的行为，应当按照企业会计准则或制度的相关规定进行相应的会计处理，并按采用简易计税办法计算的应纳增值税额，借记“应付职工薪酬”“利润分配”等科目，贷记“应交税费——应交增值税”科目。

3. 交纳增值税的会计核算

小规模纳税人无论当月计算当月上缴，还是当月上缴上月的增值税，缴纳增值税时，均进行同样的会计处理，即借记“应交税费——应交增值税”科目，贷记“银行存款”科目。

任务2.5 一般纳税人企业增值税纳税岗位实务

【工作示例2-1】

湖南山河有限公司是一家综合类食品加工企业，常年生产山河牌核桃乳系列产品，企业按照企业会计准则进行会计核算，是增值税一般纳税人，按月缴纳增值税，存货采用实际成本计价，包装物单独核算。2020年8月发生如下经济业务：

（1）8月3日，购入干核桃100吨，货物含税单价8 720元，取得增值税专用发票，注明税额72 000元；发生货物运输费用20 000元，取得增值税专用发票，注明税额1 800元。干核桃已清点入库，货款及运费以银行存款支付。

（2）8月4日，从山西恒顺公司（小规模纳税人）购入核桃仁80吨，含税单价4 120元，取得税务机关代开的增值税专用发票，货未到，款未付。

（3）8月5日，从雨花包装箱厂（小规模纳税人）购入纸箱一批，取得的普通发票注明的金额为3 390元，货物验收入库，货款已全部支付。

（4）8月6日，外购食品包装机一台，取得增值税专用发票，注明价款100 000元，税额13 000元，发生运输费用3 000元，取得运输费普通发票一张，食品包装机当即投入二车间使用，全部款项已支付。

（5）8月8日，用支票直接从四季环保农场收购用于生产加工核桃乳的核桃一批，验货后直接全部投入生产，经税务机关批准的收购凭证上注明的价款为100 000元。

（6）8月10日，委托茂华加工厂加工易拉罐一批，铝料上月已发出，本月用支票支付加工费，取得增值税专用发票，注明加工费2 000元，增值税额260元。

（7）8月11日，购入比亚迪轿车5台奖励给公司先进个人，取得增值税专用发票，注明价款350 000元，税额45 500元，价税合计395 500元，用转账支票付款。

（8）8月12日，缴纳上月增值税79 800元。

（9）8月12日，向小规模纳税人金泰公司售出多余的食品添加剂一批，开出29 250元的普通发票，取得支票并存入银行。

（10）8月13日，向星波旺公司销售核桃乳产品一批，合同金额为600 000元，15日收到乙公司预付货款300 000元。合同约定18日发货，同时开具增值税专用发票，注明不含税销售额510 000元，要求星波旺公司收到货物和发票后补齐剩余款项。

（11）8月14日，向怡清园公司以分期收款方式销售核桃蛋白乳产品10件，每件200听，每件不含税价格60 000元。该产品成本为420 000元，货已经发出。按合同规定，货款分3个月付清，本月19日为约定的第一次付款日，开具增值税专用发票，注明价款200 000元，货款尚未收到。

（12）8月16日，从友谊商城收到委托代销的代销清单，销售核桃乳产品5件，每件60 000元，增值税税率为13%，对方按不含税价款的5%收取手续费。开具增值税专用发票一张，结算货款，收到支票一张并存入银行。

（13）8月17日，销售给蓝星公司核桃乳产品6件，每件42 000元，不含税销售额252 000元；随同产品一起售出包装箱60个，每个75元（不含税价）。共开具一张增值税专用发票，收到一张转账支票送存银行。

（14）8月19日，将一批核桃巧克力乳产品作为奖金发放给公司职工，实际成本共计60 000元，当月核桃巧克力乳产品的售价在78 000~82 000元浮动，以平均售价入账，未开具发票。

（15）8月21日，将总价值160 000元（税务机关认定的计税价格为200 000元）的4件核桃蛋白乳产品无偿捐赠给新化县希望工程。

（16）8月26日，一车间对外提供加工服务，收取劳务费11 300元（含税），开具普通发票。

(17) 8月27日，公司上月销售的核桃乳产品中有5件发生销售退回，价款198 000元，应退增值税25 740元。企业凭税务机关系统校验通过的“开具红字增值税专用发票信息表”，开出红字增值税专用发票，并以银行存款支付退货款项。

(18) 月末盘存发现2018年8月购入的3 000千克加工易拉罐用材料被盗，金额31 500元，已抵扣税额5 040元，经批准作为营业外支出处理。

(注：假设发票取得当月通过增值税发票综合服务平台进行了用途确认，办税员于2020年9月12日进行增值税申报工作)

【工作任务】

1.根据审核无误的增值税涉税业务原始凭证资料，判断哪些业务可以进行进项税额抵扣并准确计算可以抵扣的进项税额；

2.根据审核无误的增值税涉税业务原始凭证资料，计算当期增值税销项税额；

3.计算当期应纳的增值税税额；

4.根据审核无误的增值税涉税业务原始凭证资料，填制增值税涉税业务记账凭证；

5.填写企业销售情况，规范、正确地填报一般纳税人增值税纳税申报表及其附列资料，进行纳税申报工作。

【任务实施】

1.湖南山河有限公司2020年8月进项税额分析和计算过程如下：

(1) 取得一般纳税人开具的增值税专用发票或海关进口增值税专用缴款书的，以增值税专用发票或海关进口增值税专用缴款书上注明的增值税额为进项税额。购进免税农产品取得增值税专用发票，且已确认，其进项税额允许按9%抵扣。同时，所支付的运费可按运费的9%作进项税额抵扣，则：

允许抵扣进项税额=100×8 720÷（1+9%）×9%+20 000×9%=72 000+1 800=73 800（元）

(2) 从按简易计税办法依3%征收率缴纳增值税的小规模纳税人购进农产品，取得增值税专用发票的，以增值税专用发票上注明的金额和9%的扣除率计算进项税额。

允许抵扣进项税额=4 120×80÷（1+3%）×9%=28 800（元）

(3) 购进包装物取得普通发票，其进项税额不得抵扣。

(4) 购进生产经营用固定资产取得增值税专用发票，且已确认，其进项税额允许按13%抵扣。但所支付的运费取得的是普通发票，不得抵扣进项税额，则：

允许抵扣进项税额=100 000×13%=13 000（元）

(5) 从农场收购农产品，取得经税务机关批准的收购凭证，按农产品买价和9%的扣除率计算进项税额；生产领用用于加工13%税率货物时，按规定计算农产品进项税额加计扣除1%，则：

允许抵扣进项税额=100 000×（9%+1%）=10 000（元）

(6) 接受加工劳务，取得增值税专用发票，且已确认，其进项税额允许抵扣，则：

允许抵扣进项税额=2 000×13%=260（元）

(7) 购进固定资产用于个人消费，其进项税额不得抵扣。

2.湖南山河有限公司2020年8月的增值税销项税额分析、计算过程如下：

(1) 向小规模纳税人销售货物开具普通发票，其销售额为含税销售额，则：

销项税额=29 250÷（1+13%）×13%=3 365（元）（为方便计算，尾数取整处理）

（2）采取预收货款方式销售货物，于货物发出的当天确定销售额，则：

销项税额=510 000×13%=66 300（元）

（3）采取分期收款方式销售货物，于书面合同约定的收款日期的当天确定销售额，则：

销项税额=200 000×13%=26 000（元）

（4）委托其他纳税人代销货物，于收到代销单位的代销清单的当天确定销售额，则：

销项税额=60 000×5×13%=39 000（元）

（5）随同产品出售并单独计价的包装物销售收入是企业的其他业务收入，按规定应计算缴纳增值税，则：

销项税额=（252 000+75×60）×13%=33 345（元）

（6）以自产的货物用于职工福利为视同销售货物行为，按税法规定应当计算缴纳增值税，并应按税务机关认定的计税价格计算，则：

销项税额=（78 000+82 000）÷2×13%=10 400（元）

（7）以自产的货物无偿赠送他人为视同销售货物行为，按税法规定应当计算缴纳增值税，并应按税务机关认定的计税价格计算，则：

销项税额=200 000×13%=26 000（元）

（8）提供应税劳务，开具普通发票，其销售额为含税销售额，则：

销项税额=11 300÷（1+13%）×13%=1 300（元）

（9）对手续完备的销售退回，退还给购买方的增值税，可从发生销售退回当期的销项税额中扣减，则：

销项税额=-198 000×13%=-25 740（元）

（10）购进货物发生非正常损失，应当将该项购进货物的进项税额从当期的进项税额中扣减，当时抵扣多少就等额转出多少，则：

进项税额转出=31 500×16%=5 040（元）

3.湖南山河有限公司2020年8月应纳税额分析、计算过程如下：

当期允许抵扣的进项税额合计=73 800+28 800+13 000+10 000+260=125 860（元）

当期销项税额合计=3 365+66 300+26 000+39 000+33 345+10 400+26 000+1 300-25 740=179 970（元）

当期进项税额转出=5 040元

当期应纳税额=179 970-（125 860-5 040）=59 150（元）

4.对湖南山河有限公司2020年8月份增值税涉税业务的会计处理如下（为简便起见，本教材仅作增值税涉税会计分录）：

（1）根据资料应编制会计分录如下：

借：原材料——干核桃　　820 000

　　应交税费——应交增值税（进项税额）　　73 800

　贷：银行存款　　893 800

注：如购入上述原材料时取得普通发票或者虽取得专用发票，但专用发票不符合抵扣要求，则应将进项税额计入原材料成本，不得抵扣。

（2）根据资料应编制会计分录如下：

借：在途物资——核桃仁　　300 800

　　应交税费——应交增值税（进项税额）　　28 800

贷：银行存款　329 600

（3）根据资料应编制会计分录如下：

借：周转材料——包装物　3 390

贷：银行存款　3 390

注：当一般纳税人从小规模纳税人处购进货物，如果没有取得专用发票，一般纳税人不能够凭普通发票抵扣进项税额，应将进项税额计入购进货物成本。

（4）根据资料应编制会计分录如下：

借：固定资产——在用食品包装机　103 000

应交税费——应交增值税（进项税额）　13 000

贷：银行存款　116 000

（5）根据资料应编制会计分录如下：

借：原材料——核桃　90 000

应交税费——应交增值税（进项税额）　10 000

贷：银行存款　100 000

注：如果下期领用（1）、（2）购进的农产品用于生产或者委托加工13%税率货物（即农产品深加工），同样适用加计1%进项税额扣除。

（6）根据资料应编制会计分录如下：

借：委托加工物资　2 000

应交税费——应交增值税（进项税额）　260

贷：银行存款　2 260

注：一般纳税人接受应税劳务，按专用发票上注明的增值税额，借记“应交税费——应交增值税（进项税额）”科目，按专用发票上注明的应当计入加工修理修配等物资成本的金额，借记“生产成本”“委托加工物资”“管理费用”等科目，按应支付或实际支付的金额，贷记“银行存款”“应付账款”等科目。

（7）根据资料应编制会计分录如下：

借：固定资产　395 500

贷：银行存款　395 500

注：外购固定资产可以抵扣其进项税额，但能抵扣进项税额的固定资产主要是机器、机械、运输工具，以及其他与生产、经营有关的设备、工具、器具；对用于集体福利与个人消费的外购固定资产，不能纳入增值税进项税额的抵扣范围。

（8）根据资料应编制会计分录如下：

借：应交税费——未交增值税　79 800

贷：银行存款　79 800

（9）根据资料应编制会计分录如下：

借：银行存款　29 250

贷：其他业务收入——食品添加剂　25 885

应交税费——应交增值税（销项税额）　3 365

注：企业采取直接收款方式销售货物，无论货物是否发出，均以收到销售款或者取得索取销售款凭据的当天作为销售收入实现、纳税义务发生和开出增值税发票的时间。

(10) 根据资料应编制会计分录如下：

❶15日预收款项时：

借：银行存款　　300 000

　贷：预收账款——星波旺公司　　300 000

❷18日发出货物，开具专用发票时：

借：预收账款——星波旺公司　　576 300

　贷：应交税费——应交增值税（销项税额）　　66 300

　　主营业务收入——核桃乳　　510 000

❸收到余款时：

借：银行存款　　276 300

　贷：预收账款　　276 300

注：企业采用预收货款结算方式销售货物的，以货物发出的当天作为销售收入实现、纳税义务发生和开出增值税发票的时间。

(11) 根据资料应编制会计分录如下：

❶发出商品时：

借：发出商品　　420 000

　贷：库存商品——核桃蛋白乳　　420 000

❷确认收入，开具专用发票时：

借：应收账款——怡清园公司　　226 000

　贷：主营业务收入——核桃蛋白乳　　200 000

　　应交税费——应交增值税（销项税额）　　26 000

❸同时结转确认收入部分的成本时：

借：主营业务成本　　140 000

　贷：发出商品　　140 000

注：在以后约定的收款日，作相同的账务处理。企业采取赊销和分期收款方式销售货物的，为书面合同约定的收款日期的当天，无书面合同的或者书面合同没有约定收款日期的，将货物发出的当天作为销售收入实现、纳税义务发生和开出增值税发票的时间。

(12) 根据资料应编制会计分录如下：

借：银行存款　　324 000

　　销售费用　　15 000

　贷：主营业务收入——核桃蛋白乳　　300 000

　　应交税费——应交增值税（销项税额）　　39 000

注：委托其他纳税人代销货物时，将收到代销单位的代销清单或者收到全部或者部分货款的当天作为销售收入实现、纳税义务发生和开出增值税发票的时间。

(13) 根据资料应编制会计分录如下：

借：银行存款　　289 845

　贷：主营业务收入——核桃乳　　252 000

　　其他业务收入——周转材料　　4 500

　　应交税费——应交增值税（销项税额）　　33 345

注：企业销售产品时，对单独计价销售的包装物，按规定应缴纳增值税。其账务处理为：按价税合计数，借记“应收账款”“银行存款”等科目，按应缴的增值税额，贷记“应交税费——应交增值税（销项税额）”科目，按包装物价款，贷记“其他业务收入”科目。逾期未能退还的包装物押金，按规定缴纳增值税，按应退的押金，借记“其他应付款”科目，按应缴的增值税额，贷记“应交税费——应交增值税（销项税额）”科目，按应退押金扣除应交增值税的差额，贷记“其他业务收入”科目。

（14）根据资料应编制会计分录如下：

❶确认收入时：

借：应付职工薪酬——非货币性福利　　90 400

　贷：主营业务收入——核桃巧克力乳　　80 000

　　应交税费——应交增值税（销项税额）　　10 400

❷结转销售成本时：

借：主营业务成本——核桃巧克力乳　　60 000

　贷：库存商品——核桃巧克力乳　　60 000

注：按税法规定，企业将自产、委托加工的货物用于简易计税项目、免征增值税项目、集体福利和个人消费，属于视同销售行为，应按自产、委托加工货物的成本与税务机关认可的货物计税依据计算缴纳增值税，纳税义务发生时间为货物移送的当天。

（15）根据资料应编制会计分录如下：

❶确认收入时：

借：营业外支出　　226 000

　贷：主营业务收入——核桃蛋白乳　　200 000

　　应交税费——应交增值税（销项税额）　　26 000

❷结转销售成本时：

借：主营业务成本——核桃蛋白乳　　160 000

　贷：库存商品——核桃蛋白乳　　160 000

注：按税法规定，企业将自产、委托加工或购买的货物作投资，提供给其他单位或个体工商户，以及无偿赠送给其他单位或个人，应按自产、委托加工或购买的货物成本与税务机关核定的货物计税依据计算缴纳增值税，纳税义务发生时间为货物移送的当天。

（16）根据资料应编制会计分录如下：

借：银行存款　　11 300

　贷：其他业务收入　　10 000

　　应交税费——应交增值税（销项税额）　　1 300

注：按税法规定，企业销售应税劳务时，将提供劳务同时收讫销售款或者取得索取销售款凭据的当天作为销售收入实现、纳税义务发生和开出增值税发票的时间。

（17）根据资料应编制会计分录如下：

借：银行存款　　223 740

　贷：主营业务收入——核桃乳　　198 000

　　应交税费——应交增值税（销项税额）　　25 740

注：企业销售货物由于品种规格不符或质量原因造成购货方要求退货或折让的，不论

是当月销售的还是以前月份销售的，均应冲减退回当月的销售收入；另外，在折扣销售方式下，只有销售额和折扣额在同一张发票的“金额”栏分别注明的，才能按折扣后的余额作为计税销售额，否则不得从销售额中减去折扣额。

（18）根据资料应编制会计分录如下：

借：待处理财产损溢——待处理流动资产损溢　　36 540

　贷：原材料　　31 500

　　　应交税费——应交增值税（进项税额转出）　　5 040

同时：

借：营业外支出　　36 540

　贷：待处理财产损溢——待处理流动资产损溢　　36 540

注：购进的物资、在产品、产成品发生因管理不善造成的非正常损失，其进项税额应相应转入有关科目，不得抵扣。

（19）月末，分析汇总湖南山河有限公司2020年8月应交增值税销项税额与进项税额，本公司有应缴未缴增值税额59 150元，转入“应交税费——未交增值税”科目的贷方：

借：应交税费——应交增值税（转出未交增值税）　　59 150

　贷：应交税费——未交增值税　　59 150

（20）待下月申报期申报缴税后作如下处理：

借：应交税费——未交增值税　　59 150

　贷：银行存款　　59 150

5.湖南山河有限公司办税会计员于2020年9月12日完成公司增值税纳税申报工作。

操作步骤：

第一步，申报期内，根据本期“应交税费——应交增值税”明细账，参看本期记账凭证，填写增值税纳税申报表附列资料：

增值税纳税申报表附列资料（一）（本期销售情况明细），见表2-3。

增值税纳税申报表附列资料（二）（本期进项税额明细），见表2-4。

增值税纳税申报表附列资料（三）（服务、不动产和无形资产扣除项目明细）见表2-5。

增值税纳税申报表附列资料（四）（税额抵减情况表）见表2-6。

增值税减免税申报明细表，见表2-7。

第二步，根据本期“应交税费——应交增值税”明细账和已填写的增值税附列资料，规范正确地填报一般纳税人增值税纳税申报表（一般纳税人适用）（主表），见表2-8。

表 2-3

增值税纳税申报表附列资料（一）

（本期销售情况明细）

税款所属时间：2020年08月01日至2020年08月31日

纳税人名称：（公章）**湖南山河有限公司**　　　　金额单位：元

项目及栏次				开具增值税专用发票		开具其他发票		未开具发票		纳税检查调整		合计			服务、不动产和无形资产扣除项目本期实际扣除金额	扣除后	
				销售额	销项（应纳）税额	销售额	销项（应纳）税额	销售额	销项（应纳）税额	销售额	销项（应纳）税额	销售额	销项（应纳）税额	价税合计		含税（免税）销售额	销项（应纳）税额
				1	2	3	4	5	6	7	8	9=1+3+5+7	10=2+4+6+8	11=9+10	12	13=11-12	14=13÷（100%+税率或征收率）×税率或征收率
一、一般计税方法计税	全部征税项目	13%税率的货物及加工修理修配劳务	1	1 068 500	138 905	35 885	4 665	280 000	36 400			1 384 385	179 970	—	—	—	—
		13%税率的服务、不动产和无形资产	2														
		9%税率的货物及加工修理修配劳务	3											—	—	—	—
		9%税率的服务、不动产和无形资产	4														
		6%税率	5														
	其中：即征即退项目	即征即退货物及加工修理修配劳务	6	—	—	—	—	—	—	—	—			—	—	—	—
		即征即退服务、不动产和无形资产	7	—	—	—	—	—	—	—	—						
二、简易计税方法计税	全部征税项目	6%征收率	8							—	—			—	—	—	—
		5%征收率的货物及加工修理修配劳务	9a							—	—			—	—	—	—
		5%征收率的服务、不动产和无形资产	9b							—	—						
		4%征收率	10							—	—			—	—	—	—

续表

项目及栏次				开具增值税专用发票		开具其他发票		未开具发票		纳税检查调整		合 计			服务、不动产和无形资产扣除项目本期实际扣除金额	扣除后	
				销售额	销项（应纳）税额	销售额	销项（应纳）税额	销售额	销项（应纳）税额	销售额	销项（应纳）税额	销售额	销项（应纳）税额	价税合计		含税（免税）销售额	销项（应纳）税额
				1	2	3	4	5	6	7	8	9=1+3+5+7	10=2+4+6+8	11=9+10	12	13=11-12	14=13÷（100%+税率或征收率）×税率或征收率
二、简易计税方法计税	全部征税项目	3%征收率的货物及加工修理修配劳务	11							—	—			—	—	—	—
		3%征收率的服务、不动产和无形资产	12							—	—						
		预征率 %	13a							—	—						
		预征率 %	13b							—	—						
		预征率 %	13c							—	—						
	其中：即征即退项目	即征即退货物及加工修理修配劳务	14	—	—	—	—	—	—	—	—			—	—	—	—
		即征即退服务、不动产和无形资产	15	—	—	—	—	—	—	—	—						
三、免抵退税	货物及加工修理修配劳务		16	—	—		—		—	—	—		—	—	—	—	—
	服务、不动产和无形资产		17	—	—		—		—	—	—		—				—
四、免税	货物及加工修理修配劳务		18				—		—	—	—		—	—	—	—	—
	服务、不动产和无形资产		19	—	—		—		—	—	—		—				—

表 2-4

增值税纳税申报表附列资料（二）

（本期进项税额明细）

税款所属时间：2020年08月01日至2020年08月31日

纳税人名称：（公章）湖南山河实业有限公司　　　　金额单位：元

一、申报抵扣的进项税额				
项目	栏次	份数	金额	税额
（一）认证相符的增值税专用发票	1=2+3	5	1 142 000	115 860
其中：本期认证相符且本期申报抵扣	2	5	1 142 000	115 860
前期认证相符且本期申报抵扣	3			
（二）其他扣税凭证	4=5+6+7+8a+8b	1	100 000	10 000
其中：海关进口增值税专用缴款书	5			
农产品收购发票或者销售发票	6	1	100 000	9 000
代扣代缴税收缴款凭证	7		—	
加计扣除农产品进项税额	8a	—	—	1 000
其他	8b			
（三）本期用于购建不动产的扣税凭证	9			
（四）本期用于抵扣的旅客运输服务扣税凭证	10			
（五）外贸企业进项税额抵扣证明	11	—	—	
当期申报抵扣进项税额合计	12=1+4+11	6	1 242 000	125 860

二、进项税额转出额		
项目	栏次	税额
本期进项税额转出额	13=14至23之和	5 040
其中：免税项目用	14	
集体福利、个人消费	15	
非正常损失	16	5 040
简易计税方法征税项目用	17	
免抵退税办法不得抵扣的进项税额	18	
纳税检查调减进项税额	19	
红字专用发票信息表注明的进项税额	20	
上期留抵税额抵减欠税	21	
上期留抵税额退税	22	
其他应作进项税额转出的情形	23	

三、待抵扣进项税额				
项目	栏次	份数	金额	税额
（一）认证相符的增值税专用发票	24	—	—	—
期初已认证相符但未申报抵扣	25			
本期认证相符且本期未申报抵扣	26			
期末已认证相符但未申报抵扣	27			
其中：按照税法规定不允许抵扣	28			
（二）其他扣税凭证	29=30至33之和			
其中：海关进口增值税专用缴款书	30			
农产品收购发票或者销售发票	31			
代扣代缴税收缴款凭证	32		—	
其他	33			
	34			

四、其他				
项目	栏次	份数	金额	税额
本期认证相符的增值税专用发票	35	6	1 242 000	125 860
代扣代缴税额	36	—	—	

表 2-5 增值税纳税申报表附列资料（三）

（服务、不动产和无形资产扣除项目明细）

税款所属时间：2020年08月01日至2020年08月31日

纳税人名称：（公章）湖南山河有限公司　　　　金额单位：元至角分

项目及栏次		本期服务、不动产和无形资产价税合计额（免税销售额）	服务、不动产和无形资产扣除项目				
			期初余额	本期发生额	本期应扣除金额	本期实际扣除金额	期末余额
		1	2	3	4=2+3	5（5≤1且5≤4）	6=4-5
13%税率的项目	1						
9%税率的项目	2						
6%税率的项目（不含金融商品转让）	3						
6%税率的金融商品转让项目	4						
5%征收率的项目	5						
3%征收率的项目	6						
免抵退税的项目	7						
免税的项目	8						

表 2-6 增值税纳税申报表附列资料（四）

（税额抵减情况表）

税款所属时间：2020年08月01日至2020年08月31日

纳税人名称：（公章）湖南山河有限公司　　　　金额单位：元至角分

一、税额抵减情况						
序号	抵减项目	期初余额	本期发生额	本期应抵减税额	本期实际抵减税额	期末余额
		1	2	3=1+2	4≤3	5=3-4
1	增值税税控系统专用设备费及技术维护费					
2	分支机构预征缴纳税款					
3	建筑服务预征缴纳税款					
4	销售不动产预征缴纳税款					
5	出租不动产预征缴纳税款					

二、加计抵减情况							
序号	加计抵减项目	期初余额	本期发生额	本期调减额	本期可抵减额	本期实际抵减额	期末余额
		1	2	3	4=1+2-3	5	6=4-5
6	一般项目加计抵减额计算						
7	即征即退项目加计抵减额计算						
8	合　计						

表2-7 增值税减免税申报明细表

税款所属时间：自2020年08月01日至2020年08月31日

纳税人名称（公章）：湖南山河有限公司 金额单位：元至角分

一、减税项目						
减税性质代码及名称	栏次	期初余额	本期发生额	本期应抵减税额	本期实际抵减税额	期末余额
		1	2	3=1+2	4≤3	5=3-4
合 计	1					
	2					
	3					
	4					
	5					
	6					
二、免税项目						
免税性质代码及名称	栏次	免征增值税项目销售额	免税销售额扣除项目本期实际扣除金额	扣除后免税销售额	免税销售额对应的进项税额	免税额
		1	2	3=1-2	4	5
合 计	7					
出口免税	8		—	—	—	—
其中：跨境服务	9		—	—	—	—
	10					
	11					
	12					
	13					
	14					
	15					
	16					

表 2-8　　增值税纳税申报表

（一般纳税人适用）

根据国家税收法律法规及增值税相关规定制定本表。纳税人不论有无销售额，均应按税务机关核定的纳税期限填写本表，并向当地税务机关申报。

税款所属时间：自 2020 年 08 月 01 日至 2020 年 08 月 31 日

填表日期：2020 年 09 月 12 日　　金额单位：元至角分

纳税人识别号	* * * * * * * * * * * * * * * * * *		所属行业：			
纳税人名称	湖南山河有限公司（公章）	法定代表人姓名	***	注册地址	***	生产经营地址 ****
开户银行及账号	*****	登记注册类型	*****		电话号码	***

	项目	栏次	一般项目		即征即退项目	
			本月数	本年累计	本月数	本年累计
销售额	（一）按适用税率计税销售额	1	1 384 385.00			
	其中：应税货物销售额	2	1 374 385.00			
	应税劳务销售额	3	10 000.00			
	纳税检查调整的销售额	4				
	（二）按简易办法计税销售额	5				
	其中：纳税检查调整的销售额	6				
	（三）免、抵、退办法出口销售额	7			—	—
	（四）免税销售额	8			—	—
	其中：免税货物销售额	9			—	—
	免税劳务销售额	10			—	—
税款计算	销项税额	11	179 970.00			
	进项税额	12	125 860.00			
	上期留抵税额	13	—			—
	进项税额转出	14	5 040.00			
	免、抵、退应退税额	15			—	—
	按适用税率计算的纳税检查应补缴税额	16			—	—

续表

项目		栏次	一般项目		即征即退项目	
			本月数	本年累计	本月数	本年累计
税款计算	应抵扣税额合计	17=12+13-14-15+16	120 820.00	—		—
	实际抵扣税额	18（如17<11，则为17，否则为11）	120 820.00			
	应纳税额	19=11-18	59 150.00			
	期末留抵税额	20=17-18	—			—
	简易计税办法计算的应纳税额	21				
	按简易计税办法计算的纳税检查应补缴税额	22			—	—
	应纳税额减征额	23				
	应纳税额合计	24=19+21-23	59 150.00			
税款缴纳	期初未缴税额（多缴为负数）	25	79 800.00			
	实收出口开具专用缴款书退税额	26			—	—
	本期已缴税额	27=28+29+30+31	79 800.00			
	❶分次预缴税额	28		—		—
	❷出口开具专用缴款书预缴税额	29		—	—	—
	❸本期缴纳上期应纳税额	30	79 800.00			
	❹本期缴纳欠缴税额	31				
	期末未缴税额（多缴为负数）	32=24+25+26-27	59 150.00			
	其中：欠缴税额（≥0）	33=25+26-27		—		—
	本期应补（退）税额	34 = 24-28-29	59 150.00	—		—
	即征即退实际退税额	35	—	—		
	期初未缴查补税额	36			—	—
	本期入库查补税额	37			—	—
	期末未缴查补税额	38=16+22+36-37			—	—

授权声明	申报人声明
如果你已委托代理人申报，请填写下列资料： 为代理一切税务事宜，现授权________ （地址）________为本纳税人的代理申报人，任何与本申报表有关的往来文件，都可寄予此人。 授权人签字：	本纳税申报表是根据国家税收法律法规及相关规定填报的，我确定它是真实的、可靠的、完整的。 声明人签字：***

主管税务机关：　　　　接收人：　　　　接收日期：

任务2.6 小规模纳税人企业增值税纳税岗位实务

【工作示例2-2】

湖南步步旺商贸公司为增值税小规模纳税人，2020年1月发生经济业务如下：

（1）销售给长沙蓝天小型超市一批肥皂，销售收入1 330元，开具普通发票一张。

（2）购进化妆品一批，货款5 000元，增值税额650元。

（3）将本月所购化妆品销售给消费者，销售收入10 000元。

（4）销售给长利制造企业货物一批，由税务机关代开增值税专用发票，注明销货价款为15 000元，经税务机关批准，本次代开发票未预储税款（假定该公司于2020年2月14日进行了纳税申报）。

【工作任务】

1.计算该小规模纳税人当期应纳的增值税额；

2.根据审核无误的增值税涉税原始凭证资料作记账凭证；

3.规范、正确地填报小规模纳税人增值税纳税申报表。

【任务实施】

1.湖南步步旺商贸公司2020年1月份的应纳增值税额计算过程如下：

将含税销售额换算为不含税销售额，即：

不含税销售额=1 330÷（1+3%）+10 000÷（1+3%）=11 000（元）

本月应纳税额=（11 000+15 000）×3%=780（元）

2.湖南步步旺商贸公司应作会计分录如下：

（1）将肥皂出售给长沙蓝天小型超市：

借：银行存款 1 330

　贷：主营业务收入 1 291.26

　　应交税费——应交增值税 38.74

（2）购进化妆品一批：

借：库存商品 5 650

　贷：银行存款 5 650

（3）将所购化妆品销售给消费者：

借：库存现金 10 000

　贷：主营业务收入 9 708.74

　　应交税费——应交增值税 291.26

（4）销售货物由税务机关代开增值税专用发票：

借：银行存款 15 450

　贷：主营业务收入 15 000

　　应交税费——应交增值税 450

（5）2020年2月14日进行纳税申报，上缴1月份应纳增值税：

借：应交税费——应交增值税 780

　贷：银行存款 780

3.填报小规模纳税人增值税纳税申报表，见表2-9。

表2-9 增值税纳税申报表

（小规模纳税人适用）

纳税人识别号：******************

纳税人名称（公章）：**湖南步步旺商贸公司** 金额单位：元

税款所属期：2020年01月1日至2020年01月31日 填表日期：2020年02月14日

<table>
<tr><td rowspan="3"></td><td rowspan="3">项目</td><td rowspan="3">栏次</td><td colspan="2">本期数</td><td colspan="2">本年累计</td></tr>
<tr><td rowspan="2">货物及劳务</td><td rowspan="2">服务、不动产和无形资产</td><td rowspan="2">货物及劳务</td><td rowspan="2">服务、不动产和无形资产</td></tr>
<tr></tr>
<tr><td rowspan="14">一、计税依据</td><td>（一）应征增值税不含税销售额（3%征收率）</td><td>1</td><td>26 000</td><td></td><td></td><td></td></tr>
<tr><td>税务机关代开的增值税专用发票不含税销售额</td><td>2</td><td>15 000</td><td></td><td></td><td></td></tr>
<tr><td>税控器具开具的普通发票不含税销售额</td><td>3</td><td>11 000</td><td></td><td></td><td></td></tr>
<tr><td>（二）应征增值税不含税销售额（5%征收率）</td><td>4</td><td></td><td></td><td></td><td></td></tr>
<tr><td>税务机关代开的增值税专用发票不含税销售额</td><td>5</td><td></td><td></td><td></td><td></td></tr>
<tr><td>税控器具开具的普通发票不含税销售额</td><td>6</td><td></td><td></td><td></td><td></td></tr>
<tr><td>（三）销售使用过的固定资产不含税销售额</td><td>7（7≥8）</td><td></td><td></td><td></td><td></td></tr>
<tr><td>其中：税控器具开具的普通发票不含税销售额</td><td>8</td><td></td><td></td><td></td><td></td></tr>
<tr><td>（四）免税销售额</td><td>9=10+11+12</td><td></td><td></td><td></td><td></td></tr>
<tr><td>其中：小微企业免税销售额</td><td>10</td><td></td><td></td><td></td><td></td></tr>
<tr><td>未达起征点销售额</td><td>11</td><td></td><td></td><td></td><td></td></tr>
<tr><td>其他免税销售额</td><td>12</td><td></td><td></td><td></td><td></td></tr>
<tr><td>（五）出口免税销售额</td><td>13（13≥14）</td><td></td><td></td><td></td><td></td></tr>
<tr><td>其中：税控器具开具的普通发票销售额</td><td>14</td><td></td><td></td><td></td><td></td></tr>
<tr><td rowspan="8">二、税款计算</td><td>本期应纳税额</td><td>15</td><td>780</td><td></td><td></td><td></td></tr>
<tr><td>本期应纳税额减征额</td><td>16</td><td></td><td></td><td></td><td></td></tr>
<tr><td>本期免税额</td><td>17</td><td></td><td></td><td></td><td></td></tr>
<tr><td>其中：小微企业免税额</td><td>18</td><td></td><td></td><td></td><td></td></tr>
<tr><td>未达起征点免税额</td><td>19</td><td></td><td></td><td></td><td></td></tr>
<tr><td>应纳税额合计</td><td>20=15-16</td><td>780</td><td></td><td></td><td></td></tr>
<tr><td>本期预缴税额</td><td>21</td><td></td><td></td><td></td><td></td></tr>
<tr><td>本期应补（退）税额</td><td>22=20-21</td><td>780</td><td></td><td></td><td></td></tr>
<tr><td colspan="2">纳税人或代理人声明</td><td colspan="5">如纳税人填报，由纳税人填写以下各栏</td></tr>
<tr><td colspan="2" rowspan="4">本纳税申报表是根据国家税收法律法规及相关规定填报的，我确定它是真实的、可靠的、完整的。</td><td colspan="5">办税人员：*** 财务负责人：***</td></tr>
<tr><td colspan="5">法定代表人：*** 联系电话：***********</td></tr>
<tr><td colspan="5">如委托代理人填报，由代理人填写以下各栏：</td></tr>
<tr><td colspan="5">代理人名称（公章）： 经办人： 联系电话：</td></tr>
</table>

主管税务机关： 接收人： 接收日期：

【同步思考】假设步步旺贸易公司按季申报增值税，如何计缴一季度增值税？

【职业基础能力训练】

一、单项选择题

1.根据税收征收管理法律制度的规定，下列税种中，由海关负责征收的是（　　）。

A.个人所得税　　B.关税　　C.城镇土地使用税　　D.城市维护建设税

2.根据增值税法律制度的规定，一般纳税人销售的下列货物中，适用9%增值税税率的是（　　）。

A.洗衣液　　B.文具盒　　C.杂粮　　D.蔬菜罐头

3.根据增值税法律制度的规定，下列各项中，免征增值税的是（　　）。

A.商店销售糖果　　B.木材加工厂销售原木

C.粮店销售面粉　　D.农民销售自产粮食

4.根据增值税法律制度的规定，下列各项中，应视同销售货物缴纳增值税的是（　　）。

A.将购进货物分配给股东　　B.将购进货物用于集体福利

C.将购进货物无偿赠送给其他单位　　D.将购进货物投资给其他单位

5.下列税种中，采用定额税率征收的有（　　）。

A.消费税　　B.增值税　　C.城镇土地使用税　　D.城市维护建设税

6.根据增值税法律制度的规定，下列各项中，应按照“销售服务——建筑服务”税目计缴增值税的是（　　）。

A.平整土地　　B.出售住宅　　C.出租办公楼　　D.转让土地使用权

7.根据增值税法律制度的规定，下列各项中，不属于免税项目的是（　　）。

A.养老机构提供的养老服务　　B.装修公司提供的装饰服务

C.婚介所提供的婚姻介绍服务　　D.托儿所提供的保育服务

8.根据增值税法律制度的规定，下列各项中，应按照“销售服务——生活服务”税目计缴增值税的是（　　）。

A.文化创意服务　　B.车辆停放服务　　C.广播影视服务　　D.旅游娱乐服务

9.下列行为中，不应视同销售货物征收增值税的有（　　）。

A.将外购货物分配给股东　　B.将外购货物用于个人消费

C.将自产货物无偿赠送他人　　D.将自产货物用于集体福利

10.下列情形中，不应当开具增值税专用发票的是（　　）。

A.向消费者销售应税项目　　B.销售代销货物

C.将货物作为投资提供给其他单位　　D.将货物无偿赠送他人

11.根据增值税法律制度的规定，一般纳税人销售的下列货物中，适用13%增值税税率的有（　　）。

A.图书　　B.粮食　　C.电子出版物

D.暖气　　E.水果罐头

12.某增值税一般纳税人为尽快收回货款，采用折扣方式销售货物，其发生的现金折扣处理正确的是（　　）。

A.冲减销售收入，但不减少当期销项税额

B.冲减销售收入，同时减少当期销项税额

C.增加销售费用，减少当期销项税额

D.全部计入财务费用，不能减少当期销项税额

13.纳税人为销售而出租、出借包装物收取的押金，增值税计税方法正确的是（　　）。

A.单独记账核算的，一律不并入销售额征收增值税，对逾期包装物押金，均并入销售额征税

B.酒类产品包装物押金，一律并入销售额计税，其他货物押金单独记账核算的，不并入销售额征税

C.对销售除啤酒、黄酒之外的其他酒类产品收取的包装物押金均应并入当期销售额征税，其他货物押金，单独记账而且没有逾期者，不计算缴纳增值税

D.无论会计上如何核算，均应并入销售额计算缴纳增值税

14.某商业性小规模纳税人销售某种商品，获得含税收入共2 060元。该商品进货时支付价款1 000元和增值税额130元，则该纳税人应缴纳增值税（ ）元。

A.129.32 B.-110 C.70 D.60

15.某服装厂将自产的服装作为福利发给本厂职工，该批产品制造成本共计10万元，利润率为10%，按当月同类产品的平均售价计算该批服装的价格为18万元，计征增值税的销售额为（ ）万元。

A.10 B.9 C.18 D.11

16.某纳税人采取折扣销售方式销售货物，其折扣额单独开发票，则增值税销售额为（ ）。

A.扣除折扣额的销售额 B.加上折扣额的销售额

C.折扣额 D.不扣减折扣额的销售额

17.某汽车制造商将一辆新开发的小轿车赠送给某高校，由于无同类轿车价格，其应纳增值税的销售额应等于（ ）。

A.制造成本×（1+成本利润率）

B.制造成本×（1+成本利润率）+消费税

C.制造成本×（1+成本利润率）÷（1+消费税税率）

D.制造成本×（1+成本利润率）÷（1+增值税税率）

18.某商场实行家具还本销售，家具现售价16 500元，5年后还本，该商场增值税的计税销售额是（ ）。

A.不征税 B.3 300元 C.1 650元 D.16 500元

19.某增值税一般纳税人某月外购材料10 000千克，每千克支付价款和税款分别为2元和0.26元。在运输途中因管理不善被盗1 000千克。运回后以每3千克材料生产成品1盒的工艺生产产品3 000盒，其中，2 200盒用于直接销售，300盒用于发放企业职工福利，500盒因管理不善被盗。那么，该纳税人当月允许抵扣的进项税额应为（ ）元。

A.3 400 B.1 950 C.3 060 D.2 244

二、多项选择题

1.下列经营行为中，属于增值税征收范围的有（ ）。

A.某社会团体下属企业销售货物 B.个人向受雇企业提供修理修配劳务

C.某工业企业附属饭店对外提供饮食服务 D.某企业将一台设备对外出租

2.下列行为属于视同销售行为的有（ ）。

A.将自产、委托加工或购买的货物用于对外赞助

B.将自产、委托加工或购买的货物用于职工福利

C.将自产、委托加工或购买的货物用于在建工程

D.将自产、委托加工或购买的货物用于非应税项目

3.增值税一般纳税人外购下列货物，允许抵扣进项税额的有（ ）。

A.外购工程物资 B.外购厂房

C.外购用于个人消费的货物 D.外购设备修理用备件

4.依据现行增值税相关规定，下列业务可以计算抵扣进项税额的有（ ）。

A.购进免税货物所支付的运费 B.购进建筑材料用于维修企业厂房

C.进口一批零配件用于组装、修理自用设备 D.购买一台设备用于更换旧设备

5.根据现行增值税法律制度，下列关于增值税纳税义务发生时间的规定，正确的有（ ）。

A.采取直接收款方式销售货物，不论货物是否发出，均为收到销售款或取得销售款的凭据，并将提

货单交给买主的当天

B.采取托收承付和委托银行收款方式销售货物，为发出货物并办妥托收手续的当天

C.采取赊销和分期收款方式销售货物，为按合同约定的收款日期的当天

D.委托其他纳税人代销货物，为代销货物交给受托方的当天

6.我国现行增值税的征收范围包括（　　）。

A.在中国境内销售货物　　B.在中国境内提供应税劳务

C.进口货物　　D.过境货物

7.以下单位或者个人发生的行为中，属于增值税征收范围的有（　　）。

A.进口固定资产设备　　B.销售商品房　　C.受托加工的卷烟　　D.生产销售电力

8.下列行为中，属于视同销售货物应征增值税的行为有（　　）。

A.委托他人代销货物　　B.销售代销货物

C.将外购的货物用于非应税项目　　D.将自产的货物分给职工作福利

9.下列行为中属于增值税征收范围的有（　　）。

A.纳税人将外购的货物作为股利发放给股东　　B.纳税人将自产的货物用于集体福利

C.纳税人将委托加工收回的货物直接销售　　D.纳税人将外购的货物用于个人消费

10.一般纳税人销售货物，适用9%增值税税率的有（　　）。

A.销售食用植物油　　B.销售机器　　C.销售化妆品　　D.销售化肥

11.对增值税视同销售行为征税，根据不同情况，可按（　　）确定其销售额。

A.当月或近期同类货物的平均成本价　　B.当月或近期同类货物的平均销售价

C.当月或近期同类货物的最高售价　　D.组成计税价格

12.增值税一般纳税人发生的下列业务支出，允许抵扣进项税额的有（　　）。

A.销售货物支付的运输费用和建设费　　B.外购货物支付的运输费用和建设费

C.向小规模纳税人购买农产品的支出　　D.向农业生产单位购买免税农产品的支出

13.根据增值税有关规定，对于（　　），一般纳税人不可以开具增值税专用发票。

A.商品零售企业出售给消费者的货物　　B.生产企业出售给小规模纳税人的货物

C.生产企业出售给一般纳税人的货物　　D.小规模生产企业出售给批发企业的货物

14.对于（　　），纳税人只开具普通发票而不能开具专用发票。

A.向消费者销售货物或者提供应税劳务的

B.销售免税货物的

C.小规模纳税人销售货物或者提供应税劳务的

D.向小规模纳税人销售货物或者提供应税劳务的

15.根据增值税有关规定，纳税人外购货物不能作为进项税额抵扣的有（　　）。

A.外购应交消费税的固定资产　　B.外购货物用于免税项目

C.外购货物用于个人消费　　D.外购货物用于无偿赠送他人

三、判断题

1.我国现行的增值税是对在中华人民共和国境内销售货物，或提供加工、修理修配劳务的单位和个人，就其取得的货物或应税劳务销售额计算税款，并实行税款抵扣制的一种流转税。（　　）

2.无论是一般纳税人还是小规模纳税人，其增值税的计税依据都是不含增值税的销售额。（　　）

3.某增值税一般纳税人用当月已认证的外购原材料的50%加工制造成产品并销售，则计算其销售产品的应纳增值税时只允许其抵扣外购原材料50%的进项税额，而不能全部抵扣。（　　）

4.增值税货物的混合销售行为是指纳税人销售多种产品或者提供多种劳务的行为。（　　）

5.增值税一般纳税人兼营非应税劳务行为的，其兼营行为中用于非应税劳务的购进货物或者应税劳务的进项税额，可以在计算增值税时从销项税额中抵扣。（　　）

6.实物折扣不能从货物销售额中减除，且该实物应按增值税暂行条例规定的“视同销售货物”中的“赠送他人”计算征收增值税。 ( )

7.一般纳税人将货物用于集体福利或个人消费，其增值税专用发票开具的时限为货物移送的当天。 ( )

8.小规模纳税人销售货物或者提供应税劳务的征收率为3%。 ( )

9.凡随同销售货物或提供应税劳务向购买方收取的价外费用，无论其会计制度如何核算，均应并入销售额计算应纳税额。 ( )

10.小规模纳税人不能享受税收抵扣权，其采购货物或者接受应税劳务，无论是取得增值税专用发票还是普通发票，所支付的税款均需直接计入所采购货物或者接受应税劳务的成本。 ( )

【职业技能专项训练】

一、单项任务训练

1.某一般纳税人企业当月销售货物销售额为300万元；以折扣方式销售货物，销售额为80万元，另开红字发票折扣8万元，销售的货物已发出。试计算该公司的增值税销项税额。

2.某一般纳税人商场批发一批货物，不含税销售额为20万元，因对方提前10天付款，所以按合同规定给予5%的折扣，只收19万元。试计算该公司的增值税销项税额。

3.某计算机公司为一般纳税人，采取以旧换新方式销售计算机100台，每台计算机不含税售价9 000元，收购的旧型号计算机折价2 500元（不含税）。试计算该公司的增值税销项税额。

4.某彩电厂（增值税一般纳税人）采用以物易物方式向显像管厂提供21寸彩电2 000台，每台售价2 000元（含税价）。显像管厂向彩电厂提供显像管4 000个。双方均已收到货物，并商定不再开票进行货币结算。试计算该彩电厂的增值税销项税额。

5.某钢厂为增值税一般纳税人，将成本价为16万元的钢材用于对外投资，假设成本利润率为10%。试计算该钢厂的增值税销项税额。

二、综合任务训练

1.某零售商场为增值税一般纳税人，2020年2月份有关业务如下：

（1）购进货物，取得专用发票，注明价款20 000元，税率13%，税额2 600元；另支付运费，取得专用发票，注明价款1 000元，税率9%，税额90元，货已入库。

（2）购进货物，取得普通发票，注明价款10 000元，税率3%，税额300元，货已入库。

（3）从农民手中收购农产品，收购凭证上注明的金额为30 000元；另支付运费，取得专用发票，注明金额1 100元，税率9%，税额99元，货已入库。

（4）销售货物，开具专用发票，注明价款100 000元，税率13%，税额13 000元，款项存入银行。另以现金支付给运输单位应由本单位负担的运费，取得专用发票，注明价款2 000元，税率9%，税额180元。

（5）向个人销售货物，开具普通发票，注明价款20 000元，税率13%，税额2 600元；将货物运到指定地点，价外另收取运费并开具普通发票，注明价款2 200元，税率9%，税额198元。运费收入与销售收入分别核算，分别开票。

要求：假设上述票据都在本月规定时限内通过认证，计算该企业2月份的增值税应纳税额。

2.北京二建公司是一家大型建筑施工企业，同时承建多个大型项目。该公司为增值税一般纳税人，2019年10月份有关业务如下：

（1）北京A项目是体育场施工项目，开工日期2019年10月1日，工程总承包款2亿元，本月收到甲方预付工程款，开具专用发票，注明价款5 000万元，税率9%，税额450万元；本月将地基修建工程分包给分包商，支付分包款，取得专用发票，注明价款1 000万元，税率9%，税额90万元（专用发票备注栏已注明北京A项目体育场工程及项目地点）；本月购进工程所需建筑材料，取得专用发票，注明价款2 000万元，税率13%，税额260万元。

（2）石家庄B项目是住宅楼项目，开工日期为2020年2月1日，工程总承包款为1.5亿元，本月收到预付工程款，开出专用发票，注明价款3 000万元，税率9%，税额270万元；将工程部分项目分包，本月支付分包款，取得专用发票，注明价款500万元，税率9%，税额45万元（专用发票备注栏已注明石家庄B项目住宅楼工程及项目地点）。

要求：计算北京二建公司10月份各项目应缴纳的增值税。

3.飞跃饭店是增值税一般纳税人，主营餐饮服务和住宿服务。2020年1月，飞跃饭店业务情况如下：

（1）本月取得住宿服务收入，开具专用发票，注明价款500万元，税率6%，税额30万元。

（2）本月取得餐饮服务收入，开具普通发票，注明价款100万元，税率6%，税额6万元。

（3）本月餐饮部从菜市场购入蔬菜共计10万元。

（4）本月购进服务员统一着装工作服，取得专用发票，注明价款1万元，税率13%，税额0.13万元。

（5）住宿部购入床单和被罩，取得专用发票，注明价款5万元，税率13%，税额0.65万元。

要求：计算飞跃饭店1月份应纳的增值税。

4.湖南湘中现代物流公司属于加计抵减行业，2019年12月取得不含税销售额200万元，购买一栋写字楼作为公司行政办公楼，取得专用发票，注明价款100万元。当月另购买物业服务，取得专用发票，注明不含税价款10万元。公司不动产按相关税法规定，进项税额采用一次抵扣。

要求：试计算该公司12月份应缴纳的增值税（专用发票当月均已勾选认证），并作涉税会计处理，完成公司12月份的纳税申报工作。

5.湖南红日股份公司为一家百货公司，相关资料如下：

统一社会信用代码：910107112133355666

公司地址：长沙市芙蓉南路160号

公司类型：有限责任公司（一般纳税人）

公司注册资本：8 000万元

公司开户银行及账号：建设银行长沙市芙蓉支行，9990777066605550456

办税员：学生本人

湖南红日股份公司执行企业会计准则，按月缴纳增值税，2019年12月份增值税留抵税额为12 756元。存货采用实际成本计价，包装物单独核算。2020年1月发生以下购销业务：

（1）6日，购入服装两批，均取得增值税专用发票。两张专用发票上注明的货款分别为20万元和36万元，进项税额分别为2.6万元和4.68万元，其中，第一批货款20万元未取得专用发票，第二批货款36万元当月已付清，发票已勾选认证。另外，先后购进这两批货物时已分别支付两笔运费0.26万元（无发票）和4万元（取得承运单位开具的专用发票）。

（2）8日，批发销售服装一批，取得不含税销售额50万元，采用委托银行收款方式结算，货已发出并办妥托收手续，货款尚未收回。

（3）10日，零售各种服装，取得含税销售额30万元，同时将零售价为2万元的服装作为礼品赠送给了顾客。

（4）13日，采取以旧换新方式销售家用计算机20台，每台零售价6 500元，另支付顾客每台旧计算机收购款500元。

（5）20日，公车出差加92#油支付现金11 300元，取得专用发票一张。

（6）24日，购进一台经营用中央空调机，取得专用发票，注明价款30 000万元，另支付运输费用，取得专用发票，注明价款10 000元。

（7）25日，为打开商品销路，支付湖南才艺广告公司（一般纳税人）广告服务费，价税合计5.3万元，取得专用发票一张。

要求：计算1月份应纳的增值税（专用发票当月都已勾选认证），并作涉税会计处理，完成该公司1月份的纳税申报工作。

项目 3
企业消费税实务

03

任务 3.1　消费税基本法律内容认知
任务 3.2　消费税税款计算
任务 3.3　消费税会计核算
任务 3.4　消费税纳税申报
任务 3.5　企业消费税纳税岗位实务
【职业基础能力训练】
【职业技能专项训练】

【典型工作任务】

1.计算销售、自产自用、委托加工和进口应税消费品情况下应纳的消费税额；

2.进行消费税相关涉税会计处理并会登记“应交税费——应交消费税”明细账；

3.办理中小型企业消费税的纳税申报工作。

【岗位工作能力】

1.熟悉消费税的基本法律知识，了解消费税的特点，界定消费税纳税人，判断哪些产品应当缴纳消费税，选择适用税率，判断在哪个环节缴纳。

2.掌握消费税应纳消费税的计算，消费税的纳税申报表的填制方法。

3.熟悉消费税涉税业务的账务处理。

任务3.1 消费税基本法律内容认知

一、消费税的概念与特点

（一）消费税的概念

视频

税收宣传：增值税与消费税（上）

根据《中华人民共和国消费税暂行条例》（以下简称《消费税暂行条例》）的规定，消费税是对我国境内从事生产、委托加工和进口应税消费品的单位和个人，就其销售额或销售数量，在特定环节征收的一种税。简单地说，消费税是对特定的消费品和消费行为征收的一种税，属于流转税的范畴。

视频

税收宣传：增值税与消费税（下）

视频

丛林税制-生肖版

消费税是世界各国广泛征收的税种。根据荷兰克劳森教授搜集的129个国家和地区的资料，没有开征消费税的不到10个。消费税在开征国和地区税收收入总额中占有相当大的比重。特别是发展中国家，大多以商品课税为主体，而消费税又是其中的一个主要税种，地位尤其重要。19世纪以来，由于以所得税为主体的直接税制的发展，消费税占各国税收收入的比重有所下降，但因其具有独特的调节作用，仍然受到各国的普遍重视。目前，美国、英国、日本、法国等主要发达国家均对特定的消费品或消费行为征收消费税。

我国的消费税是1994年税制改革中新设置的税种。它由原产品税分离出来，与实行普遍调节的增值税配套，对某些产品进行特殊调节。中华人民共和国成立初期征收的货物税、20世纪50年代征收的商品流通税和1958年9月至1973年征收的工商统一税以及1973年至1983年征收的工商税中相当于货物税的部分，1983年至1994年前征收的产品税、增值税，实质上相当于或其中部分相当于消费税性质，只不过一直未命名为消费税，或没有单独成为一个税种而已。

（二）消费税的特点

一般来说，消费税的征税对象主要是与居民消费相关的最终消费品和消费行为。与其他税种相比，消费税具有如下几个特点：

1.征税项目具有选择性

世界各国目前征收的消费税，实际上都属于对特定消费品或消费行为征收的一个税种。

2. 征税环节具有单一性

消费税是在生产（进口）、流通或消费的某一环节一次征收，而不是在消费品生产、流通或消费的每个环节多次征收，即通常所说的一次课征制（如白酒只在生产环节征收，而零售环节不征收）。

3. 征收方法具有多样性

消费税的计税方法比较灵活。为了适应不同应税消费品的情况，消费税在征收方法上不力求一致，有些产品采取从价定率的方式征收，有些产品采取从量定额的方式征收，有些产品采取从价定率和从量定额混合的方式征收（如卷烟、白酒）。

4. 税收调节具有特殊性

消费税属于国家运用税收杠杆对某些消费品或消费行为进行特殊调节的税种。这一特殊性表现在两个方面：一是不同的征税项目，税负差异较大；二是消费税往往同有关税种配合，实行加重或双重调节。

5. 消费税具有转嫁性

消费税无论采取价内税形式，还是价外税形式，也无论在哪个环节征收，消费品中所含的消费税税款最终都要转嫁到消费者身上，由消费者负担。

二、消费税的纳税义务人与征税范围

根据《消费税暂行条例》的规定，消费税的纳税义务人是指在中华人民共和国境内生产、委托加工和进口应税消费品的单位和个人。自2009年1月1日起，增加了国务院确定的销售应税消费品的其他单位和个人。这里所说的“单位”，是指国有企业、集体企业、私有企业、股份制企业、外商投资企业和外国企业、其他企业和行政单位、事业单位、军事单位、社会团体及其他单位。“个人”，是指个体工商户及其他个人。“中华人民共和国境内”，是指生产、委托加工和进口应税消费品的起运地或所在地在境内，劳务的发生地在境内。

消费税的征税范围包括以下五个方面：

❶过度消费会对身体健康、社会、生态环境等方面造成危害的特殊消费品，如烟、酒等。

❷非生活必需品，如珠宝、玉石等。

❸高能耗及高档消费品，如小汽车、摩托车等。

❹不可再生和替代的稀缺资源，如汽油、柴油等。

❺具有一定财政意义的产品。

消费税的征税环节主要分布于以下四个环节：

（一）生产环节

生产应税消费品的销售是消费税征收的主要环节，因消费税具有单一环节征税的特点。纳税人生产应税消费品，由生产者在消费时纳税。在生产销售环节征税以后，货物在流通环节无论再流转多少次，都不用再缴纳消费税。生产应税消费品除了直接对外销售应征收消费税外，纳税人将生产的应税消费品用于换取生产资料、消费资料、投资入股、偿还债务，以及用于继续生产应税消费品以外的其他方面都应缴纳消费税。纳税人生产自用的应税消费品，若用于连续生产应税消费品，自用时不用交消费税，若用于其他方面，在移送使用时则要交消费税。另外，自2013年1月1日起，工业企业以外的单位和个人的下列行为将被视为应税消费品的生产行为，按规定征收消费税：

❶将外购的消费税非应税产品以消费税应税产品对外销售的；

❷将外购的消费税低税率应税产品以高税率应税产品对外销售的。

（二）委托加工环节

委托加工应税消费品是指委托方提供原料和主要材料，受托方只收取加工费和代垫部分辅助材料加工的应税消费品。由受托方提供原材料或其他情形的一律不能视同加工应税消费品。委托加工的应税消费品由受托方于委托方提货时代扣代缴（受托方为个体经营者的除外）。委托加工的应税消费品收回后，再继续用于生产应税消费品销售的，其加工环节缴纳的消费税款可以扣除。

（三）零售环节

在零售环节征收消费税的金银首饰仅限于金基、银基合金首饰，以及金、银和金基、银基合金的镶嵌首饰。从2002年1月1日起，钻石及钻石饰品由在生产、进口环节征税改为在零售环节征税。从2003年5月1日起，铂金首饰改在零售环节征税。零售环节适用的消费税税率为5%，在纳税人销售金银首饰（含铂金首饰）、钻石及钻石饰品时计征。其计税依据是不含增值税的销售额。不属于该范围的应征消费税的首饰，如镀金（银）、包金（银）首饰，以及镀金（银）、包金（银）的镶嵌首饰（简称非金银首饰），仍在生产销售环节征税。

（四）进口环节

单位和个人进口货物属于消费税征税范围的，在进口环节也要缴纳消费税。进口的应税消费品，尽管其产制地不在我国境内，但在我国境内销售或消费，为了平衡进口应税消费品与本国应税消费品的税负，必须由从事进口应税消费品的进口人或其代理人按照规定缴纳消费税。个人携带或者邮寄入境的应税消费品的消费税，连同关税一并计征，由携带入境者或者收件人缴纳。为了减少征税成本，进口环节缴纳的消费税由海关代征。

三、消费税的税率与税目

根据《消费税暂行条例》的规定，消费税的征收范围为在中华人民共和国境内生产、委托加工和进口条例规定的消费品。现行的消费税税目共有15个。

消费税的税率有两种形式：一种是比例税率；另一种是定额税率，即单位税额。消费税税率形式的选择，主要是根据课税对象的具体情况来确定的，对一些供求基本平衡、价格差异不大、计量单位规范的消费品，选择计税简便的定额税率，如黄酒、啤酒、成品油等；对一些供求矛盾突出、价格差异较大，计量单位不规范的消费品，选择税价联动的比例税率，如卷烟、白酒、化妆品、鞭炮、焰火、贵重首饰及珠宝玉石、摩托车、小汽车等。

一般情况下，对一种消费品只选择一种税率形式，但为了更有效地保全消费税税基，对一些应税消费品，如卷烟、白酒，则采用了定额税率和比例税率双重征收形式。消费税税目及相应税率（税额）见表3-1。

表3-1 消费税税目税率（税额）表

税目	税率
（一）烟	
1.卷烟	
（1）甲类卷烟（调拨价70元/条（不含增值税）以上（含70元））（生产环节）	56%加0.003元/支
（2）乙类卷烟（调拨价70元/条（不含增值税）以下）（生产环节）	36%加0.003元/支
（3）商业批发（批发环节）	11%加0.005元/支
2.雪茄烟	36%
3.烟丝	30%
（二）酒	
1.白酒	20%加0.5元/500克（或者500毫升）
2.黄酒	240元/吨
3.啤酒	
（1）甲类啤酒（每吨出厂价（含包装物及包装物押金）在3 000元（不含增值税）以上的（含3 000元））	250元/吨
（2）乙类啤酒（每吨出厂价（含包装物及包装物押金）在3 000元以下的）	220元/吨
4.其他酒	10%
（三）高档化妆品	15%
（四）贵重首饰及珠宝玉石	
1.金银首饰、铂金首饰和钻石及钻石饰品（零售环节）	5%
2.其他贵重首饰和珠宝玉石（零售环节）	10%
（五）鞭炮、焰火	15%
（六）成品油	
1.汽油	1.52元/升
2.柴油	1.20元/升
3.航空煤油（暂缓征）	1.20元/升
4.石脑油	1.52元/升
5.溶剂油	1.52元/升
6.润滑油	1.52元/升
7.燃料油	1.20元/升
（七）摩托车	
1.汽缸容量（排气量，下同）在250毫升的	3%
2.汽缸容量在250毫升以上的	10%

续表

税目	税率
（八）小汽车	
1.乘用车	
（1）气缸容量（排气量，下同）在1.0升（含1.0升）以下的	1%
（2）气缸容量在1.0升以上至1.5升（含1.5升）的	3%
（3）气缸容量在1.5升以上至2.0升（含2.0升）的	5%
（4）气缸容量在2.0升以上至2.5升（含2.5升）的	9%
（5）气缸容量在2.5升以上至3.0升（含3.0升）的	12%
（6）气缸容量在3.0升以上至4.0升（含4.0升）的	25%
（7）气缸容量在4.0升以上的	40%
2.中轻型商用客车	5%
3.高档小汽车（零售环节加征）	10%
（九）高尔夫球及球具	10%
（十）高档手表	20%
（十一）游艇	10%
（十二）木制一次性筷子	5%
（十三）实木地板	5%
（十四）电池	4%
（十五）涂料	4%

1.烟

烟，即以烟叶为原料加工生产的特殊消费品。卷烟是指将各种烟叶切成烟丝并按照一定的配方辅之以糖、酒、香料加工而成的产品。本税目包括卷烟、雪茄烟、烟丝3个子目。

2.酒

酒类包括白酒（粮食白酒、薯类白酒）、黄酒、啤酒和其他酒4个子目。

❶白酒是指以高粱、玉米、大米、糯米、大麦、小麦、青稞等各种粮食为原料，经过糖化、发酵后，采用蒸馏方法酿制的白酒。

❷黄酒是指以糯米、粳米、细米、大米、黄米、玉米、小麦、薯类等为原料，经加温、糖化、发酵、压榨酿制的酒。由于工艺、配料和含糖量不同，黄酒分为干黄酒、半干黄酒、半甜黄酒、甜黄酒4类。黄酒的征收范围包括以各种原料酿制的黄酒和酒精度超过12度（含12度）的土甜酒。

❸啤酒是指以大麦或其他粮食为原料，加入啤酒花，经糖化、发酵、过滤酿制的含有

二氧化碳的酒。啤酒按照杀菌方法的不同，可分为熟啤酒和生啤酒或鲜啤酒。啤酒的征收范围包括各种包装和散装的啤酒。无醇啤酒比照啤酒征税。对啤酒源、菠萝啤酒应按啤酒征收消费税。“果啤”属于啤酒，应征消费税（《国家税务总局关于果啤征收消费税的批复》（国税函〔2005〕333号））。果啤是一种口味介于啤酒和饮料之间的低度酒精饮料，主要成分为啤酒和果汁。对饮食业、商业、娱乐业举办的啤酒屋（啤酒坊）利用啤酒生产设备生产的啤酒，应当征收消费税。

❹其他酒是指除白酒、黄酒、啤酒以外，酒精度在1度以上的各种酒，包括糠麸白酒、其他原料白酒、土甜酒、复制酒、果木酒、汽酒、药酒等。

《国家税务总局关于配制酒消费税适用税率问题的公告》（国家税务总局公告2011年第53号）规定，对以蒸馏酒或食用酒精为酒基，同时符合以下条件的配制酒，按“其他酒”适用10%的税率征收消费税：❶具有国家相关部门批准的国食健字或卫食健字文号；❷酒精度低于38度（含）。文件同时规定，以发酵酒为酒基，酒精度低于20度（含）的配制酒，按“其他酒”适用10%的税率征收消费税。

其他配制酒，按白酒税率征收消费税。

值得注意的是，调味料酒不征消费税。

3.高档化妆品

根据财税〔2016〕103号文件规定，自2016年10月1日起，原“化妆品”税目改为“高档化妆品”税目。本税目的征收范围包括高档美容、修饰类化妆品，高档护肤类化妆品和成套化妆品。高档美容、修饰类化妆品和高档护肤类化妆品是指生产（进口）环节销售（完税）价格（不含增值税）在10元/毫升（克）或15元/片（张）及以上的美容、修饰类化妆品和护肤类化妆品。

4.贵重首饰及珠宝玉石

本税目征收范围包括：各种金银珠宝首饰和经采掘、打磨、加工的各种珠宝玉石。

❶金银珠宝首饰，包括凡以金、银、白金、宝石、珍珠、钻石、翡翠、珊瑚、玛瑙等高贵稀有物质以及其他金属、人造宝石等制作的各种纯金银首饰及镶嵌首饰（含人造金银、合成金银首饰等）。

❷珠宝玉石，包括钻石、珍珠、松石、青金石、欧泊石、橄榄石、长石、玉、石英、玉髓、石榴石、锆石、尖晶石、黄玉、碧玺、金绿玉、绿柱石、刚玉、琥珀、珊瑚、煤玉、龟甲、合成刚玉、合成宝石、双合石、玻璃仿制品等。

5.鞭炮、焰火

鞭炮又称爆竹，是用多层纸密裹火药，接以药引线制成的一种爆炸品。焰火是指烟火剂，一般系包扎品，内装药剂，点燃后烟火喷射，呈各种颜色，有的还变幻成各种景象，分平地小焰火和空中大焰火两类。本税目征收范围包括各种鞭炮、焰火，通常分为13类，即喷花类、旋转类、旋转升空类、火箭类、吐珠类、线香类、小礼花类、烟雾类、造型玩具类、爆竹类、摩擦炮类、组合烟花类、礼花弹类。体育上用的发令纸、鞭炮引线，不按本税目征收。

6.成品油

本税目包括汽油、柴油、石脑油、溶剂油、航空煤油、润滑油、燃料油7个子目。航空煤油暂缓征收消费税。

7.摩托车

本税目征收范围包括：

❶轻便摩托车。最大设计车速不超过50km/h、发动机汽缸总工作容积不超过50ml的两轮机动车。

❷摩托车。最大设计车速超过50km/h、发动机汽缸总工作容积超过50ml、空车重量不超过400kg（带驾驶室的正三轮车及特种车的空车重量不受此限）的两轮和三轮机动车。

8.小汽车

汽车是指由动力驱动，具有4个或4个以上车轮的非轨道承载的车辆。本税目征收范围包括小汽车、中轻型商用客车、超豪华小汽车（财税〔2016〕129号文件规定，自2016年12月1日起，增设此税目）。

❶小汽车。小汽车是指包括驾驶员座位在内最多不超过9个座位（含）的、在设计和技术特性上用于载运乘客和货物的各类乘用车。用排气量小于1.5升（含）的乘用车底盘（车架）改装、改制的车辆属于乘用车征收范围。用排气量大于1.5升的乘用车底盘（车架）或用中轻型商用客车底盘（车架）改装、改制的车辆属于中轻型商用客车征收范围。

注意：对于购进乘用车和中轻型商用客车整车改装生产的汽车，征收消费税。

❷中轻型商用客车。中轻型商用客车是指包括驾驶员座位在内的座位数在10~23座（含）的，在设计和技术特性上用于载运乘客和货物的各类中轻型商用客车。车身长度大于7米（含），并且座位在10~23座（含）以下的商用客车，不属于中轻型商用客车征税范围，不征收消费税。含驾驶员人数（额定载客）为区间值的（如8~10人，17~26人）小汽车，按其区间值下限人数确定征收范围。

❸超豪华小汽车。每辆零售价格130万元（不含增值税）及以上的乘用车和中轻型商用客车，即乘用车和中轻型商用客车子税目中的超豪华小汽车。

电动汽车、沙滩车、雪地车、卡丁车、高尔夫车不属于消费税征收范围，不征收消费税。根据国税函〔2008〕452号文件规定，企业购进货车或厢式货车改装生产的商务车、卫星通信车等专用汽车不属于消费税征税范围，不征收消费税。

9.高尔夫球及球具

高尔夫球及球具是指从事高尔夫球运动所需的各种专用装备，包括高尔夫球、高尔夫球杆及高尔夫球包（袋）等。高尔夫球是指重量不超过45.93克、直径不超过42.67毫米的高尔夫球运动比赛、练习用球；高尔夫球杆是指被设计用来打高尔夫球的工具，由杆头、杆身和握把三部分组成；高尔夫球包（袋）是指专用于盛装高尔夫球及球杆的包（袋）。本税目征收范围包括高尔夫球、高尔夫球杆、高尔夫球包（袋）。高尔夫球杆的杆头、杆身和握把也属于本税目征收范围。

10.高档手表

高档手表是指销售价格（不含增值税）每只在10 000元（含）以上的各类手表。本税目征收范围包括符合以上标准的各类手表。

11.游艇

游艇是指长度大于8米小于90米，船体由玻璃钢、钢、铝合金、塑料等多种材料制作，可以在水上移动的水上浮载体。按照动力划分，游艇分为无动力艇、帆艇和机动艇。

本税目征收范围包括艇身长度大于8米（含）小于90米（含），内置发动机，可以在水上移动，一般为私人或团体购置，主要用于水上运动和休闲娱乐等非牟利活动的各类机动艇。

12.木制一次性筷子

木制一次性筷子，又称卫生筷子，是指以木材为原料经过锯段、浸泡、旋切、刨切、烘干、筛选、打磨、倒角、包装等环节加工而成的各类一次性使用的筷子。本税目征收范围包括各种规格的木制一次性筷子。未经打磨、倒角的木制一次性筷子属于本税目征收范围。

13.实木地板

实木地板是指以木材为原料，经锯割、干燥、刨光、截断、开榫、涂漆等工序加工而成的块状或条状的地面装饰材料。实木地板按生产工艺不同，可分为独板（块）实木地板、实木指接地板、实木复合地板三类；按表面处理状态不同，可分为未涂饰地板（白坯板、素板）和漆饰地板两类。本税目征收范围包括各类规格的实木地板、实木指接地板、实木复合地板及用于装饰墙壁、天棚的侧端面为榫、槽的实木装饰板。未经涂饰的素板属于本税目征税范围。

14.电池

电池，是一种将化学能、光能等直接转换为电能的装置，一般由电极、电解质、容器、极端，通常还有隔离层组成的基本功能单元，以及用一个或多个基本功能单元装配成的电池组。本税目征收范围包括原电池、蓄电池、燃料电池、太阳能电池和其他电池。自2016年1月1日起，对铅蓄电池按4%税率征收消费税。

15.涂料

涂料是指涂于物体表面能形成具有保护、装饰或特殊性能的固态涂膜的一类液体或固体材料之总称。涂料由主要成膜物质、次要成膜物质等构成。其按主要成膜物质可分为油脂类、天然树脂类、酚醛树脂类、沥青类、醇酸树脂类、氨基树脂类、硝基类、过滤乙烯树脂类、烯类树脂类、丙烯酸酯类树脂类、聚酯树脂类、环氧树脂类、聚氨酯树脂类、元素有机类、橡胶类、纤维素类、其他成膜物类等。自2015年2月1日起，对涂料征收消费税，对施工状态下挥发性有机物含量低于420克/升的涂料免征消费税。

任务3.2　消费税税款计算

一、直接对外销售应税消费品应纳税额的计算

按照现行消费税相关规定，消费税应纳税额的计算方法分为从价定率、从量定额和复合计税；计税依据包括销售额和销售量。

（一）从价定率计算方法

在从价定率计算方法下，应纳税额的计算取决于应税消费品的销售额和适用税率两个因素。其基本计算公式为：

应纳税额=应税消费品的销售额×比例税率

1.计算销售额的一般规定

应税消费品的销售额包括销售应税消费品从购买方收取的全部价款和价外费用。所谓

"价外费用"，是指价外收取的基金、集资款、返还利润、补贴、违约金（延期付款利息）和手续费、包装费、储备费、优质费、运输装卸费、品牌使用费、代收款项、代垫款项以及其他各种性质的价外收费。但下列款项不属于价外费用：

❶同时符合以下条件的代垫运输费用：承运部门的运输费用发票开具给购买方的；纳税人将该发票转交给购买方的。

❷同时符合以下条件代为收取的政府性基金或者行政事业性收费：由国务院或者财政部批准设立的政府性基金，由国务院或者省级人民政府及其财政、价格主管部门批准设立的行政事业性收费；收取时开具省级以上财政部门印制的财政票据；所收款项全额上缴财政。

除此之外，其他价外费用，无论是否属于纳税人的收入，均应并入销售额计算纳税。

销售额不包括应向购买方收取的增值税税额。如果纳税人应税消费品的销售额中未扣除增值税税额或者因不得开具增值税专用发票而发生价款和增值税税额合并收取的，在计算消费税时，应当换算为不含增值税税额的销售额。其换算公式如下：

应税消费品的销售额=含增值税的销售额÷（1+增值税税率或征收率）

2. 计算销售额的特殊规定

❶应税消费品随同包装物一起销售的，包装物售价应并入应税消费品的销售额中征收消费税。但如果包装物不作价随同产品销售，而是收取押金，且单独核算又未过期的，该押金不应并入应税消费品的销售额中征税。但对逾期未收回的包装物不再退还的押金和已收取1年以上的押金，应并入应税消费品的销售额征收消费税。对酒类产品（啤酒、黄酒除外）所收取的包装物押金，无论押金是否返还，会计上如何核算，均应并入酒类产品销售额中计算征收消费税。对销售啤酒、黄酒所收取的押金，按一般押金的规定处理。由于啤酒和黄酒在计征消费税时采用的是定额税率，押金是否计入销售额不会影响黄酒税额的计算，但押金计入销售额会影响啤酒适用税率档次的选择。

❷纳税人兼营不同税率的应税消费品，应当分别核算不同税率应税消费品的销售额、销售数量。未分别核算销售额、销售数量，或者将不同税率的应税消费品组成成套消费品销售的，从高适用税率。

❸纳税人通过自设非独立核算门市部销售自产消费品，应按照门市部对外销售额征收消费税。

❹纳税人用于换取生产资料和消费资料、投资入股和抵偿债务等方面的应税消费品，应当以纳税人同类应税消费品的最高销售价格作为计算消费税的依据。而其增值税的计算依据是平均销售价格。

❺纳税人销售的应税消费品，以人民币计算销售额。以人民币以外的货币结算销售额的，可以选择销售额发生的当天或者当月1日的人民币汇率中间价折合成人民币计算应纳税额。

【例3-1】某化妆品生产企业为增值税一般纳税人，9月10日向某大型商场销售高档化妆品一批，开具增值税专用发票，取得不含增值税销售额300万元、增值税39万元；9月15日向某单位销售普通化妆品一批，开具增值税普通发票，取得含增值税销售额45.2万元。

依据现行消费税相关规定，只就高档化妆品在生产销售时缴纳15%的消费税，而普通化妆品不在所列举的税目里，不征收消费税。

该化妆品生产企业9月应缴纳的消费税=300×15%=45（万元）

（二）从量定额计算方法

在从量定额计算方法下，应纳税额的计算取决于消费品的应税数量和单位税额两个因素。其基本计算公式为：

应纳税额=应税消费品的销售数量×定额税率

【例3-2】某啤酒厂9月销售啤酒500吨，每吨出厂价格2 800元。

啤酒消费税适用定额税率，每吨出厂价（含包装物押金）在3 000元（不含增值税）以下的，适用的税率为220元/吨，则：

9月应纳消费税税额=500 ×220=110 000（元）

（三）复合计税计算方法

现行消费税征收范围中，只有卷烟、白酒采用复合计税计算方法。其基本计算公式为：

应纳税额=应税消费品的销售数量×定额税率+应税消费品的销售额×比例税率

【例3-3】某白酒厂7月销售白酒200吨，当月取得不含增值税销售额2 960万元。计算该厂当月应纳的消费税。

白酒消费税适用复合税率，比例税率为20%，定额税率为0.5元/500克，则：

当月应纳消费税税额=200×2 000×0.5÷10 000+2 960×20%=612（万元）

二、自产自用应税消费品应纳税额的计算

在纳税人生产销售环节，有一种特殊生产销售方式，即自产自用。自产自用是指纳税人生产应税消费品后，不直接用于对外销售，而是用于自己连续生产应税消费品或用于其他方面。

（一）用于连续生产应税消费品

按照《消费税暂行条例》的规定，纳税人自产自用的应税消费品，用于连续生产应税消费品的，不再征税，体现税不重征和计税简便的原则，避免了重复征税。如卷烟厂生产的烟丝，如果直接对外销售，应缴纳消费税。但如果烟丝用于本厂连续生产卷烟，则该烟丝就不缴纳消费税，只对最终生产的卷烟征收消费税。

（二）用于其他方面

按照《消费税暂行条例》的规定，纳税人自产自用的应税消费品，用于其他方面的，于移送使用时纳税。“用于其他方面的”，是指纳税人将应税消费品用于生产非应税消费品、在建工程、管理部门、非生产机构，以及用于馈赠、赞助、集资、广告、样品、职工福利、奖励等方面。

纳税人自产自用的应税消费品，凡用于其他方面的，应当纳税。具体分为以下两种情况：

（1）有同类消费品销售价格的，按照纳税人生产的同类消费品销售价格计算纳税。应纳税额的计算公式为：

应纳税额=同类消费品销售单价×自产自用数量×适用税率

（2）没有同类消费品销售价格的，应按组成计税价格计算纳税。组成计税价格及应纳税额的计算公式为：

❶实行从价定率办法计算纳税的：

组成计税价格=（成本+利润）÷（1-比例税率）

应纳税额=组成计税价格×比例税率

❷实行复合计税办法计算纳税的：

组成计税价格=（成本+利润+自产自用数量×定额税率）÷（1-比例税率）

应纳税额=组成计税价格×比例税率+自产自用数量×定额税率

上述公式中的"成本"，是指应税消费品的产品生产成本。

上述公式中的"利润"，根据应税消费品的全国平均成本利润率计算。应税消费品的全国平均成本利润率由国家税务总局确定，见表3-2。

表3-2　全国平均成本利润率

货物名称	利润率	货物名称	利润率
1.甲类卷烟	10%	11.摩托车	6%
2.乙类卷烟	5%	12.高尔夫球及球具	10%
3.雪茄烟	5%	13.高档手表	20%
4.烟丝	5%	14.游艇	10%
5.粮食白酒	10%	15.木制一次性筷子	5%
6.薯类白酒	5%	16.实木地板	5%
7.其他酒	5%	17.乘用车	8%
8.高档化妆品	5%	18.中轻型商用客车	5%
9.鞭炮、焰火	5%	19.电池	4%
10.贵重首饰及珠宝玉石	6%	20.涂料	7%

【例3-4】某企业将生产的葡萄酒作为年终奖励发给本厂职工，查知无同类产品销售价格，其生产成本为150 000元。国家税务总局核定的该产品的成本利润率为5%，葡萄酒适用的消费税税率为10%。计算该企业的应纳消费税税额。

组成计税价格=150 000×（1+5%）÷（1-10%）=175 000（元）

应纳消费税税额=175 000×10%=17 500（元）

三、委托加工应税消费品应纳税额的计算

（一）委托加工应税消费品的确定

委托加工的应税消费品是指由委托方提供原料和主要材料，受托方只收取加工费和代垫部分辅助材料加工的应税消费品。

其他各种以委托加工名义进行的行为（比如，受托方提供原材料生产应税消费品；受托方先将原材料卖给委托方，然后再接受加工应税消费品；由受托方以委托方名义购进原材料生产应税消费品），不论纳税人在财务上是否作销售处理，都不得作为委托加工应税消费品，而应当按照销售自制应税消费品缴纳消费税。

（二）委托加工应税消费品应纳税额的计算

委托加工的应税消费品，除受托方为个人外，由受托方在向委托方交货时代收代缴税

款，具体计算分以下两种情况进行：

（1）受托方有同类产品售价的。委托加工应税消费品，受托方有同类消费品的销售价格的，应按受托方的同类消费品销售价格计算纳税，计算公式为：

应纳税额=同类消费品销售单价×委托加工数量×适用税率

（2）受托方没有同类产品售价的。委托加工应税消费品，受托方没有同类消费品的销售价格的，按组成计税价格计税。组成计税价格及应纳消费税额的计算公式为：

❶实行从价定率办法计算纳税的：

组成计税价格=（材料成本+加工费）÷（1-比例税率）

应纳税额=组成计税价格×比例税率

❷实行复合计税办法计算纳税的：

组成计税价格=（材料成本+加工费+委托加工数量×定额税率）÷（1-比例税率）

应纳税额=组成计税价格×比例税率+委托加工数量×定额税率

上述组成计税价格公式中的“材料成本”，是指委托方所提供加工材料的实际成本。“加工费”是指受托方加工应税消费品向委托方收取的全部费用，包括代垫辅助材料的实际成本，但不包括增值税税金。

（三）应税消费品已纳税款的扣除

委托加工收回的应税消费品收回后直接出售的，为了避免重复征税，不再征收消费税。以委托加工的已税消费品为原料连续生产应税消费品销售的，在计税时可按当期生产领用数量计算准予扣除的委托加工应税消费品已纳的消费税税款。

准予扣除已纳消费税的情形包括：

❶以委托加工收回的已税烟丝为原料生产的卷烟；

❷以委托加工收回的已税高档化妆品为原料生产的高档化妆品；

❸以委托加工收回的已税珠宝玉石为原料生产的贵重首饰及珠宝玉石；

❹以委托加工收回的已税鞭炮、焰火为原料生产的鞭炮、焰火；

❺以委托加工收回的已税汽油、柴油、石脑油、燃料油、润滑油为原料生产的应税成品油；

❻以委托加工收回的已税杆头、杆身和握把为原料生产的高尔夫球杆；

❼以委托加工收回的已税木制一次性筷子为原料生产的木制一次性筷子；

❽以委托加工收回的已税实木地板为原料生产的实木地板。

上述当期准予扣除委托加工收回的应税消费品的已纳消费税税款的计算公式为：

$$\text{当期准予扣除的委托加工收回的应税消费品已纳税款}=\text{期初委托加工应税消费品已纳税款}+\text{当期收回的委托加工应税消费品已纳税款}-\text{期末库存的委托加工应税消费品已纳税款}$$

值得注意的是，纳税人用委托加工收回的已税珠宝玉石为原料生产的改在零售环节征收消费税的金银首饰（镶嵌首饰），在计税时一律不得扣除外购或者委托加工收回的珠宝玉石的已纳消费税款。

【例 3-5】甲企业委托乙企业加工一批应税消费品，提供原材料等实际成本为7 000元，支付乙企业加工费2 000元，其中，包括乙企业代垫的辅助材料500元。已知该应税消费品适用的消费税税率为10%，且实行从价定率办法计征。同时，该应税消费品受托方无同类消费品销售价格。试计算乙企业代收代缴应税消费品的消费税税额。

组成计税价格=（材料成本+加工费）÷（1-消费税税率）

=（7 000+2 000）÷（1-10%）=10 000（元）

代扣代缴消费税税额=10 000 × 10%=1 000（元）

四、应税消费品已纳税额的扣除

由于某些应税消费品是用外购已缴纳消费税的应税消费品连续生产出来的，在对这些连续生产出来的应税消费品计算征税时，税法规定应按当期生产领用数量计算准予扣除外购的应税消费品已纳的消费税税款。外购已纳税款，含进口环节已缴纳的消费税税款。

（一）应税消费品已纳税额的扣除范围

❶外购已税烟丝生产的卷烟。

❷外购已税高档化妆品生产的高档化妆品。

❸外购已税珠宝玉石生产的贵重首饰及珠宝玉石。

❹外购已税鞭炮、焰火生产的鞭炮、焰火。

❺外购已税汽油、柴油、石脑油、燃料油、润滑油为原料生产的应税成品油。

❻外购已税杆头、杆身和握把为原料生产的高尔夫球杆。

❼外购已税木制一次性筷子为原料生产的木制一次性筷子。

❽外购已税实木地板为原料生产的实木地板。

❾根据《葡萄酒消费税管理办法（试行）》的规定，自2015年5月1日起，从葡萄酒生产企业购进、进口葡萄酒连续生产应税葡萄酒的，准予从葡萄酒消费税税额中扣除所耗用应税葡萄酒已纳的消费税税款；如果本期不足抵扣的，可留待下期继续抵扣。

单位和个人外购润滑油大包装经简单加工成小包装或外购润滑油不经加工只贴商标的行为，视同应税消费品的生产行为。从商业企业购进应税消费品连续生产应税消费品，符合抵扣条件的，准予扣除外购应税消费品已纳消费税税款。

（二）准予扣除外购应税消费品已纳税额的计算

上述当期准予扣除外购应税消费品已纳消费税税款的计算公式为：

$$\text{当期准予扣除的外购应税消费品已纳税额}=\text{当期准予扣除的外购应税消费品买价或数量}\times\text{外购应税消费品的适用税率或税额}$$

$$\text{当期准予扣除的外购应税消费品买价或数量}=\text{期初库存的外购应税消费品买价或数量}+\text{当期购进的应税消费品买价或数量}-\text{期末库存的外购应税消费品买价或数量}$$

外购已税消费品的买价是指外购应税消费品购货发票上注明的销售额（不包括增值税税额）。另外，纳税人用外购的已税珠宝玉石生产的改在零售环节征收消费税的金银首饰、钻石首饰、铂金首饰，在计税时，一律不得扣除外购珠宝玉石的已纳税款。

【技能拓展】　　消费税关联企业转让定价税务筹划

某酒厂主要生产粮食白酒，销往各地的批发商和本地的一些商业零售户、酒店、消费者。根据以往经验，每年销售给批发商白酒约8 000箱（每箱12瓶，每瓶500克），零售户、酒店、消费者到工厂直接购买的白酒大约1 000箱。企业的生产成本为800元/箱。企业销售给批发商的不含税价格为每箱1 200元，销售给零售商、酒店及消费者的不含税价格为每箱1 400元。

经过筹划，该酒厂在本地设立了一个法人销售公司，企业按1 000元/箱的价格卖给销售公司，销售公司再按1 200元/箱和1 400元/箱的价格分别卖给批发商和零售户、酒店及消费者。粮食白酒的比例税率为20%，定额税率为0.5元/500克。

要求：请进行纳税筹划。

解析：(1) 不设立销售公司，直接对外销售白酒：

应纳消费税=1 200×8 000×20%+1 400×1 000×20%+12×9 000×0.5

=1 920 000+280 000+54 000=2 254 000（元）

(2) 设立销售公司，由销售公司对外销售白酒：

应纳消费税=1 000×9 000×20%+12×9 000×0.5=1 800 000+54 000=1 854 000（元）

成立销售公司可以节约消费税=2 254 000−1 854 000=400 000（元）

因此，应设立销售公司。

消费税的应税行为在生产领域而非流通领域。如果企业集团内设立独立的法人销售机构，生产应税消费品的企业以较低的价格将应税消费品销售给与其关联的销售机构，则可降低生产企业的销售额，从而减少应交消费税税额。独立的销售机构处于流通领域，只缴纳增值税，不缴纳消费税。成立销售公司和不成立销售公司，对于整个集团缴纳增值税税额没有影响。

【经验总结】消费税的这些方面请特别注意：

(1) 自产自用应税消费品用于管理部门、生活福利设施、对外捐赠等时，会计上不确认收入，应交的消费税计入相对应的成本和费用；自产的应税消费品用于换取生产资料、消费资料、抵偿债务、职工福利、分配股利等时，会计上确认收入，相关的消费税记入“税金及附加”科目。

(2) 随同产品销售且不单独计价的包装物，其收入随同所销售的产品一并计入产品销售收入，因包装物销售应缴纳的消费税与因产品销售应缴纳的消费税应一同记入“税金及附加”科目。随同产品销售但单独计价的包装物，其收入记入“其他业务收入”科目，应缴纳的消费税应记入“税金及附加”科目。出租出借包装物收取的押金，逾期收不回来而将押金没收时，借记“其他应付款”科目，贷记“其他业务收入”科目，这部分押金收入应缴纳的消费税应相应记入“税金及附加”科目。

(3) 企业除外购和委托加工取得应税消费品外，其他方式如接受捐赠、盘盈、接受投资者投资、接受债务人抵债转入等取得的应税消费品，且用于连续生产应税消费品的，其外购应税消费品已纳消费税款，也可以抵扣，否则一律计入所取得应税消费品的成本。

任务3.3　消费税会计核算

一、消费税会计科目设置

企业进行相关应税消费品的账务处理时，涉及的主要会计科目是“应交税费——应交消费税”和“税金及附加”。“应交税费——应交消费税”科目用于消费税的核算，贷方表示按规定计算的应缴未缴消费税税额，借方表示纳税人实际缴纳的消费税税额。期末余额在贷方，表示企业应缴未缴的消费税税额；期末余额在借方，表示企业本期多缴的或可以抵扣的消费税税额。“税金及附加”科目用于核算纳税人应负担的消费税、资源税、城市维护建设税、教育费附加等，借方表示计算的应缴的相关税费，贷方表示期末转入“本年利润”的相关税费。该科目期末结转后无余额。另外，在消费税的会计处理中还会涉及消费税记入“在建工程”“管理费用”“生产成本”等科目。

二、消费税的会计核算

（一）生产销售应税消费品的会计核算

企业将生产的应税消费品直接对外销售时，按计提的消费税，借记“税金及附加”科目，贷记“应交税费——应交消费税”科目。包装物随同应税消费品一同销售的，包装物售价也应并入销售额一起计征消费税，计征的消费税记入“税金及附加”科目。

应该注意的是：纳税人将自产的应税消费品用于换取生产资料、消费资料、投资入股、抵偿债务和支付代购手续费等，按规定均要作销售收入处理，且应当以纳税人同类应税消费品的最高售价为计税依据计算消费税。其中，纳税人将自产的应税消费品用于换取生产资料和消费资料、投资入股、抵偿债务等方面，相应的消费税直接记入“税金及附加”科目中。但将自产的应税消费品用于投资，不具有商业实质，且换入资产与换出资产的公允价值不能够可靠计量的，相应的消费税记入“长期股权投资”科目。

（二）自产自用应税消费品的会计核算

❶用于连续生产应税消费品的，不缴纳消费税。

❷将自产的应税消费品用于在建工程、劳动保护、股利分红等情况时，视同销售，应于货物移送时，借记“在建工程”“应付职工薪酬”“应付股利”等科目，按货物的售价或者组成计税价格，贷记“主营业务收入”科目，按应交增值税税额，贷记“应交税费——应交增值税”科目，同时按应交消费税税额，借记“税金及附加”科目，贷记“应交税费——应交消费税”科目，同时结转产品成本。

纳税人将自产的应税消费品用于捐赠、赞助、广告等用途的，应于货物移送时，按同类售价或者组成计税价格计算消费税，借记“营业外支出”“销售费用”等科目，贷记“应交税费——应交消费税”科目；同时，按货物移送成本，贷记“库存商品”科目。

（三）委托加工应税消费品的会计核算

❶委托方将委托加工产品收回后直接用于销售的，销售时不再计征消费税。相应地，受托方代收代缴的消费税要计入委托加工物资成本中，不再抵扣。

❷委托加工产品收回后用于连续生产应税消费品的，应按已由受托方代收代缴的消费税，借记“应交税费——应交消费税”科目，贷记“应付账款”“银行存款”等科目，月末按规定冲抵销售产生的消费税款。

【例 3-6】甲企业（一般纳税人）接受乙企业委托加工实木地板，收到乙企业提供的原材料，实际成本为 62 000 元，收到加工费 40 000 元、增值税 5 200 元，同时按规定代收代缴消费税，甲企业无同类产品销售价格。加工完成后乙企业收回实木地板。收回的实木地板以受托方的计税价格直接出售。要求：对甲企业、乙企业的涉税业务进行会计处理。

受托方甲企业代收的消费税税额计算如下：

组成计税价格=（材料成本+加工费）÷（1−消费税税率）

=（62 000+40 000）÷（1−5%）=107 368.42（元）

代收代缴消费税税额=107 368.42 ×5%=5 368.42（元）

甲企业收取加工费、增值税和代收消费税时，会计分录如下：

借：银行存款　　　　50 568.42

贷：主营业务收入 40 000
应交税费——应交增值税（销项税额） 5 200
——应交消费税 5 368.42

乙企业支付加工费、增值税和消费税时，会计分录如下：

借：委托加工物资 45 368.42
应交税费——应交增值税（进项税额） 5 200
贷：银行存款 50 568.42

任务 3.4 消费税纳税申报

一、消费税的纳税义务发生时间

1.纳税人销售应税消费品的纳税义务发生时间

❶纳税人采取赊销和分期收款结算方式的，为书面合同约定的收款日期的当天，书面合同没有约定收款日期或者无书面合同的，为发出应税消费品的当天。

❷纳税人采取预收货款结算方式的，为发出应税消费品的当天。

❸纳税人采取托收承付和委托银行收款方式的，为发出应税消费品并办妥托收手续的当天。

❹纳税人采取其他结算方式的，为收到销售款或者取得索取销售款凭据的当天。

2.纳税人自产自用应税消费品的纳税义务发生时间

纳税人自产自用应税消费品的，为移送使用的当天。

3.纳税人委托加工应税消费品的纳税义务发生时间

纳税人委托加工应税消费品的，为纳税人提货的当天。

4.纳税人进口应税消费品的纳税义务发生时间

纳税人进口应税消费品的，为报关进口的当天。

二、消费税的纳税期限

自2009年1月1日起，消费税的纳税期限分别为1日、3日、5日、10日、15日、1个月或者1个季度。纳税人的具体纳税期限，由主管税务机关根据纳税人应纳税额的大小分别核定；不能按照固定期限纳税的，可以按次纳税。

纳税人以1个月或者1个季度为1个纳税期的，自期满之日起15日内申报纳税；以其他期限纳税的，自期满之日起5日内预缴税款，于次月1日起15日内申报纳税并结清上月税款。纳税人进口应税消费品，自2009年1月1日起，应当自海关填发海关进口消费税专用缴款书之日起15日内缴纳税款。

三、消费税的纳税申报

（1）消费税纳税人纳税申报是指消费税纳税人根据税收法律法规规定，向主管税务机关办理消费税纳税申报业务。根据国家税务总局的规定，纳税人无论当期有无销售或是否盈利，均应在次月1日至15日根据应税消费品分别填写“烟类应税消费品消费税纳税申报表”（见表3-3，本表仅限于从事烟类应税消费品的生产、委托加工、批发的纳税人使用）、“酒类消费税纳税申报表”（见表3-4，本表仅限于酒类应税消费品消费税纳税人使用）、“成品油消费税纳税申报表”（见表3-5，本表仅限于成品油消费税纳税人使用）、

"小汽车消费税纳税申报表"（见表3-6，本表仅限于小汽车消费税纳税人使用）、"电池消费税纳税申报表"（见表3-7，本表仅限于电池消费税纳税人使用）、"涂料消费税纳税申报表"（见表3-8，本表仅限于涂料消费税纳税人使用）、"其他应税消费品消费税纳税申报表"（见表3-9，本表仅限高档化妆品、贵重首饰及珠宝玉石、鞭炮焰火、高尔夫球及球具、高档手表、游艇、木制一次性筷子、实木地板消费税纳税人使用）及其相关的纳税申报表附表等，进行纳税申报。

表3-3 **烟类应税消费品消费税纳税申报表**

税款所属期：2020年08月01日至2020年08月31日

纳税人名称（公章）：**湖南芙蓉王股份有限公司** 纳税人识别号：| * | * | * | * | * | * | * | * | * | * | * | * | * | * | * | * | * | * |

填表日期：2020年09月08日 单位：卷烟万支、雪茄烟支、烟丝千克；金额单位：元（列至角分）

项目 应税消费品名称	适用税率		销售数量	销售额	应纳税额
	定额税率	比例税率			
卷烟	30元/万支	56%	50万支	300 000.00	169 500.00
卷烟	30元/万支	36%			
雪茄烟	—	36%			
烟丝	—	30%			
合　计	—	—	—	—	169 500.00

本期准予扣除税额：120 000.00	声明 此纳税申报表是根据国家税收法律的规定填报的，我确定它是真实的、可靠的、完整的。 经办人（签章）：*** 财务负责人（签章）：*** 联系电话：*******
本期减（免）税额：0	
期初未缴税额：0	
本期缴纳前期应纳税额：0	（如果你已委托代理人申报，请填写） 授权声明 为代理一切税务事宜，现授权＿＿＿＿（地址）＿＿＿＿为本纳税人的代理申报人，任何与本申报表有关的往来文件，都可寄予此人。 授权人签章：
本期预缴税额：0	
本期应补（退）税额：49 500.00	
期末未缴税额：49 500.00	

以下由税务机关填写

受理人（签章）：　　受理日期：　年　月　日　　受理税务机关（章）：

表3-4 酒类消费税纳税申报表

税款所属期：2020年08月01日至2020年08月31日

纳税人名称（公章）：**湖南芙蓉王股份有限公司**　纳税人识别号：| * | * | * | * | * | * | * | * | * | * | * | * | * | * | * | * | * | * |

填表日期：2020年09月08日　　　　金额单位：元（列至角分）

项目 应税消费品名称	适用税率		销售数量	销售额	应纳税额
	定额税率	比例税率			
粮食白酒	0.5元/斤	20%	50 000斤	154 000.00	55 800.00
薯类白酒	0.5元/斤	20%			
啤酒	250元/吨	—			
啤酒	220元/吨	—	35吨	91 000.00	7 700.00
黄酒	240元/吨	—			
其他酒	—	10%			
合　计	—	—	—	—	63 500.00

<table>
<tr><td>本期准予抵减税额：0</td><td rowspan="3">声明
此纳税申报表是根据国家税收法律的规定填报的，我确定它是真实的、可靠的、完整的。
经办人（签章）：***
财务负责人（签章）：***
联系电话：*******</td></tr>
<tr><td>本期减（免）税额：0</td></tr>
<tr><td>期初未缴税额：56 000.00</td></tr>
<tr><td>本期缴纳前期应纳税额：56 000.00</td><td rowspan="4">（如果你已委托代理人申报，请填写）
授权声明
为代理一切税务事宜，现授权________（地址）________为本纳税人的代理申报人，任何与本申报表有关的往来文件，都可寄予此人。
授权人签章：</td></tr>
<tr><td>本期预缴税额：0</td></tr>
<tr><td>本期应补（退）税额：63 500.00</td></tr>
<tr><td>期末未缴税额：63 500.00</td></tr>
</table>

以下由税务机关填写

受理人（签章）：　　　　受理日期：　　年　　月　　日　　　　受理税务机关（章）：

表3-5　　成品油消费税纳税申报表

税款所属期：　　年　月　日至　　年　月　日

纳税人名称（公章）：　　　　纳税人识别号：□□□□□□□□□□□□□□□□□□□□

填表日期：　　年　月　日　　　　计量单位：升；金额单位：元（列至角分）

应税消费品名称＼项目	适用税率（元/升）	销售数量	应纳税额
汽油	1.52		
柴油	1.52		
航空煤油	1.20		
石脑油	1.52		
溶剂油	1.52		
润滑油	1.52		
燃料油	1.20		
合计	—	—	

本期准予扣除税额：	声明 此纳税申报表是根据国家税收法律的规定填报的，我确定它是真实的、可靠的、完整的。 经办人（签章）： 财务负责人（签章）： 联系电话：
本期减（免）税额：	
期初未缴税额：	
本期缴纳前期应纳税额：	（如果你已委托代理人申报，请填写） 授权声明 为代理一切税务事宜，现授权＿＿＿＿（地址）＿＿＿＿为本纳税人的代理申报人，任何与本申报表有关的往来文件，都可寄予此人。 授权人签章：
本期预缴税额：	
本期应补（退）税额：	
期末未缴税额：	

以下由税务机关填写

受理人（签章）：　　受理日期：　　年　月　日　　受理税务机关（章）：

表3-6　　小汽车消费税纳税申报表

税款所属期：　　年　月　日至　　年　月　日

纳税人名称（公章）：　　　　纳税人识别号：□□□□□□□□□□□□□□□□□□□□

填表日期：　　年　月　日　　　　单位：辆、元（列至角分）

应税消费品名称＼项目		适用税率	销售数量	销售额	应纳税额
乘用车	气缸容量≤1.0升	1%			
	1.0升＜气缸容量≤1.5升	3%			
	1.5升＜气缸容量≤2.0升	5%			
	2.0升＜气缸容量≤2.5升	9%			
	2.5升＜气缸容量≤3.0升	12%			
	3.0升＜气缸容量≤4.0升	25%			
	气缸容量＞4.0升	40%			
中轻型商用客车		5%			
高档小汽车（零售环节）		10%			
合　计		—	—	—	

本期准予扣除税额：	声明 此纳税申报表是根据国家税收法律的规定填报的，我确定它是真实的、可靠的、完整的。 经办人（签章）： 财务负责人（签章）： 联系电话：
本期减（免）税额：	
期初未缴税额：	
本期缴纳前期应纳税额：	（如果你已委托代理人申报，请填写） 授权声明 为代理一切税务事宜，现授权＿＿＿＿（地址）＿＿＿＿为本纳税人的代理申报人，任何与本申报表有关的往来文件，都可寄予此人。 授权人签章：
本期预缴税额：	
本期应补（退）税额：	
期末未缴税额：	

以下由税务机关填写

受理人（签章）：　　受理日期：　　年　月　日　　受理税务机关（章）：

表3-7 **电池消费税纳税申报表**

税款所属期： 年 月 日至 年 月 日

纳税人名称（公章）： 纳税人识别号：

填表日期： 月 日 计量单位：只 金额单位：元（列至角分）

<table>
<tr><th>项目
应税消费品名称</th><th>适用税率</th><th>销售数量</th><th>销售额</th><th>应纳税额</th></tr>
<tr><td>电池（不含铅蓄电池）</td><td>4%</td><td></td><td></td><td></td></tr>
<tr><td>铅蓄电池</td><td>4%</td><td></td><td></td><td></td></tr>
<tr><td>合 计</td><td>—</td><td></td><td></td><td></td></tr>
<tr><td colspan="2">本期准予扣除税额：</td><td colspan="3" rowspan="4">声明
此纳税申报表是根据国家税收法律规定填报的，我确定它是真实的、可靠的、完整的。
经办人（签章）：
财务负责人（签章）：
联系电话：</td></tr>
<tr><td colspan="2">本期减（免）税额：</td></tr>
<tr><td colspan="2">期初未缴税额：</td></tr>
<tr><td colspan="2">本期缴纳前期应纳税额：</td></tr>
<tr><td colspan="2">本期预缴税额：</td><td colspan="3" rowspan="3">（如果你已委托代理人申报，请填写）
授权声明
为代理一切税务事宜，现授权______（地址）为______本纳税人的代理申报人，任何与本申报表有关的往来文件，都可寄予此人。
授权人签章：</td></tr>
<tr><td colspan="2">本期应补（退）税额：</td></tr>
<tr><td colspan="2">期末未缴税额：</td></tr>
</table>

以下由税务机关填写

受理人（签章）： 受理日期： 年 月 日 受理税务机关（章）：

表3-8 **涂料消费税纳税申报表**

税款所属期： 年 月 日至 年 月 日

纳税人名称（公章）： 纳税人识别号：

填表日期： 年 月 日 计量单位：吨 金额单位：元（列至角分）

<table>
<tr><th>项目</th><th>适用税率</th><th>销售数量</th><th>销售额</th><th>应纳税额</th></tr>
<tr><td>涂料</td><td>4%</td><td></td><td></td><td></td></tr>
<tr><td colspan="2">本期准予扣除税额：</td><td colspan="3" rowspan="4">声明
此纳税申报表是根据国家税收法律的规定填报的，我确定它是真实的、可靠的、完整的。
经办人（签章）：
财务负责人（签章）：
联系电话：</td></tr>
<tr><td colspan="2">本期减（免）税额：</td></tr>
<tr><td colspan="2">期初未缴税额：</td></tr>
<tr><td colspan="2">本期缴纳前期应纳税额：</td></tr>
<tr><td colspan="2">本期预缴税额：</td><td colspan="3" rowspan="3">（如果你已委托代理人申报，请填写）
授权声明
为代理一切税务事宜，现授权______（地址）______为本纳税人的代理申报人，任何与本申报表有关的往来文件，都可寄予此人。
授权人签章：</td></tr>
<tr><td colspan="2">本期应补（退）税额：</td></tr>
<tr><td colspan="2">期末未缴税额：</td></tr>
</table>

以下由税务机关填写

受理人（签章）： 受理日期： 年 月 日 受理税务机关（章）：

表 3-9 **其他应税消费品消费税纳税申报表**

税款所属期：2020年08月01日至2020年08月31日

纳税人名称（公章）：**湖南芙蓉王股份有限公司** 纳税人识别号：* * * * * * * * * * * * * * * * *

填表日期：2020年09月08日 金额单位：元（列至角分）

项目 应税消费品名称	适用税率	销售数量	销售额	应纳税额
高档化妆品	15%		49 882.35	7 482.35
合　计	—	—	—	7 482.35

本期准予抵减税额：0	声明 此纳税申报表是根据国家税收法律的规定填报的，我确定它是真实的、可靠的、完整的。 经办人（签章）：*** 财务负责人（签章）：*** 联系电话：*******
本期减（免）税额：0	
期初未缴税额：0	
本期缴纳前期应纳税额：0	
本期预缴税额：0	（如果你已委托代理人申报，请填写） 授权声明 为代理一切税务事宜，现授权＿＿＿＿＿＿（地址）＿＿＿＿＿＿为本纳税人的代理申报人，任何与本申报表有关的往来文件，都可寄予此人。 授权人签章：
本期应补（退）税额：7 482.35	
期末未缴税额：7 482.35	

以下由税务机关填写

受理人（签章）： 受理日期： 年 月 日 受理税务机关（章）：

（2）依据《消费税暂行条例》，委托加工的应税消费品（不包括改在零售环节征收消费税的金银首饰）由受托方在向委托方交货时代收代缴税款，委托加工收回的代扣代收税款凭证为委托方的抵扣凭证。受托方作为消费税的扣缴义务人，必须在规定纳税申报期内向主管税务机关报送“代扣代缴、代收代缴税款报告表”（见表3-10）及税务机关要求报送的其他有关资料。

填表说明：除个人所得税、企业所得税外，本报告表各税通用。本表一式三份，一份扣缴义务人留存，一份报税务机关，一份留税务机关作税收会计凭证。

（3）依据《消费税暂行条例》，卷烟批发企业消费税纳税义务人，除填报“烟类应税消费品消费税纳税申报表”外，还必须在规定纳税申报期内向主管税务机关报送“卷烟批发环节消费税纳税申报表”（见表3-11）及税务机关要求报送的其他有关资料。

表 3-10　　　**代扣代缴、代收代缴税款报告表**

扣缴义务人识别号□□□□□□□□□□□□□□□□□□□□

扣缴义务人名称：（公章）　　　　　填表日期：　　年　月　日　　　　　金额单位：元（列至角分）

纳税人名称	纳税人识别号	税种	税目	税款所属期	计税依据		税率或单位税额	应扣缴税款	实扣缴税款	实解缴税款	扣税凭证字号
				年　月至　年　月	课税数量	计税收入（所得）					
合　计											
扣缴义务人声明： 此扣缴报告表是根据国家税收法律、法规的规定填报的，我确定它是真实的、可靠的、完整的。				经办人（签章）		会计主管（签章）			扣缴单位（或法定代表人）（签章）		

以下由税务机关填写

受理人（签章）：　　　　　　受理日期：　　年　月　日　　　　　受理税务机关（章）：

表 3-11　　　**卷烟批发环节消费税纳税申报表**

税款所属期：　　年　月　日至　　年　月　日

纳税人名称（公章）：　　　　　　　　纳税人识别号：□□□□□□□□□□□□□□□□□□

填表日期：　　年　月　日　　　　　　　　　　　　单位：万支、元（列至角分）

项目 应税消费品名称	适用税率		销售数量	销售额	应纳税额
	定额税率	比例税率			
卷烟	50元/万支	11%			
合计	—	—			

期初未缴税额：	声明 此纳税申报表是根据国家税收法律、法规规定填报的，我确定它是真实的、可靠的、完整的。 经办人（签章）： 财务负责人（签章）： 联系电话：
本期缴纳前期应纳税额：	
本期预缴税额：	（如果你已委托代理人申报，请填写） 授权声明 为代理一切税务事宜，现授权＿＿＿＿＿＿ （地址）＿＿＿＿＿＿为本纳税人的代理申报人，任何与本申报表有关的往来文件，都可寄予此人。 授权人签字：
本期应补（退）税额：	
期末未缴税额：	

以下由税务机关填写

受理人（签章）：　　　　　　受理日期：　　年　月　日　　　　　受理税务机关（章）：

四、消费税的纳税地点

纳税人销售的应税消费品及自产自用的应税消费品，除国家另有规定外，应当向纳税人机构所在地或者居住地的主管税务机关申报纳税。

纳税人总机构和分支机构不在同一县（市）的，应当分别向各自机构所在地的主管税务机关申报纳税；经财政部、国家税务总局或者授权的财政税务机关批准，可以由总机构汇总向总机构所在地的主管税务机关申报缴纳消费税。纳税人到外县（市）销售或委托外县（市）代销自产应税消费品的，于应税消费品销售后，向机构所在地或者居住地主管税务机关申报纳税。

委托加工的应税消费品，受托方为个人的，由委托方向其机构所在地或者居住地的主管税务机关申报纳税；受托方为企业等单位的，由受托方向机构所在地或者居住地的主管税务机关报缴税款。

进口的应税消费品，由进口人或代理人向报关地海关申报纳税。此外，个人携带或者邮寄进境的应税消费品，连同关税由海关一并计征。具体办法由国务院关税税则委员会会同有关部门制定。

任务3.5　企业消费税纳税岗位实务

【工作示例3-1】

湖南芙蓉王股份有限公司为增值税一般纳税人，主要生产经营酒类、卷烟和高档化妆品。2020年8月初，该公司“应交税费——应交消费税”账户余额为56 000元（全部为酒类应税消费品应纳的消费税额）；2020年8月发生如下经济业务：

（1）公司于本年8月4日进行了7月的消费税纳税申报和税款缴纳工作。

（2）8月5日，将生产的高档化妆品200套销售给星沙日化批发部，开具的增值税专用发票上注明总价款40 000元，增值税税额5 200元，收到转账支票一张。

（3）8月8日，将自产啤酒30吨销售给万家慧超市，货款已收到；另外将5吨自产啤酒让客户及顾客免费品尝。该啤酒出厂价为2 600元/吨（含包装物押金，不含增值税），成本为2 000元/吨。

（4）8月12日，销售给株洲商社自产散装粮食白酒15吨，不含税单价6 000元，总价款为90 000元。

（5）8月13日，用自产粮食白酒10吨抵偿宏大公司货款60 000元，不足或多余部分不再结算。该粮食白酒本月每吨售价在5 400~6 400元浮动，平均售价为5 900元。

（6）8月14日，将一批自产的高档化妆品作为福利发给职工个人。这批高档化妆品的成本为8 000元。假设该类高档化妆品不存在同类消费品销售价格。

（7）上月将外购的价值200 000元的烟叶发给了白沙加工厂，委托其加工成烟丝。本月应支付的加工费为80 000元（不含增值税）。8月15日，湖南芙蓉王股份有限公司以银行存款付清全部款项和代缴的消费税；8月16日，将收回已加工的烟丝全部生产为卷烟10箱；8月27日，该批卷烟全部销售给ABC公司，不含税售价为300 000元，款已收到。

（8）8月28日，从韩国购进成套高档化妆品，关税完税价格为60 000美元，关税税率为50%。假定当日美元对人民币的汇率为1∶5.10，货款全部以银行存款付清。

【工作任务】

1.正确计算应税消费品当期应纳的消费税额。

2.根据审核无误的涉税原始凭证编制相关消费税记账凭证。

3.编制消费税纳税申报表，进行消费税纳税申报。

【任务实施】

1.正确计算应税消费品当期应纳的消费税额。

长沙芙蓉王股份有限公司2020年8月应纳消费税计算如下：

（1）由本年8月初公司“应交税费——应交消费税”账户余额为56 000元可知，公司2020年7月份有应缴未缴的消费税56 000元（酒类），公司于8月4日进行了7月份的消费税纳税申报，并缴清7月份56 000元的消费税。

（2）5日直接对外销售高档化妆品，其计税依据为增值税专用发票记账联上价款金额栏的数值40 000元，高档化妆品的消费税税率为15%，则：

应纳消费税额=40 000×15%=6 000（元）

（3）8日直接对外销售啤酒，由于啤酒出厂价为2 600元/吨（含包装物押金，不含增值税）小于3 000元/吨，适用定额税率220元/吨，其计税依据为增值税专用发票记账联上数量栏的数值30吨，则：

应纳消费税额=30×220=6 600（元）

免费品尝啤酒属于自产自用行为，其计税依据为出库单上注明给客户及顾客品尝的数量5吨，则：

应纳消费税额=5×220=1 100（元）

（4）12日销售给株洲商社自产散装粮食白酒，为直接对外销售，白酒采用复合税率，从价税的计税依据为90 000元，从量税的计税依据为15吨，则：

应纳消费税额=90 000×20%+15×2 000×0.5=33 000（元）

（5）13日用白酒抵偿货款，白酒采用复合税率，其计税依据为出库单上注明抵偿货款的数量10吨，计税依据金额以本月同类白酒销售的最高价计算，则：

应纳消费税额=6 400×10×20%+10×2 000×0.5=22 800（元）

（6）14日将一批自产的高档化妆品作为福利发给职工个人，为自产自用应税消费品行为，该类高档化妆品不存在同类消费品销售价格，则根据出库单中作为福利发给职工个人的数量和成本计算组成计税价格。组成计税价格的计算公式为：

组成计税价格=材料成本×（1+成本利润率）÷（1−消费税税率）

=8 000×（1+5%）÷（1−15%）=9 882.35（元）

自用高档化妆品应纳消费税额=9 882.35×15%=1 482.35（元）

（7）根据税法相关规定，对委托加工应税消费品的应纳消费税，采取由受托方代收代缴税款的办法，委托加工的应税消费品，按照受托方的同类消费品的销售价格计算纳税，没有同类消费品销售价格的，按照组成计税价格计算纳税。

组成计税价格=（材料成本+加工费）÷（1−消费税税率）

=（200 000+80 000）÷（1−30%）=400 000（元）

加工厂代收代缴烟丝的消费税额=400 000×30%=120 000（元）

对于自产外销卷烟的计税依据为增值税专用发票记账联上价款金额栏及数量栏的数值。由于每条卷烟价格=300 000÷（10×250）=120（元），大于70元，按56%税率计算从价税。由于委托加工的应税消费品已由受托方代收代缴消费税，如果委托方收回货物后用于连续生产应税消费品的，其已纳税款准予按照规定从连续生产的应税消费品应纳消费税额中扣除，则：

卷烟应纳消费税额=300 000×56%+10×150-120 000=49 500（元）

（8）28日从韩国购进成套高档化妆品，根据海关进口消费税专用缴款书收据联中计税价格栏数值和海关进口关税专用缴款书收据联中税款金额栏数值计算进口化妆品组成计税价格，则：

进口高档化妆品组成计税价格=60 000×5.1×（1+50%）÷（1-15%）=540 000（元）

海关代征的高档化妆品消费税额=540 000×15%=81 000（元）

月末，汇总计算湖南芙蓉王股份有限公司2020年8月应纳消费税额，则：

公司应纳消费税额=6 000+6 600+1 100+33 000+22 800+1 482.35+ 49 500=120 482.35（元）

其中：酒类消费品应纳消费税额=33 000+22 800+6 600+1 100=63 500（元）

烟类消费品应纳消费税额=49 500元

高档化妆品应纳消费税额=6 000+1 482.35=7 482.35（元）

另外：海关代征的消费税额=81 000元

白沙加工厂代收代缴的消费税额=120 000元

【特别注意】计算应纳消费税时应特别注意：

（1）消费税与增值税共同构成对流转额交叉征税的格局。消费税是价内税，增值税是价外税，实行从价定率征收消费税的消费品，其消费税税基与增值税税基一般情况下是一致的，都是以不含增值税而含消费税的销售额作为计税依据的。缴纳增值税的货物并不都缴纳消费税，而缴纳消费税的货物都属于增值税征税范围，都同时缴纳增值税，且都属于增值税13%税率的货物的范围，不涉及低税率，但若是增值税小规模纳税人，则会涉及增值税的征收率。

（2）白酒生产企业向商业销售单位收取的“品牌使用费”是随着应税白酒的销售而向购货方收取的，属于应税白酒销售价款的组成部分，因此，不论企业采取何种方式或以何种名义收取价款，均应并入白酒的销售额中缴纳消费税。

（3）工业企业进口环节被海关征收过消费税的货物，如果用于企业连续加工同税目的消费品，可按生产领用量抵扣已纳的进口环节消费税。

2.湖南芙蓉王股份有限公司2020年8月涉税业务会计处理如下：

（1）公司于2020年8月4日完成了2020年7月消费税纳税申报和税款缴纳工作，根据消费税纳税申报表和消费税完税凭证等相关原始凭证，应作会计分录如下：

借：应交税费——应交消费税　　56 000

　贷：银行存款　　56 000

（2）8月5日，销售高档化妆品，凭增值税专用发票记账联确认增值税销项税额，作会计分录如下：

借：银行存款　　45 200

　贷：主营业务收入　　40 000

　　应交税费——应交增值税（销项税额）　　5 200

计提消费税作会计分录如下：

借：税金及附加 6 000

　贷：应交税费——应交消费税 6 000

（3）8月8日，销售啤酒，凭增值税专用发票记账联确认增值税销项税额，作会计分录如下：

借：银行存款 88 140

　贷：主营业务收入 78 000

　　应交税费——应交增值税（销项税额） 10 140

计提消费税作会计分录如下：

借：税金及附加 6 600

　贷：应交税费——应交消费税 6 600

给客户及顾客免费品尝啤酒，凭啤酒出库单计算销项税额与消费税额，作会计分录如下：

借：销售费用 12 790

　贷：库存商品 10 000

　　应交税费——应交增值税（销项税额） 1 690

　　　　——应交消费税 1 100

（4）8月12日，销售散装白酒，凭增值税专用发票记账联确认增值税销项税额，作会计分录如下：

借：银行存款 101 700

　贷：主营业务收入 90 000

　　应交税费——应交增值税（销项税额） 11 700

计提消费税作会计分录如下：

借：税金及附加 33 000

　贷：应交税费——应交消费税 33 000

（5）8月13日，以粮食白酒抵偿债务，凭粮食白酒出库单计算销项税额与消费税额，作会计分录如下：

借：应付账款——宏大公司 60 000

　　营业外支出——债务重组损失 6 670

　贷：主营业务收入 59 000

　　应交税费——应交增值税（销项税额） 7 670

计提消费税作会计分录如下：

借：税金及附加 22 800

　贷：应交税费——应交消费税 22 800

（6）8月14日，将高档化妆品作为福利发给职工个人，凭发给职工高档化妆品的出库单计算销项税额与消费税额，作会计分录如下：

借：应付职工薪酬 11 167.06

　贷：主营业务收入 9 882.35

　　应交税费——应交增值税（销项税额） 1 284.71

结转成本作会计分录如下：

借：主营业务成本　　8 000

　贷：库存商品——高档化妆品　　8 000

计提消费税作会计分录如下：

借：税金及附加　　1 482.35

　贷：应交税费——应交消费税　　1 482.35

（7）委托加工烟丝，支付加工费及增值税，凭加工费增值税专用发票，作会计分录如下：

❶上月：

借：委托加工物资　　200 000

　贷：原材料　　200 000

❷本月：

借：委托加工物资——加工费　　80 000

　　应交税费——应交增值税（进项税额）　　10 400

　贷：银行存款　　90 400

支付消费税时作会计分录如下：

借：委托加工物资　　120 000

　贷：银行存款　　120 000

凭完工入库单、委托加工收料单作会计分录如下：

借：库存商品（200 000+80 000+120 000）　　400 000

　贷：委托加工物资　　400 000

8月27日，销售卷烟，凭增值税专用发票记账联确认增值税销项税额，作会计分录如下：

借：银行存款　　339 000

　贷：主营业务收入　　300 000

　　　应交税费——应交增值税（销项税额）　　39 000

计提消费税作会计分录如下：

借：税金及附加　　49 500

　贷：应交税费——应交消费税　　49 500

（8）8月28日，进口高档化妆品，凭进口票据，支付货款，作会计分录如下：

借：在途物资　　306 000

　贷：银行存款　　306 000

凭海关开具的进口关税专用缴款书，支付关税时作会计分录如下：

借：在途物资　　153 000

　贷：银行存款　　153 000

凭海关开具的进口增值税、消费税专用缴款书支付增值税、消费税时作会计分录如下：

借：在途物资　　81 000

　　应交税费——应交增值税（进项税额）　　70 200

　贷：银行存款　　151 200

注：进口高档化妆品组成计税价格=306 000+ 153 000+81 000=540 000（元）

3.湖南芙蓉王股份有限公司于2020年9月8日进行纳税申报，填写消费税纳税申报表，见表3-3、表3-4、表3-9。

【职业基础能力训练】

一、单项选择题

1.钻石消费税的纳税环节是（　　）。

A.打磨出厂环节　　B.进口环节　　C.委托加工提货环节　　D.零售环节

2.某纳税人自产一批高档化妆品用于本企业职工福利，没有同类产品价格可比照，需按组成计税价格计算缴纳消费税。其组成计税价格为（　　）。

A.（材料成本+加工费）÷（1−消费税税率）　　B.（成本+利润）÷（1−消费税税率）

C.（材料成本+加工费）÷（1+消费税税率）　　D.（成本+利润）÷（1+消费税税率）

3.消费税纳税人采取赊销和分期收款结算方式的，其纳税义务的发生时间为（　　）。

A.发出货物的当天　　B.收到货款的当天

C.合同规定的收款日期当天　　D.双方约定的任一时间

4.依据消费税的有关规定，下列行为中应缴纳消费税的是（　　）。

A.进口卷烟　　B.进口服装　　C.零售高档化妆品　　D.零售白酒

5.下列关于消费税纳税地点的表述中，不正确的是（　　）。

A.纳税人销售应税消费品，除国家另有规定外，应当向纳税人核算地主管税务机关申报纳税

B.纳税人总机构和分支机构不在同一县的，应当分别向各自机构所在地的主管税务机关申报纳税

C.纳税人销售应税消费品，除国家另有规定外，应在零售商所在地向主管税务机关申报纳税

D.委托加工应税消费品，由受托方（受托方为个人除外）向其所在地主管税务机关申报缴纳消费税

6.某酒厂将自产无同类售价的粮食白酒（适用税率为20%，适用税额为每斤0.5元）2 400斤赠送客户，其成本共计48 000元，已知成本利润率为10%，该酒厂应当缴纳的消费税为（　　）元。

A. 15 560　　B. 15 800　　C.18 800　　D.14 700

7.根据消费税法律制度的规定，对部分应税消费品实行从量定额和从价定率相结合的复合计税办法。下列各项中，实行复合计税的消费品有（　　）。

A.烟丝　　B.雪茄烟　　C.粮食白酒　　D.高档手表

8.某酒厂2020年2月销售粮食白酒3 000千克，取得不含税价款100万元，包装物押金5万元，包装物2个月后归还厂家，则该酒厂应纳消费税税额为（　　）万元。

A. 21.18　　B. 26.37　　C. 23.75　　D. 24.25

9.下列各项中，可按委托加工应税消费品的规定征收消费税的是（　　）。

A.受托方代垫原材料和主要材料，委托方提供辅助材料的

B.委托方提供原材料和主要材料，受托方代垫辅助材料的

C.受托方负责采购委托方所需原材料的

D.受托方提供原材料和全部辅助材料的

10.依据消费税的有关规定，下列消费品中属于消费税征税范围的是（　　）。

A.高尔夫球包　　B.竹制筷子　　C.护肤护发品　　D.电动汽车

11.下列行为中，既缴纳增值税又缴纳消费税的有（　　）。

A.酒厂将自产的白酒赠送给协作单位　　B.卷烟厂将自产的烟丝移送用于生产卷烟

C.将委托加工收回的应税消费品直接销售　　D.百货大楼销售的粮食白酒

12.某金店采取以旧换新方式零售24K纯金项链1条，新项链对外销售价8 000元，旧项链作价3 000元，从消费者手中收取新旧差价款5 000元。此业务应纳消费税税额为（　　）元。

A. 221.24　　B. 250　　C. 341.88　　D. 400

二、多项选择题

1.下列商品中适用从量定额税率征收消费税的商品有（　　）。

A.汽油　　B.柴油　　C.小汽车　　D.啤酒

2.下列各项中，符合《消费税暂行条例》规定的有（　　）。

A.外购烟丝时缴纳的消费税允许从用该烟丝生产的卷烟应纳消费税中扣除

B.消费税的计征方法有从量定额、从价定率和复合计征三种

C.酒类生产企业销售白酒产品而收取的包装物押金，一律视同白酒产品销售额计征消费税

D.纳税人将不同税率的应税消费品成套销售的，一律从高适用税率计征消费税

3.我国消费税分别采用（　　）的计征方法。

A.从价定率　　B.从量定额　　C.复合计税　　D.从价定额

4.下列应属于消费税征税范围的有（　　）。

A.实木地板　　B.木制一次性筷子　　C.电动汽车　　D.高尔夫球

5.依据消费税的有关规定，下列行为中应缴纳消费税的有（　　）。

A.进口游艇　　B.进口高档手表　　C.零售高档化妆品　　D.零售白酒

6.根据现行税法规定，下列消费品既征收增值税又征收消费税的有（　　）。

A.化妆品生产厂家销售自产的高档化妆品

B.将委托加工收回的白酒继续加工后销售

C.将外购化妆品直接对外无偿捐赠

D.将自产的低度粮食白酒用于勾兑高度粮食白酒

7.按照消费税的有关规定，下列选项中，属于应税消费品的有（　　）。

A.未经打磨的木制一次性筷子　　B.鞭炮引线

C.高尔夫车　　D.雪茄烟

8.下列选项中，属于消费税特点的有（　　）。

A.征税项目具有选择性　　B.消费税具有转嫁性

C.征收环节具有单一性　　D.征收方法具有多样性

三、判断题

1.企业受托加工应税消费品，如果没有同类消费品的销售价格，企业可按委托加工合同上注明的材料成本与加工费来计算组成计税价格，进而计算代收代缴消费税。（　　）

2.某酒厂生产白酒和药酒并将两类酒包装在一起按礼品套酒销售，尽管该厂对一并销售的两类酒分别核算了销售额，但对于这种礼品套酒仍应就其全部销售额按白酒的适用税率计征消费税。（　　）

3.在现行消费税的征税范围中，除卷烟、白酒之外，其他一律不得采用从价定率和从量定额相结合的复合计税方法。（　　）

4.零售环节征收消费税的金银首饰应缴纳的消费税不能扣除外购、委托加工收回的珠宝玉石已纳的消费税税款。（　　）

5.对销售果子酒收取的包装物押金，不论到期与否，均应并入销售额计征增值税。（　　）

6.消费税纳税人以1个月为一期纳税的，其申报纳税的期限为自期满之日起10日内。（　　）

7.受托加工应征消费税的消费品所代收代缴的消费税，属于价外费用。（　　）

8.卷烟、粮食白酒、薯类白酒在生产销售和进口环节计算消费税时，实行复合计税方法，但在委托加工环节代收代缴消费税时，实行单一从价计税方法。（　　）

9.消费税规定的应税消费品均属于货物，缴纳增值税时也要缴纳消费税。（　　）

10.对饮食业、商业、娱乐业举办的啤酒屋（啤酒坊）利用啤酒生产设备生产的啤酒，应当免征消费税。（　　）

【职业技能专项训练】

一、单项任务训练

1.某酒厂2020年2月份生产一种新的粮食白酒，0.2吨用于广告样品，已知该种白酒无同类产品出厂价，生产成本每吨35 000元，成本利润率为10%，粮食白酒定额税率为每斤0.5元，比例税率为20%。

要求：计算该酒厂当月应缴纳的消费税和增值税税额。

2.某化妆品厂高档化妆品期初库存30 000元，本期外购80 000元（不含税价），本期期末库存20 000元；生产的高档化妆品对外销售，取得不含税销售额250 000元，高档化妆品的消费税税率为15%。

要求：计算该化妆品厂的应纳消费税税额。

3.2020年1月某啤酒厂自产（乙类）啤酒20吨，赠送某啤酒节，每吨啤酒成本1 000元，无同类产品售价，成本利润率为10%。

要求：计算该啤酒厂应缴纳的消费税及增值税税额。

4.某企业（增值税一般纳税人）2020年1月发生下列业务：

（1）从国外进口一批散装高档化妆品，关税完税价格为820 000元，已缴纳关税230 000元。

（2）委托某工厂加工A类高档化妆品，提供原材料价值68 000元，支付加工费2 000元（不含增值税）。该批加工产品已收回（受托方没有A类高档化妆品的同类货物价格）。

（3）销售本企业生产的B类高档化妆品，取得销售额580 000元（不含增值税）。

（4）“三八”妇女节，向全体女职工发放B类高档化妆品，计税价格8 000元（不含增值税）。

（5）企业领用当月进口的散装高档化妆品的80%，生产加工为成套化妆品对外批发销售，取得不含税销售额150万元；向消费者零售，取得含税销售额51万元。

已知高档化妆品适用的消费税税率为15%。

要求：

（1）计算进口散装高档化妆品应缴纳的消费税。

（2）计算A类高档化妆品应缴纳的消费税。

（3）计算B类高档化妆品应缴纳的消费税。

（4）计算成套高档化妆品应缴纳的消费税。

二、项目综合实训

（一）企业基本情况

企业名称：湖南众华有限公司

统一社会信用代码：910106111133334001

企业地址：长沙市韶山中路520号

企业类型：有限责任公司（一般纳税人）

经营范围：酒及卷烟的生产销售

企业开户银行及账号：工商银行长沙市雨花支行，8880777066605550234

办税员：学生本人

（二）企业2020年7月有关消费税业务情况

1.7月5日，向某大型商场生产销售粮食白酒20吨，开具增值税专用发票，取得不含税销售额30万元，增值税税额为3.9万元，款项已存银行。

2.7月10日，向某单位销售自产粮食白酒10吨，开具普通发票，取得含增值税销售额16.95万元，款项已存银行。

3.7月11日，将自产的3吨薯类白酒用作职工福利。薯类白酒的总成本为8 000元。该薯类白酒无同类产品市场销售价格，成本利润率为5%。

4.7月15日，收回委托大华加工厂加工的5吨粮食白酒。湖南众华有限公司提供的原材料金额为30万元，支付不含增值税的加工费4万元。已知大华加工厂无加工粮食白酒的同类产品市场价格。湖南众华有限公司将粮食白酒收回后直接不加价出售。

5.月初库存的外购烟丝的买价为30万元，月末库存的外购烟丝的买价为50万元。本月从乙生产企业购进烟丝，取得增值税专用发票，注明不含税价款400万元，增值税税额52万元，本月领用的外购烟丝全部用来生产B牌卷烟（甲类卷烟）。7月28日，销售B牌卷烟（甲类卷烟）200箱，取得不含税价款800万元。

（三）实训要求

1.根据湖南众华有限公司提供的2020年7月的有关资料，编制有关会计分录并填制记账凭证；

2.根据资料计算湖南众华有限公司2020年7月的应纳消费税额；

3.填制各税目的消费税纳税申报表。

项目 4
企业关税实务与出口退（免）税实务

04

【典型工作任务】

早在古罗马、古希腊时代就已开征了关税。关税伴随着国家之间的贸易而产生，并随着贸易的发展而发展。由于大国之间的贸易摩擦在所难免，关税已经成为贸易壁垒战的一种很有效的武器。企业关税实务岗位最典型的工作任务是：

1.关税纳税人的判断，关税征税对象的确定，关税优惠政策的运用，关税完税价格的确定，关税税额的计算；

2.进出口关税的会计核算；

3.进出口货物报关单的填列和进出口关税专用缴款书的填开工作。

【岗位工作能力】

1.能根据有关规定计算进出口商品应纳的关税税额；

2.会填制进出口货物报关单和海关进出口关税专用缴款书；

3.能根据进出口业务进行关税的会计处理。

任务4.1 企业关税实务

一、关税基本法律内容认知

（一）关税的概念与纳税人、征税对象

关税是由海关对进出国境或关境的货物和物品征收的一种流转税。准许进出境的货物和物品是关税的征税对象。货物是贸易性商品，其纳税人是经营进出口货物的收、发货人；物品是指入境旅客随身携带的行李物品、个人邮递物品、运输工具服务人员携带的自用物品，以及其他方式进境的个人物品，其纳税人是物品的持有人、所有人或收件人。值得注意的是，跨境电子商务零售商品按货物征税。

国境是一个国家以边界为界限，全面行使主权的境域，包括领土、领海和领空。关境是一个国家关税法令完全施行的境域。一般情况下，一个国家的国境与关境是一致的，但当一个国家在国境内设立自由贸易港、自由贸易区、保税区、保税仓库时，关境就小于国境；当几个国家结成关税同盟，成员国之间相互取消关税，对外实行共同的关税税则时，就其成员国而言，关境就大于国境。

（二）关税税则、税目

关税税则是一国对进出口商品计征关税的规章和对进出口的应税与免税商品加以系统分类的一览表。海关凭以征收关税，是关税政策的具体体现。

《中华人民共和国进出口税则》（简称《进出口税则》）是确定商品归类、适用税率的法律文件。现行关税税则包括两个部分：一部分是海关计征关税的规章条例及说明；另一部分是关税税目、税则列号和税率。

《进出口税则》是以《商品名称及编码协调制度》为基础，结合我国进出口商品的实际而编排的。全部应税商品共分为21大类。在21类商品之下，分为97章，每章商品又被细分为若干商品项数。这些商品项数分别用8位数字组成的代码表示，或称为税则号列。每个税则号列之后还要有对商品进行的基本描述，或称为货品名称，以及该税则号列商品适用的

税率等。上述每条税则号列、货品名称和税率记录统称为一个税目。

（三）关税税率的确定

《中华人民共和国进出口关税条例》（简称《进出口关税条例》）规定，进出口货物应当依照税则规定的归类原则归入合适的税号，确定适用的税率。

关税税率是整个关税制度的核心要素。目前我国的关税税率主要有以下几种：

1.进口货物关税税率

国家对进口关税设置最惠国税率、协定税率、特惠税率、普通税率、暂定税率、关税配额税率等形式的税率，对进口货物在一定期限内可以实行暂定税率。

（1）最惠国税率：适用原产于与我国共同适用最惠国待遇条款的世界贸易组织成员国或地区的进口货物；或原产于与我国签订有相互给予最惠国待遇条款的双边贸易协定的国家或地区的进口货物，以及原产于我国境内的进口货物。

（2）协定税率：适用原产于我国参加的含有关税优惠条款的区域性贸易协定的有关缔约方的进口货物。

（3）特惠税率：适用原产于与我国签订有特殊优惠关税协定的国家或地区的进口货物。

（4）普通税率：适用原产于上述国家或地区以外的国家或地区的进口货物。

（5）暂定税率：它是对某些税号中的部分货物在适用最惠国税率的前提下，通过法律程序暂时实施的进口税率，具有非全税目的特点，低于最惠国税率。适用最惠国税率的进口货物有暂定税率的，应当适用暂定税率；适用协定税率、特惠税率的进口货物有暂定税率的，应当从低适用税率；适用普通税率的进口货物，不适用暂定税率。

（6）关税配额税率：配额内关税是对一部分实行关税配额的货物，按低于配额外税率的进口税率征收的关税。按照国家规定实行关税配额管理的进口货物，关税配额内的，适用关税配额税率；关税配额外的，其适用的税率按照前述的规定执行。

2.出口货物关税税率

出口货物关税税率没有普通税率和优惠税率之分。为鼓励国内企业出口创汇，同时控制一些商品的盲目出口，我国对绝大部分出口货物不征收出口关税，只对少数产品征收出口关税。对出口货物也可在一定期限内实行暂定税率；适用出口税率的出口货物有暂定税率的，应当适用暂定税率。事实上，我国征收出口关税的商品，其税率都很低。出口关税税率实行差别比例税率（分为20%、25%、30%、40%、50%）；暂定税率包括差别比例税率（分为0、5%、10%、15%、20%）和从量定额税率。

3.特别关税

特别关税包括报复性关税、反倾销税与反补贴税、保障性关税。征收特别关税的货物、适用国别、税率、期限和征收办法，由国务院关税税则委员会决定，海关总署负责实施。

（1）报复性关税。报复性关税是指为报复他国对本国出口货物的关税歧视，而对相关国家的进口货物征收的一种进口附加税。任何国家或地区对其进口的原产于我国的货物征收歧视性关税或者给予其他歧视性待遇的，我国对原产于该国家或者地区的进口货物征收报复性关税。

（2）反倾销税与反补贴税。反倾销税与反补贴税是指进口国海关对外国的倾销商品，在征收关税的同时附加征收的一种特别关税，其目的在于抵销他国补贴。倾销是指正常贸易过程中以低于正常价值的出口价格，大量输出商品到另一国家或地区市场的行为，是一种不公平的贸易做法；补贴是出口国（或地区）政府或者其任何公共机构提供的并为接受者带来利益的财政资助以及任何形式的对收入或者价格的支持，是一种比较隐蔽的降低经营者经营成本的措施。

（3）保障性关税。当某类商品进口量剧增，对我国相关产业带来巨大威胁或损害时，可按有关法规规定，采取保障措施，征收保障性关税。任何国家或地区对我国出口商品采取歧视性保障措施的，我国可以根据实际情况对该国或地区采取相应的税收措施。

【同步思考4-1】如何理解关税的独特性？为何关税又称为进口商品税？

（四）关税优惠政策

关税减免是对某些纳税人和征税对象给予鼓励和照顾的一种特殊调节手段。关税减免是贯彻国家关税政策的一项重要措施，其权限属于中央，未经中央许可，各地海关不得擅自决定减免。关税减免主要有以下几种：

1.法定减免

法定减免是税法中明确列出的减税或免税。符合税法规定可予减免税的进出口货物，纳税人无须提出申请，海关可按规定直接予以减免税。《中华人民共和国海关法》（简称《海关法》）和《进出口关税条例》明确规定对下列货物、物品予以减免税：

（1）下列货物经海关审查无讹，可以免税：关税额在人民币50元以下的一票货物；无商业价值的广告品和货样；外国政府、国际组织无偿赠送的物资；进出境运输工具装载的途中必需的燃料、物料和饮食用品。

（2）有下列情形之一的进口货物，海关可以酌情减免：在境外运输途中或起卸时，遭受损坏或者损失的；起卸后海关放行前，因不可抗力遭受损坏或损失的；海关查验已经破漏、损坏或腐烂，经证明不是保管不慎造成的。

（3）为境外厂商加工、装配成品和为制造外销产品而进口原材料、辅料、零件部件、配套件和包装物者，海关按照实际加工出口的成品数量，免征进口关税；或对进口料件先征进口关税，再按照实际加工出口的成品数量予以退税。

（4）经海关核准暂进境或暂出境并在6个月内复运出境或复运进境的特定货物，若货物收发货人向海关缴纳相当于税款的保证金或提供担保者，准予暂时免纳关税。

（5）我国缔结或者参加的国际条约所规定减征、免征关税的货物、物品。

2.特定减免

特定减免是指关税基本法规确定的法定减免以外的，由国务院授权机关颁布的法规、规章特别规定的减免。特定减免税货物一般有地区、企业和用途的限制，如科教用品、残疾人专用品、扶贫、慈善性捐赠物资、加工贸易产品、边境贸易进口物资、保税区进出口货物、出口加工区进出口货物等。

3.临时减免

临时减免是指法定减免和特定减免范围以外的其他减免税，即由国务院根据《海关法》对某个单位、某类商品、某个项目或者某批进出口货物的特殊情况，给予特别照顾，一案一批，专文下达的减免税。其一般有单位、品种、期限、金额或数量等限制，不能比照执行。

（五）关税的强制执行

根据《海关法》，纳税人或其代理人应当在海关规定的缴款期限内缴纳税款，逾期未缴的即构成关税滞纳。为保证海关决定的有效执行和国家财政收入的及时入库，《海关法》赋予海关对滞纳关税的纳税人强制执行的权力。强制措施主要有两类：

1.征收滞纳金

滞纳金自关税缴纳期限届满滞纳之日起，至纳税人缴纳关税之日止，按滞纳税款0.05%的比例按日征收，周末或法定节假日不予扣除。计算公式为：

关税滞纳金金额=滞纳关税税额×0.05%×滞纳天数

2.强制征收

纳税人自海关填发缴款书之日起3个月仍未缴纳税款的，经海关关长批准，海关可以采取强制措施扣缴。强制措施主要有强制扣缴和变价抵扣两种。

（1）强制扣缴。强制扣缴是指海关依法自行或向人民法院申请采取从纳税人的开户银行或者其他金融机构的存款中将相当于纳税人应纳税款的款项强制划拨入国家金库的措施。即书面通知其开户银行或者其他金融机构从其存款中扣缴税款。

（2）变价抵扣。变价抵扣是指如果纳税人的银行账户中没有存款或存款余额不足以强制扣缴时，海关可以将未放行的应税货物依法变卖，以销售货物所得价款抵缴应缴税款。如果该货物已经放行，海关可以将该纳税人的其他价值相当于应纳税款的货物或其他财产依法变卖，以变卖所得价款抵缴应缴税款。

强制扣缴和变价抵扣的税款含纳税人未缴纳的税款滞纳金。

（六）关税的退还

关税的退还是关税纳税人缴纳税款后，因某种原因的出现，海关将实际征收多于应当征收的税款退还给原纳税人的一种行政行为。根据《海关法》，多征的税款，海关发现后应当立即退还。

按规定，有下列情形之一的，纳税人可以自缴纳税款之日起1年内，书面声明理由，连同原纳税收据向海关申请退还税款并加算银行同期活期存款利息，逾期不予受理：

（1）因海关误证，多纳税款的。

（2）海关核准免验进口的货物，在完税后发现有短缺情况，经海关审查认可的。

（3）已征出口关税的货物，因故未装运出口，申报退关，经海关查明属实的。

对已征出口关税的出口货物和已征进口关税的进口货物，因货物品种或规格原因（非其他原因）原状复运进境或出境的，经海关查验属实的，也应退还已征关税，海关应当在受理退税申请之日起30日内作出书面答复并通知退税申请人。

（七）关税的补征和追征

关税的补征和追征是海关在纳税人按海关规定缴纳关税后，发现实际征收税额少于应当征收的税额时，责令纳税人补缴所差税款的一种行政行为。关税的补征是针对非因纳税人违反海关规定造成的少征关税。根据《海关法》，进出境货物或物品放行后，海关发现少征或漏征税款，应当自缴纳税款或者货物、物品放行之日起1年内，向纳税人补征。

关税的追征是由于纳税人违反海关规定造成少征关税。因纳税人违反规定而造成的少征或者漏征的税款，自纳税人应缴纳税款之日起3年以内可以追征，并从缴纳税款之日起按日加收少征或者漏征税款0.05%的滞纳金。

（八）关税的纳税争议

为保护纳税人合法权益，我国《海关法》和《进出口关税条例》都规定了纳税人对海关确定的进出口货物的征税、减税、补税或者退税等有异议时，有提出申诉的权利。在纳税义务人同海关发生纳税争议时，可以向海关申请复议，但同时应当在规定期限内按海关核定的税额缴纳关税，逾期则构成滞纳，海关有权按规定采取强制执行措施。

纳税争议的申诉程序：纳税义务人自海关填发税款缴款书之日起30日内，向原征税海关的上一级海关书面申请复议。逾期申请复议的，海关不予受理。海关应当自收到复议申请之日起60日内作出复议决定，并以复议决定书的形式正式答复纳税人；纳税人对海关复议决定仍然不服的，可以自收到复议决定书之日起15日内，向人民法院提起诉讼。

二、关税税额的计算

关税税额的计算公式为：

应纳关税额=关税完税价格×关税税率

（一）关税完税价格的确定

关税完税价格是海关计征关税所使用的计税价格，是海关以进出口货物的实际成交价格为基础审定的完税价格。实际成交价格是一般贸易项下进口或出口货物的买方为购买该项货物向卖方实际支付或应当支付的价格。实际成交价格不能确定时，完税价格由海关依法估定。纳税人向海关申报的价格不一定等于完税价格，只有经海关审核并接受的申报价格才能作为完税价格。

1.进口货物完税价格的确定

（1）一般进口货物完税价格的确定。

进口货物以海关审定的成交价格为基础的到岸价格为完税价格。到岸价格包括货价及货物运抵我国境内输入地点起卸前的运费、包装费、保险费和其他劳务费。“我国境内输入地”是指入境海关地，包括内陆河、江口岸，一般为第一口岸。“成交价格”是指买方为购买该货物，并按有关规定调整后的实付或应付价格，即买方为购买进口货物直接或间接支付的总额。确定一般进口货物完税价格时需要注意以下两点：

❶下列费用或价值未包含在进口货物的成交价格中的，应一并计入完税价格：

a. 特许权使用费（但与进口货物无关或者不构成进口货物向境内销售要件的不计入完税价格）；

b. 除购货佣金以外的佣金和经纪费，如卖方佣金；

c. 货物运抵我国关境内输入地点起卸前由买方支付的包装费、运费、保险费和其他劳务费用；

d. 由买方负担的与进口货物视为一体的容器费用；

e. 由买方负担的包装材料和包装劳务的费用；

f. 卖方直接或间接从买方对该货物进口后转售（含处置和使用）所得中获得的收益。

❷下列费用，如在货物的成交价格中单独列明的，应从完税价格中扣除：

a. 货物运抵境内输入地点之后的运输费用、保险费用和其他相关费用；

b. 工业设施、机械设备类货物进口后发生的基建、安装、调试、技术指导等费用；

c. 进口关税及其他国内税收。

进口货物完税价格中的运费和保险费按下列规定确定：

❶海运进口货物应计算至该项货物运抵我国境内的卸货口岸。

❷陆运进口货物应计算至该货物运抵我国关境的第一口岸为止；若成交价格中所包括

的运、保、杂费计算至内地到达口岸的，关境的第一口岸至内地一段的运、保、杂费，不予扣除。

❸空运进口货物应计算至进入境内的第一口岸；若成交价格为进入关境的第一口岸外的其他口岸，则应计算至目的地口岸。

进口货物的运费应当按照实际支付的费用计算。如果进口货物的运费无法确定或未实际发生，海关应按该货物进口同期运输行业公布的运费率（额）计算运费；按照“货价加运费”总额的0.3%计算保险费。

（2）进口货物完税价格的估定。

进口货物的成交价格经海关审查未能确定的，应当依次以下列方法确定的价格为基础，估定完税价格：

❶相同货物成交价格法，即以从该进口货物的同一出口国（地区）购进的相同货物的成交价格作为该被估货物的完税价格。

❷类似货物成交价格法，即以从该进口货物的同一出口国（地区）购进的类似货物的成交价格作为该被估货物的完税价格。

❸国际市场价格法，即以该进口货物的相同或类似货物在国际市场上公开的成交价格为该进口货物的完税价格。

❹国内市场价格倒扣法，即以该进口货物的相同或类似货物在国内市场的批发价格，减去进口关税和进口环节其他税费以及进口后的正常运输、储存、营业费用及利润后的价格为完税价格。

❺其他合理方法。如果按上述几种方法顺序估价仍不能确定其完税价格，则可由海关按照规定的估价原则，采用其他合理方法估定完税价格。

（3）特殊进口货物完税价格的确定。

❶运往境外加工的货物。运往境外加工的货物，出境时向海关报明，并在海关规定期限内复运进境的，按下列顺序确定其完税价格：

a.以加工后货物进境时的到岸价格与原出境货物相同或类似货物在进境时的到岸价格的差额作为完税价格；

b.若无法得到原出境货物在进境时的到岸价格，可用原出境货物申报出境时的离岸价格替代；

c.若上述方法均不能确定，可用该出境货物在境外加工时支付的工缴费，加上运抵我国关境输入地点起卸前的包装费、运费、保险费和其他劳务费等一切费用作为完税价格。

❷运往境外修理的货物。运往境外修理的机械器具、运输工具或其他货物，出境时已向海关报明，并在海关规定期限内复运进境的，按海关审定的境外修理费和料件费作为完税价格。

❸租赁和租借方式进口的货物。租赁和租借方式进境的货物，以海关审查确定进境货物的租金作为完税价格。如果租赁进境的货物是一次性支付租金，则可以海关审定进口货物的成交价格作为完税价格。

❹暂时进境货物。经海关批准的暂时进境的货物，应按照一般进口货物估价办法的规定，估定完税价格。

❺留购的进口货样等货物。国内单位留购的进口货样、展览品及广告陈列品，以海关

审定的留购价格为完税价格。

2.出口货物完税价格的确定

（1）以成交价格为基础的完税价格。

出口货物的完税价格，由海关以该货物向境外销售的成交价格以及该货物运至我国境内输入地点装卸前的运输及相关费用、保险费为基础审定，但不包括出口关税税额。出口货物的成交价格是指该货物出口销售到我国境外时买方向卖方实付或应付的价格。但在计算完税价格时下列费用应予扣除：

❶成交价格中含有支付给国外的佣金，与货物成交价格分列的，应予扣除；未单独列明的，则不予扣除；

❷出口货物的销售价格如果包括离境口岸至境外口岸之间的运输、保险费的，该运费、保险费应予扣除。

出口货物完税价格的计算公式为：

完税价格=离岸价格÷（1+出口关税税率）

（2）由海关估定的完税价格。

出口货物的发货人或其代理人应如实向海关申报出口货物售予境外的价格，对出口货物的成交价格不能确定时，完税价格由海关依次按下列方法予以估定：

❶同时或大约同时向同一国家或地区销售出口的相同货物的成交价格；

❷同时或大约同时向同一国家或地区销售出口的类似货物的成交价格；

❸根据境内生产相同或类似货物的成本、储运和保险费用、利润及其他杂费计算所得的价格；

❹按照其他合理方法估定的价格。

（二）进口货物应纳关税的计算

1.从价税应纳税额的计算

进口关税税额=应税进口货物数量×单位完税价格×税率

具体分以下几种情况：

❶以我国口岸到岸价格（CIF）成交的，或者和我国毗邻的国家以两国共同边境地点交货价格成交的进口货物，其成交价格即为完税价格。应纳关税的计算公式为：

应纳进口关税额=CIF×关税税率

❷以国外口岸离岸价格（FOB）或国外口岸到岸价格成交的，应另加从发货口岸或国外交货口岸运至我国口岸以前的运杂费和保险费作为完税价格。应纳关税的计算公式为：

应纳进口关税额=（FOB+运杂费+保险费）×关税税率

在国外口岸成交情况下，完税价格中包括的运杂费、保险费，原则上应按实际支付的金额计算，若无法得到实际支付金额，也可以外贸系统海运进口运杂费率或按协商规定的固定运杂费率计算运杂费，保险费按中国人民保险公司的保险费率计算。应纳关税的计算公式为：

应纳进口关税额=（FOB+运杂费）÷（1－保险费率）×关税税率

【例4-1】某公司7月从美国进口一批货物，按境外边境口岸价格支付180万元人民币，铁路运费为6万元人民币，保险费率为3‰，货物到达我国某口岸，已知进口货物关税税率为20%。计算这批进口商品应纳的关税。

完税价格=（1 800 000+60 000）÷（1−3‰）=1 865 596.79（元）

应纳关税额=1 865 596.79×20%=373 119.36（元）

❸以国外口岸离岸价格加运费（即CFR价格）成交的，应另加保险费作为完税价格。

应纳关税的计算公式为：

应纳进口关税额=（CFR+保险费）×关税税率=CFR÷（1−保险费率）×关税税率

【例4−2】某企业从香港进口原产地为韩国的设备3台，该设备的总成交价格为CFR上海港HKD180 000，保险费率为3‰，设备进口关税税率为10%，当日外汇牌价HKD100=¥107。计算其应纳的关税。

完税价格=180 000×1.07÷（1−3‰）=193 179.54（元）

应纳关税额=193 179.54×10%=19 317.95（元）

❹特殊进口商品关税计算。特殊进口货物种类繁多，需在确定完税价格基础上，再计算应纳税额。

应纳关税的计算公式为：

应纳进口关税额=特殊进口货物完税价格×关税税率

【例4−3】某公司2019年以100万元的价格进口一台设备。2020年2月，因该设备出现故障运往美国修理，出境时已向海关报明。同年5月，按海关规定期限复运进境。此时，该仪器的国际市场价为150万元。若经海关审定的修理费和料件费为40万元，进口关税税率为5%。计算该设备复运进境时应纳的进口关税税额。

根据规定，运往境外修理的设备，出境时已向海关报明，并在海关规定期限内复运进境的，按海关审定的境外修理费和料件费作为完税价格。

应纳关税额=40×5%=2（万元）

2.从量税应纳税额的计算

进口关税税额=应税进口货物数量×单位货物税额

3.复合税应纳税额的计算

我国目前实行的复合税都是先计征从量税，再计征从价税。

进口关税税额=应税进口货物数量×单位货物税额+应税进口货物数量×单位完税价格×税率

4.滑准税应纳税额的计算

进口关税税额=应税进口货物数量×单位完税价格×滑准税税率

（三）出口货物应纳关税的计算

1.从价税应纳税额的计算

应纳关税额=应税出口货物数量×单位完税价格×税率

具体分以下几种情况：

（1）以我国口岸离岸价格（FOB）成交的，出口关税计算公式为：

应纳关税额=FOB÷（1+关税税率）×关税税率

（2）以国外口岸到岸价格（CIF）成交的，出口关税计算公式为：

应纳关税额=（CIF−保险费−运费）÷（1+关税税率）×关税税率

（3）以国外口岸价格加运费价格（CFR）成交的，出口关税计算公式为：

应纳关税额=（CFR−运费）÷（1+关税税率）×关税税率

【例4−4】某进出口公司出口产品一批，成交价格为FOB大连USD193 800，其中含支付国外的佣金（佣金率2%），另外进口方还支付货物包装费USD5 000，当日的外汇牌价为USD100=¥710。关税税率为10%，计算该进出口公司应纳的出口关税。

FOB价内包含的支付国外的佣金应扣除，而买方在出口货物FOB价外另支付的包装费应计入完税价格。

不含佣金的FOB价格=193 800÷（1+2%）=USD190 000

完税价格=（190 000+5 000）÷（1+10%）=USD177 272.73

应纳关税额=177 272.73×7.1×10%=125 863.64（元）

2.从量税应纳税额的计算

出口关税税额=应税出口货物数量×单位货物税额

3.复合税应纳税额的计算

我国目前实行的复合税都是先计征从量税，再计征从价税。

出口关税税额=应税出口货物数量×单位货物税额+应税出口货物数量×单位完税价格×税率

4.滑准税应纳税额的计算

出口关税税额=应税出口货物数量×单位完税价格×滑准税税率

出口关税的特别之处在于对外的报价是包含关税的，因为关税是价内税，所以对外的销售价包含了关税，因而在计算完税价格时要剔除关税。相反，进口时，进口的价格是不含关税的，所以不需要考虑剔除关税的问题。

三、货物报关与关税缴纳

（一）进出口货物报关

进口货物的纳税人应当自运输工具申报进境之日起14日内，向货物的进境地海关申报，如实填写海关进口货物报关单，并提交进口货物的发票、装箱清单、进口货物提货单或运单、关税免税或免予查验的证明文件等。

出口货物的发货人除海关特准外，应当在装货的24小时以前，填报出口货物报关单，交验出口许可证和其他证件，申报出口，由海关放行，否则货物不得离境出口。

进出口货物时应当提交以下材料：❶进出口货物报关单；❷合同；❸发票；❹装箱清单；❺载货清单（舱单）；❻提（运）单；❼代理报关授权委托协议；❽进出口许可证件；❾海关要求的加工贸易手册（纸质或电子数据的）及其他进出口有关单证。

（二）关税的缴纳

1.关税的基本缴纳方式

由接受进（出）口货物通关手续申报的海关逐票计算应征关税并填发海关进（出）口关税专用缴款书，纳税人凭之向海关或指定的银行办理税款交付或转账入库手续后，海关凭银行回执联办理结关放行手续。征税手续在前，结关手续在后，有利于税款及时入库，防止拖欠税款。因此，各国海关都以这种方式作为基本纳税方式。

2.关税的后纳制

关税后纳制是海关允许某些纳税人在办理了有关关税手续后，先行办理放行货物的手续，然后再办理征纳关税手续的海关制度。关税后纳制是在通常的基本纳税方式的基础上，对某些易腐、急需或有关手续无法立即办结等特殊情况采取的一种变通措施。海关在提取货样、收取保证金或接受纳税人其他担保后即可放行有关货物。关税后纳制使海关有充足的时间准确地进行关税税则归类、审定货物完税价格、确定其原产地等作业，或使纳税人有时间完成有关手续，防止口岸积压货物，使进出境货物尽早投入使用。

3.关税的纳税地点

根据纳税人的申请及进出口货物的具体情况，关税可以在关境地缴纳，也可以在主管地缴纳。关境地缴纳是指进出口货物在哪里通关，纳税人即在哪里缴纳关税，这是最常见的做法。主管地缴纳是指纳税人住址所在地海关监管其通关并征收关税，它只适用于集装箱运载的货物。

4.关税的纳税期限

纳税人应当自海关填发税款缴款书之日起15日内，向指定银行缴纳税款。如果关税缴纳期限的最后1日是周末或法定节假日，则关税缴纳期限顺延至周末或法定节假日后的第1个工作日。

关税纳税人因不可抗力或者在国家税收政策调整的情形下，不能按期缴纳税款的，经海关总署批准，可以延期缴纳税款，但最长不得超过6个月。逾期未缴纳的，除依法追缴外，由海关自到期次日起至缴清税款日止，按日加收欠缴税款总额0.5‰的滞纳金。

5.关税的申报

纳税人缴纳关税时，需填写“海关进（出）口关税专用缴款书”（以下简称“缴款书”）并携带有关单证。“缴款书”一式六联，依次是收据联（此联是国库收到税款签章后退还纳税人作为完税凭证的法律文书，是关税核算的原始凭证）、付款凭证联、收款凭证联、回执联、报查联、存根联。

（三）关税的退税与补缴

1.关税的退税

有下列情况之一的，进出口货物的收发货人或其代理人，可以自缴纳税款之日起1年内，书面声明理由，连同纳税收据向海关申请退款，逾期不予受理：

❶因海关误征，多纳税款的；

❷海关核准免税进口的货物，在完税后发现有短缺情况并经海关审查认可的；

❸已征出口关税的货物，因故未装运出口，申报退关，经海关查验属实的。

按规定，上述退税事项，海关应当自受理退税申请之日起3日内作出书面答复并通知退税申请人。

2.关税的补缴

进出口货物完税后，如发现少征或者漏征税款，海关应当自缴纳税款或者货物放行之日起1年内，向收发货人或其代理人补征。因收发货人或其代理人违反规定而造成少征或者漏征税款的，海关在3年内可以追征；因特殊情况，追征期可延至10年。骗取退税款的，无限期追征。

四、企业关税的会计核算

企业发生进出口业务在支付和收取各种相关的款项时，必须取得原始凭证和结算凭证。进出口货物的各种原始凭证和结算凭证不仅是确定关税完税价格、计算应纳税额的依据，同时也是记账的原始依据。

进口货物关税一般计入相关货物成本，出口货物关税一般记入“税金及附加”科目。

（一）关税会计科目的设置

有进出口业务的企业在核算关税时，应设置“应交税费”科目，并在该科目下设“应交进口关税”“应交出口关税”明细科目分别对进、出口关税进行账务处理。企业发生进口关税时，借记“材料采购”等科目，贷记“应交税费——应交进口关税”科目；进口当时直接支付关税的，也可不通过“应交税费”科目，直接贷记“银行存款”科目。

发生出口货物应纳关税时，应借记“税金及附加”科目，贷记“应交税费——应交出口关税”科目。

缴纳进出口关税税金时，借记“应交税费——应交进口关税”或“应交税费——应交出口关税”科目，贷记“银行存款”科目。

需要强调的是：在实际工作中，由于企业经营进出口业务的形式和内容不同，具体会计核算方式也有所区别。

（二）自营进出口关税的会计核算

自营进出口是指由有进出口经营权的企业办理对外洽谈和签订进出口合同，执行合同并办理运输、开证、收付汇全过程，同时自负进出口盈亏的进出口业务。

企业自营进口商品计算应纳关税额时，借记“材料采购”等科目，贷记“应交税费——应交进口关税”科目；进口当时直接支付关税的，也可不通过“应交税费”科目核算；企业自营出口商品计算应纳关税额时，借记“税金及附加”等科目，贷记“应交税费——应交出口关税”。

【例 4-5】根据【例 4-4】的资料，要求进行相关会计处理。

❶销售时：

取得款项=（193 800+5 000）×7.1=1 411 480（元）

借：银行存款　　1 411 480

　贷：主营业务收入　　1 411 480

支付国外佣金和包装费时：

借：主营业务收入（红字冲账）（（3 800+5 000）×7.1）　　62 480

　贷：银行存款　　62 480

❷应交关税时：

借：税金及附加　　125 863.64

　贷：应交税费——应交出口关税　　125 863.64

❸缴纳关税时：

借：应交税费——应交出口关税　　125 863.64

　贷：银行存款　　125 863.64

（三）代理进出口关税的会计核算

代理进出口是外贸企业接受国内委托方的委托，办理对外洽谈和签订进出口合同，执行合同并办理运输、开证、收付汇全过程的进出口业务。受托企业不负担进出口盈亏，只按规定收取一定比例的手续费，因此，受托企业进出口商品计算应纳关税时，借记“应收账款”等有关科目，贷记“应交税费——应交进口关税”或“应交税费——应交出口关税”科目；代缴进出口关税时，借记“应交税费——应交进口关税”或“应交税费——应交出口关税”科目，贷记“银行存款”科目；收到委托单位的税款时，借记“银行存款”科目，贷记“应收账款”科目。

【例 4-6】湘中外贸公司受甲单位委托代理进口商品一批，成交价格为 FOB 纽约

USD10 000，另支付运费USD500、包装费USD200、保险费USD300，代理手续费按CIF价的2%收取，关税税率为10%，外汇牌价为USD100=¥710。甲单位已将款项USD12 400汇入湘中外贸公司的存款账户。现该批商品运达，向甲单位办理结算。计算湘中外贸公司的应纳关税额，并作相关会计处理。

（1）关税税额的计算：

应纳关税额=（10 000+500+200+300）×7.1×10%=7 810（元）

代理手续费=11 000×7.1×2%=1 562（元）

（2）湘中外贸公司的有关会计处理如下：

❶收到甲单位划来货款时：

借：银行存款　88 040

　贷：应付账款——甲单位　88 040

❷对外付汇进口商品时：

借：应收账款——外商　78 100

　贷：银行存款　78 100

❸计算并缴纳关税时：

借：应付账款——甲单位　7 810

　贷：应交税费——应交进口关税　7 810

借：应交税费——应交进口关税　7 810

　贷：银行存款　7 810

❹将进口商品交付甲单位并收取手续费时：

借：应付账款——甲单位　79 662

　贷：其他业务收入（或主营业务收入）　1 562

　　　应收账款——外商　78 100

❺将甲单位余款退回时：

借：应付账款——甲单位　568

　贷：银行存款　568

【例4-7】长沙进出口公司代理乙企业出口商品一批，该商品的FOB价格折合人民币300 000元，出口关税税率为20%，手续费为12 800元。计算长沙进出口公司应纳关税税额，并作相关会计处理。

（1）计算并缴纳关税：

应纳关税税额=300 000÷（1+20%）×20%=50 000（元）

借：应收账款——乙企业　50 000

　贷：应交税费——应交出口关税　50 000

借：应交税费——应交出口关税　50 000

　贷：银行存款　50 000

（2）计算应收手续费时：

借：应收账款——乙企业　12 800

　贷：其他业务收入（或主营业务收入）　12 800

（3）收到乙企业支付的税款及手续费时：

借：银行存款　　62 800

　贷：应收账款——乙企业　　62 800

五、企业进口货物增值税的会计核算

对进口货物征税是国际惯例，根据现行《增值税暂行条例》的规定，一切进口货物的单位和个人均应按规定缴纳增值税。

（1）纳税人进口货物按照组成计税价格和适用的税率计算应纳税额，不得抵扣任何税额，即在计算进口环节的应纳增值税税额时，不得抵扣发生在我国境外的各种税金。进口货物适用税率为13%或9%，与纳税人规模无关。应纳进口增值税的计算公式为：

应纳进口增值税额=组成计税价格×适用税率

（2）进口货物增值税的组成计税价格中包括已纳的关税；如果是应税消费品，还包括进口货物应纳的进口消费税，但不包括进口增值税。组成计税价格的计算公式为：

组成计税价格=关税完税价格+关税+消费税

（3）进口货物的纳税义务发生时间为报关进口的当天。进口货物应当向报关地海关申报纳税。纳税人进口货物，应当自海关填发进口增值税专用缴款书之日起15日内缴纳税款。

（4）进口货物已纳税额的抵扣规定。符合抵扣条件的，凭借海关开具的进口增值税专用缴款书，可以从当期销项税额中抵扣。

进口货物向海关支付进口增值税时，借记“应交税费——应交增值税（进项税额）”科目，贷记“银行存款”等科目。

【例4-8】某进出口公司（一般纳税人）2020年1月进口一批货物（非应税消费品），经海关审定的货物价款为360万元，运抵我国境内输入地点起卸前的包装费为8万元，运输费为14万元，保险费为4万元。已知货物关税税率为20%，增值税税率为13%。货款全部以银行存款付清。计算该公司进口货物应纳的关税税额和增值税税额，并进行相关会计处理。

该公司进口货物应纳的关税为：

应纳关税额=（360+8+14+4）×20%=77.2（万元）

该公司进口货物应纳的增值税税额为：

组成计税价格=386+77.2=463.20（万元）

应纳增值税税额=463.20×13%=60.22（万元）

进口货物增值税的相关会计处理如下：

（1）进口货物，支付货款时：

借：材料采购　　3 860 000

　贷：银行存款　　3 860 000

（2）支付关税时：

借：材料采购　　772 000

　贷：银行存款　　772 000

（3）向海关支付进口增值税时：

借：应交税费——应交增值税（进项税额）　　602 200

　贷：银行存款　　602 200

六、企业进口货物消费税的会计核算

纳税人进口应税消费品，按照组成计税价格和规定的税率计算应纳消费税税额。进口一般货物应纳消费税税额的计算方法如下：

（1）从价定率计征应纳消费税税额的计算：

组成计税价格=（关税完税价格+关税）÷（1-消费税比例税率）

应纳消费税税额=组成计税价格×消费税比例税率

公式中所称的“关税完税价格”，是指海关核定的关税计税价格。

（2）从量定额计征应纳消费税税额的计算：

应纳消费税税额=应税消费品数量×消费税定额税率

（3）从价定率和从量定额复合计征应纳消费税税额的计算：

组成计税价格=（关税完税价格+关税+进口数量×消费税定额税率）÷（1-消费税比例税率）

应纳消费税税额=组成计税价格×消费税比例税率+应税消费品数量×消费税定额税率

注意：进口环节消费税除国务院另有规定外，一律不得给予减税、免税。

【例 4-9】湘北外资企业6月进口一批乘用车（气缸容量1.2升），海关核定关税完税价格为600万元。已知关税税率为60%，消费税税率为3%。计算该企业进口该批乘用车的应纳消费税税额。

组成计税价格=（关税完税价格+关税）÷（1-消费税税率）

=（600+600×60%）÷（1-3%）=989.69（万元）

应纳消费税税额=组成计税价格×适用税率

=989.69×3%=29.69（万元）

纳税人进口应税消费品时，海关在进口环节代征的消费税均应计入应税消费品的成本，借记“固定资产”“原材料”“库存商品”等科目，贷记“银行存款”等科目。

【例 4-10】某外贸公司从国外进口卷烟100箱，经海关审定的关税完税价格为150万元。关税税率为25%，消费税税率为56%，消费税定额税率150元/箱，增值税税率为13%。款项已支付，卷烟已验收入库。计算进口环节的应纳消费税税额和增值税税额，并进行相关涉税会计处理。

应纳关税税额=150×25%=37.5（万元）

消费税定额税=100×150=15 000（元）=1.5（万元）

计税价格=（150+37.5+1.5）÷（1-56%）=429.55（万元）

应纳消费税税额=429.55×56%+1.5=242.05（万元）

应纳增值税税额=429.55×13%=55.84（万元）

进口卷烟成本=完税价格+关税+消费税=150+37.5+242.05=429.55（万元）

会计分录如下：

借：库存商品　　4 295 500

　　应交税费——应交增值税（进项税额）　　558 400

　贷：银行存款　　4 853 900

七、企业关税纳税岗位实务

【工作示例 4-1】

湖湘对外贸易有限公司统一社会信用代码为914100147817111111，申请单位编号为410014781。企业具有进出口经营权，2020年1月公司从美国进口工业皮革50吨，进口货物许可证号为3321588106，批准文号为080082316，进口工业皮革的FOB价格为每吨1 000美元，运费为6 000美元，保险费率为3‰，运输方式为江海运输，运输工具名称为BUEKCY110/452。15日，货物到达我国长沙口岸，提货单号为KHCLB238265，单位报关员兼办税会计员持相关材料到海关进行报关，报关单编号为054861842，进口工业皮革的关税税率为14%，外汇牌价为1美元=6.82元人民币，进口增值税税率为13%。

【工作任务】

1.准确计算进口货物应纳的关税和增值税。

2.及时、正确地办理海关报关，准确填报进口关税、增值税专用缴款书（合同（批文）号：080082316）。

3.准确进行企业关税相关业务的会计处理。

【任务实施】

1.湖湘对外贸易有限公司进口工业皮革应纳的关税和增值税计算如下：

完税价格=（50 000+6 000）×6.82÷（1−3‰）=383 069.21（元）

应纳关税税额=383 069.21×14%=53 629.69（元）

海关应代征增值税税额=（383 069.21+53 629.69）×13%=56 770.86（元）

2.根据资料，湖湘对外贸易有限公司进口工业皮革填报的报关单见表4-1、关税专用缴款书见表4-2、增值税专用缴款书见表4-3。

3.根据资料，湖湘对外贸易有限公司进口工业皮革的关税相关业务会计处理如下：

❶购进商品并计算应纳关税时，会计分录如下：

借：材料采购　　436 698.90

　　贷：应交税费——应交进口关税　　53 629.69

　　　　银行存款　　383 069.21

❷实际缴纳税款时，会计分录如下：

借：应交税费——应交进口关税　　53 629.69

　　　　　　——应交增值税（进项税额）　　56 770.86

　　贷：银行存款　　110 400.55

❸商品验收入库时，会计分录如下：

借：库存商品　　436 698.90

　　贷：材料采购　　436 698.90

表4-1　　　　中华人民共和国海关进口货物报关单

预录入编号：××××××　　　　　　　　　　　　　　　　报关单编号：054861842

进口口岸 湖南		备案号	进口日期 2020.01.15	申报日期 2020.01.15
经营单位	运输方式 江海运输	运输工具名称 BUEKCY110/452	提货单号 KHCLB238265	
收货单位 湖湘对外贸易有限公司	贸易方式 一般贸易	征免性质 一般征税	征税比例	
许可证号 3321588106	起运国（地区） 美国	装货港 美国	境内目的地 长沙	
批准文号 080082316	成交方式 FOB	运费 USD6 000	保费 3‰	杂费
合同协议号	件数	包装种类	毛重（公斤）	净重（公斤） 50 000
集装箱号	随附单据			用途
标记唛码及备注				

项号	商品编号	商品名称、规格型号	数量及单位	原产国（地区）	单价	总价	币值	征免
		皮革	50吨	美国	USD1 000	50 000	美元	照章征税

税费征收情况 进口关税税率为14%		
录入员*** 录入单位***	兹声明以上申报无讹并承担法律责任。	海关审单批注及放行日期（签章）
报关员：*** 单位地址***	申报单位（签章）	审单　审价 征税　统计
邮编　电话	填制日期 2020.01.15	查验　放行

表4-2　　　　海关进（出）口关税专用缴款书（收据联）

收入系统：海关系统　　填发日期：2020年01月15日　　　　No. ××××

收款单位	收入机关	中央金库		缴款单位（人）	名称	湖湘对外贸易有限公司
	科目	预算级次			账号	******
	收款国库	中国人民银行长沙支行			开户银行	**长沙分行
税号	货物名称	数量	单位	完税价格（¥）	税率（%）	税款金额（¥）
**	皮革	50	吨	383 069.21	14	53 629.69
金额（大写）人民币伍万叁仟陆佰贰拾玖元陆角玖分					合计（¥）	53 629.69
申请单位编号	410014781	报关单编号	054861842	填制单位 制单人 复核人 （单证专用章）	收款国库（银行） （业务公章）	
合同（批文）号	080082316	运输工具（号）	BUEKCY110/452			
缴款期限	2020.01.29前	提/装货号	KHCLB238265			
注	USD 6.82	一般征税：照章征税 国际代码：******				

从填发缴款书之日起限15日内缴纳（期末遇星期六、星期日或法定节假日顺延），逾期按日征收税款总额0.5‰的滞纳金。

表 4-3　　海关进（出）口增值税专用缴款书（收据联）

收入系统：海关系统　　填发日期：2020 年 01 月 15 日　　No. ××××

<table>
<tr><td rowspan="3">收款单位</td><td colspan="2">收入机关</td><td colspan="2">中央金库</td><td rowspan="3">缴款单位（人）</td><td>名称</td><td>湖湘对外贸易有限公司</td></tr>
<tr><td>科目</td><td></td><td>预算级次</td><td></td><td>账号</td><td>******</td></tr>
<tr><td colspan="2">收款国库</td><td colspan="2">中国人民银行长沙支行</td><td>开户银行</td><td>**长沙分行</td></tr>
<tr><td>税号</td><td colspan="2">货物名称</td><td>数量</td><td>单位</td><td>完税价格（¥）</td><td>税率（%）</td><td>税款金额（¥）</td></tr>
<tr><td>××</td><td colspan="2">皮革</td><td>50</td><td>吨</td><td>436 698.90</td><td>13</td><td>56 770.86</td></tr>
<tr><td></td><td colspan="2"></td><td></td><td></td><td></td><td></td><td></td></tr>
<tr><td></td><td colspan="2"></td><td></td><td></td><td></td><td></td><td></td></tr>
<tr><td colspan="6">金额（大写）人民币伍万陆仟柒佰柒拾元零捌角陆分</td><td>合计（¥）</td><td>56 770.86</td></tr>
<tr><td>申请单位编号</td><td>410014781</td><td>报关单编号</td><td>054861842</td><td colspan="2" rowspan="4">填制单位
制单人
复核人
（单证专用章）</td><td colspan="2" rowspan="4">收款国库
（银行）

（业务公章）</td></tr>
<tr><td>合同（批文）号</td><td>080082316</td><td>运输工具（号）</td><td>BUEKCY110/452</td></tr>
<tr><td>缴款期限</td><td>2020.01.29 前</td><td>提/装货号</td><td>KHCLB238265</td></tr>
<tr><td>注</td><td colspan="3">USD 6.82　　一般征税：照章征税
国际代码：******</td></tr>
</table>

从填发缴款书之日起限 15 日内缴纳（期末遇星期六、星期日或法定节假日顺延），逾期按日征收税款总额 0.5‰ 的滞纳金。

任务 4.2　企业增值税出口退（免）税实务

一、增值税出口退（免）税基本法律内容认知

出口退（免）税是一种国际惯例。我国的出口货物、劳务和跨境应税行为退（免）增值税是指在国际贸易业务中，对我国报关出口的货物、劳务和跨境应税行为退还或免征其在国内各生产和流转环节按税法规定缴纳的增值税，即对应征收增值税的出口货物、劳务和跨境应税行为实行零税率（国务院另有规定的除外）。增值税出口货物、劳务和跨境应税行为的零税率，从税法上理解有两层含义：❶对本道环节生产或销售货物、劳务和跨境应税行为的增值部分免征增值税；❷对出口货物、劳务和跨境应税行为前道环节所含的进项税额进行退付。当然，由于各种货物、劳务和跨境应税行为出口政策不同，出口前涉及征免增值税的情况也有所不同，且由于出口政策是国家调控经济的手段。因此，对货物、劳务和跨境应税行为出口的不同情况，国家在遵循“征多少、退多少”“未征不退和彻底退税”基本原则的基础上，制定了不同的增值税退（免）税处理办法。在其他条件相同时，对比销售地产品，此部分货物就没有竞争力。因此，出口退（免）税是为了平衡税负，使本国出口货物与其他国（或地）产的货物具有相对平等的税收条件，这在客观上有利于发展外向型经济、增加出口、扩大出口创汇。

（一）出口企业与非出口企业的概念

我国出口货物退（免）税政策所指的出口企业（自2014年1月1日起）是领取营业执照，依法办理对外贸易经营者备案登记，自营或委托出口货物的单位或个体工商户，以及领取营业执照，但未办理对外贸易经营者备案登记，委托出口货物的生产企业。非出口企业是指不具有进出口经营权委托出口货物的商贸企业或个人。出口企业自营或委托出口的货物实行退（免）税，非出口企业委托出口的货物按免税办理。

（二）出口货物退（免）税规定

我国对出口货物的退（免）税办法主要有两种，分别适用不同的企业、行为和货物，见表4-4。

表4-4 出口货物的退（免）税办法类型及适用对象

类型	适用对象
免、抵、退税办法	生产企业出口自产货物和视同自产货物（符合国家税务总局关于视同自产货物的具体范围的有关规定）及对外提供加工修理修配劳务，以及符合第61号国家税务总局关于列名生产企业的具体范围的出口非自产货物，免征增值税，相应的进项税额抵减应纳增值税额（不包括适用增值税即征即退、先征后退政策的应纳增值税额），未抵减完的部分予以退还
免、退税办法	不具有生产能力的出口企业（以下称外贸企业）或其他单位出口货物、劳务，免征增值税，相应的进项税额予以退还

1.给予免税并退税的货物、劳务

（1）出口货物。

出口企业出口货物是指向海关报关后实际离境并销售给境外单位或个人的货物，分为自营出口货物和委托出口货物两类。

自2017年1月1日起，生产企业销售自产的海洋工程结构物，应按规定缴纳增值税，不再适用《财政部 国家税务总局关于出口货物劳务增值税和消费税政策的通知》（财税〔2012〕39号）规定的增值税出口退税政策，但购买方或者承租方为按实物征收增值税的中外合作油（气）田开采企业的除外。2017年1月1日前签订的海洋工程结构物销售合同，在合同到期前，可继续按现行相关出口退税政策执行。

（2）出口企业或其他单位视同出口货物。

❶出口企业对外援助、对外承包、境外投资的出口货物；

❷出口企业经海关报关进入国家批准的出口加工区、保税物流园区、保税港区、综合保税区等并销售给境外单位、个人的货物；

❸免税品经营企业销售的货物（国家规定不允许经营和限制出口的货物、卷烟和超出免税品经营企业“营业执照”规定经营范围的货物除外）；

❹出口企业或其他单位销售给用于国际金融组织或外国政府贷款国际招标建设项目的中标机电产品；

❺生产企业向海上石油天然气开采企业销售的自产的海洋工程结构物；

❻出口企业或其他单位销售给国际运输企业用于国际运输工具上的货物；

❼出口企业或其他单位销售给特殊区域内生产企业生产耗用且不向海关报关而输入特殊区域的水电气。

（3）出口企业对外提供加工修理修配劳务。

对外提供加工修理修配劳务（即出口货物劳务），是指对进境复出口货物或从事国际运输的运输工具进行的加工修理修配。

2.给予免税，但不予退税的货物、劳务

（1）出口企业或其他单位出口以下货物免征增值税：

❶增值税小规模纳税人出口的货物。

❷避孕药品和用具，古旧图书。

❸软件产品。

❹含黄金、铂金成分的货物，钻石及其饰品。

❺国家计划内出口的卷烟。

❻已使用过的设备。其具体范围是指购进时未取得增值税专用发票、海关进口增值税专用缴款书但其他相关单证齐全的已使用过的设备。

❼非出口企业委托出口的货物。

❽非列名生产企业出口的非视同自产货物。

❾农业生产者自产农产品。

❿油画、花生果仁、黑大豆等财政部和国家税务总局规定的出口免税的货物。

⓫外贸企业取得普通发票、废旧物资收购凭证、农产品收购发票、政府非税收入票据的货物。

⓬来料加工复出口的货物。

⓭特殊区域内的企业出口的特殊区域内的货物。

⓮以人民币现金作为结算方式的边境地区出口企业从所在省（自治区）的边境口岸出口到接壤国家的一般贸易和边境小额贸易出口货物。

⓯以旅游购物贸易方式报关出口的货物。

（2）出口企业或其他单位视同出口下列货物、劳务免征增值税：

❶国家批准设立的免税店销售的免税货物；

❷特殊区域内的企业为境外的单位或个人提供加工修理修配劳务；

❸同一特殊区域、不同特殊区域内的企业之间销售特殊区域内的货物。

（3）出口企业或其他单位未按规定申报或未补齐增值税退（免）税凭证的以下出口货物、劳务免征增值税：

❶未在国家税务总局规定的期限内申报增值税退（免）税的出口货物、劳务；

❷未在规定期限内申报开具《代理出口货物证明》的出口货物、劳务；

❸已申报增值税退（免）税，却未在国家税务总局规定的期限内向税务机关补齐增值税退（免）税凭证的出口货物、劳务。

注意：适用增值税免税政策的出口货物、劳务，其进项税额不得抵扣和退税，应当转入成本。

（4）我国出口货物的退（免）税政策规定，下列出口货物、劳务，不适用增值税退（免）税和免税政策，应按规定征收增值税：

❶出口企业出口或视同出口财政部和国家税务总局根据国务院决定明确的取消出口退（免）税的货物（不包括来料加工复出口货物、中标机电产品、列名原材料、输入特殊区

域的水电气、海洋工程结构物）。

❷出口企业或其他单位销售给特殊区域内的生活消费用品和交通运输工具。

❸出口企业或其他单位因骗取出口退税被税务机关停止办理增值税退（免）税期间出口的货物。

❹出口企业或其他单位提供虚假备案单证的货物。

❺出口企业或其他单位增值税退（免）税凭证有伪造或内容不实的货物。

❻出口企业或其他单位未在国家税务总局规定期限内申报免税核销以及经主管税务机关审核不予免税核销的出口卷烟。

❼出口企业或其他单位具有我国出口货物的退（免）税政策规定情形之一的出口货物、劳务。

（三）出口货物增值税退税率

1.退税率的一般规定

除财政部和国家税务总局根据国务院决定而明确的增值税出口退税率（以下称退税率）外，出口货物的退税率为其适用税率。国家税务总局根据上述规定将退税率通过出口货物、劳务退税率文库予以发布，供征纳双方执行。经过多次调整，根据财政部、税务总局、海关总署2019年第39号公告，原适用16%税率且出口退税率为16%的出口货物劳务，出口退税率调整为13%；原适用10%税率且出口退税率为10%的出口货物、跨境应税行为，出口退税率调整为9%。2019年6月30日前（含2019年4月1日前），纳税人出口所涉货物及劳务、发生上述所涉跨境应税行为，适用增值税免、退税办法的，购进时已按调整前税率征收增值税的，执行调整前的出口退税率，购进时已按调整后税率征收增值税的，执行调整后的出口退税率。

2.退税率的特殊规定

❶取得小规模纳税人由税务机关代开增值税专用发票的，增值税退税率为征收率（即3%）；

❷取得一般纳税人按简易办法征收开具的增值税专用发票，退税率为征收率；

❸不同退税率货物合并报关的，适用低的退税率；

❹出口货物以黄金、铂金以及钻石饰品为主要原料（80%以上）的，适用原材料的退税率；

❺委托加工支付加工费，按加工货物的退税率执行；

❻对外修理修配劳务，按被修理修配货物的退税率执行；

❼中标机电产品，按货物适用税率办理退税；

❽销售海洋工程结构物，按该货物的列举税率执行；

❾区外企业销售给特殊区域内生产企业的原材料，按原材料的适用税率执行；

❿特殊区域内生产企业购进水电气，按水电气适用税率办理退税。

（四）生产企业出口货物、劳务增值税“免、抵、退”税的计算

生产企业自营出口或委托外贸企业代理出口自产货物和视同自产货物，除另有规定外，采用“免、抵、退”税办法。“免”税是指生产企业出口自产货物和视同自产货物时，免征本企业生产销售环节的增值税，即无出口销项税额；“抵”税是指生产企业出口自产货物和视同自产货物所耗用的原材料、零部件、燃料、动力等所含应予退还的进项税

额，抵顶内销货物的应纳税额，账务处理上表现为企业购进原材料，无论用于生产出口货物还是用于生产内销货物，其进项税额均可抵扣；“退”税是指当生产企业出口自产货物和视同自产货物在当月内应抵顶的进项税额大于销项税额时，对没有抵顶完的税额予以退税。

1.当期应纳税额的计算

当期应纳税额 = 当期销项税额 −（当期进项税额 − 当期免、抵、退税不得免征和抵扣税额）

其中：

当期免、抵、退税不得免征和抵扣税额 = 当期出口货物离岸价 × 外汇人民币折合率 ×（出口货物征税率 − 出口货物退税率）− 当期不得免征和抵扣税额抵减额

其中：

当期不得免征和抵扣税额抵减额 = 当期免税购进原材料价格 ×（出口货物征税率 − 出口货物退税率）

注意：

❶如果单位没有免税购进原材料，那么当期不得免征和抵扣税额抵减额不必计算；

❷征税率为出口货物适用的征税率，退税率为出口货物适用的退税率；

❸如果当期应纳税额计算后为正数，代表企业当期有应纳的增值税，无退税额；如果是负数，此数的绝对值即为期末留抵税额，则有应退税额。

2.当期免、抵、退税额的计算

当期免、抵、退税额 = 当期出口货物离岸价 × 外汇人民币折合率 × 出口货物退税率 − 当期免、抵、退税额抵减额

当期免、抵、退税额抵减额 = 当期免税购进原材料价格 × 出口货物退税率

注意：如果单位没有免税购进原材料，当期免、抵、退税额抵减额不必计算。

3.当期应退税额和免抵税额的计算

（1）当期应纳税额≥0时，当期应退税额=0。

（2）当期应纳税额＜0，且当期期末留抵税额≤当期免、抵、退税额时：

当期应退税额=当期期末留抵税额

当期免抵税额=当期免、抵、退税额−当期应退税额

（3）当期应纳税额＜0，且当期期末留抵税额＞当期免、抵、退税额时：

当期应退税额=当期免、抵、退税额

当期免抵税额=0

注意：

❶当期期末留抵税额为当期增值税纳税申报表中的“期末留抵税额”；

❷公式中的“当期”是指一个增值税的纳税申报期。

（五）外贸企业出口货物劳务增值税“免、退”税的计算

1.外贸企业“免、退”税的计税依据

（1）外贸企业出口货物（购进直接出口）增值税退税的计税依据，为购进出口货物的增值税专用发票注明的金额或海关进口增值税专用缴款书注明的完税价格。

（2）外贸企业出口委托加工修理修配货物增值税退税的计税依据，为加工修理修配费用增值税专用发票注明的金额。外贸企业应将加工修理修配使用的原材料（进料加工海关

保税进口料件除外）作价销售给受托加工修理修配的生产企业，受托加工修理修配的生产企业应将原材料成本并入加工修理修配费用开具发票。

2.外贸企业"免、退"税的计算公式

（1）外贸企业出口委托加工修理修配货物以外的货物：

应退税额=增值税退（免）税计税依据×出口货物退税率

（2）外贸企业出口委托加工修理修配货物：

应退税额=委托加工修理修配货物的增值税退（免）税计税依据×出口货物退税率

（六）适用增值税免税政策的出口货物、劳务进项税额的处理

适用增值税免税政策的出口货物、劳务，其进项税额不得抵扣和退税，应当转入成本。

除出口卷烟外，适用增值税免税政策的其他出口货物、劳务的计算，按照增值税免税政策的统一规定执行。其中，如果涉及销售额，除来料加工复出口货物为其加工费收入外，其他均为出口离岸价或销售额。

【例4-11】某国际运输公司（已登记为一般纳税人）实行"免、抵、退"税管理办法，假定退税率为9%。该公司2020年1月实际发生如下业务：

❶该公司当月承接了3个国际运输业务，取得收入60万元人民币。

❷该公司办理增值税纳税申报时，期末留抵税额为15万元人民币。

计算该公司当月的应退税额。

❶ $\frac{\text{当期零税率应税服务}}{\text{“免、抵、退”税额}} = \frac{\text{当期零税率应税服务}}{\text{“免、抵、退”税计税依据}} \times \frac{\text{零税率应税服务}}{\text{增值税退税率}} = 60 \times 9\% = 5.4$（万元）

❷当期期末留抵税额（15万元）＞当期"免、抵、退"税额（5.4万元），则：

当期应退税额=当期"免、抵、退"税额=5.4（万元）

退税申报后，结转下期留抵的税额为9.6万元（15−5.4）。

【例4-12】某进出口公司2020年1月购进牛仔布委托加工成服装出口，取得牛仔布增值税发票一张，注明计税金额10 000元；取得服装加工费计税金额2 000元，受托方将原料成本并入加工修理修配费用并开具了增值税专用发票。假设退税率为13%。计算该企业的应退税额。

应退税额=10 000×13%+2 000×13%=1 560（元）

二、出口货物退（免）增值税的会计核算

（一）会计科目设置

为核算纳税人出口货物应收取的出口退税款，应设置"应收出口退税款"科目。该科目借方反映销售出口货物按规定向税务机关申报应退回的增值税、消费税等，贷方反映实际收到的出口货物应退回的增值税、消费税等。期末借方余额，反映尚未收到的应退税额。

在"应交税费——应交增值税"科目下设置"出口退税"专栏，记录一般纳税人出口货物、加工修理修配劳务、服务、无形资产按规定退回的增值税额；设置"出口抵减内销产品应纳税额"专栏，记录实行"免、抵、退"税办法的一般纳税人按规定计算的出口货物的进项税抵减内销产品的应纳税额。

（二）会计核算

❶未实行"免、抵、退"税办法的一般纳税人出口货物按规定退税的，根据按规定计算的应收出口退税额，借记"应收出口退税款"科目，贷记"应交税费——应交增值税

（出口退税）”科目；收到出口退税款时，借记“银行存款”科目，贷记“应收出口退税款”科目；退税额低于购进时取得的增值税专用发票上的增值税额的差额，借记“主营业务成本”科目，贷记“应交税费——应交增值税（进项税额转出）”科目。

❷实行“免、抵、退”税办法的一般纳税人出口货物，在货物出口销售后结转产品销售成本时，按规定计算的退税额低于购进时取得的增值税专用发票上注明的增值税额的差额，借记“主营业务成本”科目，贷记“应交税费——应交增值税（进项税额转出）”科目；按规定计算的当期出口货物的进项税抵减内销产品的应纳税额，借记“应交税费——应交增值税（出口抵减内销产品应纳税额）”科目，贷记“应交税费——应交增值税（出口退税）”科目。在规定期限内，内销产品的应纳税额不足以抵减出口货物的进项税额，不足部分按有关税法规定给予退税的，应在实际收到退税款时，借记“银行存款”科目，贷记“应交税费——应交增值税（出口退税）”科目。

三、出口货物退（免）税的管理

（一）出口退（免）税资格认定

❶出口企业或其他单位申请办理出口退（免）税资格认定时，除提供《出口货物劳务增值税和消费税管理办法》规定的资料外，还应提供“出口退（免）税资格认定申请表”电子数据。

❷出口企业或其他单位申请变更退（免）税办法的，经主管税务机关批准变更的次月起按照变更后的退（免）税办法申报退（免）税。企业应将批准变更前全部出口货物按变更前退（免）税办法申报退（免）税，变更后不得申报变更前出口货物退（免）税。

退（免）税办法由免、抵、退税变更为免、退税的，批准变更前已通过认证的增值税专用发票或取得的海关进口增值税专用缴款书，出口企业或其他单位不得作为申报免、退税的原始凭证。

（二）出口货物退（免）税申报

外贸企业和生产企业申报期限统一为“在出口货物报关出口之日次月起至次年4月30日前的各增值税纳税申报期内，收齐凭证申报退（免）税”。具体规定如下：

❶企业当月出口的货物须在次月的增值税纳税申报期内，向主管税务机关办理增值税纳税申报和免、抵、退税相关申报及消费税免税申报。

❷企业应在货物报关出口之日（以出口货物报关单（出口退税专用）上的出口日期为准，下同）次月起至次年4月30日前的各增值税纳税申报期内收齐有关凭证资料，向主管税务机关申报办理出口货物增值税免、抵、退税及消费税退税。逾期办理的，企业不得申报免、抵、退税。

四、企业出口货物退（免）增值税岗位实务

【工作示例4-2】

湖南长沙五一股份有限公司（增值税一般纳税人）是一家具有出口经营权的生产企业，2020年1月份发生如下业务：

（1）1—31日取得内销收入400万元人民币。共取得增值税进项税额90万元人民币。货物退税率均为10%。该企业没有免税购进原材料，期初无留抵税额。

（2）1月6日，出口6 000千克制冷机组油，取得出口收入40万美元（FOB），出口发票号码为C10808150，出口报关单号为169941494001，电子核销单号为116659444，出口商品代码为8418991000（单证信息不完整），美元汇率为1∶6.9。

（3）1月10日，出口编号为8418的印刷品205千克，取得出口收入9.7万美元（FOB），出口发票号码为C10808274，出口报关单号为518941494201，电子核销单号为116659455，出口商品代码为8418999990（单证信息完整），美元汇率为1：7.1134。

【工作任务】

1.正确计算当期应纳（退）税额并作相应会计处理；

2.准确、及时地填报生产企业出口货物免、抵、退税申报明细表和生产企业出口货物免、抵、退税申报汇总表。

【任务实施】

1.湖南长沙五一股份有限公司当期应纳（退）税额分析如下：

免、抵、退税不得免征和抵扣税额=400 000×6.9×（13%−10%）+97 000×7.1134×（13%−10%）

=103 500（元）

当期应纳税额=4 000 000 ×13%−（900 000−103 500）=−276 500（元）

当期免、抵、退税额=400 000×6.9×10%+97 000×7.1134×10%=345 000（元）

当期期末留抵税额=276 500元

当期期末留抵税额（276 500元）＜当期免、抵、退税额（345 000元），则：

当期应退税额=276 500元

当期免抵税额=345 000−276 500=68 500（元）

湖南长沙五一股份有限公司该业务的相关会计分录如下：

（1）实现内销收入时：

借：银行存款　　4 520 000

　贷：主营业务收入　　4 000 000

　　　应交税费——应交增值税（销项税额）　　520 000

（2）实现出口销售收入时：

借：银行存款　　3 450 000

　贷：主营业务收入——外销制冷机组油收入　　2 760 000

　　　　　　　　　——外销印刷品收入　　690 000

（3）结转当期不予抵扣税额时：

借：主营业务成本　　103 500

　贷：应交税费——应交增值税（进项税额转出）　　103 500

（4）抵减内销产品销项税额时：

借：应交税费——应交增值税（出口抵减内销产品应纳税额）　　68 500

　贷：应交税费——应交增值税（出口退税）　　68 500

（5）结转应收（或收到）退税款时：

借：应收出口退税款（或银行存款）　　276 500

　贷：应交税费——应交增值税（出口退税）　　276 500

2.湖南长沙五一股份有限公司填报的生产企业出口货物免、抵、退税申报明细表见表4-5，填报的生产企业出口货物免、抵、退税申报汇总表见表4-6。

表 4-5

生产企业出口货物免、抵、退税申报明细表

企业代码：*************

企业名称：湖南长沙五一股份有限公司

纳税人识别号：******************　　　　所属期：2020 年 01 月　　　　单位：元

序号	出口发票号码	出口报关单号	出口日期	代理证明号	核销单号	出口商品代码	出口商品名称	计量单位	出口数量	出口销售额		征税税率	退税税率	出口销售额乘以征退税率之差	出口销售额乘以退税率	海关进料加工手册	单证不齐标志	备注
										美元	人民币							
1	2	3	4	5	6	7	8	9	10	11	12	13	14	15=12*（13-14）	16=12*14	17	18	19
0001	C108 08150	169941 494001	1月6日		11665 9444	84189 91000	制冷机组油	千克	6 000	400 000	2 760 000	13%	10%	82 800	276 000			H
0002	C108 08274	518941 494201	1月10日		11665 9455	84189 99990	印刷品	千克	205	97 000	690 000	13%	10%	20 700	69 000			
合计									6 205	497 000	3 450 000			103 500	345 000			

出口企业	退税部门
兹声明以上申报无讹并愿意承担一切法律责任。 （公章） 经办人：***　财务负责人：***　企业负责人：***　2020年01月**日	经办人：　（章） 复核人： 负责人： 年　月　日

表4-6　　　　生产企业出口货物免、抵、退税申报汇总表

企业代码：************　　　　企业名称：湖南长沙五一股份有限公司

纳税人识别号：****************　　所属期：自2020年01月01日至2020年01月31日　金额单位：元

项目	栏次	当期	本年累计	与增值税纳税申报表差额
		(a)	(b)	(c)
当期免抵退出口货物销售额（美元）	1	497 000		—
当期免抵退出口货物销售额	2=3+4	3 450 000		
其中：单证不齐销售额	3	2 760 000		—
单证齐全销售额	4	690 000		—
前期出口货物当期收齐单证销售额	5	—	—	—
单证齐全出口货物销售额	6=4+5	690 000		—
不予免抵退出口货物销售额	7	—		—
出口销售额乘征退税率之差	8	103 500		—
上期结转免抵退税不得免征和抵扣税额抵减额	9	—	—	—
免抵退税不得免征和抵扣税额抵减额	10	—		—
免抵退税不得免征和抵扣税额	11（如8>9+10则为8-9-10，否则为0）	103 500		
结转下期免抵退税不得免征和抵扣税额抵减额	12（如9+10>8则为9+10-8，否则为0）	—	—	—
出口销售额乘退税率	13	345 000		—
上期结转免抵退税额抵减额	14	—	—	—
免抵退税额抵减额	15	—		—
免抵退税额	16（如13>14+15则为13-14-15，否则为0）	345 000		—
结转下期免抵退税额抵减额	17（如14+15>13则为14+15-13，否则为0）	—	—	—
增值税纳税申报表期末留抵税额	18	276 500	—	—
计算退税的期末留抵税额	19=18-11c	276 500	—	—
当期应退税额	20（如16>19则为19，否则为16）	276 500		—
当期免抵税额	21=16-20	68 500		—

出口企业	退税部门
兹声明以上申报无讹并愿意承担一切法律责任。 经办人：*** 财务负责人：***　　（公章） 企业负责人：***　　2020年01月**日	经办人： 复核人：　　（章） 负责人： 年　月　日

任务4.3 企业消费税出口退（免）税实务

一、消费税出口退（免）税基本法律内容认知

纳税人出口应税消费品与纳税人出口货物退（免）增值税一样，国家都是有退（免）税规定的。企业出口应税消费品同时涉及退（免）增值税和消费税，且退（免）消费税与出口货物退（免）增值税在退（免）税范围的限定、退（免）税办理程序、退（免）税审核及管理上大都一致。本任务仅就出口应税消费品退（免）消费税某些不同于出口货物退（免）增值税的特殊规定进行讲述。

（一）出口应税消费品退（免）税政策适用范围

按照消费税退（免）税政策，出口应税消费品退（免）消费税可分为下列三类：

1.出口免税并退税

政策规定，出口企业出口或视同出口适用增值税退（免）税的货物，免征消费税。

如果属于购进出口的货物，退还前一环节对其已征的消费税。适用这一政策的是：有出口经营权的外贸企业购进应税消费品直接出口，以及外贸企业受其他外贸企业委托代理出口应税消费品。需要注意的是，外贸企业只有受其他外贸企业委托，代理出口应税消费品才可办理退税，外贸企业受其他企业（主要是非生产性的商贸企业）委托，代理出口应税消费品是不予退（免）税的。这个政策限定与前述出口货物退（免）增值税的政策规定是一致的。

2.出口免税但不退税

政策规定，出口企业出口或视同出口适用增值税免税政策的货物，免征消费税，但不退还其以前环节已征的消费税，且不允许在内销应税消费品应纳消费税款中抵扣。有出口经营权的生产性企业自营出口或生产企业委托外贸企业代理出口自产的应税消费品，依据其实际出口数量免征消费税，不予办理退还消费税。这里的免征消费税是指对生产性企业按其实际出口数量免征生产环节的消费税；不予办理退还消费税，是指因已免征生产环节的消费税，该应税消费品出口时，已不含有消费税，所以也无须再办理退还消费税了。这与前述出口货物退（免）增值税的规定不同，由于消费税仅在生产环节征收，生产环节免税了，出口的应税消费品已不含有消费税了；而增值税却在货物生产、销售各环节道道征收，生产企业出口货物时，已纳的增值税就需退还。

3.出口不免税也不退税

政策规定，出口企业出口或视同出口适用增值税征税政策的货物，应按规定缴纳消费税，不退还其以前环节已征的消费税，且不允许在内销应税消费品应纳消费税款中抵扣。这一政策适用于：出口企业出口或视同出口了政策决定明确的取消出口退（免）税的货物以及销售给特殊区域内的生活消费用品、交通运输工具和一切采用虚假、伪造等违法手段出口货物劳务的情形。

（二）出口应税消费品的退税率

计算出口应税消费品应退消费税的税率或单位税额，依据“消费税税目税率表”执行。这是退（免）消费税与退（免）增值税的一个重要区别。

当出口的货物是应税消费品时，其退还增值税要按规定的退税率计算，其退还消费税

则按该应税消费品所适用的消费税税率计算。企业应将不同消费税税率的出口应税消费品分开核算和申报，凡划分不清适用税率的，一律从低适用税率计算应退消费税税额。

（三）出口应税消费品应退税额的计税依据

出口应税消费品应退税额的计税依据，按企业购进出口货物的消费税专用缴款书以及海关进口消费税专用缴款书确定，属于从价定率计征消费税的，为已征消费税并且没有在内销应税消费品应纳消费税税额中抵扣的购进出口货物金额；而属于从量定额计征消费税的，为已征消费税且没有在内销应税消费品应纳消费税税额中抵扣的购进出口货物数量之和；如果属于复合计征消费税的，则按从价定率和从量定额的计税依据分别确定。

（四）出口应税消费品退税额的计算

1.从价征收计算退税额

从价定率计征消费税的应税消费品，应依照外贸企业从工厂购进货物时征收消费税的价格计算应退消费税税款。其计算公式为：

应退消费税税款=出口货物的工厂销售额×适用税率

公式中“出口货物的工厂销售额”不包含增值税；对含增值税的购进金额应换算成不含增值税的金额。

2.从量征收计算退税额

从量定额计征消费税的应税消费品，应按货物购进和报关出口的数量计算应退消费税税款。其计算公式为：

应退消费税税款=出口数量×单位税额

3.复合征收计算退税额

复合计征消费税的应税消费品，应按货物购进和报关出口的数量以及外贸企业从工厂购进货物时征收消费税的价格计算应退消费税税款。其计算公式为：

应退消费税税款=出口货物的工厂销售额×适用税率+出口数量×单位税额

（五）出口应税消费品的账务处理

只有出口免税并退税的，才需要进行相应的会计处理。

生产企业直接出口或视同出口自产应税消费品时，按规定予以直接免税，不计算应缴消费税；免税后发生退货或退关的，也可以暂不办理补税，待其转为国内销售时，再申报缴纳消费税。

生产企业将应税消费品销售给外贸企业，由外贸企业自营出口的，按先征后退办法进行核算，即由生产企业先行缴纳消费税，在产品报关出口后，再申请出口退税。退税后如果发生退货或退关的，要及时补税。

二、出口货物、劳务增值税和消费税政策的其他规定

❶出口企业或其他单位退（免）税认定之前的出口货物、劳务，如果在办理退（免）税认定后，按规定可以适用增值税退（免）税及消费税退（免）税政策。

❷出口企业或其他单位出口货物、劳务适用免税政策的，除特殊区域内企业出口的特殊区域内货物、出口企业或其他单位视同出口的免征增值税的货物及劳务外，如果没有按规定申报免税，按规定应当视同内销货物和加工修理修配劳务征收增值税和消费税。

❸开展进料加工业务的出口企业若发生未经海关批准将海关保税进口料件作价销售给其他企业加工的，政策规定，应征收增值税、消费税。

❹卷烟出口企业经主管税务机关批准按国家批准的免税出口卷烟计划购进的卷烟，按规定免征增值税、消费税。

❺发生增值税、消费税不应退税或免税但已实际退税或免税的，出口企业和其他单位应当按规定及时补缴已退或已免税款。

❻国家批准的免税品经营企业销售给免税店的进口免税货物免征增值税。

❼外贸企业应单独设账核算出口货物的购进金额和进项税额，若购进货物时不能确定是用于出口的，先记入出口库存账，用于其他用途时应从出口库存账转出。

❽出口货物、劳务增值税和消费税政策的其他情形规定。

三、企业出口货物退（免）消费税岗位实务

【工作示例4-3】

中南外贸公司2020年1月从长沙日用化妆品厂购入高档化妆品一批，增值税专用发票注明价款250万元，增值税税额32.5万元。中南外贸公司将该批高档化妆品销往韩国，离岸价为48万美元（当日外汇牌价1：6.9040），并按规定申报办理消费税退税。消费税税率为15%，增值税退税率为9%。上述款项均已收付。

【工作任务】

根据涉税原始资料正确计算中南外贸公司应退（免）的消费税，并进行相关会计处理。

【任务实施】

中南外贸公司2020年1月相关会计处理如下：

（1）购入高档化妆品验收入库时：

	借方	贷方
借：库存商品	2 500 000	
应交税费——应交增值税（进项税额）	325 000	
贷：银行存款		2 825 000

（2）高档化妆品报关出口时：

	借方	贷方
借：银行存款	3 313 920	
贷：主营业务收入		3 313 920

（3）结转销售成本时：

	借方	贷方
借：主营业务成本	2 500 000	
贷：库存商品		2 500 000

（4）不得抵扣或退税额，调整出口成本：

	借方	贷方
借：主营业务成本	100 000	
贷：应交税费——应交增值税（进项税额转出）		100 000

（5）申请退税时：

应退增值税=2 500 000×9%=225 000（元）

应退消费税=2 500 000×15%=375 000（元）

	借方	贷方
借：其他应收款	600 000	
贷：应交税费——应交增值税（出口退税）		225 000
主营业务成本		375 000

（6）收到出口退税款时：

借：银行存款　　600 000

　贷：其他应收款　　600 000

【职业基础能力训练】

一、单项选择题

1.我国关税由（　　）征收。

A.税务机关　　B.海关　　C.市场监督管理部门　　D.人民政府

2.海关对逾期未缴的关税，按日加收（　　）的滞纳金。

A.0.2%　　B.0.05%　　C.2%　　D.0.1%

3.在进口货物正常成交价格中若含（　　），可以从中扣除。

A.包装费　　B.运输费　　C.卖方付的回扣　　D.保险费

4.进出口货物的纳税人或代理人，应当自海关填发税款缴纳书之日起（　　）内缴纳税款。

A.5日　　B.10日　　C.15日　　D.30日

5.特别关税包括报复性关税、反倾销税与反补贴税、保障性关税。征收特别关税由（　　）决定。

A.海关总署　　B.国家税务总局

C.财政部　　D.国务院关税税则委员会

6.《进出口关税条例》规定，关税税额在人民币（　　）以下的一票货物，可以免税。

A.5元　　B.10元　　C.50元　　D.100元

7.因收发货人或其代理人违反规定而造成的少征或漏征的税款，自纳税人应缴纳税款之日起，海关在（　　）内可以追征。

A.1年　　B.2年　　C.3年　　D.5年

8.下列项目中，不计入进口完税价格的有（　　）

A.货物价款　　B.进口关税　　C.运杂费　　D.由买方负担的包装费

9.某外贸企业收购一批货物出口，离岸价格为15万元，该批货物应纳出口关税（关税税率为50%）为（　　）。

A.5万元　　B.7.5万元　　C.10万元　　D.15万元

10.某公司进口一批货物，海关于2020年3月1日填发关税专用缴款书，但公司迟至3月27日才缴纳500万元的关税。海关应征收关税滞纳金（　　）。

A.2.75万元　　B.3万元　　C.6.5万元　　D.6.75万元

二、多项选择题

1.下列货物、物品进境时属于关税纳税对象的是（　　）。

A.个人邮递物品　　B.馈赠物品　　C.贸易性商品　　D.海员自用物品

2.进口货物的关税税率形式有（　　）。

A.最惠国税率　　B.协定税率　　C.特惠税率　　D.普通税率

3.以下属于关税的减免项目的有（　　）。

A.关税税额在人民币500元以下的一票货物　　B.无商业价值的广告品和货样

C.外国政府、国际组织无偿赠送的物资　　D.在海关放行前损失的货物

4.进口货物的完税价格还包括（　　）。

A.由买方负担的购货佣金以外的佣金和经纪费

B.由买方负担的在审查确定完税价格时与该货物视为一体的容器的费用

C.由买方负担的包装材料费用和包装劳务费用

D.进口货物运抵境内输入地点起卸后的运输及其相关费用、保险费

5.出口货物离岸价格可扣除（　　）。

A.出口关税

B.出口货物国内段运输、装卸等费用

C.售价中包含的离境口岸至境外口岸之间的运输费用

D.包含在成交价格中的支付给境外的佣金

6.关税征收管理规定中，关于补征和追征的期限为（　　）。

A.补征期1年内　　B.追征期1年内

C.补征期3年内　　D.追征期3年内

7.下列应征进口关税的货物有（　　）。

A.运往境外加工复运进境的货物　　B.正在国内举办展览会的进口汽车展品

C.外国政府无偿赠送的物资　　D.海关核准免验进口的物资

8.关税的纳税人包括（　　）。

A.进口货物的收货人　　B.进口个人邮件的收件人

C.进口货物的发货人　　D.携带进境物品的携带人

三、判断题

1.关税的征税对象是贸易性商品，不包括入境旅客携带的个人行李和物品。（　　）

2.关税完税价格是纳税人向海关申报的价格，即货物实际成交价格。（　　）

3.出口货物的完税价格，是由海关以该货物向境外销售的成交价格为基础审查确定，包括货物运至我国境内输出地点装卸前的运输费、保险费，但不包括出口关税。（　　）

4.远洋客轮上的船员携带进口的自用物品，不属于关税征税对象。（　　）

5.进口人向境外卖方支付的佣金，构成关税完税价格；而进口人向境外采购代理人支付的买方佣金，不构成关税完税价格。（　　）

6.如一国境内设有自由贸易港时，关境大于国境。（　　）

7.实际成交价格是一般贸易项下进出口货物的买方为购买该货物向卖方实际支付或应当支付的价格。（　　）

8.外国政府、国际组织、国际友人和中国港、澳、台同胞无偿赠送的物资，经海关审查无误，可以免税。（　　）

9.关税的补征是针对因纳税人违反海关规定造成少征的关税。（　　）

10.对已征出口关税的出口货物和已征进口关税的进口货物，因某种原因复运进境或出境的，经海关查验属实的，应退还已征的关税。（　　）

【职业技能专项训练】

1.某公司从日本进口500吨化肥，货物以境外口岸离岸价格成交，每吨2 000美元，外汇牌价为1美元=6.8元人民币，货物运达我国境内输入地点起卸前的运输费、保险费和其他劳务费用为每吨人民币1 000元，关税税率为10%。

要求：计算应缴纳的关税，并作相关会计处理。

2.信光公司从德国进口商品一批，货价420万元，运费80万元，保险费按货价加运费的0.3%确定，其他杂费10万元，关税税率为20%。

要求：计算应纳关税、海关代征的增值税，并进行相关会计处理。

3.某公司出口生丝一批，离岸价格为450万元人民币，关税税率为50%。

要求：计算应纳出口关税并进行会计处理。

4. 1月，某出版社印刷厂有一台印刷机运往香港修理，出境时已向海关报明该台印刷机的原值为200万元。6月，此台印刷机按海关规定期限复运进境，海关审查确定的修理费为40万元，料件费为60万元。该印刷机复运进境时的市价为300万元，关税税率为10%。

要求：计算该印刷机应纳的关税，并作相关会计处理。

5. 某外贸公司2020年1月发生以下业务：

经有关部门批准从境外进口小汽车20辆，每辆货价20万元，运抵我国海关前的运输费、保险费为每辆2万元。公司向海关缴纳了相关税款，并取得了完税凭证。该公司委托运输公司将小汽车从海关运回本单位，支付运费5万元（不含税），取得了运输公司开具的增值税专用发票。当月售出小汽车16辆，每辆含税销售额为73.9万元，公司自用2辆小汽车作为本单位幼儿园的固定资产。（小汽车的关税税率为20%，增值税税率为13%，消费税税率为5%）

要求：

（1）计算小汽车在进口环节应缴纳的关税、增值税和消费税。

（2）计算国内销售环节1月份应缴纳的增值税。

（3）根据上述业务进行会计处理。

6. 某生产企业某月购进原材料400万元，全部用于出口货物的生产。当月在国内市场销售货物200万元，出口货物600万元，适用的退税率为9%。

要求：计算该企业当月应纳或应退的税额。

7. 某自营出口的生产企业为一般纳税人，增值税税率为13%，退税率为9%。2020年4月，外购原材料一批，取得的增值税专用发票注明价款200万元、增值税26万元，材料已验收入库。上期期末留抵税额为3万元。当月内销货物取得不含税销售额100万元，销项税额13万元；出口货物销售额折合人民币200万元。

要求：计算本期免、抵、退税额，应退税额，免抵税额。

8. 某自营出口生产企业是增值税一般纳税人，出口货物的征税率为13%，退税率为10%。2020年3月有关经营业务如下：购进原材料一批，取得的增值税专用发票注明的价款为200万元，外购货物准予抵扣的进项税额为26万元，已通过认证。当月进料加工免税进口料件的组成计税价格为100万元。上期期末留抵税款为6万元。本月内销货物不含税销售额为100万元，收款113万元存入银行。本月出口货物销售额折合人民币200万元。

要求：计算该企业当期的免、抵、退税额。

项目 5
企业所得税实务

05

【典型工作任务】

1.判断居民纳税人、非居民纳税人，根据业务资料计算应纳企业所得税额；

2.根据业务资料填制企业所得税月（季）度预缴纳税申报表和企业所得税年度纳税申报表及相关附表，办理年终企业所得税的汇缴清算工作；

3.企业所得税优惠政策的运用；

4.会计处理方法的选择，企业应纳税额的计提、缴纳与结转的会计处理。

【岗位工作能力】

1.掌握企业所得税的基本法规知识、应纳税所得额的调整和应纳所得税额的计算；

2.理解企业所得税的月（季）度预缴、年终汇算清缴；

3.掌握暂时性差异，熟悉企业所得税涉税业务的会计处理方法；

4.熟悉填报企业所得税月（季）度预缴纳税申报表和企业所得税年度纳税申报表及相关附表，能办理年终企业所得税的汇缴清算工作。

任务 5.1　企业所得税基本法律内容认知

一、企业所得税的概念和特点

视频

税收宣传：国之血脉：税收（企业所得税）上

1.企业所得税的概念

企业所得税是对我国境内企业和其他取得收入的组织的生产经营所得及其他所得征收的所得税。它是国家参与企业利润分配的重要手段。

2.企业所得税的特点

视频

税收宣传：国之血脉：税收（企业所得税）下

企业所得税与其他税种相比较，具有以下特点：

（1）纳税人分为居民企业和非居民企业。

（2）以所得额为征税对象。

（3）征税以量能负担为原则。

（4）实行按年计征、分期预缴的征收办法。

二、企业所得税的纳税义务人与扣缴义务人

1.企业所得税的纳税义务人

企业所得税的纳税义务人是指在中华人民共和国境内的企业和其他取得收入的组织（以下统称“企业”），但依照中国法律、行政法规规定成立的个人独资企业、合伙企业除外。

为了更好地保障我国税收管辖权的有效行使，最大限度地维护我国的税收权益，企业所得税法将纳税人按注册成立地与实际管理机构所在地，分为居民企业和非居民企业两类。不同的纳税人承担不同的纳税义务。

居民企业是指依法在中国境内成立，或者依照外国（地区）法律成立但实际管理机构在中国境内的企业。非居民企业，是指依照外国（地区）法律成立且实际管理机构不在中国境内，但在中国境内设立机构、场所的，或者在中国境内未设立机构、场所，但有来源于中国境内所得的企业。实际管理机构是指对企业的生产经营、人员、账务、财产等实施实质性全面管理和控制的机构。机构、场所是指在中国境内从事生产经营活动的机构、场所。

2. 扣缴义务人

对非居民企业在中国境内未设立机构、场所的，或者虽设立机构、场所但取得的所得与其所设机构、场所没有实际联系的，就其来源于中国境内的所得缴纳的所得税实行源泉扣缴的办法，以支付人为扣缴义务人。

税款由扣缴义务人在每次支付或者到期应支付时，从支付或者到期应支付的款项中扣缴。

【边学边做5-1·多选题】我国居民企业的判定标准有（　　）。

A.登记注册地标准　　B.总机构所在地标准

C.实际管理机构地标准　　D.生产经营所在地标准

【边学边做5-2·单选题】根据企业所得税法律制度的规定，下列各项中，不属于企业所得税纳税人的是（　　）。

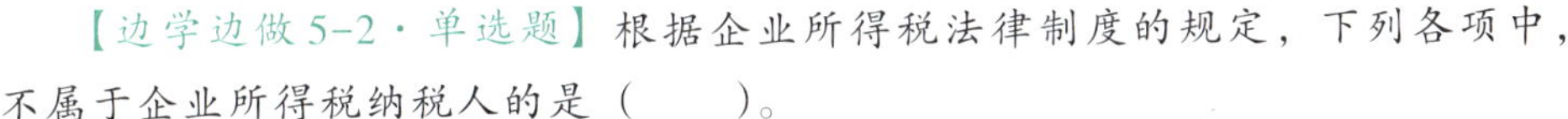

A.股份有限公司　　B.合伙企业　　C.联营企业　　D.出版社

三、企业所得税的征税对象

企业所得税的征税对象，是指企业的生产经营所得、其他所得和清算所得。

（1）居民企业的征税对象：来源于中国境内、境外的所得。

所得包括销售货物所得，提供劳务所得，转让财产所得，股息、红利等权益性投资所得，利息所得，租金所得，特许权使用费所得，接受捐赠所得和其他所得。

（2）非居民企业的征税对象：❶在中国境内设有机构、场所的，应当就其所设机构、场所取得的来源于境内，以及发生在境外但与其所设机构、场所有实际联系的所得，缴纳企业所得税。❷在中国境内未设立机构、场所的，或者虽设立机构、场所但取得的所得与其所设机构、场所没有实际联系的，应当就其来源于中国境内的所得缴纳企业所得税。实际联系是指非居民企业在中国境内设立的机构、场所拥有的据以取得所得的股权、债权，以及拥有、管理、控制据以取得所得的财产。

【边学边做5-3·多选题】下列各项中，属于企业所得税征税范围的有（　　）。

A.居民企业来源于中国境外的所得

B.非居民企业来源于中国境内的所得

C.非居民企业来源于中国境外的所得

D.居民企业来源于中国境内的所得

四、企业所得税的税率

企业所得税实行比例税率。

（1）基本税率为25%，适用于居民企业和在中国境内设有机构、场所且所得与机构、场所有关联的非居民企业。

（2）低税率为20%，适用于在中国境内未设立机构、场所的，或者虽设立机构、场所但取得的所得与其所设机构、场所没有实际联系的非居民企业。（实际征税时适用10%的税率）

（3）优惠税率：

❶符合条件的小型微利企业，减按20%的税率征收企业所得税。

❷国家重点扶持的高新技术企业，减按15%的税率征收企业所得税。

❸自2018年1月1日起，对经认定的技术先进型服务企业，减按15%的税率征收企业所得税。

❹自2019年1月1日起至2021年12月31日，对符合条件的从事污染防治的第三方企业减按15%的税率征收企业所得税。

五、企业所得税的优惠政策

1.减征和免征

（1）企业从事农、林、牧、渔业项目的所得，可以免征、减征企业所得税。

（2）企业从事国家重点扶持的公共基础设施项目的投资经营所得，自项目取得第一笔生产经营收入所属纳税年度起，第1年至第3年免征企业所得税，第4年至第6年减半征收企业所得税。

（3）企业从事符合条件的环境保护、节能节水项目，自项目取得第一笔生产经营收入所属纳税年度起，第1年至第3年免征企业所得税，第4年至第6年减半征收企业所得税。

（4）符合条件的技术转让所得。居民企业技术转让符合条件的所得，不超过500万元的部分，免征企业所得税；超过500万元的部分，减半征收企业所得税。

技术转让所得=技术转让收入-技术转让成本-相关税费

（5）对饮水工程运营管理单位从事《公共基础设施项目企业所得税优惠目录》规定的饮水工程新建项目投资经营的所得，自项目取得第一笔生产经营收入所属纳税年度起，第1年至第3年免征企业所得税，第4年至第6年减半征收企业所得税。

（6）在我国境内新办的集成电路设计企业和符合条件的软件企业，经认定后，在2017年12月31日前自获利年度起，享受两免三减半税收优惠。财政部、国家税务总局公告2019年第68号将该优惠延长到2018年12月31日。

（7）按财税〔2019〕16号规定，经营性文化事业单位转制为企业，自转制注册之日起5年内免征企业所得税。2018年12月31日前已完成转制的企业，自2019年1月1日起可继续免征5年企业所得税。

（8）企业投资者持有2011—2023年发行的铁路债券取得的利息收入，减半征收企业所得税。

2.高新技术企业和技术先进型企业优惠

国家需要重点扶持的高新技术企业和技术先进型企业，减按15%的税率征收企业所得税。对符合规定的高新技术企业，对其来源于境外的所得可以按照15%的优惠税率缴纳企业所得税，在计算境外抵免限额时，可按照15%的优惠税率计算境内外应纳税总额。

3.小型微利企业优惠

小型微利企业减按20%的企业所得税税率征收企业所得税。

视频

小型微利企业所得税税收优惠

（1）小型微利企业的条件如下：从事国家非限制和禁止行业，年度应纳税所得额不超过300万元，从业人数不超过300人，资产总额不超过5 000万元。

（2）小型微利企业无论按查账征收方式还是按核定征收方式均可享受此优惠。

视频

小微企业所得税优惠咋享受

自2019年1月1日至2021年12月31日，对年应纳税所得额低于100万元（含100万元）的小型微利企业，其所得减按25%计入应纳税所得额，按20%

的税率缴纳企业所得税；年应纳税所得额超过100万元但不超过300万元的部分，其所得减按50%计入应纳税所得额，按20%的税率缴纳企业所得税。

4.加计扣除优惠

加计扣除是指企业在计算应纳税所得额时，在据实扣除的基础上，还可以加扣一定比例。

(1) 开发新技术、新产品、新工艺发生的研究开发费用：在2018年1月1日至2020年12月31日，未形成无形资产计入当期损益的，在按照规定据实扣除的基础上，按照研究开发费用的75%加计扣除；形成无形资产的，按照无形资产成本的175%摊销部分，可以按规定在计算企业所得税前加计扣除。上述费用实际发生额应按照独立交易原则确定。委托方与受托方存在关联关系的，受托方应向委托方提供研发费用项目费用支出明细情况。

(2) 企业安置残疾人员所支付的工资：在按照支付给残疾职工工资据实扣除的基础上，按照支付给残疾职工工资的100%加计扣除。残疾人员的范围适用《中华人民共和国残疾人保障法》的有关规定。

5.加速折旧优惠

企业的固定资产由于技术进步等原因，确实需要加速折旧的，可以缩短折旧年限或者采取加速折旧的方法。

(1) 由于技术进步，产品更新换代较快的固定资产，或者常年处于强震动、高腐蚀状态的固定资产可以采用加速折旧方法。

(2) 对生物药品制造业，专用设备制造业，铁路、船舶、航空航天和其他运输设备制造业，计算机、通信和其他电子设备制造业，仪器仪表制造业，信息传输、软件和信息技术服务业等6个行业中的企业，2014年1月1日后新购进的研发和生产经营共用的仪器、设备，单位价值不超过500万元的，允许一次性计入当期成本费用在计算应纳税所得额时扣除，不再分年度计算折旧；单位价值超过500万元的，可缩短折旧年限或采取加速折旧的方法。

(3) 自2015年1月1日起，轻工、纺织、机械、汽车四个领域重点行业新购进的固定资产（包括自行建造），允许缩短折旧年限或采取加速折旧方法。

(4) 从2018年1月1日至2020年12月31日期间，对所有行业新购进的用于研发的仪器、设备（不包括服务、建筑物），单位价值不超过500万元的，允许一次性计入当期成本费用在计算应纳税所得额时扣除，不再分年度计算折旧。

采取缩短折旧年限方法的，最低折旧年限不得低于规定折旧年限的60%；采取加速折旧方法的，可以采取双倍余额递减法或年数总和法。财税〔2014〕75号文和财税〔2015〕106号文规定，自2019年1月1日起，固定资产折旧优惠行业范围扩大到全部制造业领域。

6.减计收入优惠

企业综合利用资源，生产符合国家产业政策规定的产品所取得的收入，减按90%计入收入总额。

7.税额抵免优惠

企业购置并实际使用《环境保护专用设备企业所得税优惠目录》、《节能节水专用设备企业所得税优惠目录》和《安全生产专用设备企业所得税优惠目录》规定的环境保护、节能节水、安全生产等专用设备的，该专用设备的投资额的10%可以从企业当年的应纳税额中抵免；当年不足抵免的，可以在以后5个纳税年度结转抵免。

8.民族自治地方的优惠

民族自治地方的自治机关对本民族自治地方的企业应缴纳的企业所得税中属于地方分享的部分，可以决定减征或免征。

自治州、自治县决定减征或免征的，须报省、自治区、直辖市人民政府批准。

9.重点软件企业和集成电路设计企业的优惠

国家规划布局内的重点软件企业和集成电路设计企业，如当年未享受优惠的，可减按10%的税率征收企业所得税。

10.非居民企业优惠

非居民企业减按10%的所得税税率征收企业所得税。

任务5.2 应纳税所得额计算

一、企业所得税应纳税所得额的构成

企业所得税的计税依据是应纳税所得额，要正确地计算企业所得税，就必须准确地界定应纳税所得额。应纳税所得额是企业每个纳税年度的收入总额减除不征税收入、免税收入、各项扣除以及允许弥补的以前年度亏损后的余额。

（一）收入总额

企业以货币形式和非货币形式从各种来源取得的收入为收入总额，具体包括以下方面：

1.销售货物收入

销售货物收入，是指企业销售商品、产品、原材料、包装物、低值易耗品以及其他存货取得的收入。

2.劳务收入

劳务收入，是指企业从事建筑安装、修理修配、交通运输、仓储租赁、金融保险、邮电通信、咨询经纪、文化体育、科学研究、技术服务、教育培训、餐饮住宿、中介代理、卫生保健、社区服务、旅游、娱乐、加工以及其他劳务服务活动取得的收入。

3.转让财产收入

转让财产收入，是指企业转让固定资产、生物资产、无形资产、股权、债权等财产取得的收入。

4.股息、红利等权益性投资收益

股息、红利等权益性投资收益，是指企业因权益性投资从被投资方取得的收入。股息、红利等权益性投资，除国务院财政、税务主管部门另有规定外，按照被投资方作出利润分配决定的日期确认收入的实现。

5.利息收入

利息收入，是指企业将资金提供给他人使用但不构成权益性投资，或者因他人占用本企业资金取得的收入，包括存款利息、贷款利息、债券利息、欠款利息等收入。利息收入，按照合同约定的债务人应付利息的日期确认收入的实现。

自2013年9月1日，对于兼具权益和债权双重性的企业混合性投资业务，须同时符合

以下5个条件：

（1）被投资企业接受投资后，需要按投资合同或协议约定的利率定期支付利息或定期支付保底利息、固定利润、固定股息。

（2）有明确的投资期限或特定的投资条件，并在投资期满或者满足特定投资条件后，被投资企业需要赎回投资或偿还本金。

（3）投资企业对被投资企业净资产不拥有所有权。

（4）投资企业不具有选举权和被选举权。

（5）投资企业不参与被投资企业日常生产经营活动的，应按下列规定进行处理：a.对于被投资企业支付的利息，投资企业应于被投资企业应付利息的日期，确认收入的实现并计入当期应纳税所得额；被投资企业应于应付利息的日期，确认利息支出进行税前扣除。b.对于被投资企业赎回的投资，投资双方应于赎回时将赎价与投资成本之间的差额确认为债务重组损益，分别计入当期应纳税所得额。

6.租金收入

租金收入，是指企业提供固定资产、包装物或者其他有形资产的使用权取得的收入。租金收入按照合同约定的承租人应付租金的日期确认收入的实现。

7.特许权使用费收入

特许权使用费收入，是指企业提供专利权、非专利技术、商标权、著作权以及其他特许权的使用权取得的收入。特许权使用费收入，按照合同约定的特许权使用人应付特许权使用费的日期确认收入的实现。

8.接受捐赠收入

接受捐赠收入，是指企业接受来自其他企业、组织或者个人无偿给予的货币性资产、非货币性资产。接受捐赠收入，按实际收到捐赠资产的日期确认收入的实现。

9.其他收入

企业取得的除以上收入外的其他收入，包括企业资产溢余收入、逾期未退包装物押金收入、确实无法偿付的应付款项、已作坏账损失处理后又收回的应收款项、债务重组收入、补贴收入、违约金收入、汇兑收益等。

（二）不征税收入和免税收入

1.不征税收入

（1）财政拨款。财政拨款，是指各级人民政府对纳入预算管理的事业单位、社会团体等组织拨付的财政资金，国务院和国务院财政、税务主管部门另有规定的除外。

（2）依法收取并纳入财政管理的行政事业性收费、政府性基金。行政事业性收费，是指依照法律法规等有关规定，按照国务院规定程序批准，在实施社会公共管理，以及在向公民、法人或者其他组织提供特定公共服务过程中，向特定对象收取并纳入财政管理的费用。政府性基金，是指企业依照法律、行政法规等有关规定，代政府收取的具有专项用途的财政资金。

（3）国务院规定的其他不征税收入。国务院规定的其他不征税收入，是指企业取得的，由国务院财政、税务主管部门规定专项用途并经国务院批准的财政性资金。

2.免税收入

（1）国债利息收入。国债利息收入免税，国债转让收入不免税。

（2）符合条件的居民企业之间的股息、红利等权益性投资收益。

（3）在中国境内设立机构、场所的非居民企业从居民企业取得与该机构、场所有实际联系的股息、红利等权益性投资收益。

以上第（2）项和第（3）项不包括连续持有居民企业公开发行并上市流通的股票不足12个月取得的投资收益。

（4）符合条件的非营利组织的收入（不包括非营利组织从事营利活动所取得的收入，但国务院财政、税务主管部门另有规定的除外）。

（三）税前扣除项目

1.税前扣除项目的范围

企业实际发生的与取得收入有关的、合理的支出，包括成本、费用、税金、损失和其他支出，准予在计算应纳税所得额时扣除。

（1）成本，即生产、经营成本，是指纳税人为生产、经营商品和提供劳务等所发生的各项直接费用和各项间接费用。

（2）费用，即纳税人为生产、经营商品和提供劳务等过程中发生的销售（经营）费用、管理费用和财务费用。

（3）税金，企业发生的除企业所得税和允许抵扣的增值税以外的企业缴纳的各项税金及其附加。

（4）损失，指企业在生产经营活动中发生的固定资产和存货的盘亏、毁损、报废损失，转让财产损失，呆账损失，坏账损失，自然灾害等不可抗力因素造成的损失以及其他损失。

（5）其他支出，是指除成本、费用、税金、损失外，企业在生产经营活动中发生的与生产经营活动有关的、合理的支出。

2.税前扣除项目的扣除标准

在计算应纳税所得额时，下列项目可以按实际发生额或规定的标准扣除，当纳税人的会计处理与税法规定不一致时，应依照税法规定予以调整，并按调整后的金额（准予扣除的金额）扣除：

（1）工资薪金支出。企业发生的合理的工资薪金支出准予据实扣除。合理的工资薪金，是指企业按照股东大会、董事会、薪酬委员会或相关管理机构制定的工资薪金制度规定实际发放给员工的工资薪金。值得注意的是，2011年及以后各年度企业应纳税所得额税务处理问题实施如下：企业雇用季节工、临时工、实习生，返聘离退休人员以及接受外部劳务派遣用工，也属于企业任职或者受雇员工范畴。企业支付给上述人员的相关费用，可以区分工资薪金支出和职工福利费支出后，准予按规定进行税前扣除。其中，属于工资薪金支出的，准予计入企业工资薪金总额的基数，作为计算其他各项相关费用扣除的依据。

（2）职工福利费、工会经费、职工教育经费。企业发生的职工福利费、工会经费、职工教育经费按标准扣除，未超过标准的按实际数扣除，超过标准的只能按标准扣除。

（3）补充养老、补充医疗保险：分别不超过工资薪金总额5%的部分准予扣除。

（4）利息费用。企业在生产经营过程中发生的利息费用，符合规定的可以扣除。

（5）业务招待费。企业发生的与生产经营活动有关的业务招待费支出，按照发生额的60%扣除，但最高不得超过当年销售（营业）收入的5‰。

（6）广告费和业务宣传费：不超过当年销售（营业）收入15%的部分，准予扣除；超过部分，准予在以后纳税年度结转扣除。

（7）公益性捐赠支出。企业发生的公益性捐赠支出，不超过年度利润总额12%以内的部分，准予在计算应纳税所得额时扣除；超出部分准予结转以后3年内在计算应纳税所得额时扣除。公益性捐赠是指企业通过公益性社会团体或者县级以上人民政府及其部门，用于《中华人民共和国公益事业捐赠法》规定的公益事业的捐赠。

另外，企业发生诸如汶川地震灾后重建、举办北京奥运会和上海世博会等特定事项的捐赠，按规定可以据实全额扣除。非公益性捐赠不允许扣除。

（8）环境保护专项资金。企业依照法律、行政法规有关规定提取的用于环境保护、生态恢复等方面的专项资金准予扣除；提取资金后改变用途的，不得扣除。

（9）总机构分摊的费用。非居民企业在中国境内设立的机构、场所，就其中国境外总机构发生的与该机构、场所生产经营有关的费用，能够提供总机构出具的费用汇集范围、定额、分配依据和方法等证明文件，并合理分摊的，准予扣除。

（10）其他项目。

❶一般企业的手续费和佣金，不超过收入金额5%的准予扣除。

❷电信企业在发展客户、拓展业务等过程中（如委托销售电话入网卡、电话充值卡等），需向经纪人、代办商支付手续费及佣金的，其实际发生的相关手续费及佣金支出，不超过企业当年收入总额5%的部分，准予在企业所得税前据实扣除。

❸企业发生的维简费支出，属于收益性支出的，可作为当期费用税前扣除；属于资本性支出的，应计入有关资产成本，并按企业所得税规定计提折旧或摊销费用在税前扣除。

❹金融企业涉农贷款和中小企业贷款损失准备金等按相关政策扣除。

（四）不得扣除的项目

在计算应纳税所得额时，下列支出不得扣除：

（1）向投资者支付的股息、红利等权益性投资收益款项。

（2）企业所得税税款。

（3）税收滞纳金，是指纳税人违反税收法律、法规规定，被税务机关所处以的滞纳金。

（4）罚金、罚款和被没收财物的损失，是指纳税人违反国家有关法律、法规规定，被有关部门所处的罚款，以及被司法机关所处的罚金和被没收的财物。

（5）超过规定标准的捐赠支出。

（6）赞助支出，是指企业发生的与生产经营活动无关的各种非广告性质支出。

（7）未经核定的准备金支出，是指不符合国务院财政、税务主管部门规定的各项资产减值准备、风险准备等准备金支出。

（8）企业之间支付的管理费、企业内营业机构之间支付的租金和特许权使用费，以及非银行企业内营业机构之间支付的利息。

（9）与取得收入无关的其他支出。

（五）亏损弥补

亏损是指企业按照《中华人民共和国企业所得税法》（以下简称《企业所得税法》）及暂行条例的规定，将每个纳税年度的收入总额减除不征税收入、免税收入和各项扣除后小于零的数额。

税法规定，企业某一纳税年度发生的亏损可以用下一年度的所得弥补，下一年度的所得不足以弥补的，可以逐年连续弥补，但最长不得超过5年。自2018年1月1日起，将高新技术企业和科技型中小企业亏损结转年限由5年延长至10年。

注意事项：

❶亏损弥补期应连续计算，不得间断，无论弥补期内是盈利还是亏损，都作为实际弥补期计算。

❷连续发生亏损，按先亏先补的顺序弥补。

❸企业在汇总计算缴纳企业所得税时，其境外营业机构的亏损不得抵减境内营业机构的盈利。

❹企业筹办期间不计算为亏损年度，企业自开始生产经营的年度为开始计算企业损益的年度。

二、纳税调整项目计算分析

《企业所得税法》规定："在计算应纳税所得额时，企业财务、会计处理办法与税收法律、行政法规的规定不一致的，应当依照税收法律、行政法规的规定计算。"纳税人按照会计准则、会计制度核算与税收规定不一致的项目，应当进行纳税调整。纳税调整项目分为收入类调整项目、扣除类调整项目、资产类调整项目、准备金调整项目、预售收入的预计利润调整项目和特别纳税调整项目。每个项目又涉及纳税调整增加和纳税调整减少的内容。

1.收入类调整项目

（1）收入类纳税调整增加的项目。

❶视同销售收入。

视同销售收入是指会计上不作为销售核算，而在税收上应作应税收入缴纳企业所得税的收入，主要包括非货币性交易视同销售收入，货物、财产、劳务视同销售收入和其他视同销售收入。

a.非货币性交易视同销售收入，是指执行企业会计准则或制度的纳税人，对不具有商业实质或交换涉及资产的公允价值均不能可靠计量的非货币性资产交换，按照税法规定应视同销售确认收入的金额。

b.货物、财产、劳务视同销售收入，是指执行企业会计准则或制度的纳税人，将货物、财产、劳务用于捐赠、偿债、赞助、集资、广告、样品、职工福利或者利润分配等用途的，按照税法规定应视同销售确认收入的金额。

c.其他视同销售收入，是指税法规定的上述货物、财产、劳务之外的其他视同销售收入的金额。

❷接受捐赠收入。

接受捐赠收入是指执行企业会计制度的纳税人接受的捐赠收入，将其计入资本公积核算的，应进行纳税调整。执行企业会计准则已将接受的捐赠收入计入营业外收入的，不再调增应纳税所得额。

❸不符合税法规定的销售折扣和折让。

不符合税法规定的销售折扣和折让是指不符合税法规定的销售折扣和折让应进行纳税调整的金额。税法规定对折扣额另开发票的，不得从销售额中减除折旧额，应调增应纳税所得额。

❹不允许扣除的境外投资损失。

不允许扣除的境外投资损失是指纳税人境外投资除合并、撤销、依法清算外形成的损失。按税收规定，境外投资损失除了前面规定可以扣除的外，其他均不得在税前扣除。

（2）收入类纳税调整减少的项目。

❶权益法核算对初始投资成本调整产生的收益。

权益法核算对初始投资成本调整产生的收益是指纳税人在权益法核算下，初始投资成本小于取得投资时应享有被投资单位可辨认净资产公允价值份额的，两者之间的差额在会计核算中计入取得投资当期的营业外收入的金额。税法规定对这部分收入不征税，调减应纳税所得额。

❷境外应税所得。

境外应税所得是指纳税人来自境外的收入总额（包括生产经营所得和其他所得），扣除按税法规定允许扣除的境外发生的成本费用后的金额。

❸不征税收入。

不征税收入是指企业所取得的收入本身就不在征收企业所得税的征税范围内的收入。由于不征税收入本身不属于计税项目，所以不征税收入用于支出的费用及所形成资产的折旧、摊销都不能在计算应纳税所得额时扣除。不征税收入具体包括财政拨款、行政事业性收费、政府性基金及其他不征税收入。

❹免税收入。

免税收入，则是将那些已经纳入征税范围内的收入，基于税收优惠政策而对其纳税义务予以免除，如国债利息收入，指定用途的减免或返还的流转税，不计入损益的补贴项目，治理“废渣、废气、废水”收益，国务院、财政部和国家税务总局规定的事业单位和社会团体的免税项目等。

❺减计收入。

减计收入是指纳税人以《资源综合利用企业所得税优惠目录》内的资源作为主要原材料，生产非国家限定并符合国家和行业相关标准的产品所取得的收入，减按90%计入收入总额。原材料占生产产品材料的比例不得低于《资源综合利用企业所得税优惠目录》规定的标准。另自2019年6月1日起至2025年12月31日，提供社区养老、托育、家政等服务的机构，提供社区养老、托育、家政等服务取得的收入，在计算应纳税所得额时，减按90%计入收入总额。社区包括城市社区和农村社区。

❻减、免税项目所得。

减、免税项目所得是指按照税法规定减征、免征企业所得税项目的所得，主要包括农林类免税、减税所得，公共基础设施项目投资所得，环保节能节水项目所得，技术转让所得和其他免税项目所得。

农林类免税所得是指纳税人从事下列项目的所得，免征企业所得税：蔬菜、谷物、薯类、油料、豆类、棉花、麻类、糖料、水果、坚果的种植；农作物新品种的选育；中药材的种植；林木的培育和种植；牲畜、家禽的饲养；林产品的采集；灌溉、农产品初加工、兽医、农技推广、农机作业和维修等农、林、牧、渔服务业项目；远洋捕捞。

农林类减税所得是指纳税人从事下列项目减半征收企业所得税的所得额：花卉、茶以及其他饮料作物和香料作物的种植；海水养殖、内陆养殖。

公共基础设施项目投资所得是指纳税人从事《公共基础设施项目企业所得税优惠目录》规定的港口码头、机场、铁路、公路、城市公共交通、电力、水利等国家重点扶持的项目的投资经营减、免税所得额，不包括企业承包经营、承包建设和内部自建自用该项目的所得。从事国家重点扶持的公共基础设施项目投资经营的所得，自项目取得第一笔生产经营收入所属纳税年度起，第1年至第3年免征企业所得税，第4年至第6年减半征收企业所得税。

环保节能节水项目所得，是指从事符合条件的公共污水处理、公共垃圾处理、沼气综合开发利用、节能减排技术改造、海水淡化等项目的减、免税所得额。从事符合条件的环境保护、节能节水项目的所得，自项目取得第一笔生产经营收入所属纳税年度起，第1年至第3年免征企业所得税，第4年至第6年减半征收企业所得税。

技术转让所得是指居民企业技术转让的免税、减税所得额。技术转让所得不超过500万元的部分，免征企业所得税；超过500万元的部分，减半征收企业所得税。

❼抵扣应纳税所得额。

抵扣应纳税所得额是指创业投资企业采取股权投资方式投资于未上市的中小高新技术企业2年以上的，可以按照其投资额的70%在股权持有满2年的当年抵扣该创业投资企业的应纳税所得额；当年不足抵扣的，可以在以后纳税年度结转抵扣。

（3）收入类纳税调整视情况增减的项目。

❶未按权责发生制原则确认的收入。

未按权责发生制原则确认的收入是指会计上按照权责发生制原则确认收入，计税时按照收付实现制确认的收入，如分期收款销售商品销售收入的确认、税收规定按收付实现制确认的收入、持续时间超过12个月的收入的确认、利息收入的确认、租金收入的确认等企业财务会计处理办法与税法规定不一致应进行纳税调整产生的时间性差异的项目数据。税法规定的收入大于会计核算确认的收入，其差额应调整增加应纳税所得额；反之，则应调整减少应纳税所得额。

❷按权益法核算的长期股权投资持有期间的投资损益。

按权益法核算的长期股权投资持有期间的投资损益是指企业根据《企业所得税法》及其实施条例以及企业会计制度、企业会计准则核算的长期股权投资持有收益、处置收益中，会计核算与税法规定的差异金额。会计核算确认的投资收益大于税法规定的收入，其差额应调整减少应纳税所得额；反之，则应调整增加应纳税所得额。

《企业所得税法实施条例》规定，对来自所有非上市企业，以及连续持有上市公司股票12个月以上取得的股息、红利收入，给予免税，不再实行补税率差的做法；纳税人因收回、转让或清算处置股权投资发生的股权投资损失，可以在税前扣除，但在每一纳税年度扣除的股权投资损失，不得超过当年实现的股权投资收益和投资转让所得，超过部分可按规定向以后年度结转扣除。

❸特殊重组和一般重组。

特殊重组是指非同一控制下的企业合并、免税改组产生的企业会计处理办法与税法规定不一致应进行纳税调整的金额。

一般重组是指同一控制下的企业合并产生的企业会计处理办法与税法规定不一致应进

行纳税调整的金额。

重组过程中，会计处理确认的收入大于税法规定的收入，其差额应调整减少应纳税所得额；反之，则应调整增加应纳税所得额。

❹公允价值变动净收益。

公允价值变动净收益是指企业以公允价值计量且其变动计入当期损益的金融资产、金融负债以及投资性房地产的公允价值，其税法规定的计税基础与会计处理不一致应进行纳税调整的金额。

当纳税人所有的按照公允价值计量且其变动计入当期损益的金融资产、金融负债以及投资性房地产按照税法规定确认的期末与期初的差额大于根据会计准则核算的期末与期初的差额时，其差额应调整增加应纳税所得额；反之，则应调整减少应纳税所得额。

❺确认为递延收益的政府补助。

确认为递延收益的政府补助是指纳税人收到不属于税法规定的不征税收入、免税收入以外的其他政府补助，会计处理上计入递延收益，税收规定应计入应纳税所得额征收企业所得税而产生的差异应进行纳税调整的数据。

会计处理确认的政府补助收入大于税法规定的收入，其差额应调整减少应纳税所得额；反之，则应调整增加应纳税所得额。

2. 扣除类调整项目

（1）扣除类纳税调整增加的项目。

❶工资薪金支出。

工资薪金支出是指企业每一纳税年度支付给在本企业任职或者受雇的员工的所有现金形式或者非现金形式的劳动报酬，包括基本工资、奖金、津贴、补贴、年终加薪、加班工资，以及与员工任职或者受雇有关的其他支出。企业发生的合理的工资薪金支出，准予扣除，对明显不合理的工资薪金，则不予扣除。对一般雇员而言，企业按市场原则所支付的报酬应该认为是合理的，但也可能出现一些特殊情况，如在企业内任职的股东及与其有密切关系的亲属通过多发工资变相分配股利的，或者国有及国有控股企业管理层的工资违反国有资产管理部门的规定变相提高的，不得在税前扣除，应调增应纳税所得额。

❷工会经费、职工福利费、职工教育经费。

纳税人的工会经费、职工福利费，分别按照工资薪金总额的2%、14%计算扣除，超过部分应调增应纳税所得额。自2018年1月1日起，一般企业的职工教育经费税前扣除限额与高新技术企业的限额统一按不超过工资薪金总额8%的部分，准予扣除；超过部分，准予在以后纳税年度结转扣除。

❸业务招待费。

业务招待费是指企业为生产、经营业务的合理需要而支付的应酬费用，是企业进行正常经营活动必要的一项成本费用。业务招待费的税前扣除按照实际发生的业务招待费的60%计算限额和按照当年销售（营业）收入的5‰计算限额，即采用“双限额”，并实行扣除较小者，即适用“孰小原则”。

❹广告费和业务宣传费。

a. 烟草企业的烟草广告费和业务宣传费支出，一律不得在计算应纳税所得额时扣除。

b. 发生的符合条件的广告费和业务宣传费支出，除国务院财政、税务主管部门另有规定外，不超过当年销售（营业）收入15%的部分，准予扣除；超过部分，准予在以后纳税年度结转扣除。

c.对化妆品制造或销售、医药制造和饮料制造（不含酒类制造）企业发生的广告费和业务宣传费支出，不超过当年销售（营业）收入30%的部分，准予扣除；超过部分，准予在以后纳税年度结转扣除。

d.扣除的特殊情况。企业在筹建期间，发生的广告费和业务宣传费，可按实际发生额计入企业筹办费，并按有关规定在税前扣除。

❺捐赠支出。

捐赠支出是企业对外捐赠的各种财产的价值。捐赠支出税前扣除只限于公益性捐赠，并且为企业通过公益性社会团体或者县级以上人民政府及其部门捐赠。捐赠支出为在年度利润总额12%以内的部分，准予在年度所得税计算前予以扣除。年度利润总额，是指企业依照国家统一会计制度的规定计算的大于零的数额。向地震灾区捐款和对农村义务教育的捐款可以在税前全额扣除。

❻利息支出。

在生产、经营期间，非金融企业向金融企业借款的利息支出、金融企业的各项存款利息支出和同业拆借利息支出、企业经批准发行债券的利息支出，按照实际发生数扣除；非金融企业向非金融企业借款的利息支出，不超过按照金融企业同期同类贷款利率计算的数额的部分，准予扣除。企业为购置、建造固定资产、无形资产和经过12个月以上的建造才能达到预定可销售状态的存货发生借款的，在有关资产购置、建造期间发生的合理的借款费用，应当作为资本性支出计入有关资产的成本，调增应纳税所得额。此外，纳税人逾期归还银行贷款，向银行支付的加收罚息，不属于行政性罚款，允许在税前扣除。

❼住房公积金。

纳税人在国家规定范围内缴纳的住房公积金允许在税前扣除，实际发生的住房公积金超过规定部分，应调增应纳税所得额。

❽罚金、罚款和被没收财物的损失。

纳税人的生产、经营因违反国家法律、法规和规章，被有关部门处以的罚款、被没收财物的损失以及因违反税法规定，被处以的滞纳金、罚金，不得扣除，应调增应纳税所得额。但纳税人逾期归还银行贷款，银行按规定加收的罚息、罚款和诉讼费，不属于行政性罚款，允许在税前扣除。

❾各类保险基金、统筹基金和经济补偿。

企业依照国务院有关主管部门或者省级人民政府规定的范围和标准为职工缴纳的基本养老保险费、基本医疗保险费、失业保险费、工伤保险费、生育保险费等基本社会保险费和住房公积金，准予扣除。超过规定范围和标准部分应调增应纳税所得额。

企业为投资者或者职工支付的补充养老保险费、补充医疗保险费，在国务院财政、税务主管部门规定的范围和标准内，准予扣除。

除企业依照国家有关规定为特殊工种职工支付的人身安全保险费和国务院财政、税务主管部门规定可以扣除的其他商业保险费外，企业为投资者或者职工支付的商业保险费，不得扣除，应调增应纳税所得额。

⑩与未实现融资收益相关在当期确认的财务费用。

具有融资性质的分期收款销售商品，根据会计准则企业应当按照应收的合同或协议价款的公允价值确定收入金额，即按照其未来现金流量现值或商品现销价格计算确定，合同或协议价款与其公允价值之间的差额，应当在合同或协议期间内，按照实际利率法摊销，分期冲减财务费用。税法规定分期收款销售商品，按合同或协议确定的时间确认收入，不存在未实现融资收益抵减当期财务费用问题，企业发生与未实现融资收益相关在当期确认的财务费用时应调增应纳税所得额。

⑪与收入无关的支出。

与收入无关的支出是指纳税人实际发生与取得收入无关的支出，如各种非广告性质的赞助支出，企业已出售给职工个人的住房的折旧费、维修管理费。如果属于广告性赞助支出，可参照广告费用的相关规定扣除。

⑫不征税收入用于支出所形成的费用。

不征税收入用于支出所形成的费用是指纳税人本年度实际发生的与不征税收入相关的支出。

⑬其他调增项目。

其他调增项目是指纳税人会计与税法有差异需要纳税调整增加的其他扣除类项目金额，如分期收款销售方式下应结转的存货成本、一般重组和特殊重组的相关扣除项目调整等。

（2）扣除类纳税调整减少的项目。

❶视同销售成本。

视同销售成本是指纳税人按税法规定计算的与视同销售收入对应的成本。每一笔被确认为视同销售的经济事项，在确认计算应税收入的同时，均有与此收入相配比的应税成本。其主要包括非货币性交易视同销售成本，货物、财产、劳务视同销售成本和其他视同销售成本。

❷本年扣除的以前年度结转额。

当本年度允许税前扣除的广告费和业务宣传费（简称“广告宣传费”）实际发生额小于本年扣除限额时，可将以前年度发生还没有结转的广告宣传费在本年度结转，但结转后不得超过本年度扣除限额；当本年度允许税前扣除的职工教育经费实际发生额小于本年扣除限额时，可将以前年度发生还没有结转的职工教育经费在本年度结转，但结转后不得超过本年度扣除限额。

❸未列入当期费用的各类保险基金、统筹基金。

本纳税年度实际发生的各类基本社会保障性缴款，包括基本医疗保险费、基本养老保险费、失业保险费、工伤保险费和生育保险费、补充养老保险费、补充医疗保险费。会计核算中未列入当期费用，按税法规定允许当期扣除的金额应调减应纳税所得额。

❹加计扣除。

加计扣除主要包括开发新技术、新产品、新工艺发生的研究开发费用，安置残疾人员所支付的工资和国家鼓励安置的其他就业人员支付的工资等可以加计扣除的税收优惠政策。

开发新产品、新技术、新工艺所发生的研究开发费用，包括新产品设计费，工艺流程制定费，设备调整费，原材料和半成品的试验费，技术图书资料费，未纳入国家计划的中间试验费，研究机构人员的工资，研究设备的折旧，与新产品的试制、技术研究有关的其他经费以及委托其他单位进行科研试制的费用，未形成无形资产的，可不受比例限制在据实扣除的基础上，按照研究开发费用75%加计扣除；形成无形资产的，按照无形资产成本的175%摊销。

企业安置残疾人就业，在据实列支残疾人的工资后，在进行年度所得税汇算清缴时，以实际列支的残疾人工资为基数加计100%扣除。根据《中华人民共和国残疾人保障法》的规定，残疾人是指在心理、生理、人体结构上，某种组织、功能丧失或者不正常，全部或者部分丧失以正常方式从事某种活动能力的人。企业就支付给残疾职工的工资，在进行企业所得税预缴申报时，允许据实计算扣除；在年度终了进行企业所得税年度申报和汇算清缴时，再按规定计算加计扣除。

❺其他调减项目。

其他调减项目是指纳税人会计核算与税法规定有差异需要纳税调整减少的其他扣除类项目金额，如分期收款销售方式下会计核算一次性结转成本时，税法规定应冲减的存货成本等。

3.资产类调整项目

（1）财产损失的纳税调整。

企业资产发生永久或实质性损害，按以下规定处理，允许在税前扣除，超过税务机关审批的财产损失金额不得扣除，应调增应纳税所得额：

❶企业的存货、固定资产、无形资产和投资，当有确凿证据表明其已形成财产损失或者已发生永久或实质性损害时，应扣除变价收入、可收回金额以及责任和保险赔款后，确认为财产损失。可收回金额可以由中介机构评估确定。未经中介机构评估的，固定资产和长期投资的可收回金额一律暂定为账面余额的5%；存货为账面价值的1%。已按永久或实质性损害确认财产损失的各项资产必须保留会计记录，各项资产实际清理报废时，应根据实际清理报废情况和已预计的可收回金额确认损益。

❷企业的各项财产损失，应在损失发生当年申报扣除，不得提前或延后。非因计算错误或其他客观原因，企业未及时申报的财产损失，逾期不得扣除。确因税务机关原因未能按期扣除的，经税务机关批准后，应调整该财产损失发生年度的纳税申报表，并相应抵退税款，不得改变财产损失所属纳税年度。

❸企业申报扣除各项资产损失时，均应提供能够证明资产损失确属已实际发生的合法证据，包括：具有法律效力的外部证据、具有法定资质的中介机构的经济鉴证证明和特定事项的企业内部证据。

❹存货出现以下一项或若干项情形时，应当确认为发生永久或实质性损害：已霉烂变质；已过期且无转让价值；经营中已不再需要，并且已无使用价值和转让价值；其他足以证明已无使用价值和转让价值。

❺固定资产出现下列情形之一时，应当确认为发生永久或实质性损害：长期闲置不用，且已无转让价值；由于技术进步原因，已经不可使用；已遭毁损，不再具有使用价值和转让价值；因本身原因，使用后导致企业产生大量不合格品；其他实质上已经不能再给企业带来经济利益的情形。

❻无形资产出现以下一项或若干项情形时，应当确认为发生永久或实质性损害：已被其他新技术所替代，且已无使用价值和转让价值；已超过法律保护期限，且已不能为企业带来经济利益；其他足以证明已经丧失使用价值和转让价值的情形。

❼投资出现以下一项或若干项情形时，应当确认为发生永久或实质性损害：被投资方已依法宣告破产、撤销、关闭或被注销、吊销营业执照；被投资方财务状况严重恶化，累计发生巨额亏损，已连续停止经营3年以上，且无重新恢复经营的改组计划等；被投资方财务状况严重恶化，累计发生巨额亏损，被投资方的股票从证券交易市场摘牌，停止交易1年或1年以上；被投资方财务状况严重恶化，累计发生巨额亏损，已进行清算。

❽资产盘亏、毁损净损失。纳税人当期发生的固定资产和流动资产盘亏、毁损净损失，由其提供清查盘存资料，经主管税务机关审核后，准予扣除；纳税人因存货盘亏、毁损、报废等原因不得从销项税金中抵扣的进项税金，应视同企业财产损失，准予与存货损失一起在所得税前按规定进行扣除；除金融保险企业等国家规定允许从事信贷业务的企业外，其他企业直接借出的款项，由于债务人破产、关闭、死亡等原因无法收回或逾期无法收回的，一律不得作为财产损失在税前进行扣除；其他企业委托金融保险企业等国家规定允许从事信贷业务的企业借出的款项，由于债务人破产、关闭、死亡等原因无法收回或逾期无法收回的，准予作为财产损失在税前进行扣除。

（2）固定资产的纳税调整。

纳税人的固定资产，是指企业为生产产品、提供劳务、出租或者经营管理而持有的、使用时间超过12个月的非货币性资产，包括房屋、建筑物、机器、机械、运输工具以及其他与生产经营活动有关的设备、器具、工具等。未作为固定资产管理的工具、器具等，作为低值易耗品，可以一次或分期扣除。

❶固定资产的计税基础，按以下原则处理：外购的固定资产，以购买价款和支付的相关税费以及直接归属于使该资产达到预定用途发生的其他支出为计税基础；自行建造的固定资产，以竣工结算前发生的支出为计税基础；融资租入的固定资产，以租赁合同约定的付款总额和承租人在签订租赁合同过程中发生的相关费用为计税基础，租赁合同未约定付款总额的，以该资产的公允价值和承租人在签订租赁合同过程中发生的相关费用为计税基础；盘盈的固定资产，以同类固定资产的重置完全价值为计税基础；通过捐赠、投资、非货币性资产交换、债务重组等方式取得的固定资产，以该资产的公允价值和支付的相关税费为计税基础；改建的固定资产，以改建过程中发生的改建支出增加计税基础。

固定资产的价值确定后，除国家统一规定的清产核资，将固定资产的一部分拆除、固定资产发生永久性损害后（经批准可调整至固定资产可收回金额，并确认损失），根据实际价值调整原暂估价值或发现原计价有错误的情况以外，不得调整其价值。

❷应当提取折旧的固定资产，包括房屋、建筑物；在用的机器设备、运输车辆、器具、工具；季节性停用和大修理停用的机器设备；以经营方式租出的固定资产；经融资方式租入的固定资产；财政部规定的其他应当计提折旧的固定资产。

不得提取折旧的固定资产，包括房屋、建筑物以外未投入使用的固定资产；以经营租赁方式租入的固定资产；以融资租赁方式租出的固定资产；已足额提取折旧仍继续使用的固定资产；与经营活动无关的固定资产；单独估价作为固定资产入账的土地；财政部规定的其他不得计算折旧扣除的固定资产。

❸提取折旧的依据和方法主要规定如下：纳税人的固定资产，应当从投入使用月份的次月起计提折旧；停止使用的固定资产，应当从停止使用月份的次月起，停止计提折旧；企业应当根据固定资产的性质和使用情况，合理确定固定资产的预计净残值，固定资产的预计净残值一经确定，不得变更；固定资产一般应当按照直线法计提折旧，由于技术进步等原因，确需加速折旧的，对技术进步、产品更新换代较快或常年处于强震动、高腐蚀状态的固定资产可以缩短折旧年限或者采取双倍余额递减法或者年数总和法，最低折旧年限不得低于规定折旧年限的60%。除国务院财政、税务主管部门另有规定外，固定资产计算折旧的最低年限为：房屋、建筑物，为20年；飞机、火车、轮船、机器、机械和其他生产设备，为10年；与生产经营活动有关的器具、工具、家具等，为5年；飞机、火车、轮船以外的运输工具，为4年；电子设备，为3年。

固定资产折旧当会计核算与税法规定不一致时，需要按税法规定进行纳税调整。

（3）生产性生物资产的纳税调整。

生产性生物资产是指企业为生产农产品、提供劳务或者出租等而持有的生物资产，包括经济林、薪炭林、产畜和役畜等。

生产性生物资产按照以下方法确定计税基础：外购的生产性生物资产，以购买价款和支付的相关税费为计税基础；通过捐赠、投资、非货币性资产交换、债务重组等方式取得的生产性生物资产，以该资产的公允价值和支付的相关税费为计税基础。

生产性生物资产应当按照直线法计算折旧。企业应当自生产性生物资产投入使用月份的次月起计算折旧；停止使用的生产性生物资产，应当自停止使用月份的次月起停止计算折旧。企业应当根据生产性生物资产的性质和使用情况，合理确定生产性生物资产的预计净残值，预计净残值一经确定，不得变更。生产性生物资产计算折旧的最低年限如下：林木类生产性生物资产，为10年；畜类生产性生物资产，为3年。

生产性生物资产折旧当会计核算与税法规定不一致时，需要按税法规定进行纳税调整。

（4）长期待摊费用的纳税调整。

长期待摊费用是指不能全部计入当年损益，应当在以后年度内分期摊销的各项费用，包括固定资产的改建支出（含已足额提取折旧的固定资产的改建支出和租入固定资产改建支出）、固定资产的大修理支出和开办费等。

固定资产的改建支出是指改变房屋或者建筑物结构、延长使用年限等发生的支出。已足额提取折旧的固定资产的改建支出按照固定资产预计尚可使用年限分期摊销；租入固定资产的改建支出按照合同约定的剩余租赁期限分期摊销。其他改建的固定资产延长使用年限的，应当适当延长折旧年限。

固定资产的大修理支出，是指同时符合下列条件的支出：❶修理支出达到取得固定资产时的计税基础50%以上；❷修理后固定资产的使用年限延长2年以上。

固定资产的大修理支出按照固定资产尚可使用年限分期摊销。

其他应当作为长期待摊费用的支出自支出发生月份的次月起，分期摊销，摊销年限不得低于3年。

长期待摊费用的摊销当会计核算与税法规定不一致时，需要按税法规定进行纳税调整。

（5）无形资产摊销。

无形资产是指企业为生产产品、提供劳务、出租或者经营管理而持有的、没有实物形态的非货币性长期资产，包括专利权、商标权、著作权、土地使用权、非专利技术、商誉等。

无形资产按照以下方法确定计税基础：外购的无形资产，以购买价款和支付的相关税费以及直接归属于使该资产达到预定用途发生的其他支出为计税基础；自行开发的无形资产，以开发过程中该资产符合资本化条件后至达到预定用途前发生的支出为计税基础；通过捐赠、投资、非货币性资产交换、债务重组等方式取得的无形资产，以该资产的公允价值和支付的相关税费为计税基础。

无形资产按照直线法计算的摊销费用，准予扣除，摊销年限不得低于10年；作为投资或者受让的无形资产，有关法律规定或者合同约定了使用年限的，可以按照规定或者约定的使用年限分期摊销；外购商誉的支出，在企业整体转让或者清算时，准予扣除。

下列无形资产不得计算摊销费用扣除：❶自行开发的支出已在计算应纳税所得额时扣除的无形资产；❷自创商誉；❸与经营活动无关的无形资产；❹其他不得计算摊销费用扣除的无形资产。

无形资产摊销当会计核算与税法规定不一致时，需要按税法规定进行纳税调整。

（6）以前年度结转的投资转让、处置损失。

当本年度实际发生的股权投资损失金额小于本年度实现的股权投资收益、投资转让所得额时，可将以前年度发生还没有结转的股权投资转让（处置）损失额在本年度结转，但结转后不得超过本年度扣除限额。

（7）其他调整项目。

其他调整项目是指纳税人会计核算与税法规定有差异需要纳税调整的其他资产类项目。

4.准备金调整项目

纳税人按照国务院财政、税务主管部门的规定条件和标准范围内提取的减值准备金和风险准备金，准予在计算应纳所得税额时扣除。未经相关部门核实的准备金，如存货跌价准备金、固定资产减值准备金、长期投资减值准备金、无形资产减值准备金以及国家税法法规规定可提取的准备金之外的任何形式的准备金，不得扣除，应调增应纳税所得额。企业按会计准则因价值恢复、资产转让等原因转回准备金时，调减应纳税所得额。企业资产损失实际发生时，经主管税务机关核定后，在实际发生年度按其发生额扣除。

5.预售收入的预计利润调整项目

预售收入的预计利润是指从事房地产业务的纳税人本期取得的预售收入，按照税法规定的预计利润率计算的预计利润。

各种经济性质的内资房地产开发企业，以及从事房地产开发业务的其他内资企业，开发、建造的以后用于出售的住宅、商业用房以及其他建筑物、附着物、配套设施等应根据收入来源的性质和销售方式，按下列原则分别确认收入的实现：

（1）开发产品销售收入的确认。采取一次性全额收款方式销售的，应于实际收讫价款或取得索取价款凭据时，确认收入的实现；采取分期付款方式销售的，应按销售合同或协议约定付款日确认收入实现，付款方提前付款的，在实际付款日确认收入的实现。采取银行按揭方式销售的，其首付款应于实际收到日确认收入的实现，余款在银行按揭贷款办理转账之日确认收入的实现。

（2）开发产品预售收入的确认。房地产开发企业采取预售方式销售开发产品的，其当期取得的预售收入先按规定的利润率计算出预计营业利润额，调增当期应纳税所得额，统一计算缴纳企业所得税；待开发产品完工，预售收入转为销售收入时，将其结转的预售收入已按税法规定的预计利润率计算的预计利润数转回，调减应纳税所得额。

预计营业利润额=预售开发产品收入×预计利润率

6.特别纳税调整项目

特别纳税调整是税务机关对各种避税行为进行特定纳税事项所作的调整，包括针对纳税人转让定价、资本弱化、避税港避税及其他情况所进行的税务调整。

❶企业与其关联方之间的业务往来，不符合独立交易原则而减少企业或者其关联方应纳税收入或者所得额的，税务机关有权按照合理方法进行调整。

❷企业与其关联方共同开发、受让无形资产，或者共同提供、接受劳务发生的成本，在计算应纳税所得额时应当按照独立交易原则进行分摊。企业与其关联方分摊成本时，应当按照成本与预期收益相配比的原则进行，并在税务机关规定的期限内，按照税务机关的要求报送有关资料。企业与其关联方分摊成本时违反独立交易原则或配比原则的，其自行分摊的成本不得在计算应纳税所得额时扣除。

企业可以向税务机关提出与其关联方之间业务往来的定价原则和计算方法，税务机关与企业协商、确认后，达成预约定价安排。预约定价安排，是指企业就其未来年度关联交易的定价原则和计算方法，向税务机关提出申请，与税务机关按照独立交易原则协商、确认后达成的协议。企业向税务机关报送年度企业所得税纳税申报表时，应当就其与关联方之间的业务往来，附送年度关联业务往来报告表。税务机关在进行关联业务调查时，企业及其关联方，以及与关联业务调查有关的其他企业，应当按照规定提供相关资料，企业不提供与其关联方之间业务往来资料，或者提供虚假、不完整资料，未能真实反映其关联业务往来情况的，税务机关有权依法按合理的方法核定其应纳税所得额。

❸由居民企业，或者由居民企业和中国居民控制的设立在实际税负明显低于我国法定税率水平的国家（地区）的企业，即低于我国法定税率的50%，并非由于合理的经营需要而对利润不作分配或者减少分配的，上述利润中应归属于该居民企业的部分，应当计入该居民企业的当期收入。

❹企业从其关联方接受的债权性投资与权益性投资的比例超过规定标准而发生的利息支出，不得在计算应纳税所得额时扣除。

企业实施其他不具有合理商业目的的安排而减少其应纳税收入或者所得额的，税务机关有权按照合理方法调整。税务机关作出纳税调整，需要补征税款的，应当补征税款，并按照规定加收利息。

税务机关根据规定对企业作出特别纳税调整的，自税款所属纳税年度的次年6月1日起至补缴税款之日止的期间，按日加收利息，并按照税款所属纳税年度中国人民银行公布的与补税期间同期的人民币贷款基准利率加5个百分点计算；企业按规定提供有关资料的，可以只按规定的人民币贷款基准利率计算利息。加收的利息，不得在计算应纳税所得额时扣除。

企业与其关联方之间的业务往来，不符合独立交易原则，或者企业实施其他不具有合理商业目的安排的，税务机关有权在该业务发生的纳税年度起10年内，进行纳税调整。

三、弥补亏损的计算

1.境外应税所得弥补境内亏损

境外应税所得弥补境内亏损是指纳税人在计算缴纳企业所得税时，其境外营业机构的盈利可以弥补境内营业机构的亏损。即当“利润总额”加“纳税调整增加额”减“纳税调整减少额”为负数时，境外应税所得可以用于弥补境内亏损，最大不得超过企业当年的全部境外应税所得；若为正数时，如以前年度无亏损额，则不需要补亏；如以前年度有亏损额，则可以弥补以前年度亏损额，最大不得超过企业当年的全部境外应税所得。

2.弥补以前年度亏损

弥补以前年度亏损是指纳税人按税收规定可以在税前弥补的以前年度亏损额。税务会计中的亏损称为应税亏损，它是指对财务会计亏损按税法调整后的应纳税所得额为负数的金额。企业某一年度发生的亏损可以用下一年度的所得弥补；下一年度的所得不足以弥补的，可以逐年延续弥补，但最长不超过5年。

任务5.3 应纳所得税额计算

企业所得税是国家对境内企业生产、经营所得和其他所得依法征收的一种税。纳税义务人为我国境内的企业和其他取得收入的组织（以下统称企业）。其应纳税额的计算公式为：

应纳所得税额=应纳税所得额×适用税率

个人独资企业、合伙企业不征收企业所得税，而征收个人所得税。

一、平时预缴所得税额的计算

企业所得税实行按年计征、分月（季）预缴、年终汇算清缴、多退少补的办法。实行查账征收方式申报企业所得税的居民纳税人及在中国境内设立机构的非居民纳税人在月（季）度预缴企业所得税时可采用以下方法计算缴纳：

1.据实预缴

本月（季）应缴所得税额=实际利润累计额×税率-减免所得税额-已累计预缴的所得税额

实际利润累计额是指纳税人按会计制度核算的利润总额，包括房地产开发企业按本期取得的预售收入计算出的预计利润等。平时预缴时，实际利润额填报按会计制度核算的利润总额减除以前年度待弥补亏损以及不征税收入、免税收入后的余额计算，其他纳税事项不作调整，待会计年度终了再作纳税调整。税率统一按照《企业所得税法》规定的25%计算应纳所得税额。减免所得税额是指纳税人当期实际享受的减免所得税额，包括享受减免税优惠过渡期的税收优惠、小型微利企业的税率优惠、高新技术企业的税率优惠及经税务机关审批或备案的其他减免税优惠。

2.按照上一纳税年度应纳税所得额的平均额预缴

$$\text{本月（季）应缴所得税额}=\frac{\text{上一纳税年度应纳税所得额}}{12\text{（或4）}}\times\text{税率}$$

按上一纳税年度应纳税所得额实际数除以12（或4）得出每月（或季）应纳税所得

额。上一纳税年度所得额中不包括纳税人的境外所得。税率统一按照25%计算。

除了以上两种方法计算预缴所得税外，还可以按税务机关确定的其他方法进行计算。

二、应纳所得税额的年终汇算

1.企业所得税征收方式

企业所得税征收方式分为查账征收和核定征收。

（1）查账征收。

查账征收，是指由纳税人依据账簿记录，先自行计算缴纳，事后经税务机关查账核实，如有不符合税法规定的，要进行纳税调整，对已交税款多退少补。

查账征收方式主要适用于账簿、凭证、财务核算制度比较健全，能够据以如实核算，反映生产经营成果，正确计算应纳税款的纳税人。

企业所得税的计税依据是应纳税所得额，要正确地计算企业所得税，就必须准确地界定应纳税所得额。查账征收方式下企业应纳税所得额的计算方式有两种：直接法与间接法。

直接法下：年应纳税所得额=收入总额-不征税收入-免税收入-各项扣除-弥补亏损

间接法下：年应纳税所得额=利润总额+纳税调整增加额-纳税调整减少额+境外应税所得弥补境内所得-弥补亏损

（2）核定征收。

为了加强企业所得税的征收管理，对部分中小企业采取核定征收的办法计算其应纳税额，根据《税收征收管理法》的有关规定，核定征收企业所得税的有关规定如下：

❶所得税核定征收的范围。

纳税人具有下列情形之一的，应采取核定征收方式征收企业所得税：

a.依照税法规定可以不设账或应设而未设账的。

b.只能准确核算收入总额或收入总额能够查实，但其成本费用支出不能准确核算。

c.只能准确核算成本费用支出或成本费用支出能够查实，但其收入总额不能准确核算。

d.收入总额、成本费用支出虽能正确核算，但未按规定保存有关凭证、账簿及纳税资料。

e.虽然能够按规定设置账簿并进行核算，但未按规定保存有关凭证、账簿及纳税资料。

f.未按规定期限办理纳税申报，经税务机关责令限期申报，逾期仍不申报的。

❷核定征收的办法。

核定征收方式包括定额征收和核定应税所得率征收两种。

a.定额征收。

定额征收是税务机关按照一定的标准、程序和方法，直接核定纳税人年度应纳所得税额，由纳税人按规定申报缴纳的办法。主管税务机关应对纳税人的有关情况进行调查研究、分类排队、认真测算，按年从高直接核定纳税人的应纳所得税额。

b.核定应税所得率征收。

核定应税所得率征收是税务机关按照一定的标准、程序和方法，预先核定纳税人的应税所得率，由纳税人根据纳税年度内的收入总额或成本费用支出等项目的实际发生额，按预先核定的应税所得率计算缴纳企业所得税的办法。

应纳税所得额计算公式如下：

应纳税所得额=收入总额×应税所得率

或　　$= \frac{成本费用支出额 \times 应税所得率}{1-应税所得率}$

应纳所得税额=应纳税所得额×适用税率

企业所得税核定应税所得率表见表5-1。

表5-1　企业所得税核定应税所得率表

行业	应税所得率（%）
农、林、牧、渔业	3~10
制造业	5~15
批发和零售贸易业	4~15
交通运输业	7~15
建筑业	8~20
饮食业	8~25
娱乐业	15~30
其他行业	10~30

企业经营多业时，不论其经营项目是否单独核算，均由主管税务机关根据其主营项目，核定其适用某一行业的应税所得率。

2.企业所得税年终汇算清缴、多退少补

企业所得税纳税人在分月（季）预缴的基础上，实行年终汇算清缴、多退少补的办法。计算公式如下：

第1步：应纳税额=应纳税所得额×适用税率-减免税额-抵免税额

第2步：（境内外）实际应纳所得税额=应纳税额+境外所得应纳所得税额-境外所得抵免所得税额

第3步：本年应补（退）的所得税额=（境内外）实际应纳所得税额-本年累计实际已预缴的所得税额

（1）减免所得税额。

减免所得税是指纳税人按照税收优惠政策规定实际减免的企业所得税额，主要有：

❶小型微利企业的减征税额。

纳税人从事国家非限制和禁止行业并符合规定条件的小型微利企业享受20%的优惠税率。小型微利企业所得税优惠政策前已讲述，在此不再赘述。

❷高新技术企业的减征税额。

从事国家需要重点扶持的高新技术企业，减按15%的税率征收企业所得税。国家需要重点扶持的高新技术企业，必须同时符合下列条件：a.拥有核心自主知识产权；b.产品（服务）属于《国家重点支持的高新技术领域》规定的范围；c.有关比例符合规定标准，即研究开发费用占销售收入的比例、高新技术产品（服务）收入占企业总收入的比例、科技人员占企业职工总数的比例不低于规定比例；d.高新技术企业认定管理办法规定的其他

条件。

高新技术企业的减征税额=应纳税所得额×（25%-15%）

❸民族自治地方企业的减征额。

对本民族自治地方的企业应缴纳的企业所得税中属于地方分享的部分，民族自治地方的自治机关可以决定减征或者免征企业所得税。但自治州、自治县决定减征或者免征的，须报省、自治区、直辖市人民政府批准；对民族自治地方内国家限制和禁止行业的企业，不得减征或者免征企业所得税。

（2）抵免所得税额。

购置用于环境保护、节能节水、安全生产等专用设备的投资额按一定比例实行税额抵免，具体来说，指企业购置设备属于《节能节水专用设备企业所得税优惠目录》、《安全生产专用设备企业所得税优惠目录》和《环境保护专用设备企业所得税优惠目录》所规定的设备，该专用设备的投资额的10%可以从企业当年的应纳税额中抵免；当年不足抵免的，可以在以后5个纳税年度结转抵免。**值得注意的是，享受企业所得税优惠的本专用设备，应当是企业实际购置并自身实际投入使用的设备；企业购置本专用设备在5年内转让、出租的，应当停止执行企业所得税优惠政策，并补缴已经抵免的企业所得税税款。**

三、境外所得应补税额的计算

居民纳税人应就其来源于境内外所得纳税，对来源于境外的所得已在境外缴纳的所得税税额，可以从其当期应纳税额中抵免。计算步骤如下：

境外所得应补税额=境外所得应纳所得税额-境外所得抵免所得税额

境外所得应纳所得税额=（境外所得换算成含税收入的所得-弥补以前年度境外亏损-境外免税所得-境外所得弥补境内亏损）×税率

境外所得抵免所得税额=本年可抵免的境外所得税额+本年可抵免以前年度所得税额

1.境外所得应纳所得税额的计算

境外所得是指纳税人来源于境外的收入总额（包括生产经营所得和其他所得），扣除按税收规定允许扣除的境外发生的成本费用后的金额。若取得的所得为税后收入，则需将其换算为包含在境外缴纳企业所得税的所得，换算公式如下：

境外所得换算成含税收入的所得=适用所在国家及其实施地区所得税税率的境外所得÷（1-适用所在国家或地区所得税税率）+适用所在国家或地区预提所得税税率的境外所得÷（1-适用所在国家或地区预提所得税税率）

弥补以前年度亏损是指纳税人境外所得按税法规定弥补以前年度的境外亏损额；免税所得是指境外所得中按税法规定予以免税的部分；境外所得弥补境内亏损是指境外所得按税法规定弥补境内的亏损额部分。

2.境外所得抵免所得税额的计算

境外所得抵免所得税额包括本年可抵免的境外所得税额和本年可抵免以前年度所得税额两部分。

境外所得税款的抵免限额为该项所得依照我国税法规定计算的应纳税额，超过抵免限额的部分，可以在以后5个年度内，用每年度抵免限额抵免当年应抵税额后的余额进行抵补。除国务院财政、税务主管部门另有规定外，应当按分国（地区）不分项计算，公式如下：

$$\text{抵免限额}=\text{中国境内、境外所得依照企业所得税法及其实施条例的规定计算的应纳税总额}\times\text{来源于某国（地区）的应纳税所得额}\div\text{中国境内、境外应纳税所得总额}$$

纳税人来源于境外的所得在境外实际缴纳的所得税税款，低于依照税法计算的扣除限额的，可以从应纳税额中如数扣除，若有前5年境外所得已缴税款未抵扣的余额，可在限额内扣除；高于扣除限额的，其超过部分不得在本年度的应纳税额中扣除，也不得列为费用支出，但可用以后年度税额扣除的余额补扣，补扣期限最长不得超过5年。

【例5-1】某公司2019年度境内应纳税所得额为1 300万元，公司在A、B两国均设有分支机构。A国机构的税后所得为280万元，所得税税率为30%，已缴纳所得税120万元；B国机构的税后所得为240万元，所得税税率为20%，已缴纳所得税60万元（A、B两国均与我国签订了避免重复征税的税收协定且两国应纳税所得额的计算与我国税法规定一致）。

要求：计算该公司2019年境外所得应纳的所得税。

解析：A国所得应纳税所得额=280÷（1-30%）=400（万元）

B国所得应纳税所得额=240÷（1-20%）=300（万元）

境外所得应纳所得税额=（400+300）×25%=175（万元）

抵扣限额：

A国抵扣限额=（175+1 300×25%）×400÷2 000=100（万元）

B国抵扣限额=（175+1 300×25%）×300÷2 000=75（万元）

该公司在A国已纳所得税为120万元＞100万元，当年允许抵扣100万元，超过的20万元当年不得抵扣，可以在未来的5年内抵扣。

在B国已缴纳所得税为60万元＜75万元，则：

境外所得应补缴所得税=175-100-60=15（万元）

任务5.4　企业所得税纳税申报

一、企业所得税的征收管理

（一）纳税地点

❶除税收法律、行政法规另有规定外，居民企业以企业登记注册地为纳税地点，登记注册地在境外的，以实际管理机构所在地为纳税地点。企业注册登记地，是指企业依照国家有关规定登记注册的住所地。

❷居民企业在中国境内设立不具有法人资格的营业机构的，应当汇总计算并缴纳企业所得税。企业汇总计算并缴纳企业所得税时，应当统一核算应纳税所得额，具体办法由国务院财政、税务主管部门另行制定。

（二）纳税期限

企业所得税的纳税年度采用公历年制（1月1日至12月31日），企业在一个纳税年度中间开业，或者由于合并、关闭等原因，使该纳税年度的实际经营期不足12个月的，应当以其实际经营期为一个纳税年度。企业清算时，应当以清算期为一个纳税年度。

（三）纳税申报

❶企业所得税的预缴。企业按月或者按季预缴企业所得税时，应当自月份或季度终了之日起15日内向税务机关报送预缴企业所得税纳税申报表，预缴税款。

❷企业所得税年度汇算清缴。企业所得税年度汇算清缴是指纳税人自纳税年度终了之日起5个月内或实际经营终止之日起60日内，依照税收法律、法规、规章及其他有关企业所得税的规定，自行计算本纳税年度应纳税所得额和应纳所得税额，根据月度或季度预缴企业所得税的数额，确定该纳税年度应补或者应退税额，并填写企业所得税年度纳税申报表，向主管税务机关办理企业所得税年度纳税申报，提供税务机关要求提供的有关资料，结清全年企业所得税税款的行为。

❸纳税人在纳税年度内预缴企业所得税税款少于应缴企业所得税税款的，应在汇算清缴期内结清应补缴的企业所得税税款；预缴税款超过应纳税款的，主管税务机关应及时按有关规定办理退税，或者经纳税人同意后抵缴其下一年度应缴企业所得税税款。

❹企业清算时，应当以整个清算期间作为一个纳税年度，依法计算清算所得及其应纳所得税。企业应当自清算结束之日起15日内，向主管税务机关报送企业清算所得税纳税申报表，结清税款。

❺企业在纳税年度内从事生产、经营（包括试生产、试经营），或在纳税年度间终止经营活动的纳税人，无论是否在减税、免税期间，也无论盈利或亏损，均应按照《企业所得税法》及其实施条例等的有关规定进行企业所得税汇算清缴。

二、企业所得税的纳税申报

（一）企业所得税纳税申报报送资料

（1）“中华人民共和国企业所得税年度纳税申报表（A类）”（简称“企业所得税年度纳税申报表（A类）”，下同）及附表。

（2）涉及关联方业务往来的，同时应报送“中华人民共和国企业年度关联业务往来报告表”及附表。

（3）备案事项相关资料。

（4）跨省、自治区、直辖市和计划单列市设立的，实行汇总纳税办法的居民企业：

❶总机构应报送“企业所得税年度纳税申报表（A类）”，同时报送“中华人民共和国企业所得税汇总纳税分支机构所得税分配表”和各分支机构的年度财务报表、各分支机构参与企业年度纳税调整情况的说明。

❷分支机构应报送“中华人民共和国企业所得税月（季）度预缴纳税申报表（A类）”（简称“企业所得税月（季）度预缴纳税申报表（A类）”，下同），同时报送总机构申报后加盖有税务机关业务专用章的“中华人民共和国企业所得税汇总纳税分支机构所得税分配表”复印件、分支机构参与企业年度纳税调整情况的说明。

（5）跨省、自治区、直辖市和计划单列市经营的建筑企业总机构在办理企业所得税汇算清缴时，应附送其所直接管理的跨地区经营项目部就地预缴税款的完税证明。

（6）在同一省、自治区、直辖市和计划单列市内跨地、市（区、县）设立的，实行汇总纳税办法的居民企业，总分机构应报送省税务机关规定的相关资料。

（7）委托中介机构代理纳税申报的，应出具双方签订的代理合同，并附送中介机构出具的包括纳税调整的项目、原因、依据、计算过程、调整金额等内容的报告。

（8）企业以非货币性资产对外投资确认的非货币性资产转让所得，适用分期均匀计入相应年度的应纳税所得额按规定计算缴纳企业所得税的，应向主管税务机关报送“非货币性资产投资递延纳税调整明细表”。

（二）企业所得税年度纳税申报表的基本构成

查账征收企业所得税的纳税人在年度汇算清缴时，无论盈利或亏损，都必须在规定的期限内进行纳税申报，填写企业基础信息表、企业所得税年度纳税申报表及其相关附表。

（三）企业所得税纳税申报表的填写步骤

鉴于年度纳税申报表许多数据互为依据的复杂性及相关数据的逻辑关系，填写时应按如下步骤进行：

1.填报收入、成本支出及费用明细表

收入明细表包括一般企业收入明细表、金融企业收入明细表等。企业根据企业类型选择填报，大部分企业应填报一般企业收入明细表。一般企业收入明细表格式见表5-5，该表根据企业收入的会计核算资料填写。

成本支出及费用明细表包括一般企业成本支出明细表、金融企业支出明细表、期间费用明细表等。一般企业成本支出明细表格式见表5-6；期间费用明细表格式见表5-7。成本支出及费用明细表根据企业成本费用及支出的会计核算资料填写。

2.填报纳税调整项目明细表及附表

先根据会计核算资料填写相关附表，主要有：职工薪酬纳税调整明细表（见表5-8），广告费和业务宣传费跨年度纳税调整明细表（见表5-9），捐赠支出纳税调整明细表（见表5-10），资产折旧、摊销情况及纳税调整明细表等（见表5-11）。然后再根据这些附表资料及会计核算资料填报纳税调整项目明细表（见表5-12）。

3.填报税收优惠明细表及附表

填报免税、减计收入及加计扣除优惠明细表及附表，所得税减免明细表，抵扣应纳税所得额明细表等。以免税、减计收入及加计扣除优惠明细表及附表填写为例，先根据会计核算资料填写附表，主要附表有研发费用加计扣除优惠明细表（见表5-13）、所得减免优惠明细表等；然后再根据附表资料及会计核算资料填报免税、减计收入及加计扣除优惠明细表（见表5-14）。

4.填报境外所得税收抵免明细表及附表

先根据会计核算资料填写附表，主要附表有境外所得纳税调整后所得明细表、境外分支机构弥补亏损明细表、跨年度结转抵免境外所得税明细表等。然后再根据附表资料及会计核算资料填报境外所得税收抵免明细表。

5.填报企业所得税弥补亏损明细表

本表填报纳税人根据税法，在本纳税年度及本纳税年度前5个年度的纳税调整后所得，合并、分立转入（转出）可弥补的亏损额，当年可弥补的亏损额，以前年度亏损已弥补额，本年度实际弥补的以前年度亏损额，可结转以后年度弥补的亏损额。企业所得税弥补亏损明细表的格式见表5-15。

6.填报企业所得税年度纳税申报表

企业所得税年度纳税申报表是纳税申报表的主表，根据相关附表及会计核算资料填写。同时还要完成报表封面、表单目录和企业基础信息表等的填报。企业所得税年度纳税申报表（A类）的格式见表5-16。

任务5.5 企业所得税会计核算

一、应付税款法

《企业会计准则第18号——所得税》规定，所得税的核算方法一律采用资产负债表债务法。但是在实务工作中，绝大部分非上市公司仍采用应付税款法核算所得税费用。

1.应付税款法的相关概念

应付税款法，是指企业不确认暂时性差异对所得税的影响额，将当期计算得出的应交所得税确认为所得税费用的方法。

采用应付税款法进行所得税会计核算时，按照税法规定对本期税前会计利润进行纳税调整，核算上不区分永久性差异和暂时性差异，在税前会计利润的基础上进行纳税调整，换算成应纳税所得额后按适用税率计算出本期应纳所得税额。在应付税款法下，当期所得税费用等于当期应交所得税。

2.应付税款法下企业所得税的一般账务处理

❶按月、季计算企业所得税：

借：所得税费用

　贷：应交税费——应交所得税

❷期末结转：

借：本年利润

　贷：所得税费用

❸月、季度实际预缴企业所得税：

借：应交税费——应交所得税

　贷：银行存款

❹年终汇算清缴，如预缴税款<应缴税款的，应在汇算清缴期内结清应补缴的企业所得税税款：

借：以前年度损益调整

　贷：应交税费——补交所得税

借：利润分配——未分配利润

　贷：以前年度损益调整

借：应交税费——补交所得税

　贷：银行存款

❺年终汇算清缴，如预缴税款>应纳税款的，主管税务机关应及时按有关规定办理退税：

借：其他应收款——应收多缴企业所得税款

　贷：以前年度损益调整

借：以前年度损益调整

　贷：利润分配——未分配利润

❻企业收到税务局退还的多缴税款：

借：银行存款

贷：其他应收款——应收多缴企业所得税款

❼若经纳税人同意后将多缴税款抵缴其下一年度应缴企业所得税税款：

借：应交税费——应交所得税

贷：其他应收款——应收多缴企业所得税款

值得注意的是，采用应付税款法核算的优点是操作简便，缺点是企业按税法规定在计算得出应纳所得税额后，将该全额作为应交税费和所得税费用入账，利润表中的所得税费用核算是不准确的，当会计利润与应纳税所得额不一致时，企业实际应负担的所得税费用不符合权责发生制原则及配比原则。

二、资产负债表债务法

1.资产负债表债务法的定义

资产负债表债务法是从资产负债表出发，通过比较资产负债表上列示的资产、负债按照企业会计准则规定确定的账面价值与按照税法规定确定的计税基础，对于两者之间的差额分别应纳税暂时性差异与可抵扣暂时性差异，确认相关的递延所得税负债与递延所得税资产，并在此基础上确定每一会计期间利润表中的所得税费用。

2.与资产负债表债务法相关的概念

（1）资产和负债项目的账面价值：企业按照企业会计准则规定确定的有关资产、负债在资产负债表中列示的金额。如某企业存货的账面余额为100万元，已计提存货跌价准备10万元，则存货的账面价值为90万元，等于该项存货在资产负债表中的列示金额。

（2）资产的计税基础：企业收回资产账面价值过程中，计算应纳税所得额时，按照税法规定可以自应税经济利益中抵扣的金额。也就是说，按照税法规定，该项资产在未来使用或最终处置时，允许作为成本或费用于税前列支的金额。在上例中，存货的计税基础为100万元。

资产的计税基础=资产未来期间计税时可予税前扣除的金额

（3）负债的计税基础：负债的账面价值减去未来期间计算应纳税所得额时按照税法规定可予抵扣的金额。

负债的计税基础=账面价值-未来可税前抵扣的金额

（4）永久性差异：某一会计期间，由于会计准则和税法在计算收益、费用或损失时的口径不同所产生的税前会计利润与应纳税所得额之间的差异。

这种差异在某一时间发生，在以后还可能继续发生，但不能在以后的时期内转回。正是由于永久性差异发生后不会在未来期间转回，因此，对永久性差异采取纳税申报前进行账外调整的办法处理，即在确定应纳税所得额时，在税前会计利润的基础上将永久性差异的金额扣除或加回，以消除该差异对所得税费用的影响。如公司的国债利息收入，按税法规定企业购买国债所产生的利息收入不计入应税所得，不交纳所得税，但是按会计制度的规定，应计入当期损益，因此该项差异属于永久性差异。在计算应纳税所得额时，应在会计利润的基础上直接调减。永久性差异只影响当期，不影响其他会计期间。

（5）暂时性差异：资产或负债的账面价值与其计税基础之间的差额。由于资产、负债的账面价值与计税基础不同，产生了在未来收回资产或清偿债务的期间内，应纳税所得额增加或减少并导致未来期间应交所得税额增加或减少的情况。

暂时性差异影响的纳税额将要递延到以后期间，因此应在本期确认递延所得税资产或负债。

根据对未来期间应税金额影响的不同，暂时性差异可分为应纳税暂时性差异和可抵扣暂时性差异。

❶应纳税暂时性差异。

应纳税暂时性差异，是指在确定未来收回资产或清偿负债期间的应纳税所得额时，将导致产生应税金额的暂时性差异。

【例5-2】2019年8月20日，A公司自公开市场取得一项权益性投资，支付价款1 000万元，作为交易性金融资产核算。2019年12月31日，该项权益性投资的市价为1 100万元。试分析2019年8月20日和12月31日该项资产的暂时性差异，并指出暂时性差异的性质。

2019年8月20日：

账面价值=1 000万元

计税基础=1 000万元

账面价值=计税基础，不产生暂时性差异。

2019年12月31日：

账面价值=1 100万元

计税基础=1 000万元

账面价值>计税基础，该交易性金融资产的账面价值1 100万元与其计税基础1 000万元之间产生了100万元的暂时性差异，该暂时性差异会增加未来期间的应纳税所得额，导致企业应交所得税的增加，为应纳税暂时性差异。

❷可抵扣暂时性差异。

可抵扣暂时性差异，是指在确定未来收回资产或清偿负债期间的应纳税所得额时，将导致产生可抵扣金额的暂时性差异。

【例5-3】依【例5-2】资料，如果A公司持有的交易性金融资产在2019年12月31日的市价为800万元，则：

2019年12月31日账面价值=800万元

2019年12月31日计税基础=1 000万元

账面价值<计税基础，该交易性金融资产的账面价值800万元与其计税基础1 000万元之间产生的差额200万元，因其在未来期间会减少企业的应纳税所得额和应交所得税，为可抵扣暂时性差异。

暂时性差异概括起来可以分为以下四种情况：

a. 资产的账面价值大于其计税基础时，产生应纳税暂时性差异，确认递延所得税负债。

b. 负债的账面价值小于其计税基础时，产生应纳税暂时性差异，确认递延所得税负债。

c. 资产的账面价值小于其计税基础时，产生可抵扣暂时性差异，确认递延所得税资产。

d. 负债的账面价值大于其计税基础时，产生可抵扣暂时性差异，确认递延所得税资产。

（6）递延所得税资产：企业对于可抵扣暂时性差异可能产生的未来经济利益，应当以很可能取得用来抵扣可抵扣暂时性差异的应纳税所得额为限，确认相关的递延所得税资产，并减少所得税费用。

（7）递延所得税负债：应纳税暂时性差异在转回期间将增加未来期间企业的应纳税所得额和应交所得税，导致企业经济利益的流出，从其发生当期看，构成企业应支付税金的义务，应作为递延所得税负债确认。

3.资产负债表债务法核算的基本程序

在资产负债表债务法下，所得税核算有三个步骤：

（1）计算应交所得税。

应交所得税=应纳税所得额×所得税税率

=（利润总额±纳税调整项目金额）×所得税税率

（2）计算暂时性差异的影响额，分别确认递延所得税资产和递延所得税负债期末余额。

❶递延所得税资产期末余额=可抵扣暂时性差异期末余额×适用所得税税率

❷递延所得税负债期末余额=应纳税暂时性差异期末余额×适用所得税税率

❸通过递延所得税资产（负债）期末余额减期初余额得到递延所得税资产（负债）的本期发生额。

$$\text{递延所得税}=\left(\text{递延所得税负债期末余额}-\text{递延所得税负债期初余额}\right)-\left(\text{递延所得税资产期末余额}-\text{递延所得税资产期初余额}\right)$$

（3）计算所得税费用。

所得税费用=当期所得税+递延所得税

利润表中的所得税费用包括当期所得税和递延所得税两个组成部分。其中，当期所得税是指当期发生的交易或事项按照适用的税法规定计算确定的当期应交所得税；递延所得税是当期确认的递延所得税资产和递延所得税负债金额或予以转销的金额的综合结果。

按照适用的税法规定计算确定当期应纳税所得额，将应纳税所得额与适用的所得税税率计算的结果确认为当期应交所得税（即当期所得税），同时结合当期确认的递延所得税资产和递延所得税负债（即递延所得税），计算在利润表中应予确认的所得税费用。

借：所得税费用

　　递延所得税资产

　贷：应交税费——应交所得税

　　　递延所得税负债

【例5-4】某公司2020年度利润表中的利润总额为1 200万元，该公司适用的所得税税率为25%，假定2019年年末资产负债表各项目的账面价值与其计税基础一致，2020年发生的有关交易和事项中，会计处理与税务处理存在的差异有：

（1）2020年1月2日开始计提折旧的一项固定资产，成本为600万元，使用年限为10年，净残值为零，税法规定可采用双倍余额递减法计提折旧，会计处理按直线法计提折旧。假定税法规定的使用年限及净残值与会计规定相同。

（2）向关联企业提供现金捐赠200万元。

（3）本年度发生新技术研究支出500万元，其中含符合资本化条件达到预期使用状态的费用支出300万元。

（4）应付违反环保法规定罚款100万元。

（5）期末对持有的存货计提了30万元的存货跌价准备。

所得税具体计算过程如下：

（1）2020年度当期应交所得税：

应纳税所得额=1 200-60+200-（500-300）×75%-300×175%+100+30=795（万元）

应交所得税=795×25%=198.75（万元）

（2）2020年度递延所得税：

该公司2020年资产负债表相关项目金额及其计税基础见表5-2。

表5-2　2020年资产负债表相关项目金额及其计税基础　单位：万元

项目	账面价值	计税基础	差异	
			应纳税暂时性差异	可抵扣暂时性差异
存货	800	830		30
固定资产				
固定资产原价	600	600		
减：累计折旧	60	120		
减：固定资产减值准备	0	0		
固定资产账面价值	540	480	60	
其他应付款	100	100		
总　计			60	30

递延所得税负债=60×25%=15（万元）

递延所得税资产=30×25%=7.5（万元）

递延所得税费用=15-7.5=7.5（万元）

（3）利润表中应确认的所得税费用：

所得税费用=198.75+7.5=206.25（万元）

借：所得税费用——当期所得税费用　1 987 500

　　　　　　——递延所得税费用　75 000

　　递延所得税资产　75 000

　贷：应交税费——应交所得税　1 987 500

　　　递延所得税负债　150 000

【例5-5】沿用【例5-4】资料，假定该公司2021年当期应交所得税为462万元，所得税税率为25%，资产负债表中有关资产、负债的账面价值及其计税基础相关资料见表5-3，除所列项目外，其他资产、负债项目不存在会计和税法规定的差异。

具体计算过程如下：

（1）当期应交所得税=462万元

（2）当期递延所得税：

❶期末递延所得税负债=76×25%=19（万元）

期初递延所得税负债=60×25%=15（万元）

递延所得税负债增加额=19-15=4（万元）

表5-3 有关资产、负债的账面价值及其计税基础 单位：万元

项目	账面价值	计税基础	差异	
			应纳税暂时性差异	可抵扣暂时性差异
存货	1 600	1 680		80
固定资产				
固定资产原价	600	600		
减：累计折旧	120	216		
减：固定资产减值准备	20	0		
固定资产账面价值	460	384	76	
预计负债	100	0		100
总 计			76	180

❷期末递延所得税资产=180×25%=45（万元）

期初递延所得税资产=30×25%=7.5（万元）

递延所得税资产增加额=45-7.5=37.5（万元）

❸递延所得税费用=4-37.5=-33.5（万元）

（3）所得税费用：

所得税费用=462-33.5=428.5（万元）

借：所得税费用——当期所得税费用　　4 620 000

　　递延所得税资产　　375 000

　贷：应交税费——应交所得税　　4 620 000

　　　递延所得税负债　　40 000

　　　所得税费用——递延所得税费用　　335 000

任务5.6 查账征收企业所得税纳税岗位实务

【工作示例5-1】

风尚服饰有限责任公司（简称“风尚公司”），统一社会信用代码为914301034321644090，注册资本为6 000万元，企业类型为有限责任公司，经营范围为服装的批发与销售。风尚公司成立于2019年10月1日，企业按季度报送企业所得税纳税申报表，按季预缴企业所得税税款。

2019年10—12月损益类账户有关数据如下：

❶主营业务收入5 000万元。

❷主营业务成本4 000万元。

❸其他业务收入200万元。

❹其他业务成本60万元。

❺税金及附加12万元。

❻销售费用170万元，其中，广告费、业务宣传费100万元，职工薪酬70万元。

❼管理费用300万元，其中，业务招待费20万元，新产品研发费用120万元，办公费20万元，职工薪酬140万元。

❽财务费用22万元，其中，利息收入40万元；向银行借款1 200万元，支付利息费用62万元。

❾营业外收入50万元，均为捐赠收入。

❿营业外支出100万元，其中，通过民政部门向玉树地震灾区捐赠现金80万元，固定资产盘亏20万元。

⓫投资收益——国债利息收入50万元。

⓬上述成本费用中包括已支付的全年工资费用2 000万元，企业全年平均从业人数1 000人。

⓭实际发生职工福利费支出285万元；职工教育经费支出45万元（全部列在本年的管理费用中）；工会经费30万元（已取得工会组织开具的工会经费拨缴款专用收据）。

⓮折旧费21万元，其中，2019年10月购置计算机20台，原值18万元；购置小汽车10辆，原值360万元，折旧年限均按3年计算。不考虑残值。

企业于2020年3月4日进行企业所得税年度纳税申报。

【工作任务】

1. 正确计算企业应预缴的所得税额。

2. 正确、规范地填报企业所得税月（季）度预缴纳税申报表。

3. 准确计算企业年度应纳税所得额及企业应补（退）的企业所得税。

4. 正确进行企业所得税月（季）度的会计处理、年度汇算清缴的账务处理。

5. 规范、正确地填写企业所得税年度纳税申报表，完成企业所得税年度汇算清缴工作。

【任务实施】

1.2019年4季度风尚公司应预缴的所得税额计算过程如下：

（1）企业本季度会计利润=5 000+200-4 000-60-12-170-300-22+50-100+50=636（万元）

（2）企业实际利润额=636-50=586（万元）

（3）企业本季度应预缴所得税=586×25%=146.5（万元）

2. 企业所得税月（季）度预缴纳税申报表填报见表5-4。

表5-4 A200000 **中华人民共和国企业所得税月（季）度预缴纳税申报表（A类）**

税款所属期间：2019年10月01日 至 2019年12月31日

纳税人识别号（统一社会信用代码）：914301034321644090

纳税人名称：风尚服饰有限责任公司 金额单位：人民币万元

预缴方式	□按照实际利润额预缴	☑按照上一纳税年度应纳税所得额平均额预缴	□按照税务机关确定的其他方法预缴
企业类型	□一般企业	□跨地区经营汇总纳税企业总机构	□跨地区经营汇总纳税企业分支机构

续表

按季度填报信息									
项　目	一季度		二季度		三季度		四季度		季度平均值
	季初	季末	季初	季末	季初	季末	季初	季末	
从业人数									
资产总额（万元）									
国家限制或禁止行业	□是 □否				小型微利企业				□是 □否

预缴税款计算			
行次	项　目		本年累计金额
1	营业收入		5 200.00
2	营业成本		4 060.00
3	利润总额		636.00
4	加：特定业务计算的应纳税所得额		
5	减：不征税收入		
6	减：免税收入、减计收入、所得减免等优惠金额（填写A201010）		50.00
7	减：资产加速折旧、摊销（扣除）调减额（填写A201020）		
8	减：弥补以前年度亏损		
9	实际利润额（3+4-5-6-7-8）\按照上一纳税年度应纳税所得额平均额确定的应纳税所得额		586.00
10	税率(25%)		25%
11	应纳所得税额（9×10）		146.50
12	减：减免所得税额（填写A201030）		
13	减：实际已缴纳所得税额		
14	减：特定业务预缴（征）所得税额		
L15	减：符合条件的小型微利企业延缓缴纳所得税额（是否延缓缴纳所得税 □是 □否）		
15	本期应补（退）所得税额（11-12-13-14-L15）\税务机关确定的本期应纳所得税额		146.50
汇总纳税企业总分机构税款计算			
16	总机构填报	总机构本期分摊应补（退）所得税额（17+18+19）	
17		其中：总机构分摊应补（退）所得税额（15×总机构分摊比例__%）	
18		财政集中分配应补（退）所得税额（15×财政集中分配比例__%）	
19		总机构具有主体生产经营职能的部门分摊所得税额（15×全部分支机构分摊比例__%×总机构具有主体生产经营职能部门分摊比例__%）	
20	分支机构填报	分支机构本期分摊比例	
21		分支机构本期分摊应补（退）所得税额	

附报信息			
高新技术企业	□是 □否	科技型中小企业	□是 □否
技术入股递延纳税事项	□是 □否		

谨声明：本纳税申报表是根据国家税收法律法规及相关规定填报的，是真实的、可靠的、完整的。

纳税人（签章）：*** 2020年**月**日

经办人： 经办人身份证号： 代理机构签章： 代理机构统一社会信用代码：	受理人： 受理税务机关（章）： 受理日期：　年　月　日

国家税务总局监制

3.风尚公司2019年度应纳税所得额的调整、分析过程如下：

（1）国债利息收入调减应纳税所得额50万元。

（2）扣除类调整项目。按税法规定企业实际发生的合理的工资费用可以税前扣除，并作为三项费用的扣除标准的基数。

❶职工福利费：扣除限额=2 000×14%=280（万元）

纳税调增=285-280=5（万元）

❷职工教育经费：扣除限额=2 000×8%=160（万元），实际列支45万元，无须调整。

❸工会经费：扣除限额=2 000×2%=40（万元），实际列支30万元，且取得了合法的票据，无须调整。

❹业务招待费扣除限额1=5 200×5‰=26（万元）

业务招待费扣除限额2=20×60%=12（万元）

应按12万元扣除，则：

纳税调增=20-12=8（万元）

❺广告费与业务宣传费：扣除限额=5 200×15%=780（万元），实际发生100万元，可全额扣除。

❻捐赠支出：根据税法规定，企业通过公益性社会团体、县级以上人民政府及其部门向玉树地震受灾地区的捐赠，允许在当年企业所得税税前全额扣除，不用调整。

❼利息支出，企业向金融机构的借款利息支出准予税前扣除。

❽加计扣除：新产品研发费用纳税调减=120×75%=90（万元）

（3）固定资产折旧的调整。汽车会计折旧年限为3年，11月、12月共计提折旧为：360÷36×2=20（万元），而税法规定的折旧年限最低为4年，折旧金额为：360÷48×2=15（万元）。

纳税调增=5万元

（4）汇总纳税调增额=5+8+5=18（万元）

（5）汇总纳税调减额=50+90=140（万元）

（6）2019年度应纳税所得额=636+18-140=514（万元）

2019年度风尚公司应纳所得税额=514×25%=128.5（万元）

本年应补退的所得税税额=128.5-146.5=-18（万元）

4.风尚公司2019年12月相关会计处理（金额单位：万元）如下：

（1）按季计算企业所得税：

借：所得税费用　　146.5

　贷：应交税费——应交所得税　　146.5

（2）年末结转损益：

借：本年利润　　146.5

　贷：所得税费用　　146.5

（3）2020年1月15日前实际预缴所得税：

借：应交税费——应交所得税　　146.5

　贷：银行存款　　146.5

（4）2020年5月31日前，完成2019年所得税汇算清缴工作。

2019年企业应交所得税和本期所得税费用情况如下：

❶税前会计利润：	636
加：永久性差异：国债利息收入	-50
超标准职工福利费	+5
超标准业务招待费	+8
研发费用加计扣除	-90
加：暂时性差异：固定资产折旧会计与税法年限不一致	+5
应纳税所得额	514
所得税税率	25%
本期应交所得税	128.5
本期所得税费用	128.5

❷ 在应付税款法下，2019年风尚公司应计入损益中的所得税费用和应交所得税的金额均为128.5万元，而2019年风尚公司根据实际利润额预缴和计入损益的数据均为146.5万元，这意味着企业预缴税款超过应缴税款，而所得税的汇算清缴工作是在次年5月31日前完成，因此应作如下账务处理（不考虑所得税对盈余公积计提的影响）：

借：其他应收款——应收多缴企业所得税款　18

　贷：以前年度损益调整　18

借：以前年度损益调整　18

　贷：利润分配——未分配利润　18

（5）在实际工作中，多缴税款一般不予退还，可用于抵扣下年度的所得税费用：

借：应交税费——应交所得税　18

　贷：其他应收款——应收多缴企业所得税款　18

【经验总结】所得税计算要点：

（1）应纳税所得额的计算方法分为直接法和间接法。

❶直接法的计算公式为：

应纳税所得额=收入总额-不征税收入-免税收入-各项扣除-亏损弥补

❷间接法的计算公式为：

应纳税所得额=会计利润总额±纳税调整项目金额

（2）在实务工作中，纳税人通常使用间接法，以会计利润总额为基础，加减纳税调整项目计算应纳税所得额。

（3）纳税调整项目金额包括两方面的内容：

❶企业的财务会计处理和税法规定不一致的，应予以调整的金额。

❷企业按税法规定准予扣除的金额。

（4）应纳税所得额与会计利润是两个不同的概念，两者既有联系又有区别。

❶应纳税所得额是一个税收概念，是纳税人根据企业所得税法，按照一定的标准计算的，在一定时期内的应税所得，是企业所得税的计税依据。

❷会计利润是一个会计核算概念，不等同于应纳税所得额，它反映了企业一定会计期间生产经营的财务成果，是确定应纳税所得额的基础。

（5）企业发生的公益性捐赠支出，在年度利润总额12%以内的部分，准予在计算应纳税所得额时扣除；超过年度利润总额12%的部分，允许结转以后3年内在计算应纳税所得额时扣除。

5.企业于2020年3月4日进行企业所得税年度纳税申报，相关申报表填写如下：

(1) 填报一般企业收入明细表（见表5-5)、一般企业成本支出明细表（见表5-6)、期间费用明细表（见表5-7)。

表5-5 A101010 一般企业收入明细表 金额单位：万元

行次	项目	金额
1	一、营业收入(2+9)	5 200
2	(一) 主营业务收入(3+5+6+7+8)	5 000
3	1.销售商品收入	5 000
4	其中：非货币性资产交换收入	
5	2.提供劳务收入	
6	3.建造合同收入	
7	4.让渡资产使用权收入	
8	5.其他	
9	(二) 其他业务收入(10+12+13+14+15)	200
10	1.销售材料收入	200
11	其中：非货币性资产交换收入	
12	2.出租固定资产收入	
13	3.出租无形资产收入	
14	4.出租包装物和商品收入	
15	5.其他	
16	二、营业外收入(17+18+19+20+21+22+23+24+25+26)	50
17	(一) 非流动资产处置利得	
18	(二) 非货币性资产交换利得	
19	(三) 债务重组利得	
20	(四) 政府补助利得	
21	(五) 盘盈利得	
22	(六) 捐赠利得	50
23	(七) 罚没利得	
24	(八) 确实无法偿付的应付款项	
25	(九) 汇兑收益	
26	(十) 其他	

表 5-6 A102010 一般企业成本支出明细表 金额单位：万元

行次	项目	金额
1	一、营业成本（2+9）	4 060
2	（一）主营业务成本（3+5+6+7+8）	4 000
3	1.销售商品成本	4 000
4	其中：非货币性资产交换成本	
5	2.提供劳务成本	
6	3.建造合同成本	
7	4.让渡资产使用权成本	
8	5.其他	
9	（二）其他业务成本（10+12+13+14+15）	60
10	1.材料销售成本	60
11	其中：非货币性资产交换成本	
12	2.出租固定资产成本	
13	3.出租无形资产成本	
14	4.包装物出租成本	
15	5.其他	
16	二、营业外支出（17+18+19+20+21+22+23+24+25+26）	100
17	（一）非流动资产处置损失	
18	（二）非货币性资产交换损失	
19	（三）债务重组损失	
20	（四）非常损失	20
21	（五）捐赠支出	80
22	（六）赞助支出	
23	（七）罚没支出	
24	（八）坏账损失	
25	（九）无法收回的债券股权投资损失	
26	（十）其他	
27	三、期间费用（28+29+30）	492
28	（一）销售费用	170
29	（二）管理费用	300
30	（三）财务费用	22

表 5-7　A104000　**期间费用明细表**　金额单位：万元

行次	项目	销售费用	其中：境外支付	管理费用	其中：境外支付	财务费用	其中：境外支付
		1	2	3	4	5	6
1	一、职工薪酬	70	*	140	*	*	*
2	二、劳务费					*	*
3	三、咨询顾问费					*	*
4	四、业务招待费		*	20	*	*	*
5	五、广告费和业务宣传费	100	*		*	*	*
6	六、佣金和手续费						
7	七、资产折旧摊销费		*		*	*	*
8	八、财产损耗、盘亏及毁损损失		*		*	*	*
9	九、办公费		*	20	*	*	*
10	十、董事会费		*		*	*	*
11	十一、租赁费					*	*
12	十二、诉讼费		*		*	*	*
13	十三、差旅费		*		*	*	*
14	十四、保险费		*		*	*	*
15	十五、运输、仓储费					*	*
16	十六、修理费					*	*
17	十七、包装费		*		*	*	*
18	十八、技术转让费					*	*
19	十九、研究费用			120		*	*
20	二十、各项税费		*		*	*	*
21	二十一、利息收支	*	*	*	*	22	
22	二十二、汇兑差额	*	*	*	*		
23	二十三、现金折扣	*	*	*	*		*
24	二十四、其他						
25	合计（1+2+3+…24）	170		300		22	

（2）填报纳税调整项目明细表及相关附表，其中，职工薪酬纳税调整明细表见表5-8，广告费和业务宣传费跨年度纳税调整明细表见表5-9，捐赠支出纳税调整明细表见表5-10，资产折旧、摊销情况及纳税调整明细表见表5-11，纳税调整项目明细表见表5-12。

表5-8　A105050　　　　职工薪酬纳税调整明细表　　　　金额单位：万元

行次	项目	账载金额	税收规定扣除率	以前年度累计结转扣除额	税收金额	纳税调整金额	累计结转以后年度扣除额
		1	2	3	4	5（1-4）	6（1+3-4）
1	一、工资薪金支出	2 000	*	*	2 000		*
2	其中：股权激励		*	*			*
3	二、职工福利费支出	285	14%	*	280	5	*
4	三、职工教育经费支出	45	*		45		
5	其中：按税收规定比例扣除的职工教育经费	45	8%		45		
6	按税收规定全额扣除的职工培训费用			*			*
7	四、工会经费支出	30		*	30		*
8	五、各类基本社会保障性缴款		*	*			*
9	六、住房公积金		*	*			*
10	七、补充养老保险			*			*
11	八、补充医疗保险			*			*
12	九、其他		*				
13	合计（1+3+4+7+8+9+10+11+12）	2 360	*		2 355	5	

表5-9　A105060　　　　广告费和业务宣传费跨年度纳税调整明细表　　　　金额单位：万元

行次	项目	金额
1	一、本年广告费和业务宣传费支出	100
2	减：不允许扣除的广告费和业务宣传费支出	
3	二、本年符合条件的广告费和业务宣传费支出（1-2）	100
4	三、本年计算广告费和业务宣传费扣除限额的销售（营业）收入	5 200
5	税收规定扣除率	15%
6	四、本企业计算的广告费和业务宣传费扣除限额（4×5）	780
7	五、本年结转以后年度扣除额（3＞6，本行=3-6；3≤6，本行=0）	0
8	加：以前年度累计结转扣除额	
9	减：本年扣除的以前年度结转额［3＞6，本行=0；3≤6，本行=8或（6-3）孰小值］	
10	六、按照分摊协议归集至其他关联方的广告费和业务宣传费（10≤3或6孰小值）	
11	按照分摊协议从其他关联方归集至本企业的广告费和业务宣传费	
12	七、本年广告费和业务宣传费支出纳税调整金额（3＞6，本行=2+3-6+10-11；3≤6，本行=2+10-11-9）	0
13	八、累计结转以后年度扣除额（7+8-9）	0

表 5-10　A105070　　　　捐赠支出纳税调整明细表　　　　金额单位：万元

行次	受赠单位名称	公益性捐赠				非公益性捐赠	纳税调整金额
		账载金额	按税收规定计算的扣除限额	税收金额	纳税调整金额	账载金额	
	1	2	3	4	5（2-4）	6	7（5+6）
1	玉树地震灾区	80	80	80	0	0	0
2			*	*	*		*
3			*	*	*		*
4			*	*	*		*
5			*	*	*		*
6			*	*	*		*
7			*	*	*		*
8			*	*	*		*
9			*	*	*		*
10	合　计	80	80	80	0	0	0

表 5-11　A105080　　　　资产折旧、摊销情况及纳税调整明细表　　　　金额单位：万元

行次	项目	账载金额			税收金额					纳税调整	
		资产账载金额	本年折旧、摊销额	累计折旧、摊销额	资产计税基础	按税收一般规定计算的本年折旧、摊销额	本年加速折旧额	其中：2014年及以后年度新增固定资产加速折旧额（填写A105081）	累计折旧、摊销额	金额	调整原因
		1	2	3	4	5	6	7	8	9（2-5-6）	10
1	一、固定资产（2+3+4+5+6+7）	378	21		378	16				5	A折旧年限
2	（一）房屋、建筑物										
3	（二）飞机、火车、轮船、机器、机械和其他生产设备										
4	（三）与生产经营活动有关的器具、工具、家具等										
5	（四）飞机、火车、轮船以外的运输工具	360	20		360	15				5	A折旧年限

续表

行次	项目	账载金额			税收金额					纳税调整	
		资产账载金额	本年折旧、摊销额	累计折旧、摊销额	资产计税基础	按税收一般规定计算的本年折旧、摊销额	本年加速折旧额	其中：2014年及以后年度新增固定资产加速折旧额（填写A105081）	累计折旧、摊销额	金额	调整原因
		1	2	3	4	5	6	7	8	9（2-5-6）	10
6	（五）电子设备	18	1		18	1				0	
7	（六）其他										
8	二、生产性生物资产（9+10）							*			
9	（一）林木类							*			
10	（二）畜类							*			
11	三、无形资产（12+13+14+15+16+17+18）						*	*			
12	（一）专利权						*	*			
13	（二）商标权						*	*			
14	（三）著作权						*	*			
15	（四）土地使用权						*	*			
16	（五）非专利技术						*	*			
17	（六）特许权使用费						*	*			
18	（七）其他						*	*			
19	四、长期待摊费用（20+21+22+23+24）						*	*			
20	（一）已足额提取折旧的固定资产的改建支出						*	*			
21	（二）租入固定资产的改建支出						*	*			
22	（三）固定资产的大修理支出						*	*			
23	（四）开办费						*	*			
24	（五）其他						*	*			
25	五、油气勘探投资						*	*			
26	六、油气开发投资						*	*			
27	合计（1+8+11+19+25+26）	378	21		378	16				5	*

表 5-12 A105000 纳税调整项目明细表 金额单位：万元

行次	项目	账载金额	税收金额	调增金额	调减金额
		1	2	3	4
1	一、收入类调整项目（2+3+4+5+6+7+8+10+11）	*	*		
2	（一）视同销售收入（填写 A105010）	*			*
3	（二）未按权责发生制原则确认的收入（填写 A105020）				
4	（三）投资收益（填写 A105030）				
5	（四）按权益法核算长期股权投资对初始投资成本调整确认收益	*	*	*	
6	（五）交易性金融资产初始投资调整	*	*		*
7	（六）公允价值变动净损益		*		
8	（七）不征税收入	*	*		
9	其中：专项用途财政性资金（填写 A105040）	*	*		
10	（八）销售折扣、折让和退回				
11	（九）其他				
12	二、扣除类调整项（13+14+15+16+17+18+19+20+21+22+23+24+26+27+28+29）	2 622	2 609	13	
13	（一）视同销售成本（填写 A105010）	*		*	
14	（二）职工薪酬（填写 A105050）	2 360	2 355	5	
15	（三）业务招待费支出	20	12	8	*
16	（四）广告费和业务宣传费支出（填写 A105060）	100	100		
17	（五）捐赠支出（填写 A105070）	80	80		*
18	（六）利息支出	62	62		
19	（七）罚金、罚款和被没收财物的损失		*		*
20	（八）税收滞纳金、加收利息		*		*
21	（九）赞助支出		*		*
22	（十）与未实现融资收益相关在当期确认的财务费用				
23	（十一）佣金和手续费支出				*
24	（十二）不征税收入用于支出所形成的费用	*	*		*
25	其中：专项用途财政性资金用于支出所形成的费用（填写 A105040）	*	*		*
26	（十三）跨期扣除项目				
27	（十四）与取得收入无关的支出		*		*
28	（十五）境外所得分摊的共同支出	*	*		*
29	（十六）其他				
30	三、资产类调整项目（31+32+33+34）	*	*	5	
31	（一）资产折旧、摊销（填写 A105080）	21	16	5	
32	（二）资产减值准备金		*		
33	（三）资产损失（填写 A105090）				
34	（四）其他				
35	四、特殊事项调整项目（36+37+38+39+40）	*	*		
36	（一）企业重组（填写 A105100）				
37	（二）政策性搬迁（填写 A105110）	*	*		
38	（三）特殊行业准备金（填写 A105120）				
39	（四）房地产开发企业特定业务计算的纳税调整额（填写 A105010）	*			
40	（五）其他	*	*		
41	五、特别纳税调整应税所得	*	*		
42	六、其他	*	*		
43	合计（1+12+30+35+41+42）	2 643	2 625	18	0

（3）填报免税、减计收入及加计扣除优惠明细表及相关附表，其中，研发费用加计扣除优惠明细表见表5-13，免税、减计收入及加计扣除优惠明细表见表5-14。

表5-13 A107014 研发费用加计扣除优惠明细表

金额单位：万元

行次	研发项目	本年研发费用明细									减：作为不征税收入处理的财政性资金用于研发的部分	可加计扣除的研发费用合计	费用化部分		资本化部分				本年研发费用加计扣除额合计
		研发活动直接消耗的材料、燃料和动力费用	直接从事研发活动的本企业在职人员费用	专门用于研发活动的有关折旧费、租赁费、运行维护费	专门用于研发活动的有关无形资产摊销费	中间试验和产品试制的有关费用，样品、样机及一般测试手段购置费	研发成果论证、评审、验收、鉴定费用	勘探开发技术的现场试验费，新药研制的临床试验费	设计、制定、资料和翻译费用	年度研发费用合计			计入本年损益的金额	计入本年研发费用加计扣除额	本年形成无形资产的金额	本年形成无形资产加计摊销额	以前年度形成无形资产本年加计摊销额	无形资产本年加计摊销额	
	1	2	3	4	5	6	7	8	9	10（2+3+4+5+6+7+8+9）	11	12（10-11）	13	14（13×75%）	15	16	17	18（16+17）	19（14+18）
1										120		120	120	90					90
2																			
3																			
4																			
合计										120		120	120	90					90

表 5-14　A107010　　免税、减计收入及加计扣除优惠明细表　　金额单位：万元

行次	项目	金额
1	一、免税收入（2+3+4+5）	50
2	（一）国债利息收入	50
3	（二）符合条件的居民企业之间的股息、红利等权益性投资收益（填写 A107011）	
4	（三）符合条件的非营利组织的收入	
5	（四）其他专项优惠（6+7+8+9+10+11+12+13+14）	
6	1.中国清洁发展机制基金取得的收入	
7	2.证券投资基金从证券市场取得的收入	
8	3.证券投资基金投资者获得的分配收入	
9	4.证券投资基金管理人运用基金买卖股票、债券的差价收入	
10	5.取得的地方政府债券利息所得或收入	
11	6.受灾地区企业取得的救灾和灾后恢复重建款项等收入	
12	7.中国期货保证金监控中心有限责任公司取得的银行存款利息等收入	
13	8.中国保险保障基金有限责任公司取得的保险保障基金等收入	
14	9.其他	
15	二、减计收入（16+17）	
16	（一）综合利用资源生产产品取得的收入（填写 A107012）	
17	（二）其他专项优惠（18+19+20）	
18	1.金融、保险等机构取得的涉农利息、保费收入（填写 A107013）	
19	2.取得的中国铁路建设债券利息收入	
20	3.其他	
21	三、加计扣除（22+23+26）	90
22	（一）开发新技术、新产品、新工艺发生的研究开发费用加计扣除（填写 A107014）	90
23	（二）安置残疾人员及国家鼓励安置的其他就业人员所支付的工资加计扣除（24+25）	
24	1.支付残疾人员工资加计扣除	
25	2.国家鼓励的其他就业人员工资加计扣除	
26	（三）其他专项优惠	
27	合计（1+15+21）	140

（4）填报企业所得税弥补亏损明细表，见表5-15。

表5-15 A106000

企业所得税弥补亏损明细表

金额单位：万元

行次	项目	年度	纳税调整后所得	合并、分立转入（转出）可弥补的亏损额	当年可弥补的亏损额	以前年度亏损已弥补额					本年度实际弥补的以前年度亏损额	可结转以后年度弥补的亏损额
						前四年度	前三年度	前二年度	前一年度	合计		
		1	2	3	4	5	6	7	8	9	10	11
1	前五年度											0
2	前四年度					*						0
3	前三年度					*	*					0
4	前二年度					*	*	*				0
5	前一年度					*	*	*	*	*		0
6	本年度	2019	514		514	*	*	*	*	*		0
7	可结转以后年度弥补的亏损额合计											0

（5）填报企业所得税年度纳税申报表，见表5-16。

表5-16　A100000　　中华人民共和国企业所得税年度纳税申报表（A类）

税款所属期间：2019年10月01日 至 2019年12月31日　　　　金额单位：万元

纳税人名称：（公章）风尚服饰有限责任公司　　　　纳税人识别号：914301034321644090

行次	类别	项目	金额
1	利润总额计算	一、营业收入（填写A101010\101020\103000）	5 200.00
2		减：营业成本（填写A102010\102020\103000）	4 000.00
3		减：税金及附加	12.00
4		减：销售费用（填写A104000）	170.00
5		减：管理费用（填写A104000）	300.00
6		减：财务费用（填写A104000）	22.00
7		减：资产减值损失	
8		加：公允价值变动损益	
9		加：投资收益	50.00
10		二、营业利润（1-2-3-4-5-6-7+8+9）	686.00
11		加：营业外收入（填写A101010\101020\103000）	50.00
12		减：营业外支出（填写A102010\102020\103000）	100.00
13		三、利润总额（10+11-12）	636.00
14	应纳税所得额计算	减：境外所得（填写A108010）	
15		加：纳税调整增加额（填写A105000）	18.00
16		减：纳税调整减少额（填写A105000）	
17		减：免税、减计收入及加计扣除（填写A107010）	140.00
18		加：境外应税所得抵减境内亏损（填写A108000）	
19		四、纳税调整后所得（13-14+15-16-17+18）	514.00
20		减：所得减免（填写A107020）	
21		减：弥补以前年度亏损（填写A106000）	
22		减：抵扣应纳税所得额（填写A107030）	
23		五、应纳税所得额（19-20-21-22）	514.00
24	应纳税额计算	税率（25%）	
25		六、应纳所得税额（23×24）	128.50
26		减：减免所得税额（填写A107040）	
27		减：抵免所得税额（填写A107050）	
28		七、应纳税额（25-26-27）	128.50
29		加：境外所得应纳所得税额（填写A108000）	
30		减：境外所得抵免所得税额（填写A108000）	
31		八、实际应纳所得税额（28+29-30）	128.50
32		减：本年累计实际已缴纳的所得税额	146.50
33		九、本年应补（退）所得税额（31-32）	-18.00
34		其中：总机构分摊本年应补（退）所得税额（填写A109000）	
35		财政集中分配本年应补（退）所得税额（填写A109000）	
36		总机构主体生产经营部门分摊本年应补（退）所得税额（填写A109000）	

任务5.7 核定征收企业所得税纳税岗位实务

【工作示例5-2】

富康娱乐城注册资本为200万元，从业人数132人，统一社会信用代码为910345456678789890；企业类型为有限责任公司；经营范围：餐饮、娱乐、卡拉OK等。富康娱乐城经税务机关批准，按收入总额核定应纳税所得额，应税所得率为20%。2019年度营业收入总额为1 800万元，成本费用总额为2 000万元，亏损金额为200万元。

【工作任务】

1. 正确计算核定征收企业应纳的所得税额。

2. 正确填写核定征收方式下的企业所得税纳税申报表。

【任务实施】

1. 富康娱乐城2019年度应纳所得税额计算过程如下：

应纳税所得额=1 800×20%=360（万元）

应纳所得税额=360×25%=90（万元）

如果富康娱乐城经税务机关检查，企业成本费用支出核算准确，收入核算有误。税务机关审批该企业按成本费用核定应纳税所得额，则该企业应纳所得税为：

应纳税所得额=2 000÷（1-20%）×20%=500（万元）

应纳所得税额=500×25%=125（万元）

2. 填写核定征收方式下企业所得税月（季）度和年度纳税申报表，见表5-17。

表 5-17 B100000

中华人民共和国企业所得税月（季）度预缴和年度纳税申报表（B类，2018年版）

税款所属期间：2019年01月01日至2019年12月31日

纳税人识别号（统一社会信用代码）：9 1 0 3 4 5 4 5 6 6 7 8 7 8 9 8 9 0

纳税人名称：**富康娱乐城**　　　　金额单位：人民币万元

核定征收方式	□核定应税所得率（能核算收入总额的） □核定应税所得率（能核算成本费用总额的） □核定应纳所得税额								
按季度填报信息									
项目	一季度		二季度		三季度		四季度		季度平均值
	季初	季末	季初	季末	季初	季末	季初	季末	
从业人数									
资产总额（万元）									
国家限制或禁止行业	□是 □否				小型微利企业		□是 □否		
按年度填报信息									
从业人数（填写平均值）	略				资产总额（填写平均值，单位：万元）				略
国家限制或禁止行业	□是 □否				小型微利企业				□是 □否

行次	项目	本年累计金额
1	收入总额	
2	减：不征税收入	
3	减：免税收入（4+5+10+11）	
4	国债利息收入免征企业所得税	
5	符合条件的居民企业之间的股息、红利等权益性投资收益免征企业所得税（6+7.1+7.2+8+9）	
6	其中：一般股息红利等权益性投资收益免征企业所得税	
7.1	通过沪港通投资且连续持有H股满12个月取得的股息红利所得免征企业所得税	
7.2	通过深港通投资且连续持有H股满12个月取得的股息红利所得免征企业所得税	

续表

行次	项目	本年累计金额
8	居民企业持有创新企业CDR取得的股息红利所得免征企业所得税	
9	符合条件的居民企业之间属于股息、红利性质的永续债利息收入免征企业所得税	
10	投资者从证券投资基金分配中取得的收入免征企业所得税	
11	取得的地方政府债券利息收入免征企业所得税	
12	应税收入额（1-2-3）\成本费用总额	1 800
13	税务机关核定的应税所得率（%）	20%
14	应纳税所得额（第12×13行）\[第12行÷（1-第13行）×第13行]	360
15	税率（25%）	25%
16	应纳所得税额（14×15）	90
17	减：符合条件的小型微利企业减免企业所得税	
18	减：实际已缴纳所得税额	
L19	减：符合条件的小型微利企业延缓缴纳所得税额（是否延缓缴纳所得税 □是 □否）	
19	本期应补（退）所得税额（16-17-18-L19）\税务机关核定本期应纳所得税额	90
20	民族自治地方的自治机关对本民族自治地方的企业应缴纳的企业所得税中属于地方分享的部分减征或免征（ □免征 □减征:减征幅度____% ）	
21	本期实际应补（退）所得税额	90
谨声明：本纳税申报表是根据国家税收法律法规及相关规定填报的，是真实的、可靠的、完整的。 纳税人（签章）：略 ****年**月**日		
经办人： 经办人身份证号： 代理机构签章： 代理机构统一社会信用代码：	受理人： 受理税务机关（章）： 受理日期： 年 月 日	

国家税务总局监制

【职业基础能力训练】

一、单项选择题

1. 根据企业所得税的相关规定，下列各项中，属于居民企业的是（　　）。

A. 依照中国法律在中国境内成立的合伙企业

B. 依照中国法律在中国境内成立的有限责任公司

C. 依照外国法律成立且实际管理机构在中国境外的企业

D. 依照中国法律在中国境内成立的个人独资企业

2. 根据企业所得税法律制度的规定，下列各项中，不属于企业所得税纳税义务人的是（　　）。

A. 国有企业　　B. 股份有限公司　　C. 个人独资企业　　D. 外商投资企业

3. 企业发生的公益性捐赠支出，在年度利润总额（　　）以内的部分，准予在计算应纳税所得额时扣除。

A. 10%　　B. 12%　　C. 15%　　D. 20%

4. 企业应当自年度终了之日起（　　）个月内，向税务机关报送年度企业所得税纳税申报表，并汇算清缴，结清应缴应退税款。

A. 3　　B. 4　　C. 5　　D. 6

5. 某经认定的技术先进型服务企业2019年实际发生合理的工资薪金支出1 100万元，“三费”支出合计230万元，分别为：职工福利费支出160万元，职工教育经费40万元，工会经费30万元。2019年该企业计算企业所得税应纳税所得额时准予扣除的“三费”为（　　）万元。

A.200　　B.205　　C.216　　D.270

6. 某工业企业2018年度销售（营业）收入为1 800万元，当年实际发生广告费支出350万元。2019年度取得销售收入1 900万元（不含税，下同），出租房屋取得收入100万元，转让商标所有权取得收入240万元；当年实际发生广告费支出200万元。则该企业在计算2019年企业所得税应纳税所得额时准予扣除的广告费为（　　）万元。

A.120　　B.200　　C.280　　D.300

7. 某工业企业2019年4月1日向非金融企业借款300万元用于建造厂房，年利率为8%，借款期限为12个月。该厂房于2018年开始建造，2019年9月30日完工并办理竣工验收手续。已知同期银行同类贷款年利率为6%，则该企业在计算2019年企业所得税应纳税所得额时准予直接扣除的利息支出为（　　）万元。

A.6　　B.18　　C.12　　D.4.5

8. 某工业企业2019年度全年会计利润为1 000万元，当年共发生三笔捐赠支出，分别为：通过公益性社会组织向目标脱贫地区捐赠10万元用于扶贫项目、通过当地市政府向灾区捐赠100万元用于灾后重建、直接向希望小学捐赠30万元。假设当年无其他纳税调整项目，该企业2019年的应纳税所得额为（　　）万元。

A.1 000　　B.1 010　　C.1 030　　D.1 040

9. 某小型微利企业2019年度取得销售收入200万元，成本、费用合计34万元，已计入相关成本费用的合理的工资薪金支出为10万元，其中，支付残疾职工工资3.5万元。残疾职工工资按当地政府规定可享受100%加计扣除，不考虑其他纳税调整项目。该小型微利企业2019年应缴纳企业所得税（　　）万元。

A.0.5　　B.5.25　　C.4.25　　D.11.25

10. 某小型微利企业2019年应纳税所得额为180万元，则该企业应缴纳企业所得税（　　）万元。

A.9　　B.13　　C.18　　D.36

11. 甲企业2019年度实际发生的与经营活动有关的业务招待费为100万元，2019年度的销售收入为

4 000万元。该企业业务招待费应按照（ ）万元予以税前扣除。

A. 60 B. 100 C. 240 D. 20

12. 在计算应纳税所得额时，下列支出中不得扣除的是（ ）。

A. 缴纳的消费税 B. 合理分配的材料成本

C. 企业所得税税款 D. 销售固定资产的损失

13.2019年6月2日，税务机关在审查某公司的纳税申报情况过程中，发现该公司2017年的某项关联交易不符合独立交易原则，少缴纳企业所得税30万元（企业未按照规定提供同期资料和其他相关资料）。该公司于2019年6月10日补缴了该税款。对该公司补缴税款应加收利息（ ）万元。（假设中国人民银行公布的同期人民币贷款基准年利率为5.5%）

A.1.65 B.1.70 C.3.24 D.5.63

14. 某居民企业于2012年度发生经营亏损，尚未弥补完毕就按照政府的要求在2015年6月起停产进行政策性搬迁，2017年5月底完成搬迁，则其2012年的亏损的最后一个弥补年度是（ ）。

A.2016年 B.2017年 C.2018年 D.2019年

二、多项选择题

1. 企业实际发生的与取得收入有关的、合理的支出，准予在计算应纳税所得额时扣除，其中包括（ ）。

A. 生产成本 B. 税金 C. 损失

D. 赞助支出 E 费用

2. 在计算应纳税所得额时，下列支出中不得扣除的有（ ）。

A. 税收滞纳金 B. 被没收财物的损失

C. 规定比例范围内的公益性捐赠支出 D. 向投资者支付的股息

E. 赞助支出

3. 企业发生非货币性资产交换，以及将货物、财产、劳务用于（ ），应当视同销售货物、提供劳务。

A. 捐赠 B. 偿债 C. 赞助

D. 在建工程 E. 投资

4. 根据企业所得税的相关规定，下列属于居民企业的有（ ）。

A. 依法在上海成立的个体工商户

B. 依法在深圳成立的外商投资企业

C. 境外企业在北京设立的办事机构

D. 依照日本法律成立，且实际管理机构在日本的企业

5. 企业取得的下列收入中，属于企业所得税免税收入的有（ ）。

A. 国债利息收入

B. 企业债券利息收入

C. 符合条件的居民企业之间的红利、股息等权益性投资收益

D. 居民企业从在中国境内设立机构、场所的非居民企业取得的股息等权益性投资收益

E. 在中国境内设立机构、场所的非居民企业连续持有居民企业公开发行并上市流通的股票1年以上取得的投资收益

6. 境内甲公司是一家在上海证券交易所挂牌交易的上市公司，居民企业乙公司、非居民企业丙公司以及居民李某均持有甲公司股票，其中乙公司持有甲公司股票24个月，丙公司持有甲公司股票10个月，李某持有甲公司股票8个月。甲公司于2020年1月向股东分配股息。乙公司分得股息30万元，丙公司分得股息10万元，居民李某分得股息1万元。根据有关规定，下列说法正确的有（ ）。

A. 甲公司向股东分配的股息，准予在计算企业所得税应纳税所得额时扣除

B.乙公司从甲公司分得的股息收入不计入企业所得税应纳税所得额中征税

C.丙公司如果在境内未设立机构、场所，则其取得的股息所得应缴纳企业所得税1万元

D.丙公司如果在境内设立机构、场所且取得的股息与所设机构、场所有实际联系的，则其取得的股息10万元为免税收入

E.李某从甲公司分得的股息收入应缴纳个人所得税0.1万元

7.根据企业所得税法的相关规定，下列各项税金中，在发生当期计入相关资产的成本，在以后各期分摊扣除的有（　　）。

A.占用耕地缴纳的耕地占用税　　B.购置车辆使用缴纳的车辆购置税

C.印花税　　D.转让房地产缴纳的土地增值税

E.房产税

8.根据企业所得税法的相关规定，企业发生的下列保险费，在计算应纳税所得额时准予据实扣除的有（　　）。

A.企业按照规定标准为职工缴纳的基本养老保险费

B.企业为职工支付的全部补充医疗保险费

C.企业以车间生产设备为标的办理财产保险，按照规定缴纳的保险费

D.企业为投资者支付的家庭财产保险费

E.企业按照规定为特殊工种职工支付的人身安全保险费

9.根据企业所得税法律制度的规定，企业使用或者销售的存货的成本计算方法，可以在（　　）中选用一种。计价方法一经选用，不得随意变更。

A.先进先出法　　B.后进先出法　　C.加权平均法

D.个别计价法　　E.成本加成法

10.下列居民企业中，不得核定征收企业所得税的有（　　）。

A.汇总纳税企业　　B.保险公司　　C.专门从事股权投资业务的企业

D.小型微利企业　　E.会计师事务所

11.根据企业所得税法的相关规定，在中国境内未设立机构、场所的非居民企业从中国境内取得的下列所得，应按收入全额计算征收企业所得税的有（　　）。

A.股息、红利所得　　B.利息所得　　C.租金所得

D.特许权使用费所得　　E.转让财产所得

12.根据企业所得税法的相关规定，下列说法中正确的有（　　）。

A.创业投资企业采取股权投资方式投资于未上市的中小高新技术企业2年以上，符合规定的，可以按照其投资额的70%在股权持有满2年的当年抵扣该创业投资企业的应纳税所得额

B.企业以《资源综合利用企业所得税优惠目录》规定的资源作为主要原材料，生产国家非限制和禁止并符合国家和行业相关标准的产品取得的收入，减按90%计入收入总额

C.企业购置并实际使用符合规定的环境保护、节能节水、安全生产等专用设备，该设备投资额的10%可以从当年的应纳税所得额中抵免

D.企业的固定资产采取加速折旧方法的，可以采用双倍余额递减法或者年数总和法

E.在中国境内未设立机构、场所的非居民企业减按10%的税率征收企业所得税

13.在中国境内未设立机构、场所的非居民企业取得的下列所得，免征企业所得税的有（　　）。

A.外国政府向中国政府提供贷款取得的利息所得

B.国际金融组织向中国政府提供优惠贷款取得的利息所得

C.国际金融组织向居民企业提供优惠贷款取得的利息所得

D.境外商业银行向居民企业提供贷款取得的利息所得

E.境外企业从居民企业取得的股息、红利等权益性投资收益

三、判断题

1. 企业所得税法中的亏损和财务会计中的亏损含义是不同的。企业所得税法所称的亏损是指企业将每个纳税年度的收入总额减除不征税收入、免税收入和各项扣除以后小于零的数额。（ ）

2. 企业所得税法中的转让财产收入是指企业转让固定资产、无形资产、流动资产、股权、股票、债券、债权等所取得的收入。（ ）

3. 企业所得税法的收入总额包括财政拨款、税收返还和依法收取并纳入财政管理的行政事业性收费和政府性基金。（ ）

4. 企业取得的所得税返还（退税）和出口退税的增值税进项属于不征税收入项目。（ ）

5. 根据企业所得税法的相关规定，在我国目前的税收体系中，允许税前扣除的税收种类主要有消费税、资源税、城市维护建设税、教育费附加、房产税、车船税、耕地占用税、城镇土地使用税、车辆购置税、印花税等。（ ）

6. 企业发生的公益救济性捐赠，在应纳税所得额12%以内的部分，准予在计算应纳税所得额时扣除。（ ）

7. 企业所得税法允许按规定的比例在税前扣除的准备金只有坏账准备金和商品削价准备金两种。（ ）

8. 企业已经作为损失处理的资产，在以后纳税年度又全部收回或者部分收回时，应当计入损失发生年度的收入。（ ）

9. 企业发生的赞助支出在企业所得税前准予扣除。（ ）

10. 企业单独估价作为固定资产入账的土地可以计算折旧扣除。（ ）

11. 企业自创商誉作为无形资产可以计算摊销费用扣除。（ ）

12. 企业所得税的纳税年度，自公历1月1日起至12月31日止。（ ）

【职业技能专项训练】

一、单项任务训练

1. 某企业2019年度取得销售收入3 000万元，取得租金收入50万元；销售成本、销售费用、管理费用共计2 800万元；营业外支出列支35万元，其中，通过希望工程基金委员会向某灾区捐款10万元，直接向某困难地区捐赠5万元，非广告性赞助支出20万元。

要求：计算该企业全年应缴纳的企业所得税。

2. 某中型工业企业执行现行财会制度和税收法规，2019年度企业会计报表利润为200 000元，未作任何项目调整，已按25%的所得税税率计算缴纳所得税50 000元。税务检查人员对该企业进行所得税纳税审查，经查阅有关账证资料，发现如下问题：

（1）企业2019年度有正式职工100人，实际列支工资、津贴、补贴、奖金1 200 000元。

（2）企业“长期借款”账户中记载，年初向中国银行借款100 000元，年利率为5%；向其他企业借周转金200 000元，年利率为10%。上述借款均用于生产经营。

（3）全年销售收入60 000 000元，企业列支业务招待费250 000元。

（4）该企业2019年在税前共计提取并发生职工福利费168 000元，计提工会经费24 000元，计提职工教育经费38 000元。

（5）2019年6月5日，“管理费用”科目列支厂部办公室使用的空调一台，价款6 000元（折旧年限按6年计算，不考虑残值）。

（6）年末“应收账款”借方余额1 500 000元，“坏账准备”科目贷方余额6 000元（该企业坏账核算采用备抵法，按3%提取坏账准备金）。

（7）其他经核实均无问题，符合现行会计制度及税法规定。

要求：

（1）简明扼要地指出存在的问题。

（2）计算应补企业所得税额。

二、项目综合实训

（一）企业基本情况

企业名称：长沙胜利有限公司

社会统一信用代码：910107112133355666

企业地址：长沙市芙蓉南路160号

企业类型：有限责任公司（一般纳税人）

公司注册资本：8 000万元

企业开户银行及账号：建设银行长沙市芙蓉支行9990777066605550456

办税员：学生本人

（二）企业2019年境内经营业务情况

长沙胜利有限公司采用据实按季预缴所得税，2019年1至9月已预缴企业所得税50万元。公司所得税会计一直采用应付税款法，于2020年3月10日进行企业所得税汇算清缴工作。

2019年相关资料如下：

（1）取得主营业务收入2 500万元。

（2）发生主营业务成本1 100万元。

（3）发生销售费用670万元（其中，广告费450万元），管理费用480万元（其中，业务招待费15万元、新技术的研究开发费用40万元），财务费用60万元。

（4）销售税金160万元（含增值税120万元）。

（5）营业外收入70万元，营业外支出50万元（含通过公益性社会团体向贫困山区捐款30万元，支付税收滞纳金6万元），包括通过税务机关核定的固定资产净损失14万元。

（6）连续12个月以上的权益性投资收益34万元（已在投资方所在地按15%的税率缴纳了所得税）。

（7）计入成本、费用中的实发工资总额150万元，拨缴工会经费3万元，支出职工福利费23万元、职工教育经费6万元。

（8）公司在A、B两国设有分支机构，在A国机构的税后所得为28万元，A国的所得税税率为30%；在B国机构的税后所得为24万元，B国的所得税税率为20%。在A、B两国已分别缴纳所得税12万元、6万元。假设在A、B两国应纳税所得额的计算与我国税法规定相同。

（三）实训要求

（1）正确计算长沙胜利有限公司境内所得应预缴的所得税额，规范填报企业所得税月（季）度预缴纳税申报表。

（2）准确确定企业年度应纳税所得额，正确计算企业年度应补（退）的企业所得税。

（3）规范填写企业所得税年度纳税申报表及其附表，完成企业所得税年度汇算清缴工作。

项目 6
个人所得税实务

06

【典型工作任务】

1.个人所得税的征税范围、税目确定，税率的选择；

2.个人所得税税收优惠政策的运用；

3.个人所得税分类所得与综合所得应纳税额的计算；

4.进行个人所得税代（预）扣代（预）缴两种不同方式的业务的会计核算；

5.居民个人所得税综合所得年度汇算清缴，年度纳税申报表的填报与缴纳。

【岗位工作能力】

1.掌握个人所得税基本法规条例，能判断居民纳税人和非居民纳税人的纳税义务、应税所得；

2.能根据业务资料计算居民个人的综合所得和分类所得；

3.会运用个人所得税的税收优惠政策，熟悉代（预）扣代（预）缴两种不同方式的业务的会计核算；

4.能根据业务资料完成个人所得税自行纳税申报表和个人所得税扣缴申报表的填报工作，并能进行网上申报。

任务6.1　个人所得税基本法律内容认知

一、个人所得税与纳税义务人

视频

老猪缴税

（一）个人所得税的概念及特点

个人所得税是对个人（自然人）取得的各项应税所得征收的一种税，是政府利用税收对个人收入进行调节的一种手段。

我国个人所得税的特点主要包括：

视频

“正确认识税法”之月饼税

1.实行综合与分类相结合的征收模式（自2019年1月1日起）

2019年1月1日前，我国个人所得税采用的是分类所得税制，即将个人取得的各种所得划分为11类，分别适用不同的费用减除规定、不同的税率和不同的计税方法，实行分类课征制度。自2019年1月1日起，我国采用综合与分类相结合的个人所得税征收模式。

2.累进税率与比例税率并用，综合所得实行预扣预缴、按年汇算清缴

我国现行个人所得税根据各类个人所得的不同性质和特点，将累进税率与比例税率这两种形式的税率并用。居民个人工资薪金所得、劳务报酬所得、稿酬所得、特许权使用费所得（简称“四项所得”）平时采用预扣率，进行预扣预缴，年终将四项所得（综合所得）按年计算，采用累进税率进行汇算；而利息、股息、红利所得，财产租赁所得，财产转让所得，偶然所得则适用比例税率。

3.计算简便

我国个人所得税的费用扣除采取总额扣除法，免去了对个人实际生活费用支出逐项计算的麻烦，各种所得项目实行分类计算，并且具有明确的费用扣除规定，费用扣除项目及方法易于掌握，计算比较简单，符合税制简便原则。

4. 采取课源制和申报制两种征纳方法

我国《中华人民共和国个人所得税法》（简称《个人所得税法》）规定，对纳税人的应纳税额分别采取由支付单位源泉扣缴和纳税人自行申报两种方法。对凡是可以在应税所得的支付环节扣缴个人所得税的，均由扣缴义务人履行代扣代缴义务；对于没有扣缴义务人的，以及个人在两处以上取得工资薪金所得的，由纳税人自行申报纳税。此外，对其他不便于扣缴税款的，亦规定由纳税人自行申报纳税。

（二）纳税义务人

个人所得税的纳税义务人是指符合税法规定的个人，包括中国公民，个体工商业户，个人独资企业，合伙企业投资者，中国香港、澳门、台湾同胞，外籍个人等。

上述纳税义务人根据住所和居住时间两个标准，区分为居民和非居民，分别承担不同的纳税义务。居民纳税人承担无限纳税义务；非居民纳税人承担有限纳税义务。其判断标准及纳税义务见表6-1。

表6-1 居民纳税人和非居民纳税人的判断标准及纳税义务

纳税人	判断标准	纳税义务
居民纳税人	（1）在中国境内有住所的个人 （2）在中国境内无住所，而在境内居住累计满183天的个人	就来源于中国境内和境外的全部所得纳税
非居民纳税人	（1）在中国境内无住所又不居住的个人 （2）在中国境内无住所而在境内居住累计不满183天的个人	仅就来源于中国境内的所得纳税

1. 住所标准

我国《个人所得税法》采用习惯性住所的标准，将在中国境内有住所的个人界定为：因户籍、家庭、经济利益关系而在中国境内习惯性居住的个人。习惯性居住是指个人因学习、工作、探亲等原因消除之后，没有理由在其他地方继续居留时要回原地方居住的情形。例如，某人因学习等原因而在中国境外居住，在其原因消除之后，必须回到中国境内居住，则中国即为该纳税人的习惯性居住地。

2. 居住时间标准

在一个纳税年度内（每年1月1日至12月31日）在中国境内累计居住满183天。*注意：新个税改革将以前连续居住满一年改为183天。*如果此前6年在中国境内每年累计居住天数都满183天且没有任何一年单次离境超过30天，该纳税年度来源于中国境内、境外的所得应当缴纳个人所得税。在任一年度中，只要有一次临时离境超过30天的，就要重新计算连续居住年限。在境内停留的当天不足24小时的，不计入境内居住天数。连续居住“满6年”的年限从2019年1月1日起计算，2019年以前的年限不再纳入计算范围。如果此前6年的任何一年没有住满183天，或者离境超过30天，该纳税年度来源于中国境外且由境外单位支付的所得，免予缴纳个人所得税。在中国境内无住所的个人，在一个纳税年度内在中国境内居住累计不超过90天的，其来源于中国境内的所得，由境外雇主支付并且不由该雇主在中国境内的机构、场所负担的部分，免予缴纳个人所得税。

此处所说的“6年”，是指该纳税年度的前1年至前6年的连续6个年度，自2019年（含）以后年度开始计算。

（三）扣缴义务人

凡支付应纳税所得的单位或个人，都是个人所得税的扣缴义务人。扣缴义务人在向纳税人支付各项应纳税所得（个体工商户的生产、经营所得除外）时，必须履行代扣代缴税款的义务。

二、个人所得税的征税范围

（一）工资薪金所得

工资薪金所得是指个人因任职或者受雇而取得的工资薪金、奖金、年终加薪、劳动分红、津贴、补贴以及与任职或受雇有关的其他所得。

对一些不属于工资薪金性质的补贴、津贴或者不属于纳税人本人工资薪金所得项目的收入，不予征税。这些项目包括：独生子女补贴；托儿补助费；差旅费津贴、误餐补助；执行公务员工资制度未纳入基本工资总额的补贴、津贴差额和家属成员的副食品补贴。

（二）劳务报酬所得

劳务报酬所得是指个人独立从事非雇佣的各种劳务所取得的所得，具体是指个人从事设计、装潢、安装、制图、化验、测试、医疗、法律、会计、咨询、讲学、新闻、广播、翻译、审稿、书画、雕刻、影视、录音、录像、演出、表演、广告、展览、技术服务、介绍服务、经济服务、代办服务以及其他劳务取得的所得。

在实际工作中，要严格区分劳务报酬所得与工资薪金所得。两者的区别在于：劳务报酬所得是个人独立从事自由职业或独立提供某种劳务所取得的报酬，不存在雇佣与被雇佣关系；而工资薪金所得是个人从事非独立劳务活动，从所在单位领取的报酬，个人与单位存在雇佣与被雇佣关系。比如，学员从剧团领取的工资应属于工资薪金所得，演员个人“走穴”取得的报酬则属于劳务报酬所得。

值得注意的其他规定主要有：

（1）个人担任董事、监事职务所取得的董事费、监事费收入：❶个人担任董事、监事，且不在公司任职、受雇的，其担任董事、监事职务所取得的董事费、监事费收入，按“劳务报酬所得”项目纳税；❷在公司（包括关联公司）任职、受雇，同时兼任董事、监事的，应将董事费、监事费与个人工资收入合并，统一按“工资薪金所得”项目纳税。

（2）在校学生因参与勤工俭学活动取得的应税所得项目，按“劳务报酬所得”项目纳税。

（3）对营销成绩突出的非雇员以培训班、研讨会、工作考察等名义组织旅游活动，以所发生费用的全额作为该营销人员当期的劳务收入，按“劳务报酬所得”项目纳税。

（4）个人兼职取得的收入，按“劳务报酬所得”项目纳税。

（三）稿酬所得

稿酬所得是指个人因其作品以图书、报纸形式出版、发表而取得的所得。这里所说的“作品”是指包括中外文字、图片、乐谱等能以图书、报刊方式出版、发表的作品；“个人作品”包括本人的著作和翻译的作品等。例如，作家将其书画作品通过“出版社”出版取得的报酬，应属于“稿酬所得”。

（1）作者去世后，财产继承人取得的遗作稿酬，征收个人所得税。

（2）对报纸、杂志、出版等单位的职员在本单位的刊物上发表作品、出版图书取得所得征税问题，有关税收制度规定如下：

❶任职、受雇于报纸、杂志等单位的记者、编辑等专业人员，因在本单位的报纸、杂志上发表作品取得的所得，属于因任职、受雇而取得的所得，应与其当月工资收入合并，按“工资薪金所得”项目征收个人所得税；除上述专业人员以外，其他人员在本单位的报纸、杂志上发表作品取得的所得，应按“稿酬所得”项目征收个人所得税。

❷出版社的专业作者撰写、编写或翻译的作品，由本社以图书形式出版而取得的稿费收入，应按“稿酬所得”项目征收个人所得税。

（四）特许权使用费所得

特许权使用费所得是指个人提供专利权、著作权、商标权、非专利技术以及其他特许权的使用权取得的所得。提供著作权的使用权取得的所得，不包括稿酬所得。

（1）对于作者将自己的文字作品手稿原件或复印件公开拍卖（竞价）取得的所得，属于提供著作权的使用所得，故应按“特许权使用费所得”项目征收个人所得税。

（2）个人取得特许权的经济赔偿收入，应按“特许权使用费所得”项目征收个人所得。

（3）编剧从电视剧的制作单位取得的剧本使用费，统一按“特许权使用费所得”项目征收个人所得税。

（五）利息、股息、红利所得

利息、股息、红利所得是指个人拥有债权、股权而取得的利息、股息、红利所得。

利息是指个人的存款利息、贷款利息和购买各种债券的利息。股息，也称股利，是指股票持有人根据股份制公司章程规定，凭股票定期从所持股票公司取得的投资利益。红利，也称公司（企业）分红，是指股份公司或企业根据应分配的利润，按股份分配超过股息部分的利润。股份制企业以股票形式向股东个人支付股息、红利（派发红股），应以派发的股票面额为收入额计税。

（六）财产租赁所得

财产租赁所得是指个人出租建筑物、土地使用权、机器设备、车船以及其他财产取得的所得。财产包括动产和不动产。

（七）财产转让所得

财产转让所得是指个人转让有价证券、股权、建筑物、土地使用权、机器设备、车船以及其他自有财产给他人或单位而取得的所得，包括转让不动产和动产而取得的所得。我国为鼓励股票市场发展对个人股票买卖所得暂不征税。

（八）偶然所得

偶然所得是指个人取得的所得是非经常性的，属于各种机遇性所得，包括得奖、中奖、中彩以及其他偶然性质的所得（含奖金、实物和有价证券）。偶然所得应缴纳的个人所得税税款，一律由发奖单位或机构代扣代缴。

（1）个人因参加企业的有奖销售活动而取得的赠品所得，应按照“偶然所得”项目征收个人所得税。

（2）个人取得单张有奖发票，奖金所得不超过800元（含800元）的，暂免征收个人所得税；奖金所得超过800元的，应全额按照《个人所得税法》规定的“偶然所得”项目征收个人所得税。

(3) 个人购买福利彩票、赈灾彩票、体育彩票，一次中奖在1万元以下（含1万元）的，暂免征收个人所得税；超过1万元的，全额征收个人所得税。

（九）经营所得

经营所得，是指：❶在中国境内注册的个体工商户从事生产、经营活动取得的所得，个人独资企业投资人、合伙企业的个人合伙人来源于境内注册的个人独资企业、合伙企业生产、经营的所得；❷个人依法从事办学、医疗、咨询以及其他有偿服务活动取得的所得；❸个人对企业、事业单位承包经营、承租经营以及转包、转租取得的所得；❹个人从事其他生产、经营活动取得的所得。

个体工商户、个人独资企业和合伙企业或个人从事种植业、养殖业、饲养业、捕捞业取得的所得，暂不征收个人所得税。

个体工商户和从事生产经营的个人，取得与生产、经营活动无关的其他各项应税所得，应分别按照有关规定，计算征收个人所得税。

出租车归属为个人的，属于"经营所得"，包括：从事个体出租车运营的出租车驾驶员取得的收入；出租车属个人所有，但挂靠出租汽车经营单位或企事业单位，驾驶员向挂靠单位缴纳管理费的；或出租汽车经营单位将出租车所有权转移给驾驶员的，出租车驾驶员从事客货运营取得的收入。

出租汽车经营单位对出租车驾驶员采取单车承包或承租方式运营，出租车驾驶员从事客运取得的收入，按"工资薪金所得"项目征税。

三、个人所得税的税率

我国个人所得税采用综合与分类相结合的所得税制度。个人所得税根据不同应税所得项目，适用不同的税率和不同的征收方式。所采用的税率有累进税率和比例税率两种形式。具体的个人所得税税率及适用范围见表6-2。

表6-2 个人所得税税率及适用范围

税率		使用范围
超额累进税率	3%~45%的七级税率	综合所得（工资薪金所得、劳务报酬所得、稿酬所得、特许权使用费所得）
	5%~35%的五级税率	经营所得（个体工商户的生产、经营所得，企事业单位的承包经营、承租经营所得）
比例税率	20%的比例税率	财产租赁所得，财产转让所得，利息、股息、红利所得，偶然所得，其他所得

（一）七级超额累进税率

综合所得适用3%~45%的七级超额累进税率，见表6-3。

非居民个人工资薪金、劳务报酬、稿酬、特许权使用费所得适用表6-4的个人所得税税率。

（二）五级超额累进税率

个体工商户的生产、经营所得和企事业单位的承包经营、承租经营所得，适用5%~35%的五级超额累进税率。个人独资企业和合伙企业的生产经营所得，也适用5%~35%的五级超额累进税率。五级超额累进税率见表6-5。

表 6-3　个人所得税税率表（一）

（综合所得适用）

级数	全年应纳税所得额	税率（%）	速算扣除数（元）
一	不超过 36 000 元	3	0
二	超过 36 000 元至 144 000 元的部分	10	2 520
三	超过 144 000 元至 300 000 元的部分	20	16 920
四	超过 300 000 元至 420 000 元的部分	25	31 920
五	超过 420 000 元至 660 000 元的部分	30	52 920
六	超过 660 000 元至 960 000 分	35	85 920
七	超过 960 000 的部分	45	181 920

注：本表所列全年应纳税所得额是指依据《个人所得税法》第六条规定，居民个人综合所得以每一纳税年度收入额减除费用6万元以及专项扣除、专项附加扣除和依法确定的其他扣除以后的余额。

表 6-4　个人所得税税率表（二）

（非居民个人工资薪金、劳务报酬、稿酬、特许权使用费所得适用）

级数	全年应纳税所得额	税率（%）	速算扣除数（元）
一	不超过 3 000 元	3	0
二	超过 3 000 元至 12 000 元的部分	10	210
三	超过 12 000 元至 25 000 元的部分	20	1 410
四	超过 25 000 元至 35 000 元的部分	25	2 660
五	超过 35 000 元至 55 000 元的部分	30	4 410
六	超过 55 000 元至 80 000 分	35	7 160
七	超过 80 000 元的部分	45	15 160

表 6-5　个人所得税税率表（三）

（经营所得适用）

级数	全年应纳税所得额	税率（%）	速算扣除数（元）
一	不超过 30 000 元	5	0
二	超过 30 000 元至 90 000 元的部分	10	1 500
三	超过 90 000 元至 300 000 元的部分	20	10 500
四	超过 300 000 元至 500 000 元的部分	30	40 500
五	超过 500 000 元的部分	35	65 500

注：本表所列全年应纳税所得额均为按照税法规定以每一纳税年度的收入总额减除成本、费用以及损失后的所得额。

（三）三级超额累进税率

劳动报酬所得预扣预缴适用20%、30%、40%的三级超额累进税率。三级超额累进税率见表6-6。

表6-6　**个人所得税税率表（四）**

（劳动报酬所得预扣预缴适用）

级数	预扣预缴应纳额所得额	税率（%）	速算扣除数（元）
一	不超过20 000元	20	0
二	超过20 000元至50 000元的部分	30	2 000
三	超过50 000元的部分	40	7 000

注：本表所列适用于个人劳务报酬所得按月预扣预缴个人所得税额时的计算。这只是一个过渡计算，到年底同其他几项所得综合计算全年应纳个人所得税额。

（四）比例税率

稿酬所得，属于综合所得项目，与其他几项所得在年底进行综合计算应纳个人所得税额。其在每次取得收入时进行预扣预缴，预扣预缴适用税率为20%，并按应纳税额减征30%。

特许权使用费所得属于综合所得项目，与其他几项所得在年底进行综合计算应纳个人所得税额。

财产租赁所得、财产转让所得、偶然所得和其他所得，适用比例税率，税率为20%。从2008年10月9日起，储蓄存款利息所得暂免征收个人所得税，对个人出租住房取得的所得减按10%的税率征收个人所得税。

四、个人所得税的减免税优惠

为了鼓励科学发明，支持社会福利、慈善事业和照顾某些纳税人的实际困难，《个人所得税法》对有关所得项目，有免税、减税的优惠规定。

（一）免税项目

❶省级人民政府、国务院部委和中国人民解放军以上单位，以及外国组织、国际组织颁发的科学、教育、技术、文化、卫生、体育、环境保护等方面的奖金。

❷国债和国家发行的金融债券利息。

❸按照国家统一规定发给的补贴、津贴。

❹福利费、抚恤金、救济金。

❺保险赔款。

❻军人的转业安置费、复员费。

❼按照国家统一规定发给干部、职工的安家费、退职费、退休工资、离休工资、离休生活补助费。

❽依照我国有关法律规定应予免税的各国驻华使馆、领事馆的外交代表、领事官员和其他人员的所得。

❾中国政府参加的国际公约、签订的协议中规定免税的所得。

❿对乡镇以上政府或县以上政府主管部门批准成立的见义勇为基金会或者类似组织，奖励见义勇为者的奖金或奖品，经主管税务机关批准，免征个人所得税。

⓫企业和个人按规定比例提取并缴付的住房公积金、医疗保险金、基本养老保险金和失业保险基金（简称“三险一金”）。个人领取“三险一金”免征个人所得税；按现定比

例缴付的“三险一金”存入银行个人账户所取得的利息收入，免征个人所得税。

⑫对个人取得教育储蓄存款利息所得及国务院财政部门确定的其他专项储蓄存款或者储蓄性专项基金存款的利息所得。

⑬储蓄机构内从事代扣代缴工作的办税人员取得的扣缴利息税手续费所得。

⑭经国务院财政部门批准的其他免税所得。

（二）减税项目

有下列情形之一的，经批准可以减征个人所得税：

❶残疾、孤老人员和烈属的所得。

❷因严重自然灾害造成重大损失的。

❸其他经国务院财政部门批准减税的。

（三）暂免征税项目

有下列情形的，经批准可暂免征收个人所得税：

❶外籍个人以非现金形式或实报实销形式取得的住房补贴、伙食补贴、搬迁费、洗衣费。

❷外籍个人按合理标准取得的境内、境外出差补贴。

❸外籍个人取得的探亲费、语言训练费、子女教育费等，经当地税务机关审核批准为合理的部分。自2019年1月1日至2021年12月31日，外籍个人符合居民个人条件的，可以选择享受个人所得税专项附加扣除，也可以选择按相关规定的津贴、补贴政策，但不得同时享受。外籍个人一经选择，在一个纳税年度内不得变更。

❹外籍个人从外商投资企业取得的股息、红利所得。

❺个人举报、协查各种违法、犯罪行为而获得的奖金。

❻个人办理代扣代缴手续，按规定取得的扣缴手续费。

❼个人转让自用达5年以上、并且是唯一的家庭生活用房取得的所得。

❽达到离休、退休年龄，但确因工作需要，适当延长离休、退休年龄的高级专家（指享受国家发放的政府特殊津贴的专家、学者），其在延长离休、退休期间的工资薪金所得，视同离休、退休工资免征个人所得税。

❾对个人购买福利彩票、体育彩票，一次中奖收入在1万元以下的（含1万元），暂免征收个人所得税；超过1万元的，全额征收个人所得税。

❿对个人转让上市公司股票的所得，暂免征收个人所得税。

⓫从2015年9月8日起，对个人投资应从上市公司取得的股息、红利所得，持股期限在1个月以内（含）的，其股息、红利所得全额计入应纳税所得额，实际税负为20%；持股期限在1个月以上1年以内（含）的，暂减按50%计入应纳税所得额，实际税负为10%；持股期限超过1年的，暂免征收个人所得税。

⓬自2019年1月1日起至2023年12月31日，广东省、深圳市按内地与香港个人所得税负差额，对在大湾区工作的境外（含港澳台）高端人才和紧缺人才给予补贴，该补贴免征个人所得税。

⓭自2018年11月1日（含）起，对个人转让新三板挂牌公示非原始股取得的所得，免征个人所得税。

⓮对内地个人投资者通过沪港通、深港通投资香港联交所上市股票取得的转让差价所

得和通过基金互认买卖香港基金份额取得的转让差价所得，自2019年12月5日起至2022年12月31日止，继续暂免征收个人所得税。

⑮登记失业半年以上人员、零就业家庭、享受城市低保登记失业人员，以及毕业年度内高校毕业生从事个体经营者扣减个人所得税，执行期限为2019年1月1日至2021年12月31日。

任务6.2 个人所得税税款计算

一、个人所得税应纳税额的计算

（一）居民个人综合所得应纳税额的计算

1.居民个人综合所得的确定

居民个人的综合所得，以每一纳税年度的收入减除费用6万元以及专项扣除费用、专项附加扣除和依法确定可以扣除的其他费用后的余额，作为当年应纳税所得额，计算缴纳个人所得税。综合所得包括四项，分别是：工资薪金所得、劳务报酬所得、稿酬所得、特许权使用费所得。

2.居民个人综合所得的应纳税额计算

居民个人综合所得的个人所得税应纳税额的计算公式为（按年计算）：

应纳税额=应纳税所得额×适用税率-速算扣除数

$$\text{应纳税所得额}=\text{工资薪金所得}+\text{劳务报酬所得}\times(1-20\%)+\text{稿酬所得}\times(1-30\%)\times(1-20\%)+\text{特许权使用费所得}\times(1-20\%)-60\,000-\text{专项扣除}-\text{专项附加扣除}-\text{其他扣除}$$

适用税率可根据表6-3的个人所得税税率表（一）来划分标准。

（1）收入额的确定。

❶工资薪金所得是指个人因任职或者受雇而取得的工资薪金、奖金、年终加薪、劳动分红、补贴、津贴以及与任职或受雇有关的其他所得。对一些不属于工资薪金性质的补贴、津贴或者不属于纳税人本人工资薪金所得项目的收入，不予征税。

❷劳务报酬收入、稿酬所得收入以及特许权使用费的所得收入以其收入减除20%的费用后的余额为收入额。稿酬所得的收入再减除30%为收入额。

（2）各项扣除的确定。

❶专项扣除，包括居民个人按国家有关规定和标准缴纳的基本养老保险、基本医疗保险、失业保险等社会保险及住房公积金等。

❷专项附加扣除，包括个人的子女教育费、继续教育、住房贷款利息或者住房租金、赡养老人、大病医疗等支出。

A.子女教育费专项附加扣除。

享受条件：年满3周岁以上至小学前，不论是否在幼儿园学习；子女正在接受小学、初中、高中阶段教育（普通高中、中等职业教育、技工教育）；子女正在接受高等教育（大学专科、大学本科、硕士研究生、博士研究生教育）；包括在中国境内和在境外接受教育。

标准方式：每个子女，每月扣除1 000元。多个符合扣除条件的子女，每个子女均可享受扣除。扣除人由父母双方选择确定。既可以由父母一方全额扣除，也可以父母分别扣除500元。扣除方式确定后，一个纳税年度内不能变更。

【例6-1】如某员工2019年3月份向单位首次报送其正在上幼儿园的4岁女儿的相关信息。则当3月份该员工可在本单位发工资时扣除子女教育支出3 000元（1 000元/月×3个月）。

【例6-2】承【例6-1】，如果该员工的女儿在2019年3月份刚满3周岁。则3月份该员工可以扣除的子女教育支出仅为1 000元（1 000元/月×1个月）。

【例6-3】如某员工2019年3月新入职本单位开始领工资，其5月份才首次向单位报送正在上幼儿园的4岁女儿的相关信息。则5月份该员工可在本单位发工资时扣除的子女教育支出金额为3 000元（1 000元/月×3个月）。

B.继续教育专项附加扣除。

享受条件：学历（学位）继续教育、技能人员职业资格继续教育、专业技术人员职业资格继续教育。职业资格具体范围，以人力资源社会保障部公布的国家职业资格目录为准。

标准方式：学历（学位）继续教育，每月400元；职业资格继续教育，每年3 600元。同一学历（学位）继续教育的扣除期限最长不能超过48个月。

C.住房贷款利息专项附加扣除。

享受条件：本人或者配偶，单独或者共同使用商业银行或住房公积金个人住房贷款，为本人或配偶购买中国境内住房而发生的首套住房贷款利息支出。

标准方式：每月1 000元，扣除期限最长不超过240个月。

扣除人：夫妻双方约定，可以选择由其中一方扣除。确定后，一个纳税年度内不得变更。

D.住房租金专项附加扣除。

享受条件：在主要工作城市租房，且同时符合以下条件：a.本人及配偶在主要工作的城市没有自有住房；b.已经实际发生了住房租金支出；c.本人及配偶在同一纳税年度内，没有享受住房贷款利息专项附加扣除政策。住房贷款利息与住房租金两项扣除政策只能享受其中一项，不能同时享受。

标准方式：直辖市、省会（首府）城市、计划单列市以及国务院确定的其他城市，每月1 500元；除上述城市以外的市辖区户籍人口超过100万人的城市，每月1 100元；除上述城市以外的，市辖区户籍人口不超过100万人（含）的城市，每月800元。

E.赡养老人专项附加扣除。

享受条件：被赡养人年满60周岁（含）。被赡养人包括父母（生父母、继父母、养父母），以及子女均已去世的祖父母、外祖父母。

标准方式：纳税人为独生子女，每月2 000元。纳税人为非独生子女，可以兄弟姐妹分摊每月2 000元的扣除额度，但每人分摊的额度不能超过每月1 000元。具体分摊的方式包括：均摊、约定、指定分摊。约定或指定分摊的，需签订书面分摊协议。具体分摊方式和额度确定后，一个纳税年度内不得变更。

F.大病医疗专项附加扣除。

享受条件：医保目录范围内的医药费用支出，医保报销后的个人自付部分。

标准方式：每年1月1日至12月31日，与基本医保相关的医药费用，扣除医保报销后个人负担（是指医保目录范围内的自付部分）累计超过15 000元且不超过80 000元的部分。新税法实施首年（2019年）发生的大病医疗支出，要在2020年才能办理。

3.居民个人综合所得按月或按次预扣预缴的计算

（1）扣缴义务人向居民个人支付工资薪金所得时，应当按照累计预扣法计算预扣税款，并按月办理全员全额扣缴申报。

扣缴义务人向居民个人支付工资薪金所得、劳务报酬所得、稿酬所得、特许权使用费所得时，按以下方法预扣预缴个人所得税，并向主管税务机关报送“个人所得税扣缴申报表”：

$$\text{本期应预扣预缴税额}=(\text{累计预扣预缴应纳税所得额}\times\text{预扣率}-\text{速算扣除数})-\text{累计减免税额}-\text{累计已预扣预缴税额}$$

$$\text{累计预扣预缴应纳税所得额}=\text{累计收入}-\text{累计免税收入}-\text{累计减除费用}-\text{累计专项扣除}-\text{累计专项附加扣除}-\text{累计依法确定的其他扣除}$$

其中：累计减除费用，按照5 000元/月乘以纳税人当年截至本月在本单位的任职受雇月份数计算。

【例6-4】某职员2015年入职，2019年每月应发工资均为10 000元，每月减除费用5 000元，“三险一金”等专项扣除为1 500元，从1月起享受子女教育专项附加扣除1 000元，没有减免收入及减免税额等情况。以2019年前3个月为例，应当按照以下方法计算该职员的预扣预缴税额：

1月份：（10 000−5 000−1 500−1 000）×3%=75（元）

2月份：（10 000×2−5 000×2−1 500×2−1 000×2）×3%−75=75（元）

3月份：（10 000×3−5 000×3−1 500×3−1 000×3）×3%−75−75=75（元）

进一步计算可知，该纳税人全年累计预扣预缴应纳税所得额为30 000元，一直适用3%的税率，因此各月应预扣预缴的税款相同。

【例6-5】某职员2015年入职，2019年每月应发工资均为30 000元，每月减除费用为5 000元，“三险一金”等专项扣除为4 500元，享受子女教育、赡养老人两项专项附加扣除共计2 000元，没有减免收入及减免税额等情况。以2019年前3个月为例，应当按照以下方法计算各月应预扣预缴税额：

1月份：（30 000−5 000−4 500−2 000）×3%=555（元）

2月份：（30 000×2−5 000×2−4 500×2−2 000×2）×10%−2 520−555=625（元）

3月份：（30 000×3−5 000×3−4 500×3−2 000×3）×10%−2 520−555−625=1 850（元）

上述计算结果表明，由于2月份累计预扣预缴应纳税所得额为37 000元，已适用10%的税率，因此2月份和3月份应预扣预缴的税款有所增加。

（2）扣缴义务人向居民个人支付劳务报酬所得、稿酬所得、特许权使用费所得，按次或者按月预扣预缴个人所得税。具体预扣预缴方法如下：

劳务报酬所得、稿酬所得、特许权使用费所得以收入减除费用后的余额为收入额。其中，稿酬所得的收入额减按70%计算。

减除费用：劳务报酬所得、稿酬所得、特许权使用费所得每次收入不超过4 000元的，减除费用按800元计算；每次收入4 000元以上的，减除费用按20%计算。

应纳税所得额：劳务报酬所得、稿酬所得、特许权使用费所得，以每次收入额为预扣预缴应纳税所得额。劳务报酬所得适用20%至40%的超额累进预扣率，稿酬所得、特许权使用费所得适用20%的比例预扣率。

❶劳务报酬所得预扣预缴。

a.每次收入不足4 000元的：

应纳税额=（每次收入额-800）×20%

b.每次收入在4 000元以上，应纳税所得额不超过20 000元的：

应纳税额=每次收入额×（1-20%）×20%

c.每次收入的应纳税所得额超过20 000元的：

应纳税额=每次收入额×（1-20%）×适用税率-速算扣除数

劳务报酬所得应预扣预缴税额=预扣预缴应纳税所得额×预扣率-速算扣除数

【例6-6】歌星杨某一次取得表演收入48 000元，计算其应缴纳的个人所得税。

应纳税额=48 000×（1-20%）×30%-2 000=9 520（元）

❷稿酬所得预扣预缴。

a.每次收入不足4 000元的：

应纳税额=（每次收入额-800）×20%×（1-30%）

b.每次收入在4 000元以上的：

应纳税额=每次收入额×（1-20%）×20%×（1-30%）

稿酬所得应预扣预缴税额=预扣预缴应纳税所得额×20%

【例6-7】作家刘某于2019年5月在某出版社出版一部长篇小说，取得稿酬45 000元；同年10月又取得该书加印稿酬5 500元；2019年11月到2020年1月该长篇小说在某报刊上连载3个月，每月获得稿酬1 000元，共3 000元。计算作家刘某就这部长篇小说稿酬所得应缴纳的个人所得税。

出版、加印稿酬应纳税额=（45 000+5 500）×（1-20%）×20%×（1-30%）=5 656（元）

报刊连载稿酬应纳税额=（3 000-800）×20%×（1-30%）=308（元）

❸特许权使用费所得预扣预缴。

特许权使用费所得按次计算，一般以某项特许权的一次转让所取得的收入为一次；如果该次转让取得的收入是分笔支付的，则应将各笔收入相加为一次收入，计征个人所得税。

a.每次收入不足4 000元的：

应纳税额=（每次收入额-800）×20%

b.每次收入在4 000元以上的：

应纳税额=每次收入额×（1-20%）×20%

特许权使用费所得应预扣预缴税额=预扣预缴应纳税所得额×20%

【例6-8】某企业购入王某一项非专利使用权，合同约定使用费为40 000元，分两次支付，每次支付20 000元。计算该企业应代扣代缴的个人所得税。

同一笔业务，虽分次支付，但应合并计算。

应纳税额=40 000×（1-20%）×20%=6 400（元）

（二）财产租赁所得应纳税额的计算

财产租赁所得适用20%的比例税率，对个人按市场价出租的住房适用税率为10%。财产租赁所得按次计算，以一个月内取得的收入为一次计征个人所得税。财产租赁可以扣除的费用包括税费、修缮费和法定扣除标准。其中，在出租财产过程中缴纳的税金和教育费附加等要有完税（缴款）凭证。准予扣除的修缮费是指能够提供有效、准确凭证，证明由纳税人负担的该出租财产实际开支的修缮费用。允许扣除的修缮费用每月以800元为限，一次扣不完的，未扣完的余额可无限期向以后月份结转抵扣，法定扣除标准为800元（月收入不超过4 000元）或20%（月收入4 000元以上）。

❶每次（月）收入不足4 000元的：

应纳税额=［每次（月）收入额-允许扣除的项目（税费）-修缮费用（800元为限）-800］×适用税率

❷每次（月）收入在4 000元以上的：

应纳税额=［每次（月）收入额-允许扣除的项目（税费）-修缮费用（800元为限）］×（1-20%）×适用税率

【例 6-9】中国公民李某2019年6月1日起将其位于市区的一套公寓住房按市价出租，每月收取租金3 800元。6月因卫生间漏水发生修缮费用1 200元，已取得合法有效的支出凭证。计算李某6月和7月出租房屋应缴纳的个人所得税（不考虑其他税费）。

6月出租住房应纳个人所得税=（3 800-800-800）×10%=220（元）

7月出租住房应纳个人所得税=（3 800-400-800）×10%=260（元）

假设上例中，李某就取得的租金按税法规定缴纳了房产税、城市维护建设税和教育费附加，在计算应纳税额时，也可一并扣除。

（三）财产转让所得应纳税额的计算

财产转让所得适用20%的比例税率，以转让财产的收入额减除财产原值和合理费用后的余额为应纳税所得额。合理费用是指卖出财产时按照规定支付的有关费用，经税务机关认定方可减除。

应纳税额=（收入总额-财产原值-合理费用）×20%

【例 6-10】2019年11月，居住在市区的中国居民李某以每份218元的价格转让2018年申购的企业债券500份，发生相关税费870元，债券申购价为每份200元，申购时共支付相关税费350元；转让A股股票取得所得24 000元。计算李某转让有价证券所得应缴纳的个人所得税。

转让股票所得免征个人所得税。

转让有价证券所得应纳个人所得税=［（218-200）×500-870-350］×20%=1 556（元）

（四）利息、股息、红利所得，偶然所得和其他所得应纳税额的计算

利息、股息、红利所得，偶然所得和其他所得适用20%的比例税率，以每次取得的收入额为应纳税所得额，不得从收入额中扣除任何费用。

应纳税额=每次收入额×20%

【例 6-11】2020年1月刘先生购买福利彩票中奖5 000元；参加某商场有奖销售活动中奖20 000元现金。计算刘先生以上所得应缴纳的个人所得税。

刘先生购买福利彩票中奖所得不超过1万元，暂免征收个人所得税；参加商场有奖销售活动所得应按“偶然所得”项目计征个人所得税。

应纳税额=20 000×20%=4 000（元）

（五）经营所得的计算

纳税人取得经营所得，按年计算个人所得税。经营所得，以每一纳税年度的收入总额，减除成本、费用及损失后的余额，为应纳税所得额。从事生产经营的纳税人若未提供完整、准确的纳税资料，不能正确计算应纳税所得额的，由税务机关核定其应纳税所得额。

经营所得应纳税额的计算公式为；

应纳税额=应纳税所得额×适用税率-速算扣除数

=（全年收入总额-成本-费用及损失）×适用税率-速算扣除数

适用税率可根据表6-5的个人所得税税率表（三）来划分标准。

二、非居民个人所得税的计算和扣缴方法

扣缴义务人向非居民个人支付工资薪金所得、劳务报酬所得、稿酬所得和特许权使用费所得时，应当按以下方法按月或者按次代扣代缴个人所得税：

非居民个人的工资薪金所得，以每月收入额减除费用5 000元后的余额为应纳税所得额；劳务报酬所得、稿酬所得、特许权使用费所得，以每次收入额为应纳税所得额，适用按月换算后的非居民个人月度税率表计算应纳税额。其中，劳务报酬所得、稿酬所得、特许权使用费所得以收入减除20%的费用后的余额为收入额。稿酬所得的收入额减按70%计算。

注：非居民纳税人不同于居民纳税人，不需要计算综合所得计征个人所得税，直接在支付所得时由扣缴义务人进行扣缴。

非居民个人工资薪金所得、劳务报酬所得、稿酬所得、特许权使用费所得应纳税额 = 应纳税所得额 × 税率 - 速算扣除数

适用税率可根据表6-4的个人所得税税率表（二）来划分标准。

【例6-12】假如某非居民个人2019年11月取得劳务报酬所得20 000元，则该笔所得应扣缴税额为：

（20 000-20 000×20%）×20%-1 410=1 790（元）

【例6-13】承【例6-12】，假如该非居民个人2019年12月取得稿酬所得10 000元，则这笔所得应扣缴税额为：

（10 000-10 000×20%）×70%×10%-210=350（元）

三、特殊情况个人所得税应纳税额的计算

1.全年一次性奖金所得应纳税额的计算

在2022年1月1日前，全年一次性奖金纳税计算方法保持不变，在2021年12月31日前，不并入当年综合所得，以全年一次性奖金收入除以12个月得到的数额，按照换算后的综合所得税率表，确定适用税率和速算扣除数，单独计算纳税。

计算公式为：

应纳税额=全年一次性奖金收入×适用税率-速算扣除数

居民个人取得全年一次性奖金，也可以选择并入当年综合所得计算纳税。

自2022年1月1日起，居民个人取得全年一次性奖金，应并入当年综合所得计算缴纳个人所得税。

（1）纳税人取得全年一次性奖金，单独作为一个月工资薪金所得计算纳税，并按以下计税办法，由扣缴义务人发放时代扣代缴：

首先，将雇员当月内取得的全年一次性奖金，除以12，按其商数确定适用税率和速算扣除数。如果在发放年终一次性奖金的当月，雇员当月工资薪金所得低于税法规定的费用扣除额，应将全年一次性奖金减除“雇员当月工资薪金所得与费用扣除额的差额”后的余额，按上述办法确定全年一次性奖金的适用税率和速算扣除数。

其次，将雇员个人当月内取得的全年一次性奖金，按上述确定的适用税率和速算扣除数计算征税，如果雇员当月工资薪金所得高于（或等于）税法规定的费用扣除额的，适用公式为：

应纳税额=雇员当月取得全年一次性奖金×适用税率-速算扣除数

如果雇员当月工资薪金所得低于税法规定的费用扣除额的，适用公式为：

$$\text{应纳税额}=\left(\text{雇员当月取得全年一次性奖金}-\text{雇员当月工资薪金所得与费用扣除额差额的绝对值}\right)\times\text{适用税率}-\text{速算扣除数}$$

（2）在一个纳税年度内，对每个纳税人，该计税办法只允许采用一次。

（3）雇员取得除全年一次性奖金以外的其他各种名目奖金，如半年奖、季度奖、加班奖、先进奖、考勤奖等，一律与当月工资薪金收入合并，按税法规定缴纳个人所得税。

【例6-14】中国公民张某2020年1月取得2019年全年一次性奖金36 000元，张某当月工资为12 000元，缴纳社会统筹的养老保险220元、失业保险100元，单位代缴水电费200元，无其他专项附加扣除。计算张某1月份应缴纳的个人所得税。

当月工资收入应预扣预缴个人所得税额=（12 000-5 000-220-100）×10%-210=458（元）

年终奖应纳税额计算如下：

36 000÷12=3 000（元），适用3%的税率，速算扣除数为0。

奖金应纳个人所得税额=36 000×3%=1 080（元）

2.个人发生公益、救济性捐赠个人所得税的计算

个人将其所得通过中国境内的社会团体、国家机关向教育和其他社会公益事业以及遭受严重自然灾害的地区、贫困地区捐赠，捐赠额未超过纳税人申报的应纳税所得额的30%的部分，可以从其应纳税所得额中扣除。

个人通过非营利性的社会团体和国家机关向红十字事业、农村义务教育以及公益性青少年活动场所的公益性捐赠，在计算缴纳个人所得税时，准予在税前全额扣除。

【例6-15】张某6月1日购买福利彩票，中奖价值为200 000元的小轿车一辆及人民币50 000元。张某领奖时拿出20 000元通过民政部门捐赠给灾区。计算张某应缴纳的个人所得税。

捐赠支出扣除限额=（200 000+50 000）×30%=75 000（元）

纳税人实际捐赠支出20 000元低于捐赠支出限额75 000元，可全部在税前扣除。

应纳税所得额=200 000+50 000-20 000=230 000（元）

应纳税额=230 000×20%=46 000（元）

3.境外所得已纳税额扣除的计算

根据《个人所得税法》的规定，对个人所得税的居民纳税人，应就其来源于中国境内、境外的所得计算个人所得税。但是，纳税人从中国境外取得的所得，已在境外缴纳的个人所得税，准予在应纳税额中扣除，扣除额不得超过该纳税人境外所得依照我国个人所得税法计算的应纳税额。

上述“已在境外缴纳的个人所得税”是指纳税人从中国境外取得的所得，依照该所得来源国或者地区的法律应当并且实际已缴纳的税额。“境外所得依据我国个人所得税法计算的应纳税额”是指纳税人从中国境外取得的所得，区别不同国家或地区和不同应税项目，依照我国税法规定的费用减除标准和适用税率计算的应纳税额。同一国家或地区内不同应税项目，依照我国税法计算的应纳税额之和，则为该国或地区的扣除限额。

纳税人从中国境外一国或地区实际已缴纳的个人所得税税额，低于依照上述办法计算的该国或地区扣除限额的，须在我国缴纳差额部分的税款；超过该国或地区扣除限额的，其超过部分不能在本纳税年度的应纳税额中扣除，但可在以后纳税年度该国或地区扣除限额的余额中补扣，补扣期最长不得超过5年。

纳税人按规定申请扣除在境外实际已缴纳的个人所得税税额时，须提供境外税务机关填发的完税凭证。

【技能拓展】　　　　不同收入项目转换的个人所得税筹划

高级软件开发工程师王某，2020年1月获得某公司的工资类收入53 500元。如果王某与该公司存在稳定的雇佣关系，则应按工资薪金所得缴纳个人所得税。

应纳税所得额=53 500-5 000=48 500（元）

应预扣预缴个人所得税=48 500×30%-4 410=10 140（元）

如果王某与该公司不存在稳定的雇佣关系，则该项所得应按劳务报酬所得纳税。

应纳税所得额=53 500×（1-20%）=42 800（元）

应预扣预缴个人所得税=42 800×30%-2 000=10 840（元）

如果王某与该公司存在稳定的雇佣关系，则可以少交税700元（10 840-10 140）。

由此可见，由于我国个人所得税实行分项计税，在不同税收项目之间转换，可以减轻税负。

四、个体工商户生产、经营所得应纳税额的计算

个体工商户生产、经营所得包括：个体工商户从事工业、手工业、建筑业、交通运输业、商业、饮食业、服务业、修理业及其他行业取得的所得；个人经政府有关部门批准，取得营业执照，从事办学、医疗、咨询以及其他有偿服务活动取得的所得；其他个人从事个体工商业生产、经营取得的所得；上述个体工商户和个人取得的与生产、经营有关的各项应税所得。

个人独资企业和合伙企业的生产、经营所得参照个体工商户生产、经营所得征税。个人独资企业和合伙企业的个人投资者以企业资金为本人、家庭成员及其相关人员支付与企业生产经营无关的消费性支出及购买汽车、住房等财产性支出，视为企业对个人投资者的利润分配，并入投资者个人的生产经营所得，征收个人所得税。

（一）账册健全的个体工商户应纳税额的计算

对于账册健全的个体工商户实际查账征收，其生产、经营所得适用5级超额累进税率，实行按年计算、分月或分季预缴、年终汇算清缴、多退少补的方法。其应纳税额可按下列公式计算：

应纳税额=应纳税所得额×适用税率-速算扣除数

式中，应纳税所得额为每一纳税年度的收入总额，减除成本、费用以及损失后的余额。收入总额是指个体工商户从事生产、经营以及与生产经营有关的活动所取得的各项收

入，包括主营业务收入、其他业务收入和营业外收入。成本、费用和损失是指个体工商户从事生产、经营活动所发生的各项直接费用、间接费用、期间费用和营业外支出。因而应纳税额具体可按以下公式计算：

应纳税额=（全年收入总额-成本、费用以及损失）×适用税率-速算扣除数

实际使用上述公式时应注意以下规定：

❶投资者本人的费用扣除标准统一确定为60 000元/年，投资者的工资不得在税前扣除。

❷个体工商户向其从业人员实际支付的合理的工资薪金支出，允许在税前据实扣除。

❸投资者家庭发生的生活费用不允许在税前扣除。生活费用与企业生产经营费用混合在一起难以划分的，全部视为生活费用，不允许税前扣除。

❹投资者及其家庭共用的固定资产，难以划分的，由税务机关核定。

❺企业拨缴的工会经费、福利费、职工教育经费支出可在工资总额的2%、14%、8%标准之内据实扣除。

❻每一纳税年度发生的广告费和业务宣传费用不超过当年营业收入15%的部分，可据实扣除；超过部分，准予在以后纳税年度结转扣除。

❼每一纳税年度发生的与其生产经营业务直接相关的业务招待费支出，按照发生额的60%扣除，但最高不得超过当年营业收入的5‰。

❽各种准备金不得扣除。

（二）账册不健全的个体工商户应纳税额的计算

对于账册不健全的，甚至没有建账的个体工商户，采用核定征收方式，包括定额征收、定率征收和核定应税所得率征收等。

定额征收是指税务机关对经营规模小，经营情况比较稳定的个体工商户，可根据其实际经营情况，核定应纳税额，按月纳税，年终不清算。

定率征收是指税务机关经调查，定期制定行业所得税负担率，在缴纳增值税的同时，一并按销售收入计算缴纳所得税，年终不清算。

实行核定应税所得率征收方式的，应纳所得税额的计算公式如下：

应纳所得税额=应纳税所得额×适用税率-速算扣除数

应纳税所得额=收入总额×应税所得率

或　应纳税所得额=成本费用支出总额÷（1-应税所得率）×应税所得率

个人所得税应税所得率按表6-7规定的标准执行。

表6-7　个人所得税应税所得率表（自2019年1月1日（核定征收所属期）执行）

行业	应税所得率（%）
农、林、牧、渔业	3
制造业	5
批发和零售贸易业	4
交通运输业	7
建筑业	8
饮食业	8
娱乐业	15
其他行业	10

企业经营多业的，无论其经营项目是否单独核算，均应根据其主营项目确定其适用的应税所得率。实行核定征收的投资者，不能享受个人所得税的优惠政策。

【例6-16】张某拥有一个体饭店，账证健全，12月取得营业额125 000元，购进米、面等原材料50 000元，缴纳水电等各项费用15 000元，缴纳其他税费合计5 000元。该饭店共有4名雇员，当月共支付工资费用6 000元；业主张某自己月工资6 000元。该饭店1—11月累计应纳税所得额为460 000元，已累计预缴个人所得税100 000元。该业主张某按5 000元/月扣除费用。

分析：雇员的合理工资可在税前全额扣除，业主按5 000元/月扣除。

12月应纳税所得税=125 000-50 000-15 000-5 000-6 000-5 000=44 000（元）

全年累计应纳税所得额=460 000+44 000=504 000（元）

全年累计应纳个人所得税=504 000×35%-65 500=110 900（元）

12月应缴纳个人所得税=110 900-100 000=10 900（元）

【例6-17】假设某个体工商户开办卡拉OK厅，已知2019年全年营业收入额为800 000元，而成本费用不确定，被当地税务部门采用核定征收方式，应税所得率为15%，计算2019年该个体工商户应纳的个人所得税。

2019年应纳税所得额=收入总额×应税所得率=800 000×15%=120 000（元）

2019年应纳个人所得税=应纳税所得额×适用税率-速算扣除数=120 000×20%-10 500=13 500（元）

任务6.3 个人所得税会计核算

一、会计科目设置

对采用自行申报缴纳个人所得税的纳税人，除实行查账征收的个体工商户外，一般不需要进行会计核算。一般企业涉及的代扣代缴个人所得税业务，应设置“应交税费——代扣个人所得税”科目，核算其代扣代缴情况。

二、会计核算实务

1.支付薪酬代扣代缴个人所得税

（1）在支付薪酬的同时代扣代缴个人所得税：

借：应付职工薪酬

　　贷：应交税费——代扣个人所得税

（2）实际缴纳个人所得税款时：

借：应交税费——代扣个人所得税

　　贷：银行存款

2.承包、承租经营所得应交所得税

（1）承包、承租人对企业经营成果不拥有所有权，仅按合同（协议）规定取得一定所得的，其所得按“工资薪金所得”项目征税，由支付薪酬方代扣代缴个人所得税，其会计处理同上。

（2）承包、承租人按合同（协议）规定只向发包、出租方缴纳一定费用后，企业经营成果归其所有的，由承包、承租人自行申报缴纳个人所得税，发包、出租方不作扣缴所得税的会计处理。

3.支付其他所得的单位代扣代缴的劳务报酬所得，特许权使用费所得，稿酬所得，财产租赁所得，利息、股息、红利所得等个人所得税款

（1）企业在支付费用、代扣代缴个人所得税时：

借：其他应付款

管理费用

财务费用

销售费用

应付利润等

贷：银行存款

应交税费——代扣个人所得税

（2）实际缴纳个人所得税款时：

借：应交税费——代扣个人所得税

贷：银行存款

4.企业从个人处购买财产代扣代缴个人所得税

（1）购置固定资产时：

借：固定资产

贷：银行存款

应交税费——代扣个人所得税

（2）实际缴纳个人所得税款时：

借：应交税费——代扣个人所得税

贷：银行存款

5.向股东支付股利、代扣代缴个人所得税

（1）向股东支付现金股利并代扣代缴个人所得税时：

借：应付股利

贷：银行存款（或库存现金）

应交税费——代扣个人所得税

（2）实际缴纳个人所得税款时：

借：应交税费——代扣个人所得税

贷：银行存款

【例 6-18】某企业3月与王某签约购入其一项发明专利，支付专利转让费80 000元。根据个人所得税法相关规定，计算该企业应代扣代缴王某转让专利应交的个人所得税，并进行会计处理。

应代扣代缴的个人所得税=80 000×（1-20%）×20%=12 800（元）

会计分录如下：

购入专利时：

	借方	贷方
借：无形资产	80 000	
贷：其他应付款		80 000

支付转让款，并代扣个人所得税时：

	借方	贷方
借：其他应付款	80 000	

贷：应交税费——代扣个人所得税 12 800

银行存款 67 200

三、个体工商户个人所得税的会计核算

对采用自行申报缴纳个人所得税的纳税人，除实行查账征收的个体工商户外，一般不进行会计核算。实行查账征收的个体工商户，其应缴纳的个人所得税，应通过“所得税费用”和“应交税费——应交个人所得税”等科目核算。在计算应纳个人所得税时，借记“所得税费用”科目，贷记“应交税费——应交个人所得税”科目。实际缴纳时，借记“应交税费——应交个人所得税”科目，贷记“银行存款”科目。

【例6-19】某个体工商户当年全年经营收入500 000元，生产经营成本、费用总额为400 000元，计算其全年应纳的个人所得税，并进行相关会计处理。

应纳税所得额=500 000-400 000=100 000（元）

应纳税额=100 000×20%-10 500=9 500（元）

会计分录如下：

计算应缴纳的个人所得税时：

借：所得税费用 9 500

贷：应交税费——应交个人所得税 9 500

实际缴纳税款时：

借：应交税费——应交个人所得税 9 500

贷：银行存款 9 500

任务6.4 个人所得税纳税申报

一、个人所得税的扣缴申报

扣缴申报是指按照税法规定负有扣缴税款义务的单位或个人，在向个人支付应纳税所得时，应计算应纳税额，并从其所得中扣除，同时向税务机关报送个人所得税扣缴申报表。这种做法的目的是控制税源，防止漏税和逃税。

（一）扣缴义务人

税法规定，凡是支付个人应纳税所得的企业（公司）、事业单位、机关单位、社团组织、军队、驻华机构、个体户等单位或个人，都是个人所得税的扣缴义务人。从2006年1月1日起，扣缴义务人必须依法履行个人所得税全员全额扣缴申报义务，即扣缴义务人向个人支付应纳税所得时，不论其是否属于本单位人员、支付的应税所得是否达到纳税标准，扣缴义务人都应当在代扣税款的次月内，向主管税务机关报送其支付应税所得个人的基本信息、支付所得项目和数额、扣缴税款数额以及其他相关涉税信息。

除大病医疗支出以外，子女教育、赡养老人、住房贷款利息、住房租金、继续教育支出，纳税人可以选择在单位发放工资薪金时，按月享受专项附加扣除政策。

首次享受时，纳税人填报“个人所得税专项附加扣除信息表”并交任职受雇单位，单位在每个月发放工资时，像“三险一金”一样，为其办理专项附加扣除。

（二）代扣代缴的范围

扣缴义务人向个人支付下列所得时，应代扣代缴个人所得税：工资薪金所得，劳务报

酬所得，稿酬所得，特许权使用费所得，利息、股息、红利所得，财产租赁所得，财产转让所得，偶然所得。

（三）个人所得税扣缴申报表的报送

扣缴义务人每月所预扣的税款，应当在次月15日内缴入国库，并向主管税务机关报送“个人所得税扣缴申报表”（见表6-9）、代扣代收税款凭证和包括每一纳税人姓名、单位、职务、收入和税款等内容的个人所得税基础信息表，以及税务机关要求报送的其他有关资料。

二、个人所得税的汇算清缴

（一）汇算清缴的范围

取得综合所得需要办理汇算清缴的情形包括：

（1）从两处以上取得综合所得，且综合所得年收入额减除专项扣除的余额超过6万元；

（2）取得劳务报酬所得、稿酬所得、特许权使用费所得中一项或者多项，且综合所得年收入额减除专项扣除的余额超过6万元；

（3）纳税年度内预缴税额低于应纳税额；

（4）纳税人申请退税。

纳税人申请退税，应当提供其在中国境内开设的银行账户，并在汇算清缴地就地办理税款退库。

汇算清缴的具体办法由国务院税务主管部门制定。

居民个人取得工资薪金所得时，可以向扣缴义务人提供专项附加扣除有关信息，由扣缴义务人扣缴税款时减除专项附加扣除。纳税人同时从两处以上取得工资薪金所得，并由扣缴义务人减除专项附加扣除的，对同一专项附加扣除项目，在一个纳税年度内只能选择从一处取得的所得中减除。

居民个人取得劳务报酬所得、稿酬所得、特许权使用费所得，应当在汇算清缴时向税务机关提供有关信息，减除专项附加扣除。

纳税人可以委托扣缴义务人或者其他单位和个人办理汇算清缴。

扣缴义务人应当按照纳税人提供的信息计算办理扣缴申报，不得擅自更改纳税人提供的信息。

纳税人发现扣缴义务人提供或者扣缴申报的个人信息、所得、扣缴税款等与实际情况不符的，有权要求扣缴义务人修改。扣缴义务人拒绝修改的，纳税人应当报告税务机关，税务机关应当及时处理。

纳税人、扣缴义务人应当按照规定保存与专项附加扣除相关的资料。税务机关可以对纳税人提供的专项附加扣除信息进行抽查，具体办法由国务院税务主管部门另行规定。税务机关发现纳税人提供虚假信息的，应当责令改正并通知扣缴义务人；情节严重的，有关部门应当依法予以处理，纳入信用信息系统并实施联合惩戒。

（二）汇算清缴期限

年度预扣预缴税额与年度应纳税额不一致的，由居民个人于次年3月1日至6月30日向主管税务机关办理综合所得年度汇算清缴，税款多退少补。

（三）个人所得税纳税申报表的报送

纳税人应如实填报个人所得税纳税申报表，并在规定的时间内缴纳税款。

（1）从中国境内两处或者两处以上取得工资薪金所得的，或者取得应纳税所得没有扣缴义务人的，或者符合国务院规定的其他情形的，应报送：

❶个人所得税年度自行纳税申报表（A表），2份，报表格式见表6-10。

❷个人所得税基础信息表（A表）（初次申报或在信息发生变化时填报），见表6-11。

❸个人有效身份证件原件及复印件。

（2）从境外取得所得，应报送：

❶个人所得税基础信息表（B表）（初次申报或在信息发生变化时填报），见表6-12。

❷个人所得税自行纳税申报表（B表），2份。

❸纳税义务人依照规定申请扣除已在境外缴纳的个人所得税税额时，应当提供境外税务机关填发的完税凭证原件。

❹个人有效身份证件原件及复印件。

【特别提醒】

❶实行核定征收的投资者，不能享受个人所得税的优惠政策。

❷凡实行查账征收办法的个人独资企业和合伙企业，其税率比照“个体工商户的生产、经营所得”应税项目，适用5%~35%的五级超额累进税率，计算征收个人所得税；实行核定应税所得率征收方式的，先按照应税所得率计算其应纳税所得额，再按其应纳税所得额的大小，适用5%~35%的五级超额累进税率计算征收个人所得税。

❸投资者的工资薪金收入不按照工资薪金的规定单独征税，而是将其并入生产、经营所得一并计算，但可按照工资薪金征税的规定计算扣除相应的费用。

❹个体工商户和从事生产、经营的个人，取得与生产、经营活动无关的其他各项应税所得，应分别按照有关规定，计算征收个人所得税。如取得对外投资所取得的股息所得，应按“利息、股息、红利所得”项目的规定单独计征个人所得税。

❺一人兼有多项应税所得的规定：纳税人同时取得两项或两项以上应税所得时，除按税法规定应同项合并计税的外，其他应税项目应就其所得分项分别计算纳税。税法规定应同项合并计税的应税所得有：工资薪金所得，个体工商户的生产、经营所得，企事业单位的承包、承租经营所得等。

三、个体工商户个人所得税的纳税申报

（一）预缴纳税申报期限

实行查账征收的个体工商户、个人独资企业、合伙企业，纳税人应在次月（季）15日内办理预缴纳税申报；企事业单位承包、承租经营者如果在1年内按月或分次取得承包、承租经营所得的，纳税人应在每月或每次取得所得后的15日内办理预缴纳税申报。实行核定征收的，纳税人应在次月（季）15日内办理纳税申报。纳税人不能按规定期限办理纳税申报的，应当按照《中华人民共和国税收征收管理法》及其实施细则的规定办理延期申报。

（二）年度纳税申报期限

个体工商户、个人独资企业投资者、合伙企业合伙人应在年度终了后3个月内办理个人所得税年度纳税申报。企事业单位承包、承租经营者应在年度终了后30日内办理个人

所得税年度纳税申报；纳税人1年内分次取得承包、承租经营所得的，应在年度终了后3个月内办理汇算清缴。

（三）纳税申报表填报

1.预缴纳税申报表填报

个体工商户、企事业单位承包承租经营者、个人独资企业投资者和合伙企业合伙人在中国境内取得生产、经营所得或企事业单位的承包、承租经营所得，其个人所得税月度（季度）纳税申报时，需填报个人所得税经营所得纳税申报表（A表），格式见表6-13。合伙企业有两个或两个以上自然人合伙人的，应分别填报。

2.年度纳税申报表填报

查账征收"个体工商户的生产、经营所得"和"企事业单位的承包、承租经营所得"个人所得税的个体工商户、企事业单位承包承租经营者、个人独资企业投资者和合伙企业合伙人的个人所得税年度汇算清缴：纳税人在办理申报时，需填报个人所得税经营所得纳税申报表（B表），格式见表6-14。合伙企业有两个或两个以上自然人投资者的，应分别填报。

任务6.5 个人所得税纳税岗位实务

一、扣缴义务人个人所得税纳税岗位实务

【工作示例6-1】

我国公民张冰（身份证号：43****19881016***#），未婚，一家三口，其父母均已年过60岁，退休在家，无其他附加扣除项目；现为长沙市长大集团一名高级技术人员，2019年1—12月收入情况如下：

（1）每月取得工资收入及扣缴个人所得税情况见工资薪金明细表（见表6-8）。

表6-8 工资薪金明细表 单位：元

月份	基本及岗位工资	伙食补助	月奖	住房补贴	过节费	应发工资	住房公积金	基本养老保险费	基本医疗保险费	失业保险费	三险一金合计	专项附加扣除	个人所得税	实发工资
	①	②	③	④	⑤	⑥	⑦	⑧	⑨	⑩	⑪	⑫	⑬	⑭
1月	7 500	900	1 200	3 000	1 000	13 600	1 200	900	300	120	2 520	2 000	122.4	8 957.6
2月	7 500	900	1 200	3 000	2 000	14 600	1 200	900	300	120	2 520	2 000	152.4	9 927.6
3月	7 100	900	1 200	3 000	0	12 200	1 200	900	300	120	2 520	2 000	80.4	7 599.6
4月	7 100	900	1 200	3 000	0	12 200	1 200	900	300	120	2 520	2 000	80.4	7 599.6
5月	7 100	900	1 200	3 000	1 000	13 200	1 200	900	300	120	2 520	2 000	110.4	8 569.6
6月	7 100	900	1 200	3 000	0	12 200	1 200	900	300	120	2 520	2 000	80.4	7 599.6
7月	7 100	900	1 200	3 000	0	12 200	1 200	900	300	120	2 520	2 000	80.4	7 599.6
8月	7 100	900	1 200	3 000	0	12 200	1 200	900	300	120	2 520	2 000	80.4	7 599.6
9月	7 100	900	1 200	3 000	1 000	13 200	1 200	900	300	120	2 520	2 000	110.4	8 569.6
10月	7 100	900	1 200	3 000	1 000	13 200	1 200	900	300	120	2 520	2 000	110.4	8 569.6
11月	7 100	900	1 200	3 000	0	12 200	1 200	900	300	120	2 520	2 000	100	7 580
12月	7 100	900	1 200	3 000	0	12 200	1 200	900	300	120	2 520	2 000	268	7 412
年终奖金	—	—	—	—	—	36 000	—	—	—	—			1 080	34 920
合 计						189 200		10 800	3 600	1 440	30 240	24 000	2 456	132 504

（2）3月，将自有的一项非职务专利技术提供给ABC公司使用，一次性取得特许权使用费收入6万元。

（3）5月，一篇论文被东海大学出版社采纳，编入其论文集出版，获得稿酬5 000元；次月因添加印数又取得追加稿酬2 000元（注：境内所得均已预扣预缴了个人所得税）。

（4）5月，转让2012年购买的精装公寓一套给宏利办事处，售价230万元，转让过程中支付相关税费13.8万元。该套房屋的购进价为100万元，购房过程中支付的相关税费为3万元。所有税费支出均取得合法凭证，假设不考虑房屋折旧因素。办事处已扣缴了个人所得税。

（5）6月，因提供重要线索，协助公安部门侦破某重大经济案件，获得W公安局奖金2万元，已取得公安部门提供的获奖证明材料。

（6）9月，在参加友好商场组织的有奖销售活动中，中奖所得共计价值3万元，将其中的1万元通过市教育局用于公益性捐赠。友好商场已按扣缴税后的奖金兑付。

【工作任务】

1.根据个人各项所得分析、分类计算扣缴的个人所得税应纳税额。

2.根据个人所得税相关资料，进行代扣代缴义务人扣缴个人所得税的账务处理。

3.能够正确、规范地填写个人所得税纳税申报表，并能熟练进行个人所得税的纳税申报工作。

【任务实施】

1.根据张冰2019年全年所得，分类计算个人所得税及扣缴情况如下：

（1）2019年，长沙市长大集团支付给张冰的工资薪金所得，预扣预缴个人所得税：

❶每月工资薪金预扣预缴个人所得税计算：

1月应纳税所得额=应发工资-个人缴付的“三险一金”-专项扣除-专项附加扣除
=13 600-2 520-2 000-5 000=4 080（元）

1月预扣预缴个人所得税=4 080×3%=122.4（元）

2月预扣预缴个人所得税合计=（13 600+14 600-2 520×2-2 000×2-5 000×2）×3%=274.8（元）

2月预扣预缴个人所得税=274.8-122.4=152.4（元）

3月预扣预缴个人所得税合计=（13 600+14 600+12 200-2 520×3-2 000×3-5 000×3）×3%=355.2（元）

3月预扣预缴个人所得税=355.2-274.8=80.4（元）

4月预扣预缴个人所得税合计=（13 600+14 600+12 200+12 200-2 520×4-2 000×4-5 000×4）×3%
=435.6（元）

4月预扣预缴个人所得税=435.6-355.2=80.4（元）

5月预扣预缴个人所得税合计=（13 600+14 600+12 200+12 200+13 200-2 520×5-2 000×5-5 000×5）×3%
=546（元）

5月预扣预缴个人所得税=546-435.6=110.4（元）

同理，6月、7月、8月、9月、10月预扣预缴个人所得税额分别为：80.4元、80.4元、80.4元、110.4元、110.4元，计算方法同前5个月，故不再赘述。

11月预扣预缴个人所得税合计=（13 600+14 600+12 200+12 200+13 200+12 200+12 200+12 200+
13 200+13 200+12 200-2 520×11-2 000×11-5 000×11）×10%-2 520
=1 108（元）

11月预扣预缴个人所得税=1 108-1 008=100（元）

其中1至11月工资薪金应纳税所得额为36 280元，达到了七级累进税率的第二级，故适用10%的税率，速算扣除数为2 520元，1 008元为1至10月份已预扣预缴个人所得税合计数。

12月预扣预缴个人所得税合计=（13 600+14 600+12 200+12 200+13 200+12 200+12 200+12 200+13 200+13 200+12 200+12 200−2 520×12−2 000×12−5 000×12）×10%−2 520
=1 376（元）

12月预扣预缴个人所得税=1 376−1 108=268（元）

（注：张冰各月工资薪金个人所得税，应由发放工资的长沙市长大集团代扣代缴，即长沙市长大集团为其扣缴义务人）。

❷年终奖个人所得税计算：

确定适用税率：36 000÷12=3 000（元），适用税率为3%。

应纳个人所得税额=36 000×3%=1 080（元）

张冰年终奖个人所得税，也应由发放工资的长沙市长大集团代扣代缴。

（2）取得特许权使用费应预扣预缴个人所得税=60 000×（1−20%）×20%=9 600（元）

（3）稿酬应预扣预缴个人所得税=（5 000+2 000）×（1−20%）×（1−30%）×20%=784（元）

张冰稿酬所得应缴纳的个人所得税由东海大学出版社代扣代缴。

2019年张冰综合所得应纳税所得额=（13 600+14 600+12 200+12 200+13 200+12 200+12 200+12 200+13 200+13 200+12 200+12 200+60 000×（1−20%）+（5 000+2 000）×（1−20%）×（1−30%）−2 520×12−2 000×12−60 000
=90 880（元）

2019年张冰综合所得预扣预缴个人所得税合计=1 376+9 600+784=11 760（元）

（4）转让房屋所得应缴纳的个人所得税：

应纳税所得额=2 300 000−138 000−1 000 000−30 000=1 132 000（元）

应纳税额=1 132 000×20%=226 400（元）

张冰转让公寓所得应纳的个人所得税由宏利办事处代扣代缴。

（5）从公安部门获得的奖金属于免税范畴：应纳税额=0

（6）中奖所得应缴纳的个人所得税：

捐赠限额=30 000×30%=9 000（元）

捐赠限额小于实际捐赠10 000元，则中奖所得应缴纳的个人所得税为：

（30 000−9 000）×20%=4 200（元）

张冰中奖所得应缴纳的个人所得税由友好商场代扣代缴。

2.对张冰2019年各项所得，其扣缴义务人所进行的个人所得税账务处理如下：

（1）长沙市长大集团支付职工工资，并应代扣代缴个人所得税款（以2019年1月为例）：

借：应付职工薪酬　　122.4
　　贷：应交税费——代扣个人所得税　　122.4

按规定期限申报缴税时：

借：应交税费——代扣个人所得税　　122.4
　　贷：银行存款　　122.4

（注：实际工作中是按月代扣、按月进行会计处理与申报纳税的，以后各月参照2019年1月的处理）

（2）转让房产，企业代扣代缴个人所得税：

宏利办事处购入公寓时：

借：固定资产　　2 300 000

　贷：其他应付款　　2 300 000

支付转让款，并代扣个人所得税时：

借：其他应付款　　2 300 000

　贷：应交税费——代扣个人所得税　　226 400

　　　银行存款　　2 073 600

（3）中奖所得代扣代缴个人所得税：

友好商场支付奖金并代扣个人所得税时：

借：销售费用　　30 000

　贷：应交税费——代扣个人所得税　　4 200

　　　银行存款等　　25 800

（4）稿酬所得代扣代缴个人所得税：

东海大学出版社支付稿酬，并代扣代缴个人所得税时：

借：主营业务成本　　7 000

　贷：应交税费——代扣个人所得税　　784

　　　银行存款　　6 216

3.填写个人所得税扣缴申报表，选取张冰1月份的工资薪金所得进行预扣预缴申报展示，见表6-9。

需要注意的是，各扣缴义务人单位按张冰每月所扣的税款，应当在次月15日内缴入国库，并向主管税务机关报送个人所得税扣缴申报表。

个人所得税预扣预缴每月进行申报，次年由纳税人自行进行汇算清缴。

张冰2019年收入费用分析如下：

（1）综合所得=153 200+48 000+5 600=206 800（元）

工资薪金所得=153 200元

特许权使用费所得=60 000×（1-20%）=48 000（元）

稿酬所得=（5 000+2 000）×（1-20%）=5 600（元）

稿酬所得减除30%部分=5 600×30%=1 680（元）

稿酬所得减免个人所得税=1 680×20%=336（元）

（2）专项扣除合计=2 520×12=30 240（元）

（3）专项附加扣除合计=2 000×12=24 000（元）

综合所得项目已代扣税额=1 376+9 600+784=11 760（元）

2020年3月1日至6月30日，张冰可到主管税务机关申请退回税款4 112元（11 760-6 568-1 080）。

表 6-9

个人所得税扣缴申报表

税款所属期：2019 年 01 月 01 日至 2019 年 01 月 31 日

扣缴义务人名称：长沙市长大集团

扣缴义务人纳税人识别号（统一社会信用代码）：* * * * * * * * * * * * * * * * * *

金额单位：人民币元

序号	姓名	身份证件类型	身份证件号码	纳税人识别号	是否为非居民个人	所得项目	本月（次）情况														累计情况									减按计税比例	准予扣除的捐赠额	税款计算							备注
							收入额计算			减除费用	专项扣除				其他扣除						累计收入额	累计减除费用	累计专项扣除	累计专项附加扣除					累计其他扣除										
							收入	费用	免税收入		基本养老保险费	基本医疗保险费	失业保险费	住房公积金	年金	商业健康保险	税延养老保险	财产原值	允许扣除的税费	其他				子女教育	赡养老人	住房贷款利息	住房租金	继续教育				应纳税所得额	税率/预扣率	速算扣除数	应纳税额	减免税额	已缴税额	应补/退税额	
1	2	3	4	5	6	7	8	9	10	11	12	13	14	15	16	17	18	19	20	21	22	23	24	25	26	27	28	29	30	31	32	33	34	35	36	37	38	39	40
	张冰	身份证	43****19881016***#		否		13 600			5 000	900	300	120	1 200							13 600	5 000	2 520		2 000							4 080	3%	0	122.4				
会计合计																																							

谨声明：本表是根据国家税收法律法规及相关规定填报的，是真实的、可靠的、完整的。

扣缴义务人（签章）：　　　　年　月　日

经办人签字：***	受理人：
经办人身份证件号码：******************	
代理机构签章：***	受理税务机关（章）：
代理机构统一社会信用代码：******************	受理日期：　　年　月　日

2019年张冰自行申报个人所得税，填写个人所得税年度自行纳税申报表，见表6-10。

表6-10　　个人所得税年度自行纳税申报表（A表）

（仅取得境内综合所得年度汇算适用）

税款所属期：2019年01月01日至2019年12月31日

纳税人姓名：张冰

纳税人识别号：* * * * * * * * * * * * * * * * * *　　　金额单位：人民币元（列至角分）

基本情况					
手机号码	***	电子邮箱	******	邮政编码	□□□□□□
联系地址	__**__省（区、市）__**__市__**__区（县）__**__街道（乡、镇）__**__				
纳税地点（单选）					
1.有任职受雇单位的，需选本项并填写“任职受雇单位信息”：		☑ 任职受雇单位所在地			
任职受雇单位信息	名称	长沙市长大集团			
	纳税人识别号	* * * * * * * * * * * * * * * * * *			
2.没有任职受雇单位的，可以从本栏次选择一地：		□ 户籍所在地　□经常居住地			
户籍所在地/经常居住地		____省（区、市）____市____区（县）____街道（乡、镇）____			
申报类型（单选）					
□ 首次申报			☑ 更正申报		

综合所得个人所得税计算		
项目	行次	金额
一、收入合计（第1行=第2行+第3行+第4行+第5行）	1	220 200
（一）工资、薪金	2	153 200
（二）劳务报酬	3	
（三）稿酬	4	7 000
（四）特许权使用费	5	60 000
二、费用合计［第6行=（第3行+第4行+第5行）×20%］	6	13 400
三、免税收入合计（第7行=第8行+第9行）	7	1 680
（一）稿酬所得免税部分［第8行=第4行×（1-20%）×30%］	8	1 680
（二）其他免税收入（附报“个人所得税减免税事项报告表”）	9	
四、减除费用	10	60 000
五、专项扣除合计（第11行=第12行+第13行+第14行+第15行）	11	30 240
（一）基本养老保险费	12	10 800

续表

项目	行次	金额
（二）基本医疗保险费	13	3 600
（三）失业保险费	14	1 440
（四）住房公积金	15	14 400
六、专项附加扣除合计（附报“个人所得税专项附加扣除信息表”）（第16行=第17行+第18行+第19行+第20行+第21行+第22行）	16	24 000
（一）子女教育	17	
（二）继续教育	18	
（三）大病医疗	19	
（四）住房贷款利息	20	
（五）住房租金	21	
（六）赡养老人	22	24 000
七、其他扣除合计（第23行=第24行+第25行+第26行+第27行+第28行）	23	
（一）年金	24	
（二）商业健康保险（附报“商业健康保险税前扣除情况明细表”）	25	
（三）税延养老保险（附报“个人税收递延型商业养老保险税前扣除情况明细表”）	26	
（四）允许扣除的税费	27	
（五）其他	28	
八、准予扣除的捐赠额（附报“个人所得税公益慈善事业捐赠扣除明细表”）	29	
九、应纳税所得额（第30行=第1行-第6行-第7行-第10行-第11行-第16行-第23行-第29行）	30	90 880
十、税率（%）	31	10%
十一、速算扣除数	32	2 520
十二、应纳税额（第33行=第30行×第31行-第32行）	33	6 568
全年一次性奖金个人所得税计算（无住所居民个人预判为非居民个人取得的数月奖金，选择按全年一次性奖金计税的填写本部分）		
一、全年一次性奖金收入	34	36 000
二、准予扣除的捐赠额（附报“个人所得税公益慈善事业捐赠扣除明细表”）	35	
三、税率（%）	36	3%

续表

<table>
<tr><td colspan="3">项目</td><td>行次</td><td>金额</td></tr>
<tr><td colspan="3">四、速算扣除数</td><td>37</td><td>0</td></tr>
<tr><td colspan="3">五、应纳税额［第38行=（第34行-第35行）×第36行-第37行］</td><td>38</td><td>1 080</td></tr>
<tr><td colspan="5">税额调整</td></tr>
<tr><td colspan="3">一、综合所得收入调整额（需在“备注”栏说明调整具体原因、计算方式等）</td><td>39</td><td></td></tr>
<tr><td colspan="3">二、应纳税额调整额</td><td>40</td><td></td></tr>
<tr><td colspan="5">应补/退个人所得税计算</td></tr>
<tr><td colspan="3">一、应纳税额合计（第41行=第33行+第38行+第40行）</td><td>41</td><td>7 648</td></tr>
<tr><td colspan="3"></td><td></td><td></td></tr>
<tr><td colspan="3">二、减免税额（附报“个人所得税减免税事项报告表”）</td><td>42</td><td></td></tr>
<tr><td colspan="3">三、已缴税额</td><td>43</td><td>11 760</td></tr>
<tr><td colspan="3">四、应补/退税额（第44行=第41行-第42行-第43行）</td><td>44</td><td>4 112</td></tr>
<tr><td colspan="5">无住所个人附报信息</td></tr>
<tr><td>纳税年度内在中国境内居住天数</td><td></td><td>已在中国境内居住年数</td><td colspan="2"></td></tr>
<tr><td colspan="5">退税申请
（应补/退税额小于0的填写本部分）</td></tr>
<tr><td colspan="5">☑ 申请退税（需填写“开户银行名称”“开户银行省份”“银行账号”） □ 放弃退税</td></tr>
<tr><td>开户银行名称</td><td>******</td><td>开户银行省份</td><td colspan="2">湖南省</td></tr>
<tr><td>银行账号</td><td colspan="4">************</td></tr>
<tr><td colspan="5">备注</td></tr>
<tr><td colspan="5"></td></tr>
<tr><td colspan="5">谨声明：本表是根据国家税收法律法规及相关规定填报的，本人对填报内容（附带资料）的真实性、可靠性、完整性负责。
纳税人签字：张冰 2020年**月**日</td></tr>
<tr><td colspan="2">经办人签字：
经办人身份证件类型：
经办人身份证件号码：
代理机构签章：
代理机构统一社会信用代码：</td><td colspan="3">受理人：

受理税务机关（章）：

受理日期： 年 月 日</td></tr>
</table>

国家税务总局监制

如果张冰是初次申报或在信息发生变化时，还需填报个人所得税基础信息表（A表）（见表6-11）、个人所得税基础信息表（B表）（见表6-12）；个人所得税自行纳税申报表（B表）（居民个人取得境外所得适用，略）。

表 6-11

个人所得税基础信息表（A表）

（适用于扣缴义务人填报）

扣缴义务人名称：

扣缴义务人纳税人识别号（统一社会信用代码）：□□□□□□□□□□□□□□□□□□

序号	纳税人基本信息（带*必填）						任职受雇从业信息					联系方式					银行账户		投资信息		其他信息		华侨、港澳台、外籍个人信息（带*必填）					备注
	纳税人识别号	*纳税人姓名	*身份证件类型	*身份证件号码	*出生日期	*国籍/地区	类型	职务	学历	任职受雇从业日期	离职日期	手机号码	户籍所在地	经常居住地	联系地址	电子邮箱	开户银行	银行账号	投资额（元）	投资比例	是否残疾/孤老/烈属	残疾/烈属证号	*出生地	*性别	*首次入境时间	*预计离境时间	*涉税事由	
1	2	3	4	5	6	7	8	9	10	11	12	13	14	15	16	17	18	19	20	21	22	23	24	25	26	27	28	29

谨声明：本表是根据国家税收法律法规及相关规定填报的，是真实的、可靠的、完整的。

扣缴义务人（签章）： 年 月 日

经办人签字：
经办人身份证件号码：
代理机构签章：
代理机构统一社会信用代码：

受理人：
受理税务机关（章）：
受理日期： 年 月 日

填表说明：一、适用范围。本表由扣缴义务人填报。适用于扣缴义务人办理全员全额扣缴申报时，填报其支付所得的纳税人的基础信息。二、报送期限。扣缴义务人首次向纳税人支付所得，或者纳税人相关基础信息发生变化的，应当填写本表，并于次月扣缴申报时向税务机关报送。

表6-12 个人所得税基础信息表（B表）

（适用于自然人填报）

纳税人识别号：□□□□□□□□□□□□□□□□□□□□□□

<table>
<tr><td colspan="7">基本信息（带*必填）</td></tr>
<tr><td rowspan="4">基本信息</td><td>*纳税人姓名</td><td>中文名</td><td></td><td>英文名</td><td colspan="2"></td></tr>
<tr><td rowspan="2">*身份证件</td><td>证件类型一</td><td></td><td>证件号码</td><td colspan="2"></td></tr>
<tr><td>证件类型二</td><td></td><td>证件号码</td><td colspan="2"></td></tr>
<tr><td>*国籍/地区</td><td colspan="2"></td><td>*出生日期</td><td colspan="2">年 月 日</td></tr>
<tr><td rowspan="4">联系方式</td><td>户籍所在地</td><td colspan="5">省（区、市） 市区（县） 街道（乡、镇）________</td></tr>
<tr><td>经常居住地</td><td colspan="5">省（区、市） 市区（县） 街道（乡、镇）________</td></tr>
<tr><td>联系地址</td><td colspan="5">省（区、市） 市区（县） 街道（乡、镇）________</td></tr>
<tr><td>*手机号码</td><td colspan="2"></td><td>电子邮箱</td><td colspan="2"></td></tr>
<tr><td rowspan="3">其他信息</td><td>开户银行</td><td colspan="2"></td><td>银行账号</td><td colspan="2"></td></tr>
<tr><td>学历</td><td colspan="5">□研究生 □大学本科 □大学本科以下</td></tr>
<tr><td>特殊情形</td><td colspan="5">□残疾 残疾证号________ □烈属 烈属证号________ □孤老</td></tr>
<tr><td colspan="7">任职、受雇、从业信息</td></tr>
<tr><td rowspan="3">任职受雇从业单位一</td><td>名称</td><td></td><td>国家/地区</td><td colspan="3"></td></tr>
<tr><td>纳税人识别号（统一社会信用代码）</td><td></td><td>任职受雇从业日期</td><td>年 月</td><td>离职日期</td><td>年 月</td></tr>
<tr><td>类型</td><td>□雇员 □保险营销员
□证券经纪人 □其他</td><td>职务</td><td colspan="3">□高层 □其他</td></tr>
<tr><td rowspan="3">任职受雇从业单位二</td><td>名称</td><td></td><td>国家/地区</td><td colspan="3"></td></tr>
<tr><td>纳税人识别号（统一社会信用代码）</td><td></td><td>任职受雇从业日期</td><td>年月</td><td>离职日期</td><td>年月</td></tr>
<tr><td>类型</td><td>□雇员 □保险营销员
□证券经纪人 □其他</td><td>职务</td><td colspan="3">□高层 □其他</td></tr>
<tr><td colspan="7">该栏仅由投资者纳税人填写</td></tr>
<tr><td rowspan="2">被投资单位一</td><td>名称</td><td></td><td>国家/地区</td><td colspan="3"></td></tr>
<tr><td>纳税人识别号（统一社会信用代码）</td><td></td><td>投资额（元）</td><td></td><td>投资比例</td><td></td></tr>
<tr><td rowspan="2">被投资单位二</td><td>名称</td><td></td><td>国家/地区</td><td colspan="3"></td></tr>
<tr><td>纳税人识别号（统一社会信用代码）</td><td></td><td>投资额（元）</td><td></td><td>投资比例</td><td></td></tr>
<tr><td colspan="7">该栏仅由华侨、港澳台、外籍个人填写（带*必填）</td></tr>
<tr><td colspan="2">*出生地</td><td></td><td>*首次入境时间</td><td colspan="3">年 月 日</td></tr>
<tr><td colspan="2">*性别</td><td></td><td>*预计离境时间</td><td colspan="3">年 月 日</td></tr>
<tr><td colspan="2">*涉税事由</td><td colspan="5">□任职受雇 □提供临时劳务 □转让财产 □从事投资和经营活动 □其他</td></tr>
<tr><td colspan="7">谨声明：本表是根据国家税收法律法规及相关规定填报的，是真实的、可靠的、完整的。
纳税人（签字）： 年 月 日</td></tr>
<tr><td colspan="3">经办人签字：
经办人身份证件号码：
代理机构签章：
代理机构统一社会信用代码：</td><td colspan="4">受理人：
受理税务机关（章）：
受理日期： 年 月 日</td></tr>
</table>

国家税务总局监制

二、个体工商户个人所得税纳税岗位实务

【工作示例6-2】

刘东的湘南路路通运输行（个体工商户），经主管税务机关核定，采用查账征收方式缴纳所得税。该运输行2019年12月收入总额为113 600元，与经营活动相关的营业成本、费用为88 788元，运输行1至11月累计收入总额为886 400元，成本总额为707 200元，应纳税所得额为179 200元，已预缴所得税30 000元。

2020年2月15日，刘东进行了2019年度汇算清缴。有关2019年运输行经营情况如下：

（1）取得营业收入100万元；

（2）发生营业成本63.64万元；

（3）发生营业税费3.3万元；

（4）发生业务招待费用3万元；

（5）5月20日，购买一辆小货车支出6万元（折旧年限4年，不考虑残值），全部列入了当年营业费用；

（6）共有雇员6人，人均月工资2 500元，全部计入了当年营业成本，另外刘东每月领取5 000元未入账；

（7）当年向某单位借入流动资金10万元，支付利息费用1.2万元，同期银行贷款年利率为6.8%；

（8）10月30日，小货车在运输途中发生车祸被损坏，损失达5.2万元，次月取得保险公司的赔款3.5万元；

（9）对外投资，分得股息3万元；

（10）通过当地民政部门对边远山区捐款6万元。

【工作任务】

1.正确计算湘南路路通运输行经营所得应纳的个人所得税，并进行相应会计处理。

2.正确填报个人所得税经营所得纳税申报表。

【任务实施】

1.湘南路路通运输行2019年度应缴纳的个人所得税计算、分析过程如下：

（1）计算2019年12月应纳税所得额：

11.3600−8.8788=2.4812（万元）

全年应纳税所得额=2.4812+17.92=20.4012（万元）

12月应预缴税额=（2.4812+17.92）×20%−1.05−3=0.03024（万元）

（2）2020年2月15日，进行年终汇算清缴：

❶按规定业务招待费只能按实际发生额的60%扣除，但最高不得超过销售（营业）收入的5‰。

按实际发生额计算扣除限额=3×60%=1.8（万元），按收入计算扣除限额=100×5‰=0.5（万元），所以，按规定只能扣除0.5万元。

❷购买小货车的费用6万元应作固定资产处理，不得直接扣除。本业务中可按4年期限计提折旧（不考虑残值）计算扣除。

应扣除的折旧费用=6÷4÷12×7=0.875（万元）

❸雇员工资可按合理的实际数扣除，但雇主工资每月扣除限额为5 000元，超过部分

不得扣除。

雇主工资费用扣除额=0.5×12=6（万元）

❹非金融机构的借款利息费用按同期银行的利率计算扣除，超过部分不得扣除。

利息费用扣除限额=10×6.8%=0.68（万元）

❺小货车损失有赔偿的部分不能扣除。

小货车损失应扣除额=5.2-3.5=1.7（万元）

❻对外投资分回的股息3万元，应按股息项目单独计算缴纳个人所得税，不能并入经营的应纳税所得额一并计算纳税，由支付股息的单位代扣代缴。

股息应纳个人所得税=3×20%=0.6（万元）

❼对边远山区的捐赠在全年应纳税所得额30%以内的部分可以扣除，超过部分不得扣除。

（3）湘南路路通运输行2019年度应缴纳个人所得税计算如下：

❶会计利润=100-63.64-3.3-0.5-0.875-6-0.68-1.7=23.305（万元）

❷公益、救济性捐赠扣除限额=23.305×30%=6.9915（万元），实际捐赠金额6万元小于扣除标准6.9915万元，可按实际捐赠额6万元扣除。

❸2019年共应缴纳个人所得税=（23.305-6）×20%-1.05+0.6=3.011（万元），其中含股息个人所得税0.6万元。

全年应补缴个人所得税额=3.011-0.6-0.03024-3=-0.61924（万元）

（4）湘南路路通运输行2019年应缴纳的个人所得税会计处理如下：

预缴2019年12月税款的会计处理：

借：应交税费——应交个人所得税　　302.4

　贷：银行存款　　302.4

全年应纳所得税额汇算清缴的会计处理：

❶计算个人所得税时：

借：所得税费用　　24 110

　贷：应交税费——应交个人所得税　　24 110

❷退回多交的个人所得税时：

借：银行存款　　6 192.4

　贷：应交税费——应交个人所得税　　6 192.4

2.填报个人所得税经营所得纳税申报表（A表），见表6-13；填报个人所得税经营所得纳税申报表（B表），见表6-14。

表 6-13　　个人所得税经营所得纳税申报表（A 表）

税款所属期：2019 年 01 月 01 日至 2019 年 12 月 31 日

纳税人姓名：：**湘南路路通运输行（刘东）**

纳税人识别号：＊＊＊＊＊＊＊＊＊＊＊＊＊＊＊＊＊＊　　金额单位：人民币元

<table>
<tr><td>被投资单位信息</td><td>名称</td><td></td><td>纳税人识别号（统一社会信用代码）</td><td colspan="2"></td></tr>
<tr><td>征收方式</td><td colspan="5">□查账征收（据实预缴）　□查账征收（按上年应纳税所得额预缴）
□核定应税所得率征收　□核定应纳税所得额征收
□税务机关认可的其他方式______</td></tr>
<tr><td colspan="4">项目</td><td>行次</td><td>金额/比例</td></tr>
<tr><td colspan="4">一、收入总额</td><td>1</td><td>1 000 000</td></tr>
<tr><td colspan="4">二、成本费用</td><td>2</td><td>795 988</td></tr>
<tr><td colspan="4">三、利润总额（3=1−2）</td><td>3</td><td>204 012</td></tr>
<tr><td colspan="4">四、弥补以前年度亏损</td><td>4</td><td></td></tr>
<tr><td colspan="4">五、应税所得率（%）</td><td>5</td><td></td></tr>
<tr><td colspan="4">六、合伙企业个人合伙人分配比例（%）</td><td>6</td><td></td></tr>
<tr><td colspan="4">七、允许扣除的个人费用及其他扣除（7=8+9+14）</td><td>7</td><td></td></tr>
<tr><td colspan="4">（一）投资者减除费用</td><td>8</td><td></td></tr>
<tr><td colspan="4">（二）专项扣除（9=10+11+12+13）</td><td>9</td><td></td></tr>
<tr><td colspan="4">1.基本养老保险费</td><td>10</td><td></td></tr>
<tr><td colspan="4">2.基本医疗保险费</td><td>11</td><td></td></tr>
<tr><td colspan="4">3.失业保险费</td><td>12</td><td></td></tr>
<tr><td colspan="4">4.住房公积金</td><td>13</td><td></td></tr>
<tr><td colspan="4">（三）依法确定的其他扣除（14=15+16+17）</td><td>14</td><td></td></tr>
<tr><td colspan="4">1.</td><td>15</td><td></td></tr>
<tr><td colspan="4">2.</td><td>16</td><td></td></tr>
<tr><td colspan="4">3.</td><td>17</td><td></td></tr>
<tr><td colspan="4">八、应纳税所得额</td><td>18</td><td>204 012</td></tr>
<tr><td colspan="4">九、税率（%）</td><td>19</td><td>20%</td></tr>
<tr><td colspan="4">十、速算扣除数</td><td>20</td><td>10 500</td></tr>
<tr><td colspan="4">十一、应纳税额（21=18×19−20）</td><td>21</td><td>30 302.4</td></tr>
<tr><td colspan="4">十二、减免税额（附报“个人所得税减免税事项报告表”）</td><td>22</td><td></td></tr>
<tr><td colspan="4">十三、已缴税额</td><td>23</td><td>30 000</td></tr>
<tr><td colspan="4">十四、应补/退税额（24=21−22−23）</td><td>24</td><td>302.4</td></tr>
<tr><td colspan="6">谨声明：本表是根据国家税收法律法规及相关规定填报的，是真实的、可靠的、完整的。
纳税人签字：刘东　　2020 年 02 月 15 日</td></tr>
<tr><td colspan="3">经办人：刘东
经办人身份证件号码：*****************
代理机构签章：
代理机构统一社会信用代码：</td><td colspan="3">受理人：
受理税务机关（章）：
受理日期：　　年　月　日</td></tr>
</table>

国家税务总局监制

表6-14　　个人所得税经营所得纳税申报表（B表）

税款所属期：2019年01月01日至2019年12月31日　　金额单位：人民币元

投资者信息	姓名	刘东	身份证件类型	身份证	身份证件号码	******************
	国籍（地区）				纳税人识别号	
被投资单位信息	名称				纳税人识别号	
	类型	□个体工商户　□承包、承租经营单位　□个人独资企业　□合伙企业				

行次	项目	金额
1	一、收入总额	1 000 000
2	其中：国债利息收入	
3	二、成本费用（4+5+6+7+8+9+10）	848 400
4	（一）营业成本	636 400
5	（二）营业费用	60 000
6	（三）管理费用	30 000
7	（四）财务费用	12 000
8	（五）税金	33 000
9	（六）损失	17 000
10	（七）其他支出	60 000
11	三、利润总额（1-2-3）	151 600
12	四、纳税调整增加额（13+27）	81 450
13	（一）超过规定标准的扣除项目金额（14+15+16+17+18+19+20+21+22+23+24+25+26）	81 450
14	（1）职工福利费	
15	（2）职工教育经费	
16	（3）工会经费	
17	（4）利息支出	5 200
18	（5）业务招待费	25 000
19	（6）广告费和业务宣传费	
20	（7）教育和公益事业捐赠	
21	（8）住房公积金	
22	（9）社会保险费	
23	（10）折旧费用	51 250
24	（11）无形资产摊销	
25	（12）资产损失	
26	（13）其他	
27	（二）不允许扣除的项目金额（28+29+30+31+32+33+34+35+36）	

续表

行次	项目	金额
28	（1）个人所得税税款	
29	（2）税收滞纳金	
30	（3）罚金、罚款和被没收财物的损失	
31	（4）不符合扣除规定的捐赠支出	
32	（5）赞助支出	
33	（6）用于个人和家庭的支出	
34	（7）与取得生产经营收入无关的其他支出	
35	（8）投资者工资薪金支出	
36	（9）国家税务总局规定不准扣除的支出	
37	五、纳税调整减少额	
38	六、纳税调整后所得（11+12-37）	233 050
39	七、弥补以前年度亏损	
40	八、合伙企业合伙人分配比例（%）	
41	九、允许扣除的其他费用	
42	十、投资者减除费用	60 000
43	十一、应纳税所得额（38-39-41-42）或［（38-39）×40-41-42］	173 050
44	十二、税率（%）	20%
45	十三、速算扣除数	10 500
46	十四、应纳税额（43×44-45）	24 110
47	十五、减免税额（附报个人所得税减免税事项报告表）	
48	十六、实际应纳税额（46-47）	24 110
49	十七、已预缴税额	30 302.40
50	十八、应补（退）税额（48-49）	-6 192.40
附列资料	年平均职工人数（人）	
	工资总额（元）	
	投资者人数（人）	

谨声明：此表是根据《中华人民共和国个人所得税法》及有关法律法规规定填写的，是真实的、可靠的、完整的。

纳税人签字：刘东　　2020年02月15日

感谢您对税收工作的支持！

代理申报机构（负责人）签章： 经办人： 经办人执业证件号码： 代理申报日期：　　年　月　日	主管税务机关印章： 受理人： 受理日期：　　年　月　日

国家税务总局监制

【职业基础能力训练】

一、单项选择题

1.居民陈某2019年出租自有居住用房，租期1年，全年租金收入为36 000元。其全年应纳的个人所得税为（　　）元。

A. 5 280　　B. 5 760　　C. 8 640　　D. 2 640

2.某韩国人于2017年1月12日来华工作，2018年2月15日回国，2018年3月12日返回中国，2018年11月15日至2018年11月30日，因工作需要去了日本和新加坡，后于2019年6月离华回国，该纳税人（　　）。

A. 2017年为居民纳税人，2018年为非居民纳税人

B. 2018年为居民纳税人，2019年为非居民纳税人

C. 2017年和2018年均为非居民纳税人

D. 2018年和2019年均为居民纳税人

3.廖某2019年出版了中篇小说一部，取得稿酬5 000元，同年该小说在一家晚报上连载，取得稿酬3 800元。廖某以上稿酬所得应预扣预缴个人所得税（　　）元。

A. 980　　B. 985.6　　C. 1 120　　D. 1 600

4.对于劳务报酬所得，若同一事项连续取得收入的，其收入“次”数的确定方法是（　　）。

A.以取得收入为一次

B.以一个月内取得的收入为一次

C.以一个季度内取得的收入为一次

D.以事项完成后取得的所有收入合并为一次

5.自行申报缴纳个人所得税的个体工商户，应向（　　）主管税务机关申报。

A. 收入来源地　　B. 实际经营所在地　　C. 税务机关指定地　　D. 个人户籍所在地

6.在中国境内有住所，或无住所而一个纳税年度内在中国境内居住累计满（　　）天，为居民纳税人。

A.30　　B.90　　C.183　　D.365

7.中国公民王某2019年度在A国取得特许权使用费所得6 000元，在A国已按该国税法纳税1 200元，此外，该公民在国内有工资收入，一年为24 600元，则该公民这一纳税年度应纳个人所得税（　　）元。

A. 336　　B. 0　　C. 30　　D. 270

8.下列应税项目中，不适用代扣代缴方式的是（　　）。

A. 工资薪金所得　　B. 稿酬所得

C. 个体工商户生产、经营所得　　D. 劳务报酬所得

9.演员章某一次获得表演所得30 000元（含税），支付单位应为其预扣预缴的个人所得税为（　　）元。

A. 7 200　　B. 5 200　　C. 4 800　　D. 7 000

10.赵某2019年1月将自有住房出租，租期一年，每月取得租金收入2 500元（超过当地市场价格），全年租金收入30 000元（不考虑其他税费）。赵某2019年的租金收入应纳的个人所得税为（　　）元。（当地政策规定为个人按市价出租住房所得减按50%征收个人所得税）

A. 5 840　　B. 2 040　　C. 4 080　　D. 3 360

二、多项选择题

1.下列各项中，应当按照工资薪金所得项目征收个人所得税的有（　　）。

A. 劳动分红　　B. 独生子女补贴

C. 差旅费津贴　　D. 超过规定标准的误餐费

2.下列个人所得应按工资薪金所得项目征税的有（　　）。

A.公司职工购买国有股权的劳动分红

B.集体所有制职工以股份形式取得企业量化资产参与分配获得的股息

C.内部退养的个人从办理内部退养手续至法定退休年龄之间从原单位取得的收入

D.职工从本单位取得的子女托儿补助

3.下列各项中，属于专项附加扣除的有（　　）。

A.子女教育支出　　B.继续教育支出

C.住房贷款利息支出　　D.赡养老人支出

4.下列项目中，直接以每次收入额为应纳税所得额计算缴纳个人所得税的有（　　）。

A.稿酬所得　　B.利息、股息、红利所得

C.偶然所得　　D.特许权使用费所得

5.下列属于劳务报酬所得的有（　　）。

A.从事设计取得的所得　　B.从事审稿业务取得的所得

C.从事翻译取得的所得　　D.个人担任董事职务取得的董事费收入

6.个人取得的下列所得，免征个人所得税的有（　　）。

A.单位部门津贴

B.个人转让自用8年的家庭唯一生活用房的所得

C.本单位发的先进个人奖金

D.离退休人员工资

7.下列所得适用20%比例税率的有（　　）。

A.财产租赁所得　　B.财产转让所得

C.稿酬所得　　D.个体工商户生产、经营所得

8.下列属于稿酬所得项目的有（　　）。

A.将译文在学术刊物上发表取得的所得　　B.集体编写并正式出版的教材取得的报酬

C.受托翻译论文的报酬　　D.在报纸上发表文章的报酬

9.对所得征收个人所得税时，以每次收入额为应纳税所得额的有（　　）。

A.股息、利息、红利所得　　B.稿酬所得

C.劳务报酬所得　　D.偶然所得

10.下列所得适用超额累进税率的有（　　）。

A.工资薪金所得　　B.个体工商户生产、经营所得

C.企事业单位的承包、承租经营所得　　D.财产转让所得

11.下列各项所得中，应当缴纳个人所得税的有（　　）。

A.个人的贷款利息　　B.个人取得的企业债券利息

C.个人取得的国库券利息　　D.个人取得的股息

12.计算个体工商户的生产、经营所得时不得在所得税前列支的项目有（　　）。

A.各种赞助支出　　B.个体户业主的工资支出

C.财产保险支出　　D.缴纳的个人所得税

13.下列各项个人所得中，应当征收个人所得税的有（　　）。

A.企业集资利息　　B.从股份公司取得的股息

C.企业债券利息　　D.国家发行的金融债券利息

14.下列各项中，适用5%~35%的五级超额累进税率征收个人所得税的有（　　）。

A.个体工商户的生产、经营所得　　B.合伙企业的生产、经营所得

C.个人独资企业的生产、经营所得　　D.居民个人的综合所得

15.下列情形中，应由纳税人自行申报纳税的有（　　）。

A.取得综合所得需要办理汇算清缴的

B.非居民个人从中国境内两处或者两处以上取得工资薪金所得的

C.从中国境外取得所得的

D.取得应税所得，没有扣缴义务人的

三、判断题

1.财产转让所得按月纳税，以转让财产的收入额减除财产原值和合理费用后的余额为应纳税所得额。（　　）

2.凡向个人支付应纳税所得的单位和个人，不论是向本单位人员支付，还是向其他人员支付，均应在支付时代扣代缴其应纳的个人所得税。（　　）

3.个人领取的原提存的住房公积金、医疗保险金、基本养老保险金，免征个人所得税。（　　）

4.两个或两个以上个人共同取得同一项所得的，应先就其全部收入减除费用计算征收个人所得税，然后将其税后所得在各纳税人之间分配。（　　）

5.对个人独资企业和合伙企业生产、经营所得，按查账征收方式的，投资者及其家庭发生的生活费用允许在税前扣除。（　　）

6.个人所得用于各种公益救济性捐赠的，按捐赠额在纳税人申报的应纳税所得额30%以内的部分可从应纳税所得额中扣除。（　　）

7.对企事业单位的承包、承租经营所得按年纳税。减除必要费用是指按月减除5 000~10 000元。（　　）

8.同一作品在报刊上连载取得的收入，应当以每次连载取得的收入为一次计征个人所得税。（　　）

9.利息、股息、红利所得，偶然所得和其他所得，以每次收入额减除必要的费用后为应纳税所得额。（　　）

10.个体工商户生产、经营所得的个人所得税税率为25%的比例税率。（　　）

【职业技能专项训练】

一、单项任务训练

1.假定2019年1月1日，王某与某事业单位签订承包合同经营招待所，承包期为3年。2019年招待所实现承包经营利润85 000元，按合同规定，承包人每年应从承包经营利润中上缴承包费20 000元。

要求：计算该承包人王某2019年应纳的个人所得税。

2.王某建房一幢，造价36 000元，支付费用2 000元。王某将该房转让，售价60 000元，在卖房过程中按规定支付交易费等有关费用2 500元。

要求：计算王某应纳的个人所得税。

3.陈某在参加商场的有奖销售过程中，中奖所得共计价值20 000元。陈某领奖时告知商场，从中奖收入中拿出4 000元通过教育部门向某希望小学捐赠。

要求：计算商场代扣代缴个人所得税后，陈某实际可得中奖金额。

4.中国居民方某在2019年度从A、B两国取得应税收入。其中，在A国一公司任职，取得工资薪金收入69 600元（平均每月5 800元），假设无其他扣除。因提供一项专利技术使用权，一次性取得特许权使用费收入30 000元，该两项收入在A国缴纳个人所得税5 000元；在B国出版著作，获得稿酬收入（版税）15 000元，并在B国缴纳该项收入的个人所得税1 720元。

要求：计算方某该年度应纳的个人所得税。

5.公民李某是高校教授，2019年取得以下各项收入：

（1）每月取得工资4 000元，6月取得上半年学期奖金6 000元，12月取得下半年学期奖金8 000元；

12月学校为其家庭财产购买商业保险4 000元。其所在学校选择将下半年学期奖金按照一次性奖金办法代扣代缴个人所得税。

（2）2月以10万元购买A企业股权，并于10月以25万元将股权转让给B，不考虑相关的税费。

（3）5月出版一部专著，取得稿酬40 000元，李某当即拿出10 000元通过政府部门捐给农村义务教育。

（4）6月为B公司进行营销筹划，取得不含税报酬35 000元，该公司为李某预扣预缴个人所得税。

要求：

（1）计算李某取得的稿酬所得应预扣预缴的个人所得税。

（2）计算2019年李某取得的工资、学期奖金以及学校为其购买的商业保险应预扣预缴的个人所得税。

（3）计算李某股权转让行为应缴纳的个人所得税。

（4）计算李某营销策划取得的所得应预扣预缴的个人所得税。

二、项目综合实训

（一）实训资料

作家张某是某作家协会的一名作家，2019年取得如下收入（假定境内所得境外未扣税）：

（1）12月其小说稿在一次竞价中，取得拍卖收入100 000元。

（2）5月出版另一部小说，取得稿酬6 000元。

（3）7月外出讲课一次，取得报酬3 000元。

（4）9月在某电视台做主持人取得收入5 000元。

（5）作家协会每月支付其工资8 000元，五险一金共1 500元，无其他附加扣除项目；12月取得全年一次性奖金24 000元。

（6）全年取得投资股息收入6 400元。

（7）购买福利彩票中奖50 000元，通过民政部门给灾区捐款10 000元。

（8）11月从境外A国取得特许权使用费所得折合人民币5 800元，已按该国税法缴纳了个人所得税720元。

（二）实训要求

（1）根据张某收入资料，分项计算支付单位应预扣预缴的个人所得税、应纳税所得额和应纳所得税额；

（2）填制张某的个人所得税纳税申报表。

项目7

企业城市维护建设税和烟叶税实务

07

【典型工作任务】

1.城市维护建设税的纳税人、征税对象和税率的确定工作；

2.城市维护建设税的优惠政策的运用；

3.城市维护建设税的核算和缴纳申报工作；

4.烟叶税的核算与申报缴纳工作。

【岗位工作能力】

1.会确定城市维护建设税的纳税人、征税对象；

2.会正确运用城市维护建设税的优惠政策；

3.能根据企业实际缴纳的增值税与消费税正确计算应纳的城市维护建设税，并能熟练进行城市维护建设税的纳税申报工作；

4.会进行烟叶税的计算、核算与纳税申报及缴纳。

1994年税制改革之后，我国的税种由37个缩减到目前的21个。在税收大家庭中，除必须熟悉如增值税、消费税、两个所得税等大税种的纳税工作外，还必须熟悉许多小税种。这些税种分布广泛，一般为地方税，发生的应税行为大都为一次性缴纳。虽然它们为小税种，但纳税人不能轻视，对于某些企业来说，其应纳税额之和相当可观，甚至超过大税种，且其会计处理也各具特色。

视频

资源税、房产税、城镇土地使用税、城建税（上）

任务7.1 企业城市维护建设税实务

视频

资源税、房产税、城镇土地使用税、城建税（下）

一、城市维护建设税的概念

城市维护建设税是一种特定目的税，是国家对从事生产经营，缴纳增值税、消费税（简称“两税”）的单位和个人就其实际缴纳的“两税”税额为计税依据而征收的一种税。其按“两税”税额附加征收，其本身没有特定的、独立的课税对象，目的是筹集城市公用事业和公共设施的维护、建设资金，加快城市开发建设步伐。负有缴纳“两税”义务的单位与个人是城市维护建设税的纳税人。自2010年12月1日起，外商投资企业、外国企业及外籍个人同样也是城市维护建设税的纳税人，同样适用1985年及1986年以来国务院及国务院财税主管部门发布的有关城市维护建设税和教育费附加的法规、规章、政策。城市维护建设税与其他税种相比，具有以下的特点：

❶税款专款专用。城市维护建设税专款专用，用来保护城市的公共事业和公共设施的维护和建设，是一种具有受益税性质的税种。

❷属于一种附加税。城市维护建设税与其他税种不同，没有独立的征税对象或税基，而是以“两税”实际缴纳的税额之和为计税依据，属于一种附加税。

二、城市维护建设税的计算

1.计税依据

城市维护建设税的计税依据是纳税人实际缴纳的“两税”税额，但是不包括纳税人违反“两税”有关税法而加收的滞纳金和罚款。对于纳税人在被查补“两税”和被处以罚款时，应同时对其偷漏的城市维护建设税进行补税、征收滞纳金和罚款。城市维护建设税以

“两税”税额为计税依据并同时征收，如果免征或减征“两税”，也就同时免征或减征城市维护建设税，但对出口商品退还增值税、消费税时，不退还已缴纳的城市维护建设税。城市维护建设税计税依据的内容总结见表7-1。

表7-1　城市维护建设税计税依据的内容总结

包括的内容	不包括的内容
❶纳税人实际向税务机关缴纳的“两税”	❶纳税人进口环节被海关代征的增值税、消费税
❷纳税人被税务机关查补的“两税”	❷除“两税”以外的其他税
❸纳税人出口货物被批准免抵的增值税额	❸非税款项（被加收的滞纳金、罚款等）

2. 税率

城市维护建设税采用地区差别比例税率，按纳税人所在地的不同，设置三档差别比例税率，见表7-2。

表7-2　城市维护建设税税率表

纳税人所在地区	税率
市区	7%
县城和镇	5%
市区、县城和镇以外的其他地区	1%

城市维护建设税的适用税率，应当按照纳税人所在地的规定税率执行。但是，对下列两种情况，可按缴纳“两税”所在地的规定税率就地缴纳城市维护建设税：

❶由受托方代扣代缴、代收代缴“两税”的单位和个人，其代扣代缴、代收代缴的城市维护建设税按受托方所在地适用税率执行。

❷流动经营等无固定纳税地点的单位和个人，在经营地缴纳“两税”的，其城市维护建设税的缴纳按经营地适用税率执行。

3. 应纳税额的计算

城市维护建设税的应纳税额是按纳税人实际缴纳的“两税”税额计算的，其计算公式为：

应纳税额=实际缴纳的“两税”税额×适用税率

三、城市维护建设税的优惠政策

城市维护建设税原则上不单独减免，但因其具有附加税性质，当主税发生减免时，城市维护建设税也相应发生减免，具体有以下几种情况：

（1）随“两税”的减免而减免。

（2）随“两税”的退库而退库。

（3）海关对进口产品代征的增值税、消费税，不征收城市维护建设税。

（4）为支持国家重大水利工程建设，对国家重大水利工程建设基金免征城市维护建设税。

（5）自2019年1月1日至2021年12月31日止，对增值税小规模纳税人减按50%征收城市维护建设税和教育费附加、地方教育附加，增值税小规模纳税人已依法享受城市维护建设税和教育费附加、地方教育附加其他优惠政策的，可以叠加享受减征50%[①]的优惠政策。

细说“六税两费”减征的政策规定

【例7-1】位于市区的某企业2019年12月份共缴纳增值税、消费税和关税562万元。其中，关税102万元，进口环节共缴纳增值税和消费税260万元。计算该企业12月份应缴纳的城市维护建设税。

该企业12月份应缴纳的城市维护建设税=（562-102-260）×7%=14（万元）

四、城市维护建设税的会计核算

城市维护建设税的会计核算应设置“应交税费——应交城市维护建设税”科目。计提城市维护建设税时，应借记“税金及附加”科目，贷记本科目；实际缴纳城市维护建设税时，应借记本科目，贷记“银行存款”科目。本科目期末贷方余额，反映企业应缴而未缴的城市维护建设税。

【例7-2】长沙西区湘江啤酒厂2019年11月30日计算出当月应交增值税70 000元、应交消费税60 000元，营业地点在城乡结合部，根据当地行政区划，被确定为市区。计算该啤酒厂11月份应缴纳的城市维护建设税，并进行会计处理。

该啤酒厂应缴纳的城市维护建设税=（70 000+60 000）×7%=9 100（元）

会计处理如下：

借：税金及附加　　9 100

　贷：应交税费——应交城市维护建设税　　9 100

五、城市维护建设税的缴纳

1.纳税期限

由于城市维护建设税是由纳税人在缴纳“两税”时同时缴纳的，所以其纳税期限与“两税”的纳税期限一致。

2.纳税地点

城市维护建设税以纳税人实际缴纳的“两税”税额为计税依据，分别与“两税”同时缴纳。所以，一般情况下，纳税人缴纳“两税”的地点，就是该纳税人缴纳城市维护建设税的地点。但是属于下列情况的，纳税地点有所不同：

（1）代扣代缴、代收代缴“两税”的单位和个人，同时也是城市维护建设税的代扣代缴、代收代缴义务人，其城市维护建设税的纳税地点在代扣代收地。

（2）跨省开采的油田，下属生产单位与核算单位不在一个省的，其生产的原油，在油井所在地缴纳增值税，其应纳税款由核算单位按照各油井的产量和规定税率计算汇拨各油井所在地缴纳。所以各油井应纳的城市维护建设税，应由核算单位计算，随同增值税一并汇拨油井所在地，由油井在缴纳增值税的同时，一并缴纳城市维护建设税。

（3）对流动经营等无固定纳税地点的单位和个人，应随同“两税”在经营地按适用税率缴纳。

---

① 自2019年1月1日至2021年12月31日期间，对于增值税小规模纳税人，可以在50%的税额幅度内减征资源税、城市维护建设税、房产税、城镇土地使用税、印花税（不含证券交易印花税）、耕地占用税和教育费附加、地方教育附加。增值税小规模纳税人已经依法享受资源税、城市维护建设税、房产税、城镇土地使用税、印花税、耕地占用税、教育费附加、地方教育附加其他优惠政策的，可叠加享受减征50%的优惠政策。

3.纳税申报

城市维护建设税与“两税”同时申报缴纳，纳税人应按照有关税法的规定，如实填写“城市维护建设税 教育费附加 地方教育附加申报表”，格式见表7-3。

值得注意的是，《中华人民共和国城市维护建设税法》自2021年9月1日起施行。1985年2月8日国务院发布的《中华人民共和国城市维护建设税暂行条例》同时废止。以上内容为未施行《中华人民共和国城市维护建设税法》，即2021年9月1日前的城市维护建设税实务。

六、教育费附加相关实务知识

（一）教育费附加的概念

教育费附加是对缴纳“两税”的单位和个人征收的一种专项附加费，是正税以外的政府行政收费，目的是多渠道筹集教育经费，改善中小学办学条件，促进地方教育事业的发展。自2010年12月1日起，对外商投资企业、外国企业及外籍个人（以下简称外资企业）征收教育费附加。

（二）教育费附加的计算

1.计税依据与征收率

教育费附加对缴纳“两税”的单位和个人征收，以其实际缴纳的“两税”税额为计费依据，分别与“两税”同时缴纳。现行教育费附加的征收率为“两税”税额的3%，地方教育附加的征收率从2010年起统一为2%。

2.税收优惠

（1）海关进口商品征收的增值税、消费税，不征收教育费附加。

（2）对由于减免“两税”而发生退税的，可同时退还已征收的教育费附加，但对于出口产品退还增值税、消费税的，不退还已征收的教育费附加。

（3）对国家重大水利工程建设基金免征教育费附加。

3.应纳教育费附加的计算

应纳教育费附加=实际缴纳的“两税”税额×征收率

【例7-3】某市区一家企业2020年1月实际缴纳增值税200 000元、消费税100 000元。计算该企业应缴纳的教育费附加。

企业应缴纳的教育费附加=（200 000+100 000）×3%=9 000（元）

（三）教育费附加的会计核算

教育费附加通过“应交税费”科目核算。计提教育费附加时，应借记“税金及附加”科目，贷记本科目；缴纳教育费附加时，应借记本科目，贷记“银行存款”科目。本科目期末贷方余额，反映应缴而未缴的教育费附加。

（四）教育费附加的缴纳

教育费附加的缴纳期限和地点与“两税”一致。

教育费附加与“两税”同时申报缴纳，纳税人应按照有关规定，如实填写“城市维护建设税 教育费附加 地方教育附加申报表”，格式见表7-3。

七、企业城市维护建设税纳税岗位实务

【工作示例 7-1】

位于长沙市区的思源有限责任公司为增值税小规模纳税人，主要从事实木地板加工销售与房屋装饰服务，统一社会信用代码为910111222333444666。2019年12月进口原木一批，海关进口缴款凭证上载明已缴纳进口增值税10万元，本月国内销售地板缴纳增值税30万元、消费税14万元。（假设办税员于2020年1月10日进行了纳税申报工作）

【工作任务】

1. 根据涉税原始资料正确计算企业应纳的城市维护建设税、教育费附加和地方教育附加，并进行相应会计处理。

2. 规范、正确填报企业“城市维护建设税　教育费附加　地方教育附加申报表”，进行纳税申报。

【任务实施】

1. 思源有限责任公司2019年12月应纳的城市维护建设税、教育费附加和地方教育附加计算与会计处理如下：

应交城市维护建设税=实际缴纳“两税”税额×适用征收率

=（300 000+140 000）×7%=30 800（元）

应交教育费附加=实际缴纳“两税”税额×适用征收率

=（300 000+140 000）×3%=13 200（元）

应交地方教育附加=纳税人实际缴纳“两税”税额×适用征收率

=（300 000+140 000）×2%=8 800（元）

（1）计提城市维护建设税、教育费附加和地方教育附加的会计处理如下：

借：税金及附加　52 800

　贷：应交税费——应交城市维护建设税　30 800

　　——应交教育费附加　13 200

　　——应交地方教育附加　8 800

（2）实际缴纳城市维护建设税、教育费附加和地方教育附加的会计处理如下：

借：应交税费——应交城市维护建设税　30 800

　——应交教育费附加　13 200

　——应交地方教育附加　8 800

　贷：银行存款　52 800

2. 思源有限责任公司“城市维护建设税　教育费附加　地方教育附加申报表”的填报见表7-3。

任务7.2　企业烟叶税实务

一、烟叶税的概念

烟叶税是指在中华人民共和国境内，以收购烟叶的单位为纳税人，以烟叶的收购价格为计税依据征收的一种税。

烟叶税是伴随着我国税制改革，逐步形成的一个独立税种。1958年的《中华人民共和

表 7-3

城市维护建设税　教育费附加　地方教育附加申报表

税款所属期限：自 2019 年 12 月 01 日至 2019 年 12 月 31 日

纳税人识别号（统一社会信用代码）：910111222333444666

纳税人名称：思源有限责任公司　　　　金额单位：人民币元

本期是否适用增值税小规模纳税人减征政策 （减免性质代码__城市维护建设税：07049901， 减免性质代码_教育费附加：61049901， 减免性质代码_地方教育附加：99049901）	□是 □否	减征比例_城市维护建设税（%）	
		减征比例_教育费附加（%）	
		减征比例_地方教育附加（%）	
本期是否适用试点建设培育产教融合型企业抵免政策	□是 □否	当期新增投资额	
		上期留抵可抵免金额	
		结转下期可抵免金额	

税（费）种	计税（费）依据					税率（征收率）	本期应纳税（费）额	本期减免税（费）额		本期增值税小规模纳税人减征额	试点建设培育产教融合型企业		本期已缴税（费）额	本期应补（退）税（费）额
	增值税		消费税	营业税	合计			减免性质代码	减免税（费）额		减免性质	本期抵免金额		
	一般增值税	免抵税额												
	1	2	3	4	5=1+2+ 3+4	6	7	8	9	10	11	12	13	14=7-9-10-12-13
城建税	300 000		140 000		440 000	7%	30 800				—	—		30 500
教育费附加	300 000		140 000		440 000	3%	13 200							13 200
地方教育附加	300 000		140 000		440 000	2%	8 800							8 800
—														
合计	—					—	52 800							52 800

谨声明：本申报表是根据国家法律法规及相关规定填报的，是真实的、可靠的、完整的。

纳税人（签章）：***　　　　2020年**月**日

经办人： 经办人身份证号： 代理机构签章： 代理机构统一社会信用代码：	受理人： 受理税务机关（章）： 受理日期：　年　月　日

本表一式两份，一份纳税人留存，一份税务机关留存。

减免性质代码：减免性质代码按照国家税务总局制定下发的最新“减免性质及分类表”中的最细项减免性质代码填报。

国农业税条例》将烟叶收入纳入农业税的征税范围。但在1983年由国务院主导的制度调整中，烟叶收入又被排除在农林特产收入之外，对烟叶另外征收产品税和工商统一税，不再征收农业税。1994年我国进行税制改革，国务院取消产品税和工商统一税，又将烟叶收入作为农业特产品收入征收农业特产税，对烟叶在收购环节征收，税率为31%。而2006年《中华人民共和国农业税条例》废止，农业特产税取消，国务院颁布了《中华人民共和国烟叶税暂行条例》，保留了对烟叶的征税，对“烟叶收购”征收烟叶税。自2018年7月1日起，我国施行《中华人民共和国烟叶税法》（简称《烟叶税法》），而2006年国务院公布的《中华人民共和国烟叶税暂行条例》同时废止。

二、烟叶税的征税范围与税率

烟叶税的征税范围是指烤烟叶、晾晒烟叶。

烟叶税的税率为20%。

三、烟叶税的计算

烟叶税的计税依据为纳税人收购烟叶实际支付的价款总额。烟叶税的应纳税额按照纳税人收购烟叶实际支付的价款总额乘以税率计算。纳税人收购烟叶实际支付的价款总额包括纳税人支付给烟叶生产销售单位和个人的烟叶收购价款和价外补贴。其中，价外补贴统一按烟叶收购价款的10%计算。

烟叶税应纳税额的计算公式：

烟叶税应纳税额=烟叶收购价款总额×税率

烟叶收购价款总额=烟叶收购价款+价外补贴=烟叶收购价款×（1+10%）

四、烟叶税的会计核算

烟叶税通过“应交税费”科目核算。收购烟叶计算应纳的烟叶税时，缴纳的烟叶税应该并入烟叶成本，借记“在途物资”等科目，贷记“应交税费——应交烟叶税”科目；缴纳烟叶税时，应借记“应交税费——应交烟叶税”科目，贷记“银行存款”科目。本科目期末贷方余额，反映应缴而未缴的烟叶税。

【例7-4】商河公司系从事卷烟批发、烟叶收购与销售的烟草商业企业，是增值税一般纳税人，2020年1月从烟农收购烤烟叶一批，开具了收购发票，分别注明收购价款10 000万元和价外补贴1 000万元，假设公司采用实际成本核算。计算该公司收购烤烟叶应纳的烟叶税，并进行相应会计处理。

商河公司2020年1月作为烟叶税的纳税人，应纳烟叶税的计算如下：

收购烤烟叶应纳烟叶税=（烟叶收购价款+价外补贴）×20%

=（10 000+10 000×10%）×20%=2 200（万元）

商河公司2020年1月根据审核无误的原始凭证与烟叶税计算单据作如下会计分录（金额单位：万元）：

烟叶尚未提回时，缴纳的烟叶税应该并入烟叶成本入账：

借：在途物资——烤烟叶	12 012	
应交税费——应交增值税（进项税额）	1 188	
贷：银行存款		11 000
应交税费——应交烟叶税		2 200

烟叶提回入库时，根据收货单等凭证作账务处理：

借：库存商品——烤烟叶　　12 012

　贷：在途物资——烤烟叶　　12 012

进行纳税申报缴纳烟叶税时：

借：应交税费——应交烟叶税　　2 200

　贷：银行存款　　2 200

值得注意的是：收购烟叶的增值税进项税额的抵扣问题——根据《增值税暂行条例实施细则》第十七条规定，买价包括纳税人购进农产品在农产品收购发票或者销售发票上注明的价款和按规定缴纳的烟叶税。烟叶收购单位，应将价外补贴与烟叶收购价格在同一张农产品收购发票或者销售发票上分别注明，否则价外补贴不得计算增值税进项税额进行抵扣。

根据上述规定，商河公司收购该批烤烟叶，按照收购发票计算的进项税额=买价×扣除率=（10 000+1 000+2 200）×9%=1 188（万元）。

五、烟叶税的缴纳

（1）纳税义务发生时间。烟叶税纳税义务发生时间为纳税人收购烟叶的当天。收购烟叶的当天是指纳税人向烟叶销售者付讫烟叶收购款或者开具烟叶收购凭证的当天。

（2）纳税地点。纳税人应当向烟叶收购地的主管税务机关申报缴纳烟叶税。

（3）纳税期限。纳税人应当自纳税义务发生之日起30日内申报纳税。关于烟叶税的纳税申报时间，由各烟叶收购地主管税务机关在不影响税款征收的情况下自主核定。纳税人应按照《国家税务总局关于发布〈烟叶税纳税申报表〉的公告》（国家税务总局公告2018年第39号）进行纳税申报。烟叶税纳税申报表格式见表7–4。

表7–4　烟叶税纳税申报表

税款所属期限：自　年　月　日至　年　月　日　　填表日期：　年　月　日

纳税人识别号□□□□□□□□□□□□□□□□□□□□　　金额单位：元至角分

纳税人名称				
烟叶收购价款总额	税率	本期应纳税额	本期已纳税额	本期应补（退）税额
1	2	3=1×2	4	5=3–4
合　计				
以下由申报人填写：				
谨声明：本表是根据国家税收法律法规及相关规定填报的，是真实的、可靠的、完整的。				
纳税人签章		代理人签章		
以下由税务机关填写：				
受理人		受理日期		受理税务机关（签章）

本表一式两份，一份纳税人留存，一份税务机关留存。

【职业基础能力训练】

一、单项选择题

1.下列情况应缴纳城市维护建设税的是（　　）。

A.外贸B公司进口货物　　B.某市A公司销售增值税应税货物

C.外贸C公司出口转内销货物　　D.旅行社代收的旅行费

2.市区某企业某月缴纳增值税12万元，应纳城市维护建设税（　　）。

A.2.1万元　　B.1.5万元　　C.1.26万元　　D.0.84万元

3.某企业位于县城，2019年12月拖欠消费税50万元，经查处后补交了拖欠的消费税，同时加收滞纳金和罚款合计10万元，该企业应纳城市维护建设税（　　）万元。

A.0.4　　B.2.1　　C.2.5　　D.2.9

4.市区甲企业委托某县城乙企业加工应税消费品，委托方提供材料成本30万元，乙企业共收取不含税加工费12万元，消费税税率为10%，受托方应代扣代缴城市维护建设税（　　）万元。

A.0.23　　B.0.33　　C.0.24　　D.0.34

5.位于城市市区的红利贸易公司本年被税务机关查出偷漏消费税14万元，税务机关下达处罚决定书，处以偷漏税款的1.5倍罚款，则城市维护建设税的补交和罚款合计为（　　）万元。

A.1.47　　B.2.45　　C.2.55　　D.1.49

6.某市区企业为增值税一般纳税人，本期进口原材料一批，交纳进口增值税10万元，本期国内销售甲产品缴纳增值税30万元、消费税50万元；出口乙产品一批，按规定退回增值税5万元。该企业本期应交城市维护建设税（　　）万元。

A.6.3　　B.5.6　　C.5.25　　D.5.95

7.下列单位中，不属于城市维护建设税的纳税人的是（　　）。

A.社会团体　　B.私营企业　　C.外国企业　　D.个体户

8.单位或个人发生下列（　　）行为时，在缴纳相关税款时还应缴纳城市维护建设税。

A.职工转让技术取得收入　　B.处理自建不动产类固定资产收入

C.个人取得偶然所得　　D.销售免税货物

9.个体工商户为一加工酒类产品企业，酒类产品的城市维护建设税缴纳地为（　　）。

A.加工地　　B.委托方所在地

C.个体工商户所在地　　D.双方协商确定

10.根据烟叶税的有关规定，下列说法中正确的是（　　）。

A.收购烟叶的单位和个人为烟叶税的纳税人　　B.烟叶税的征税对象是指生烟叶和熟烟叶

C.烟叶税实行比例税率，税率为20%　　D.烟叶税应向收购单位的机构所在地缴纳

11.某烟草公司2019年8月8日支付烟叶收购价款88万元，另向烟农支付10%的价外补贴。该烟草公司8月收购烟叶应缴纳的烟叶税为（　　）万元。

A.17.6　　B.19.36　　C.21.56　　D.19.6

二、多项选择题

1.城市维护建设税以纳税人实际缴纳的（　　）税额为计税依据。

A.增值税　　B.消费税　　C.资源税　　D.关税

2.现行城市维护建设税的税率有（　　）。

A.17%　　B.7%　　C.5%　　D.1%

3.下列各项中，属于城市维护建设税计税依据的有（　　）。

A.实际应纳“两税”的税额　　B.纳税人滞纳“两税”而加收的滞纳金

C.纳税人偷逃“两税”而被处的罚款　　　　　D.纳税人偷逃“两税”而被查补的税款

4.城市维护建设税的税收减免规定有（　　）。

A.随“两税”的减免而减免

B.随“两税”的退库也可退库

C.按减免“两税”后实际缴纳的税额计征

D.个别缴纳城市维护建设税有困难的，由税务总局批准给予减免

5.下列各项中，符合城市维护建设税相关规定的有（　　）。

A.只要缴纳“两税”，就要缴纳城市维护建设税

B.因减免“两税”而退库的，相应的城市维护建设税可以同时退库

C.对出口产品退还增值税、消费税，不退还城市维护建设税

D.海关对进口货物征收增值税、消费税，不征收城市维护建设税

6.下列关于教育费附加的表述中，正确的有（　　）。

A.教育费附加是为加快地方教育事业发展、扩大地方教育经费的资金而征收的一项专用基金

B.教育费附加的计税以实际缴纳的“两税”为基数

C.对进口征收的增值税、消费税，不征收教育费附加

D.对出口退还的增值税、消费税，不退还已征的教育费附加

7.下列可以作为城市维护建设税计税依据的有（　　）。

A.关税　　　　B.消费税　　　　C.增值税　　　　D.流转税罚款

8.城市维护建设税和教育费附加的税率（或征收率）为（　　）。

A.7%和3%　　　　B.5%和3%　　　　C.1%和1%　　　　D.1%和3%

9.国内化妆品厂出口自产化妆品，下列各项中，不得退还的有（　　）。

A.B和C　　　　B.增值税　　　　C.城市维护建设税　　　　D.教育费附加

10.长沙某公司在深圳转让深圳某县城的一处房产，购进价52万元，转让价65万元，则下列关于城市维护建设税的说法中，正确的有（　　）。

A.城市维护建设税在深圳缴纳　　　　B.城市维护建设税在长沙缴纳

C.城市维护建设税适用深圳的相应税率　　　　D.城市维护建设税为0.0325万元

11.下列各项中，符合城市维护建设税征收管理有关规定的有（　　）。

A.海关对进口产品代征的增值税、消费税，征收城市维护建设税

B.海关对进口产品代征的增值税、消费税，不征收城市维护建设税

C.出口产品退还增值税、消费税的，不退还已缴纳的城市维护建设税

D.出口产品退还增值税、消费税的，按50%退还已缴纳的城市维护建设税

12.下列各项中，符合城市维护建设税有关规定的有（　　）。

A.城市维护建设税的计税依据是纳税人实际缴纳增值税、消费税的税额

B.因减免税而发生增值税、消费税退库的，城市维护建设税也可同时退库

C.纳税人因偷漏增值税、消费税应该补税的，也要补缴城市维护建设税

D.纳税人偷漏“两税”而加收的滞纳金、罚款，一并计入城市维护建设税的计税依据

13.下列关于烟叶税的说法中，正确的有（　　）。

A.在中国境内收购烟叶的单位需要代扣代缴烟叶税

B.烟叶税的税率为20%

C.烟叶税的应纳税额等于烟叶收购实际支付的价款总额乘以税率

D.烟叶税的纳税义务发生时间为纳税人收购烟叶的当天

14.某烟草公司2019年12月向烟叶生产者收购晾晒烟叶一批，支付收购价款20 000元，价外补贴2 000元，同时收购烤烟叶一批，支付收购价款15 000元、价外补贴1 500元。已知烟叶税税率为20%，

则下列说法中正确的有（　　）。

A.烟草公司收购晾晒烟叶应纳烟叶税4 400元

B.烟草公司收购烤烟叶应纳烟叶税3 300元

C.烟草公司收购烟叶共计应纳烟叶税7 700元

D.烟草公司收购晾晒烟叶应纳烟叶税4 000元

三、判断题

1.增值税纳税人有未抵扣完的进项税，本期就不需缴纳城市维护建设税。（　　）

2.纳税人在被查补"两税"和被处以罚款时，不再对其偷漏的城市维护建设税进行补税和罚款。（　　）

3.除另有规定外，对出口商品退还增值税、消费税的，不再退还已缴纳的城市维护建设税。（　　）

4.减免增值税、消费税的同时，也减免了城市维护建设税。（　　）

5.一切缴纳"两税"的纳税义务人，也是城市维护建设税的纳税义务人。（　　）

6.所有出口企业出口货物退还增值税，一般也退还城市维护建设税和教育费附加。（　　）

7.城市维护建设税的纳税义务发生时间和纳税期限与"两税"一致。（　　）

8.城市维护建设税的缴纳时间与"两税"的缴纳时间一致。（　　）

9.城市维护建设税的适用税率一律由纳税人按所在地规定执行。（　　）

10.某城市旅游公司本月自游客处取得旅游收入52万元，代游客支付各种门票、饭费等21万元，则该旅游公司本月缴纳城市维护建设税0.1085万元。（　　）

11.对"两税"实行先征后返、先征后退、即征即退办法的，除另有规定外，对随"两税"附征的城市维护建设税和教育费附加，一律不予退（返）还。（　　）

12.教育费附加是随地方税征收的一种地方附加。（　　）

13.凡是缴纳增值税、消费税的纳税人，须同时缴纳城市维护建设税。（　　）

14.烟叶税里的"收购金额"，包括纳税人支付给烟叶销售者的烟叶收购价款和价外补贴。（　　）

15.进口应税货物征收增值税、消费税，但不征收城市维护建设税；出口货物按规定退还增值税、消费税，但不退还已缴纳的城市维护建设税。（　　）

【职业技能专项训练】

1.某镇A卷烟厂2020年2月缴纳消费税40 000元、增值税30 000元，被查补消费税10 000元、增值税5 000元，处以罚款8 000元，加收滞纳金600元，计算其应纳城市维护建设税和教育费附加数额。

2.红蓝公司系从事卷烟批发、烟叶收购与销售的烟草商业企业，是增值税一般纳税人，2020年1月从烟农收购烤烟叶一批，开具了收购发票，收购发票分别注明收购价款10 000万元和价外补贴1 000万元。计算当月应缴纳的烟叶税。

项目 8
企业房产税、契税和土地增值税实务

08

【典型工作任务】

1.房产税纳税人、征税对象的确定，优惠政策的运用，具体业务应纳税额的计算与会计核算，房产税的远程纳税申报与缴纳；

2.契税纳税人、征税对象的确定，优惠政策的运用，具体业务应纳税额的计算与会计核算，契税的纳税申报与缴纳；

3.土地增值税纳税人、征税对象的确定，优惠政策的运用，具体业务应纳税额的计算与会计核算，土地增值税的纳税申报与缴纳。

【岗位工作能力】

1.能根据相关法律法规的规定，正确计算房产税、契税和土地增值税的应纳税额；

2.能根据企业所发生的相关涉税业务，进行房产税、契税和土地增值税的会计处理；

3.能熟练进行房产税、契税和土地增值税的纳税申报工作。

视频

税收宣传：车购税、车船税、印花税、契税（上）

任务8.1 企业房产税实务

一、房产税的概念

房产税是以房产为征税对象，依据房产价值或房产租金收入向房产所有人或经营人征收的一种税。房产税是一种财产性质的税种，目的是运用税收杠杆加强对房产的管理，提高房产使用效率，合理调节房产所有人和经营人的收入。房产的产权所有人是房产税的纳税人，产权属于国家的，由经营管理单位缴纳；产权属于集体和个人所有的，由集体和个人缴纳；产权出典的，由承典人缴纳；产权所有人、承典人不在房产所在地的，或者产权未确定及租典纠纷未解决的，由房产代管人或使用人缴纳。

视频

税收宣传：车购税、车船税、印花税、契税（下）

视频

大水与小水（房产税）

二、房产税的计算

1.计税依据

房产税的征税对象是城市、县城、建制镇和工矿区的房产，不包括农村的房产。其计税依据为房产的计税价值或房产的租金收入。按房产的计税价值征税的，称为从价计征；按房产的租金收入计征的，称为从租计征。

（1）从价计征。

从价计征的，计税依据是房产原值减除一定比例后的余值。房产原值是“固定资产”账户中记载的房屋原价；减除一定比例是指省、自治区、直辖市人民政府确定的10%~30%的扣除比例。

（2）从租计征。

从租计征的，计税依据为房产租金收入，即房屋产权所有人出租房产使用权所得的报酬，包括货币收入和实物收入。

2.税率

我国房产税采用的是比例税率。由于房产税的计税依据分为从价计征和从租计征两种形式，所以房产税的税率也有两种：采用从价计征的，税率为1.2%；采用从租计征的，税率为12%。从2001年1月1日起，对个人按市场价格出租的居民住房，用于居住的，可暂减按4%的税率征收房产税。

3.应纳税额的计算

（1）从价计征。

从价计征是按房产原值减除一定比例后的余值计征，其计算公式为：

应纳税额=应税房产原值×（1-扣除比例）×1.2%

（2）从租计征。

从租计征是按房产的租金收入计征，其计算公式为：

应纳税额=租金收入×12%

【例8-1】某公司2018年12月31日房屋原始价值为1 000万元。2019年3月底该公司将其中的200万元房产出租给外单位使用，租期2年，每年收取租金10万元。当地政府规定，从价计征房产税的，扣除比例为20%。房产税按年计算，分半年缴纳。计算该公司2019年上半年应纳的房产税税额。

❶从价计征部分房产应缴纳的税额：

应纳房产税税额=800×（1-20%）×1.2%÷2+200×（1-20%）×1.2%÷4

=3.84+0.48=4.32（万元）

❷从租计征部分房产应缴纳的税额：

应纳房产税税额=10×12%÷4=0.3（万元）

❸上半年应纳房产税税额=4.32+0.3=4.62（万元）

三、房产税的会计核算

房产税的会计核算应设置“应交税费——应交房产税”科目。该科目贷方登记本期应缴纳的房产税税额；借方登记企业实际缴纳的房产税税额；期末贷方余额，表示企业应交而未交的房产税税额。

核算时，企业按规定计算应交的房产税，借记“税金及附加”科目，贷记“应交税费——应交房产税”科目；缴纳房产税时，借记“应交税费——应交房产税”科目，贷记“银行存款”科目。

【例8-2】根据【例8-1】资料，进行会计处理。

计提房产税时：

借：税金及附加　　46 200

　贷：应交税费——应交房产税　　46 200

实际缴纳上半年房产税时：

借：应交税费——应交房产税　　46 200

　贷：银行存款　　46 200

四、房产税的优惠政策

目前，房产税的税收优惠政策主要有：

（1）国家机关、人民团体、军队自用的房产免税。但上述免税单位的出租房屋以及非自身业务使用的生产、经营用房，不属于免税范围。

（2）由国家财政部门拨付经费的单位，其自身业务范围内使用的房产免税。

值得注意的是，自2019年1月1日至2021年12月31日，对高校学生公寓免征房产税。

（3）宗教寺庙、公园、名胜古迹自用的房产免税。

（4）个人所有非营业用的房产免税。

（5）经财政部批准免税的其他房产。

值得注意的是：

❶自2019年1月1日至2021年12月31日，对增值税小规模纳税人减按50%征收房产税。

❷自2019年1月1日至2021年12月31日，对农产品批发市场、农贸市场（包括自有和承租）专门用于经营农产品的房产、土地，暂免征收房产税。对同时经营其他产品的，按其他产品与农产品交易场地面积的比例确定征免房产税。

农产品批发市场、农贸市场的行政办公区、生活区，以及商业餐饮娱乐等非直接为农产品交易提供服务的房产、土地，应按规定征收房产税。

❸自2019年1月1日至2021年12月31日，对国家级、省级科技企业孵化器、大学科技园和国家备案众创空间自用以及无偿或通过出租等方式提供给在孵对象使用的房产、土地，免征房产税。（城镇土地使用税同）

五、房产税的缴纳

1.纳税期限

房产税实行按年计算、分期缴纳的征税方法，具体纳税期限由各省、自治区、直辖市人民政府确定。各地一般按季度或半年征收一次，在季度或半年内规定某一月份征收。按季缴纳的，可在1月份、4月份、7月份、10月份缴纳；按半年缴纳的，可在1月份、7月份缴纳；税额较大的，可以按月缴纳；个人出租的房产可按次缴纳。

2.纳税义务发生时间

（1）纳税人将原有房产用于生产经营的，从生产经营之月起，计征房产税。

（2）纳税人自行新建房屋用于生产经营的，自建成之次月起，计征房产税。

（3）纳税人委托施工企业建设的房屋，从办理验收手续之次月起，计征房产税。对于在办理验收手续前已使用或出租、出借的新建房屋，应从使用或出租、出借的当月起按规定计征房产税。

（4）纳税人购置新建商品房，自房屋权属交付使用之次月起计征房产税。

（5）纳税人购置存量房，自办理房屋权属转移、变更登记手续，房地产权属登记机关签发房屋权属证书之次月起计征房产税。

（6）纳税人出租、出借房产，自交付出租、出借房产之次月起计征房产税。

（7）纳税人是房地产开发企业的，其自用、出租、出借本企业建造的商品房，自房屋使用或者交付之次月起计征房产税。

3.纳税地点

房产税的纳税地点为房产所在地。房产不在同一地方的纳税人，应按房产的坐落地点分别向房产所在地的税务机关纳税。

4.纳税申报

纳税人应按照条例的要求，将现有房屋的坐落地点、结构、面积、原值、出租收入等情况，如实向房屋所在地税务机关办理纳税申报，如实填写“城镇土地使用税 房产税纳税申报表”。

值得注意的是：

❶企业出租房屋给自己单位的职工，也属于房屋出租范围，属于房产税的征税范围，照常征收房产税。

❷房产税的征税对象是房产，即以房屋形态表现的财产。独立于房屋之外的建筑物，如围墙、烟囱、水塔、室外游泳池等不属于房产。

知识拓展　**房产税远程申报**

以湖南省为例，纳税人房产税远程申报的操作步骤如下（详见湖南网上税务局：http://hunan.chinatax.gov.cn）：

第1步：进入申报系统。

从“本月应申报税种”栏选择“房产税”。如果没有该税种，可从“其他税种申报”栏中选择“房产税”点击房产税，将进入登记房产信息页面。

第2步：登记房产信息。

登记房产信息页面上将显示纳税人已经登记过的所拥有房产信息，包括自有房产、出租房产、承租房产、转租房产。已登记过的房产信息需进一步的补正、完善，如房产坐落地点（县区或市，乡镇或办事处，街道或路）信息不完整、房产证号缺失，请根据实际情况予以补正、修改。

第3步：纳税申报表填写。

房产登记信息处理完毕后，点击“提交房产信息”提交，并跳转至纳税申报表填写页面。

房产税的纳税申报表是根据登记的房产税源信息自动产生的，包括自有自用房产应缴纳的房产税和自有出租房产应缴纳的房产税。

网上申报纳税人可以只修改自有房产和出租房产部分，对承租、转租的房产可暂时不予修改。

六、房产税纳税岗位实务

【工作示例8-1】

截至2019年年底，阿波罗集团有限责任公司拥有以下房产（房屋产权证上载明该房产均为钢筋混凝土结构）：

（1）2019年初该集团公司固定资产账面显示房屋及建筑物原价3 000万元，其中，管理部门及生产车间用房2幢，原值共计2 000万元（管理部门办公大楼原值400万元，生产车间用房原值1 600万元）；闲置房3幢，原值分别为350万元、350万元、300万元。

（2）1月1日，将原值为350万元的2幢闲置用房投资给岳阳河山有限公司，协议规定，每月向岳阳河山有限公司收取固定收入5万元，当年获得收益60万元。

（3）4月1日，将原值为300万元的闲置房转让给如家旅馆，收到转让价款320万元，支付转让过程中发生的税金及费用9.8万元，账面显示该房产已计提房屋折旧费58万元。

（4）4月17日，新建的一幢生产车间投入使用，原值210万元。

阿波罗集团有限责任公司为增值税小规模纳税人，位于长沙市区。该公司主要从事实木地板加工销售与房屋装饰服务，统一社会信用代码为910111222333444555；公司地址为湖南省长沙市五星路220号，其所在地区的房产税减除比率为30%。按当地税务机关的规定，房产税纳税期限为按年计算、分半年缴纳。2019年12月进口原木一批，海关进口缴款凭证上载明已缴纳进口增值税10万元，本月国内销售地板缴纳增值税30万元、消费税14万元。（假设办税员于2020年1月10日进行2019年下半年房产税的纳税申报工作）

【工作任务】

（1）根据涉税原始资料正确计算该公司应纳的房产税并进行相应会计处理；

（2）规范、正确地填报城镇土地使用税　房产税纳税申报表，进行纳税申报。

【任务实施】

1. 阿波罗集团有限责任公司2019年度应纳的房产税计算及会计处理如下：

（1）管理大楼：4 000 000×（1−30%）×1.2%=33 600（元）

（2）生产车间：16 000 000×（1−30%）×1.2%=134 400（元）

（3）闲置用房出租：600 000×12%=72 000（元）

（4）新车间投入使用，纳税人自行新建房屋用于生产经营，从建成之次月起，缴纳房产税，则：
新车间应纳房产税=2 100 000×（1−30%）×1.2%×8÷12=11 760（元）

（5）闲置房转让之前需要交纳房产税：
3 000 000×（1−30%）×1.2%÷4=6 300（元）
全年应纳房产税=33 600+134 400+72 000+11 760+6 300=258 060（元）

会计处理如下：

（1）计提上半年房产税时：

借：税金及附加——房产税　　129 030

　贷：应交税费——应交房产税　　129 030

（2）实际缴纳上半年房产税时：

借：应交税费——应交房产税　　129 030

　贷：银行存款　　129 030

注：单位房产税的核算，一般按月计提记入“税金及附加”。

2. 填报城镇土地使用税　房产税纳税申报表，见表8-1。

任务8.2　企业契税实务

一、契税的概念

1. 契税的征税范围和纳税人

契税是以所有权发生转移的不动产为征税对象，向产权承受人征收的一种财产税。

凡土地、房屋之买卖、典当、赠与和交换，均应凭土地、房屋的产权证明，在当事人双方订立契约时由产权承受人缴纳契税。

视频

大水与小水（契税）

契税的纳税人是指承受境内转移土地、房屋权属的单位和个人。境内是指在中华人民共和国实际税收行政管辖范围内。土地、房屋权属是指土地使用权和房屋所有权。单位是指企业单位、事业单位、国家机关、军事单位和社会团体以及其他组织。个人是指个体经营者及其他个人，包括中国公民和外籍人员。

2. 契税的征税对象

契税的征税对象是境内转移所有权的土地、房屋权属，具体包括以下内容：

（1）国有土地使用权出让。

国有土地使用权出让是指土地使用者向国家交付土地使用权出让费用，国家将国有土地使用权在一定年限内让与土地使用者的行为。

表 8-1

城镇土地使用税　房产税纳税申报表

税款所属期：自 2019 年 01 月 01 日至 2019 年 12 月 31 日

纳税人识别号（统一社会信用代码）：910111222333444555

纳税人名称：**阿波罗集团有限责任公司**　　　　金额单位：人民币元；面积单位：平方米

一、城镇土地使用税

本期是否适用增值税小规模纳税人减征政策（减免性质代码 10049901）	□是 □否	本期适用增值税小规模纳税人减征政策起始时间	年　月	减征比例（%）	
		本期适用增值税小规模纳税人减征政策终止时间	年　月		

序号	土地编号	宗地号	土地等级	税额标准	土地总面积	所属期起	所属期止	本期应纳税额	本期减免税额	本期增值税小规模纳税人减征额	本期已缴税额	本期应补（退）税额
1	*											
2	*											
3	*											
合计	*	*	*	*		*	*					

二、房产税

本期是否适用增值税小规模纳税人减征政策（减免性质代码 08049901）	□是 □否	本期适用增值税小规模纳税人减征政策起始时间	年　月	减征比例（%）	
		本期适用增值税小规模纳税人减征政策终止时间	年　月		

（一）从价计征房产税

序号	房产编号	房产原值	其中：出租房产原值	计税比例	税率	所属期起	所属期止	本期应纳税额	本期减免税额	本期增值税小规模纳税人减征额	本期已缴税额	本期应补（退）税额
1	*	4 000 000		70%		2019 年 01 月 01 日	2019 年 12 月 31 日	33 600			16 800	16 800
2	*	16 000 000		70%		2019 年 01 月 01 日	2019 年 12 月 31 日	134 400			67 200	67 200
3	*	3 000 000		70%		2019 年 01 月 01 日	2019 年 03 月 31 日	6 300			3 150	3 150
4	*	2 100 000		70%		2019 年 05 月 01 日	2019 年 12 月 31 日	11 760			5 880	5 880
合计	*	*	*	*	*	*	*	186 060			93 030	93 030

（二）从租计征房产税

序号	本期申报租金收入	税率	本期应纳税额	本期减免税额	本期增值税小规模纳税人减征额	本期已缴税额	本期应补（退）税额
1	300 000	12%	36 000			18 000	18 000
2	300 000	12%	36 000			18 000	18 000
3							
合计	*	*	72 000			36 000	36 000

（2）土地使用权的转让。

土地使用权的转让是指土地使用者以出售、赠与、交换或者其他方式将土地使用权转移给其他单位和个人的行为。土地使用权的转让不包括农村集体土地承包经营权的转移。

（3）房屋买卖。

房屋买卖即以货币为媒介，出卖者向购买者过渡房产所有权的交易行为。以下几种特殊情况，视同买卖房屋：

❶以房产抵债或实物交换房屋。经当地政府和有关部门批准，以房抵债或实物交换房屋，均视同房屋买卖，应由产权承受人按房屋现值缴纳契税。例如，甲某因无力偿还乙某债务，而以自有的房产折价抵偿债务。经双方同意，有关部门批准，乙某取得甲某的房屋产权，在办理产权过户手续时，按房产折价款缴纳契税。以实物（如金银首饰等等价物品）交换房屋，应视同以货币购买房屋。

❷以房产作投资或作股权转让。这种交易业务属房屋产权转移，应根据国家房地产管理的有关规定，办理房屋产权交易和产权变更登记手续，视同房屋买卖，由产权承受方按契税税率计算缴纳契税。例如，甲某以自有房产，投资于乙企业。其房屋产权变为乙企业所有，故产权所有人发生变化，因此，乙企业在办理产权登记手续后，按甲某房产现值（国有企事业单位房产须经国有资产管理部门评估核价）缴纳契税。如果丙某以股份方式购买乙企业房屋产权，丙某在办理产权登记后，按取得房产买价缴纳契税。以自有房产作股投入本人独资经营企业，免纳契税。因为以自有的房产投入本人独资经营的企业，产权所有人和使用权所有人未发生变化，不需办理房产变更手续，也不办理契税手续。

❸买房拆料或翻建新房，应照章征收契税。例如，甲某购买乙某房产，不论其目的是取得该房产的建筑材料或是翻建新房，实际构成房屋买卖。甲某应首先办理房屋产权变更手续，并按买价缴纳契税。

❹房屋赠与。房屋的赠与是指房屋产权所有人将房屋无偿转让给他人所有。其中，将自己的房屋转交给他人的法人和自然人，称作房屋赠与人；接受他人赠与房屋的法人和自然人，称为受赠人。房屋赠与的前提必须是产权无纠纷，赠与人和受赠人双方自愿。由于房屋是不动产，价值较大，故法律要求赠与房屋应有书面合同（契约），并到房地产管理机关或农村基层政权机关办理登记过户手续，才能生效。如果房屋赠与行为涉及涉外关系，还需公证处证明和外事部门认证，才能有效。房屋的受赠人要按规定缴纳契税。

❺房屋交换。房屋交换是指房屋所有者之间互相交换房屋的行为。随着经济形势的发展，有些特殊方式转移土地、房屋权属的，也将视同土地使用权转让、房屋买卖或者房屋赠与：a.以土地、房屋权属作价投资、入股；b.以土地、房屋权属抵债；c.以获奖方式承受土地、房屋权属；d.以预购方式或者预付集资建房款方式承受土地、房屋权属。

❻承受国有土地使用权支付的土地出让金。对承受国有土地使用权所应支付的土地出让金，要计征契税。不得因减免土地出让金而减免契税。

3.契税的税率

契税实行3%~5%的幅度税率。实行幅度税率是考虑到我国经济发展的不平衡，各地经济差别较大的实际情况。因此，各省、自治区、直辖市人民政府可以在3%~5%的幅度税率规定范围内，按照本地区的实际情况决定。

【边学边做8-1·单选题】（2016年）根据税收法律制度的规定，下列各项中属于契税纳税人的是（　　）。

A.向养老院捐赠房产的李某　　B.承租住房的刘某

C.购买商品房的张某　　D.出售商铺的林某

二、契税的计算

1.契税的计税依据

契税的计税依据为不动产的价格。由于土地、房屋权属转移方式不同，定价方法不同，具体计税依据也不同。

（1）国有土地使用权出让、土地使用权出售、房屋买卖，以成交价格为计税依据。价格是指土地、房屋权属转移合同确定的价格，包括承受者应交付的货币、实物、无形资产或者其他经济利益。

（2）土地使用权赠与、房屋赠与，由征收机关参照土地使用权出售、房屋买卖的市场价格核定。

（3）土地使用权交换、房屋交换，为所交换的土地使用权、房屋的价格差额。也就是说，交换价格相等时，免征契税；交换价格不等时，由多交付货币、实物、无形资产或者其他经济利益的一方缴纳契税。

（4）以划拨方式取得土地使用权，经批准转让房地产时，由房地产转让者补交契税。计税依据为补交的土地使用权出让费用或者土地收益。

（5）为了避免偷逃税款，税法规定，成交价格明显低于市场价格并且无正当理由的，或者所交换土地使用权、房屋的价格的差额明显不合理并且无正当理由的，征收机关可以参照市场价格核定计税依据。

（6）房屋附属设施征收契税的依据：

❶采取分期付款方式购买房屋附属设施土地使用权、房屋所有权的，应按合同规定的总价款计征契税。

❷承受的房屋附属设施权属如为单独计价的，按照当地确定的适用税率征收契税；如与房屋统一计价的，适用与房屋相同的契税税率。

（7）个人无偿赠与不动产行为（法定继承人除外），应对受赠人全额征收契税。在缴纳契税时，纳税人须提交经税务机关审核并签字盖章的“个人无偿赠与不动产登记表”，税务机关（或其他征收机关）应在纳税人的契税完税凭证上加盖“个人无偿赠与”印章，在“个人无偿赠与不动产登记表”中签字并将该表格留存。

2.契税的应纳税额的计算方法

契税采用比例税率。当计税依据确定以后，应纳税额的计算比较简单。应纳税额的计算公式为：

应纳税额=计税依据×税率

【例8-3】居民甲有两套住房，将一套出售给居民乙，成交价格为200 000元；将另一套两室住房与居民丙交换成两处一室住房，并支付给丙换房差价款60 000元。甲、乙、丙相关行为应缴纳的契税（假定税率为4%）分析计算如下：

甲应缴纳契税=60 000×4%=2 400（元）

乙应缴纳契税=200 000×4%=8 000（元）

丙不缴纳契税。

三、契税的会计核算

企业取得的房屋可直接使用的，在取得时按应纳的契税税额和相关费用，借记“固定资产”科目。如果取得的房屋需修建后再使用，则按应纳契税，借记“在建工程”科目，待修建完工后再转入“固定资产”科目。

（1）企业购买、受赠、承典取得房屋，账务处理为：

借：固定资产

　　在建工程

　　应交税费——应交增值税（进项税额）

　贷：资本公积

　　　应交税费——应交契税

　　　银行存款

（2）实际缴纳契税时：

借：应交税费——应交契税

　贷：银行存款

（3）纳税人交换房屋时，如果双方价格相等，可免征契税。如果价格不等，由多交付货币、实物、无形资产或者其他经济利益的一方缴纳契税（国有企业相互间转移国有房产，免纳契税）。纳税人在补缴税款时：

借：固定资产

　　在建工程

　贷：银行存款

对于企业取得的土地使用权，若是有偿取得的，一般应作为无形资产入账，相应地，为取得该项土地使用权而缴纳的契税，也应当计入无形资产价值，借记“无形资产——土地使用权”科目，贷记“银行存款”等科目。如从政府部门取得土地使用权，支付的土地使用权出让费、以土地使用权作价投资入股，对于房地产开发企业，取得的土地使用权所发生的支出，包括应缴纳的契税，计入开发成本。若土地使用权为无偿取得，则一般不将该土地使用权作为无形资产入账，相应地，企业应纳的契税可作为当期费用入账。

四、契税的优惠政策

（一）契税减免的基本规定

（1）国家机关、事业单位、社会团体、军事单位承受土地、房屋用于办公、教学、医疗、科研和军事设施的，免征契税。

（2）城镇职工按规定第一次购买公有住房，免征契税。

（3）因不可抗力丧失住房而重新购买住房的（如地震新建房），酌情准予减征或者免征契税。

（4）房屋被县级以上人民政府征用、占用后，重新承受土地、房屋权属的，由省级人民政府确定是否减免。

（5）承受荒山、荒沟、荒丘、荒滩土地使用权，并用于农、林、牧、渔业生产的，免征契税。

（6）依照我国法律以及我国缔结或参加的双边和多边条约的规定应当予以免税的外国

驻华使馆、领事馆、联合国驻华机构及其外交代表、领事官员和其他外交人员承受土地、房屋权属的，经外交部确认，免征契税。

（二）财政部规定的其他减免契税项目

（1）售后回租及相关事项的契税政策：

❶对金融租赁公司开展售后回租业务，承受承租人房屋、土地权属的，照章征税。对售后回租合同期满，承租人回购原房屋、土地权属的，免征契税。

❷以招拍挂方式出让国有土地使用权的，纳税人为最终与土地管理部门签订出让合同的土地使用权承受人。

❸市、县级人民政府根据《国有土地上房屋征收与补偿条例》有关规定征收居民房屋，居民因个人房屋被征收而选择货币补偿用以重新购置房屋，并且购房成交价格不超过货币补偿的，对新购房屋免征契税；购房成交价格超过货币补偿的，对差价部分按规定征收契税。居民因个人房屋被征收而选择房屋产权调换，并且不缴纳房屋产权调换差价的，对新换房屋免征契税；缴纳房屋产权调换差价的，对差价部分按规定征收契税。

❹企业承受土地使用权用于房地产开发，并在该土地上代政府建设保障性住房的，计税价格为取得全部土地使用权的成交价格。

❺单位、个人以房屋、土地以外的资产增资，相应扩大其在被投资公司的股权持有比例，无论被投资公司是否变更登记，其房屋、土地权属不发生转移，不征收契税。

❻个体工商户的经营者将其个人名下的房屋、土地权属转移至个体工商户名下，或个体工商户将其名下的房屋、土地使用权转回至原经营者个人名下，免征契税。

合伙企业的合伙人将其名下的房屋、土地权属转移至合伙企业名下，或合伙企业将其名下的房屋、土地权属转回原合伙人名下，免征契税。

（2）对国家石油储备基地第一期项目建设过程中涉及的契税予以免征。

（3）自2010年10月1日起，个人购买属于家庭唯一住房的普通住房，可享受契税减半征收的优惠政策。

（4）对已缴纳契税的购房单位和个人，在未办理房屋权属变更登记前退房的，退还已纳契税；在办理房屋权属变更登记后退房的，不予退还已纳契税。

（5）对公租房经营管理单位购买住房作为公租房，免征契税。

（6）在婚姻关系存续期间，房屋、土地权属原归夫妻一方所有，变更为夫妻双方共有或另一方所有的，或者房屋、土地权属原归夫妻双方共有，变更为其中一方所有的，或者房屋、土地权属原归夫妻双方共有，双方约定变更共有份额的，免征契税。

（7）对经营管理单位回购已分配的改造安置住房继续作为改造安置房源的，免征契税。

个人首次购买90平方米以下改造安置住房，按1%的税率计征契税；购买超过90平方米，但符合普通住房标准的改造安置住房，按法定税率减半计征契税。

个人因房屋被征收而取得货币补偿并用于购买改造安置住房，或因房屋被征收而进行房屋产权调换并取得改造安置住房，按有关规定减免契税。

（8）对经营性文化事业单位转制中资产评估增值、资产转让或划转涉及的契税，自2014年1月1日至2018年12月31日，符合现行规定的，享受相应税收优惠政策。

（9）对饮水工程运营管理单位为建设饮水工程而承受土地使用权，免征契税。

（10）对个人购买家庭唯一住房（家庭成员范围包括购房人、配偶以及未成年子女），面积为90平方米及以下的，减按1%的税率征收契税；面积为90平方米以上的，减按1.5%的税率征收契税。

（11）对个人购买家庭第二套改善性住房，面积为90平方米及以下的，减按1%的税率征收契税；面积为90平方米以上的，减按2%的税率征收契税。

家庭第二套改善性住房是指已拥有一套住房的家庭，购买的家庭第二套住房。

（12）对于《中华人民共和国继承法》规定的法定继承人（包括配偶、子女、父母、兄弟姐妹、祖父母、外祖父母）继承土地、房屋权属，不征契税。按照《中华人民共和国继承法》的规定，非法定继承人根据遗嘱承受死者生前的土地、房屋权属，属于赠与行为，应征收契税。

五、契税的缴纳

1.契税纳税义务发生时间

契税的纳税义务发生时间是纳税人签订土地、房屋权属转移合同的当天，或者纳税人取得其他具有土地、房屋权属转移合同性质凭证的当天。

2.契税的纳税期限

纳税人应当自纳税义务发生之日起10日内，向土地、房屋所在地的契税征收机关办理纳税申报，并在契税征收机关核定的期限内缴纳税款。

3.契税的纳税地点

契税在土地、房屋所在地的征收机关缴纳。

【边学边做8-2·单选题】（2014年）纳税人应当自契税纳税义务发生之日起（　　）日内，向土地、房屋所在地的税收征收机关办理纳税申报。

A.5　　B.7　　C.10　　D.15

值得注意的是，《中华人民共和国契税法》自2021年9月1日起施行。1997年7月7日国务院发布的《中华人民共和国契税暂行条例》同时废止。本任务内容为未施行《中华人民共和国契税法》，即2021年9月1日前的契税实务。

契税新旧政策对比

任务8.3　企业土地增值税实务

一、土地增值税基本法律内容认知

（一）土地增值税的概念

根据《中华人民共和国宪法》和《中华人民共和国土地管理法》的规定，城市的土地属国家所有。农村和城市郊区的土地除由法律规定属国家所有的以外，均属集体所有。集体所有土地由国家征用，土地使用权转归国家所有后，才能进行转让，才能纳入土地增值税的征税范围。未经国家征用的集体土地不得转让。我国的土地增值税是对有偿转让国有土地使用权及地上建筑物和其他附着物产权并取得增值性收入的单位和个人所征收的一种税。土地增值税的纳税人是指转让国有土地使用权及地上的一切建筑物和其他附着物产权，并取得收入的单位和个人，包括机关、团体、部队、企事业单位、个体工商户及国内其他单位和个人，也包括外商投资企业、外国企业及外国机构、华侨、中国港澳台同胞及外国公民等。

（二）土地增值税征税范围和税率

1. 征税范围

土地增值税的课税对象是有偿转让国有土地使用权及地上建筑物和其他附着物产权所取得的增值额。土地增值税的征税范围主要有一般规定和具体规定。

（1）征税范围的一般规定。

❶土地增值税只对转让国有土地使用权的行为课税，转让非国有土地和出让国有土地的行为均不征税。

❷土地增值税既对转让土地使用权课税，也对转让地上建筑物和其他附着物的产权征税，即对转让行为征税。

❸土地增值税只对有偿转让的房地产征税，对以继承、赠与等方式无偿转让的房地产，则不予征税。

（2）征税范围的具体规定（见表8–2）。

表8–2　土地增值税征税具体范围

有关事项	是否征收土地增值税
1. 出售	征收，包括三种情况： （1）出售国有土地使用权 （2）取得国有土地使用权后进行房屋开发建造后出售 （3）存量房地产买卖
2. 继承、赠与	继承不征（无收入）。赠与中公益性赠与、赠与直系亲属或承担直接赡养义务人不征；非公益性赠与征收
3. 出租	不征（无权属转移）
4. 房地产抵押	抵押期不征；抵押期满偿还债务本息不征；抵押期满，不能偿还债务，而以房地产抵债，则征收
5. 房地产交换	单位之间换房，有收入的征收；个人之间互换自住房不征
6. 以房地产投资、联营	房地产转让到投资联营企业，不征；将投资联营房地产再转让，征收
7. 合作建房	建成后自用，不征税；建成后转让，征收
8. 企业兼并转让房地产	暂免征
9. 代建房	不征（无权属转移）
10. 房地产重新评估	不征（无收入）
11. 国家收回房地产权	不征
12. 市政搬迁	不征

2. 税率

土地增值税实行的是四级超率累进税率，其目的是抑制房地产的投机、炒卖活动，适当调节纳税人的收入分配，增值多的多征，增值少的少征，无增值的不征。土地增值税具体税率见表8–3。

表 8-3　　土地增值税税率表

级数	增值额与扣除项目金额的比率	税率（%）	速算扣除系数（%）
1	不超过 50% 的部分	30	0
2	超过 50%~100% 的部分	40	5
3	超过 100%~200% 的部分	50	15
4	超过 200% 的部分	60	35

（三）土地增值税的计税依据

土地增值税的计税依据为转让房地产取得的增值额。

土地增值额=转让房地产取得的收入总额-扣除项目金额

扣除项目具体包括：

（1）取得土地使用权所支付的金额。

取得土地使用权所支付的金额包括：

❶纳税人为取得土地使用权所支付的地价款；

❷纳税人在取得土地使用权时按国家统一规定交纳的有关费用。

（2）房地产开发成本。

（3）房地产开发费用。

房地产开发费用是指与房地产开发项目有关的三项期间费用，即销售费用、管理费用和财务费用。

❶对于财务费用，纳税人能够按转让房地产项目计算分摊利息支出，并能提供金融机构的贷款证明的：

房地产开发费用=利息+（取得土地使用权所支付的金额+房地产开发成本）×5% 以内

注：利息最高不能超过按商业银行同类同期贷款利率计算的金额。

❷纳税人不能按转让房地产项目计算分摊利息支出，或不能提供金融机构贷款证明的：

房地产开发费用=（取得土地使用权所支付的金额+房地产开发成本）×10% 以内

（4）与转让房地产有关的税费。

房地产开发企业只能扣除城市维护建设税、教育费附加，而非房地产开发企业还可扣除印花税。因转让房地产缴纳的教育费附加，也可视同税金予以扣除。

（5）财政部规定的其他扣除项目。

从事房地产开发的纳税人可加计 20% 的扣除。

加计扣除费用=（取得土地使用权支付的金额+房地产开发成本）×20%

二、土地增值税应纳税额的计算

（一）增值额的确定

增值额=转让收入-扣除项目金额

在实际的房地产交易过程中，纳税人有下列情形之一的，则按照房地产评估价格计算征收土地增值税：

❶隐瞒、虚报房地产成交价格的；

❷提供扣除项目金额不实的；

❸转让房地产的成交价格低于房地产评估价格，又无正当理由的。

（二）应纳税额计算

应纳税额=增值额×适用税率-扣除项目金额×速算扣除系数

在出售旧房及建筑物计算土地增值税的增值额时，其扣除项目金额中的旧房及建筑物的评估价格应按在转让已使用的房屋及建筑物时，由政府批准设立的房地产评估机构评定的重置成本价乘以成新度折扣率后的价格进行确定。

三、土地增值税的会计核算

企业应当在“应交税费”科目下设置“应交土地增值税”明细科目，专门用来核算土地增值税的发生和缴纳情况。其贷方反映企业应交的土地增值税；借方反映企业实际缴纳的土地增值税；余额在贷方，反映企业应交而未交的土地增值税。

不同性质的企业，其土地增值税的会计处理各有不同。

1.主营房地产业务

主营房地产业务的企业，土地增值税和当期营业收入配比。企业计算土地增值税时，借记“税金及附加”科目，贷记“应交税费——应交土地增值税”科目；实际缴纳时，借记“应交税费——应交土地增值税”科目，贷记“银行存款”等科目。

【例8-4】某房地产开发公司转让写字楼一栋，取得货币收入26 200万元；取得土地使用权支付金额为1 600万元，开发成本为3 200万元，开发费用为700万元，与转让房地产有关的税金为65万元。

该项目扣除金额=1 600+3 200+700+65+（1 600+3 200）×20%=6 525（万元）

该项目增值额=26 200-6 525=19 675（万元）

增值额占扣除项目金额比例=19 675÷6 525×100%=301.53%

应纳土地增值税=19 675×60%-6 525×35%=9 521.25（万元）

该企业应作如下会计分录：

❶企业计算土地增值税时：

	借方	贷方
借：税金及附加	95 212 500	
贷：应交税费——应交土地增值税		95 212 500

❷企业实际缴纳土地增值税时：

	借方	贷方
借：应交税费——应交土地增值税	95 212 500	
贷：银行存款		95 212 500

2.兼营房地产业务

兼营房地产业务的企业，应由当期营业收入负担土地增值税，借记“其他业务成本”科目，贷记“应交税费——应交土地增值税”科目；实际缴纳时，借记“应交税费——应交土地增值税”科目，贷记“银行存款”等科目。

【例8-5】某公司兼营土地开发业务，转让已开发的土地使用权，取得转让收入为4 000万元；取得土地使用权支付金额为800万元，土地开发成本为320万元，开发费用为120万元。

扣除项目金额=800+320+120+（800+320）×20%=1 464（万元）

增值额=4 000-1 464=2 536（万元）

增值额占扣除项目金额比例=2 536÷1 464×100%=173.22%

应纳土地增值税=2 536×50%-1 464×15%=1 048.4（万元）

该公司应作如下会计分录：

❶企业计算土地增值税时：

借：其他业务成本　　10 484 000

　贷：应交税费——应交土地增值税　　10 484 000

❷企业实际缴纳土地增值税时：

借：应交税费——应交土地增值税　　10 484 000

　贷：银行存款　　10 484 000

3.非从事房地产开发企业转让房地产业务

企业转让国有土地使用权连同地上已完工使用的建筑物及附着物的会计处理，通过“固定资产”“固定资产清理”“累计折旧”等科目核算。企业转让房地产时，借记“固定资产清理”“累计折旧”等科目，贷记“固定资产”科目；企业收到转让收入时，借记“银行存款”等科目，贷记“固定资产清理”科目；企业计算土地增值税时，借记“固定资产清理”科目，贷记“应交税费——应交土地增值税”科目。企业交纳税金时，借记“应交税费——应交土地增值税”科目，贷记“银行存款”等科目。

四、土地增值税的优惠政策

1.法定免税

有下列情形之一的，免征土地增值税：

（1）纳税人建造普通标准住宅出售，增值额未超过扣除项目金额20%的（含20%），免征土地增值税。但增值额超过扣除项目金额20%的，应对其全部增值额计税（包括未超过扣除项目金额20%的部分）。即当增值率=增值额÷扣除项目金额×100%＜20%时，免征土地增值税。

（2）因国家建设需要依法征用、收回的房地产，免征土地增值税。

2.其他优惠政策

（1）转让房地产免税。因城市规划、国家建设的需要而搬迁，由纳税人自行转让原房地产的，经税务机关审核，免征土地增值税。

（2）转让自用住房免税。个人因工作调动或改善居住条件而转让原自用住房，凡居住满5年及以上的，免征土地增值税；居住满3年未满5年的，减半征收土地增值税。未满3年的，全额征收土地增值税。

（3）房地产入股免税。以房地产作价入股进行投资或联营的，转让到所投资、联营的企业中的房地产，免征土地增值税。

（4）合作建自用房免税。对于一方出地，一方出资金，双方合作建房，建成后按比例分房自用的，暂免征土地增值税。

（5）互换房地产免税。个人之间互换自有居住用房地产的，经当地税务机关核实，免征土地增值税。

（6）个人转让普通住宅免税。从1999年8月1日起，对居民个人转让其拥有的普通住宅，暂免征土地增值税。

（7）赠与直系亲属或承担直接赡养义务人房地产不征税。房产所有人、土地使用权所有人将房屋产权、土地使用权赠与直系亲属或承担直接赡养义务人的，不征收土地增值税。

（8）房产捐赠不征税。房产所有人、土地使用权所有人通过中国境内非营利社会团体、国家机关将房屋产权、土地使用权捐赠给教育、民政和其他社会福利、公益事业的，不征收土地增值税。

（9）2008年11月1日起，对居民个人销售住房一律免征土地增值税。销售廉租住房、经济适用住房的，免征土地增值税。

五、土地增值税的申报与缴纳

（一）纳税申报

土地增值税的纳税人应在转让房地产合同签订后的7日内，到房地产所在地主管税务机关办理纳税申报，并向税务机关提交房屋及建筑物产权、土地使用权证书，土地使用、房产买卖合同，房地产评估报告及其他与转让房地产有关的资料。纳税人因经常发生房地产转让而难以在每次转让后申报的，经税务机关审核同意后，可以定期进行纳税申报，具体期限由税务机关根据情况确定。

（二）土地增值税的纳税地点

土地增值税的纳税人应向房地产所在地主管税务机关办理纳税申报，并在税务机关核定的期限内缴纳土地增值税。这里所说的房地产所在地，是指房地产的坐落地。纳税人转让的房地产坐落在两个或两个以上地区的，应按房地产所在地分别进行申报纳税。

1.纳税人是法人的

当纳税人转让的房地产的坐落地与其机构所在地或经营所在地同在一地时，可在办理税务登记的原管辖税务机关申报纳税；如果转让的房地产坐落地与其机构所在地或经营所在地不在一地，则应在房地产坐落地的主管税务机关申报纳税。

2.纳税人是自然人的

当纳税人转让的房地产的坐落地与其居住所在地同在一地时，应在其住所所在地的税务机关申报纳税；如果转让的房地产的坐落地与其居住所在地不在一地，则在房地产坐落地的税务机关申报纳税。

六、企业土地增值税纳税岗位实务

【工作示例8-2】

长沙市恒远公司的相关信息如下：

公司地址：韶山路124号；开户银行：光大银行星星路支行；账号：110107987230595。办税人：学生本人；财务负责人：于会石；主管部门：市规划局；统一社会信用代码：911273744144566677。

2020年5月，转让地处万家丽路123号的恒湾一号公寓楼1幢（2000年建造），取得转让收入14 280万元（含增值税）。该公寓当时造价为3 000万元，已提折旧1 600万元。经房地产评估机构评定，该公寓楼的重置成本价为4 000万元，该楼房为五成新。转让前为取得土地使用权支付的地价款和按规定缴纳的有关费用为2 406万元（可提供支付凭证），该公司于当年5月10日与购买方杉杉公司签订了房地产转让合同，并办理了产权变更登记手续。评估价格已经税务机关认定。办税员于2020年5月15日进行了土地增值税的纳税申报工作。

【工作任务】

1.根据涉税原始资料正确计算企业应纳的土地增值税并进行相应的会计处理。

2.规范、正确地填报企业土地增值税纳税申报表。

【任务实施】

1.长沙市恒远公司土地增值税的计算如下：

（1）转让房地产的收入=14 280÷（1+5%）=13 600（万元）

（2）准予扣除项目金额：

❶取得土地使用权支付的金额=2 406万元

❷房地产的评估价格=4 000×50%=2 000（万元）

❸与转让房地产有关的税金=13 600×5%×（7%+3%）+13 600×0.5‰=74.8（万元）

扣除项目金额合计=2 406+2 000+74.8=4 480.8（万元）

（3）土地增值额=13 600−4 480.8=9 119.2（万元）

（4）土地增值率=9 119.2÷4 480.8×100%=203.52%

（5）应纳土地增值税=9 119.2×60%−4 480.8×35%=3 903.24（万元）

2.长沙市恒远公司土地增值税的会计处理如下：

（1）房屋出售转入清理时：

借：固定资产清理　　14 000 000
　　累计折旧　　16 000 000
　贷：固定资产　　30 000 000

（2）企业收到转让收入时：

借：银行存款　　142 800 000
　贷：固定资产清理　　136 000 000
　　　应交税费——应交增值税　　6 800 000

（3）企业因销售不动产计算应交有关税费时：

借：固定资产清理　　748 000
　贷：应交税费——应交城市维护建设税　　476 000
　　　　　　　——应交教育费附加　　204 000
　　　　　　　——应交印花税　　68 000

（4）计算应纳土地增值税及会计处理：

❶计算应交土地增值税时：

借：固定资产清理　　39 032 400
　贷：应交税费——应交土地增值税　　39 032 400

❷缴纳税费时：

借：应交税费——应交土地增值税　　39 032 400
　贷：银行存款　　39 032 400

（5）结转出售固定资产净损益时：

借：固定资产清理　　82 219 600
　贷：资产处置损益　　82 219 600

假定公司于2020年5月15日进行纳税申报，土地增值税纳税申报表的填报见表8-4。

表8-4 土地增值税纳税申报表（二）

（非从事房地产开发的纳税人适用）

税款所属时间：2020年 金额单位：元

税务登记证号：911273744144566677 填表日期：2020年05月15日 面积单位：平方米

纳税人名称	长沙市恒远公司		项目名称		恒湾一号公寓楼	项目地址	万家丽路123号	
业别	企业	经济性质	有限责任公司	纳税人地址	韶山路124号		邮政编码	
开户银行	光大银行星星路支行	银行账号	110107987230595	主管部门	市规划局		电话	

项目		行次	金额
一、转让房地产收入总额 1=2+3		1	136 000 000
其中	货币收入	2	136 000 000
	实物收入及其他收入	3	
二、扣除项目金额合计 4=5+6+9		4	44 808 000
1.取得土地使用权所支付的金额		5	24 060 000
2.旧房及建筑物的评估价格 6=7×8		6	20 000 000
其中	旧房及建筑物的重置成本价	7	40 000 000
	成新度折扣率（%）	8	50
3.与转让房地产有关的税金等 9=10+11+12		9	748 000
其中	城市维护建设税	10	476 000
	印花税	11	68 000
	教育费附加	12	204 000
三、增值额 14=1−4		13	91 192 000
四、增值额与扣除项目金额之比（%）14=13÷4		14	203.52
五、适用税率（%）		15	60
六、速算扣除系数（%）		16	35
七、应缴土地增值税税额 17=13×15−4×16		17	39 032 400

纳税人声明						
授权代理人	（如果你已委托代理申请人，请填写以下资料） 为代理一切税务事宜，现授权______ （地址）______ 为本纳税人的纳税申报人，任何与本报表有关的往来文件都可寄予此人。 授权人签字：		声明	我声明，此纳税申报表是根据《中华人民共和国土地增值税暂行条例》及其实施细则的规定填报的，我确信它是真实的、可靠的、完整的。 声明人签字：		
纳税人签章 加盖长沙市恒远公司章	法人代表签章	于会石	经办人员（代理申报人）签章	（学生本人）	备注	
（以下部分由主管税务机关负责填写）						
主管税务机关收到日期		接收人		审核日期		税务审核人员签章
审核记录						

【职业基础能力训练】

一、单项选择题

1.（2018年）根据契税法律制度的规定，下列行为中，应征收契税的是（　　）。

A.李某将商铺抵押　　B.乙公司受让国有土地使用权

C.王某继承商铺　　D.甲商场出租摊位

2.下列各项中，不属于土地增值税纳税人的是（　　）。

A.与国有企业换房的外资企业　　B.合作建房后出售房产的合作企业

C.以房抵债而发生房地产产权转让的企业　　D.将办公楼用于出租的外国企业

3.某房地产开发公司转让5年前购入的一块土地，取得转让收入1 800万元，该土地购进价为1 200万元，取得土地使用权时缴纳相关税费40万元，转让该土地时缴纳相关税费35万元。该房地产开发公司转让土地应缴纳土地增值税（　　）万元。

A.73.5　　B.150　　C.157.5　　D.300

4.房地产开发企业在确定土地增值税的扣除项目时，不允许单独扣除的税金是（　　）。

A.消费税　　B.教育费附加　　C.城市维护建设税　　D.印花税

5.土地增值税的纳税人是法人的，如果转让的房地产坐落地与其机构所在地或经营所在地不一致时，则应在（　　）的税务机关申报纳税。

A.房地产坐落地　　B.机构所在地

C.经营所在地　　D.房地产转让实现地

6.契税的纳税义务发生时间是（　　）。

A.签订土地、房屋权属转移合同或合同性质凭证的当天

B.签订土地、房屋权属转移合同或合同性质凭证的7日内

C.签订土地、房屋权属转移合同或合同性质凭证的10日内

D.签订土地、房屋权属转移合同或合同性质凭证的30日内

7.下列各项中，不符合房产税纳税义务发生时间规定的是（　　）。

A.将原有房产用于生产经营，从生产经营之次月起缴纳房产税

B.委托施工企业建设的房屋，从办理验收手续之次月起缴纳房产税

C.购置存量房，自权属登记机关签发房屋权属证书之次月起缴纳房产税

D.购置新建商品房，自房屋交付使用之次月起缴纳房产税

8.（2010年）周某原有两套住房，2009年8月，出售其中一套，成交价为70万元；将另一套以市场价格60万元与谢某的住房进行了等价置换；又以100万元购置了一套新住房，已知适用的契税税率为3%。周某计算应缴纳的契税的下列方法中，正确的是（　　）。

A.100×3%=3（万元）　　B.（100+60）×3%=4.8（万元）

C.（100+70）×3%=5.1（万元）　　D.（100+70+60）×3%=6.9（万元）

9.周某向谢某借款80万元，后因谢某急需资金，周某以一套价值90万元的房产抵偿所欠谢某债务，谢某取得该房产产权的同时支付周某差价款10万元。已知契税税率为3%。关于此次房屋交易缴纳契税的下列表述中，正确的是（　　）。

A.周某应缴纳契税0.3万元　　B.周某应缴纳契税2.7万元

C.谢某应缴纳契税2.7万元　　D.谢某应缴纳契税0.3万元

10.（2017年）2016年10月王某购买一套住房，支付房价97万元、增值税10.67万元。已知契税适用税率为3%，计算王某应缴纳契税税额的下列算式中，正确的是（　　）。

A.（97+10.67）×3%=3.23（万元）　　B.97÷（1−3%）×3%=3（万元）

C.（97-10.67）×3%=2.59（万元）　　D.97×3%=2.91（万元）

11.（2018年）甲企业将价值400万元的房屋与乙企业价值500万元的土地使用权进行交换，并向乙企业支付100万元差价。已知契税适用税率为3%。计算甲企业该笔业务应缴纳契税税额的下列算式中，正确的是（　　）。

A.400×3%=12（万元）　　B.500×3%=15（万元）

C.100×3%=3（万元）　　D.（400+500）×3%=27（万元）

12.根据契税法律制度的规定，下列各项中，属于契税纳税人的是（　　）。

A.获得住房奖励的个人　　B.转让土地使用权的企业

C.继承父母汽车的子女　　D.出售房屋的个体工商户

13.根据契税法律制度的规定，下列行为中，应征收契税的是（　　）。

A.甲公司出租地下停车场　　B.丁公司购买办公楼

C.乙公司将房屋抵押给银行　　D.丙公司承租仓库

二、多项选择题

1.房地产开发企业加扣20%费用的计算基数包括（　　）。

A.房地产开发成本

B.房地产开发费用

C.地价款

D.购买土地过程中按国家统一规定缴纳的登记、过户手续费

2.下列各项中，属于土地增值税免税或者不征税范围的有（　　）。

A.房产所有人将房产赠与直系亲属

B.个人之间互换自有居住用房地产

C.个人转让经营性房产

D.因国家建设需要而搬迁，由纳税人自行转让房地产

3.（2015年）根据契税法律制度的规定，下列各项中，免征契税的有（　　）。

A.国家机关承受房屋用于办公　　B.纳税人承受荒山土地使用权用于农业生产

C.军事单位承受土地用于军事设施　　D.城镇居民购买商品房用于居住

4.（2016年）根据契税法律制度的规定，下列各项中，属于契税征税范围的有（　　）。

A.农村集体土地承包经营权转移　　B.土地使用权赠与

C.国有土地使用权出让　　D.房屋交换

5.（2012年）关于契税计税依据的下列表述中，符合法律制度规定的有（　　）。

A.受让国有土地使用权的，以成交价格为计税依据

B.受赠房屋的，由征收机关参照房屋买卖的市场价格确定计税依据

C.购入土地使用权的，以评估价格为计税依据

D.交换土地使用权的，以交换土地使用权的价格差额为计税依据

6.根据企业所得税法律制度的规定，企业缴纳的下列税金中，准予在计算企业所得税应纳税所得额时扣除的有（　　）。

A.印花税　　B.消费税　　C.土地增值税　　D.资源税

7.下列各项中，符合房产税纳税义务人规定的有（　　）。

A.人保投资控股有限公司，房产税由产权所有人缴纳

B.房屋产权出典的，由出典人缴纳

C.产权纠纷未解决的，由代管人或使用人缴纳

D.纳税单位和个人无租使用房产管理部门、免税单位及纳税单位的房产，应由使用人代为缴纳房产税

8.下列各项中，可以免征城镇土地使用税的有（　　）。

A.财政拨付事业经费单位的食堂用地　　B.名胜古迹场所设立的照相馆用地

C.中国银行的营业用地　　D.宗教寺庙人员在寺庙内的生活用地

9.张三与李四互换房屋，张三的房屋价格为80万元，李四的房屋价格为100万元。成交后，张三支付李四20万元的房屋差价款。该省规定的契税税率为3%。下列项目中正确的有（　　）。

A.张三是契税纳税人　　B.李四是契税纳税人

C.应纳契税0.6万元　　D.应纳契税3万元

10.甲企业将原值128万元的房产评估作价130万元投资于乙企业，乙企业办理产权登记后又将该房产以140万元的价格出售给丙企业，当地契税税率为4%，则下列说法中正确的有（　　）。

A.丙企业缴纳契税5.2万元　　B.丙企业缴纳契税5.6万元

C.乙企业缴纳契税4.8万元　　D.乙企业缴纳契税5.2万元

11.根据房产税法律制度的规定，下列与房屋不可分割的附属设备中，应计入房产原值计缴房产税的有（　　）。

A.中央空调　　B.电梯　　C.暖气设备　　D.给水排水管道

三、判断题

1.房地产开发企业建造的商品房，出售前已使用的，不征收房产税。（　　）

2.（2018年）王某转让位于市中心的一套房产，该交易涉及的契税应由王某申报缴纳。（　　）

3.房地产开发项目中同时包含普通住宅和非普通住宅的，应分别计算土地增值税的增值额。（　　）

4.纳税人建造普通标准住宅出售，增值额超过扣除项目金额20%的，应按全部增值额计算缴纳土地增值税。（　　）

5.甲公司厂房原值500万元，已提折旧200万元。已知计算房产余值的减除比例为30%，房产税从价计征税率为1.2%，甲公司年度应缴纳房产税税额=500×（1-30%）×1.2%=4.2（万元）。（　　）

6.（2018年）李某的住房在地震中灭失，在他重新购买住房时，税务机关可酌情准予减征或者免征契税。（　　）

【职业技能专项训练】

1.甲企业2019年6月以融资租赁的方式租入一处房产，原值1 000万元，租期5年，租入当月投入使用，每月支付租赁费10万元，税务机关确定甲企业为该房产的纳税人，计算房产余值的扣除比例为20%。

要求：计算2019年甲企业融资租赁的房产应缴纳的房产税。

2.甲企业厂房原值2 000万元，2019年11月对该厂房进行扩建，2019年年底扩建完工并办理验收手续，增加房产原值500万元。已知，计算房产余值的扣除比例为30%，从价计征房产税的税率为1.2%。

要求：计算甲企业2019年应缴纳的房产税税额。

3.2019年7月1日，甲公司出租商铺，租期半年（至2019年12月31日租期届满），一次性收取含增值税租金126 000元。已知增值税征收率为5%，从租计征房产税的税率为12%。

要求：计算甲公司出租商铺应缴纳的房产税税额。

4.甲企业2019年年初拥有一栋房产，房产原值1 000万元，3月31日将其对外出租，租期1年，每月不含增值税租金为1万元。已知从价计征房产税的税率为1.2%，从租计征房产税的税率为12%，当地省政府规定计算房产余值的减除比例为30%。

要求：计算2019年甲企业上述房产应缴纳的房产税。

5.周某以150万元的价格（不含增值税）出售自有住房一套，购进价格为200万元（不含增值税）的住房一套。已知适用的契税税率为5%。

要求：计算周某上述行为应缴纳的契税税额。

6.甲企业拥有一处原值为560 000元的房产，已知从价计征房产税的税率为1.2%，当地规定的房产税减除比例为30%。

要求：计算甲企业该房产全年应缴纳的房产税税额

7.甲公司出售一处位于郊区的仓库，取得收入120万元，又以260万元购入一处位于市区繁华地区的门面房。上述金额均不含增值税，已知当地政府规定的契税税率为4%。

要求：计算甲公司应缴纳的契税税额。

项目 9

企业城镇土地使用税、耕地占用税和资源税实务

09

【典型工作任务】

1. 城镇土地使用税纳税人、征税对象的确定，优惠政策的运用，具体业务应纳税额的计算与会计核算，城镇土地使用税的纳税申报与缴纳；

2. 耕地占用税纳税人、征税对象的确定，优惠政策的运用，具体业务应纳税额的计算与会计核算，耕地占用税的纳税申报与缴纳；

3. 资源税纳税人、征税对象的确定，优惠政策的运用，具体业务应纳税额的计算与会计核算，资源税的纳税申报与缴纳。

【岗位工作能力】

1. 能根据相关法律法规的规定，正确计算城镇土地使用税、耕地占用税和资源税的应纳税额；

2. 能根据企业所发生的相关涉税业务，进行城镇土地使用税、耕地占用税和资源税的会计处理；

3. 能熟练进行城镇土地使用税、耕地占用税和资源税的纳税申报工作。

任务9.1　企业城镇土地使用税实务

一、城镇土地使用税的概念

城镇土地使用税是对城市、县城、建制镇和工矿区范围内使用土地的单位和个人，按实际占用土地面积所征收的一种税，是一种资源税性质的税种，有利于合理使用城镇土地，用经济手段加强对土地的控制和管理，变土地的无偿使用为有偿使用。我国境内城市、县城、建制镇范围内使用土地的单位和个人是城镇土地使用税的纳税人。拥有土地使用权的纳税人不在土地所在地的，由该土地的代管人或实际使用人缴纳；土地使用权未确定或权属纠纷未解决的，由实际使用人纳税；土地使用权为多方共有的，由共有各方分别纳税。

二、城镇土地使用税的计算

1. 计税依据

城镇土地使用税的征税对象是城市、县城、建制镇和工矿区内国家所有和集体所有的土地。以纳税人实际占用的土地面积为计税依据。土地面积计量标准为每平方米，按下列办法确定：

（1）由省、自治区、直辖市人民政府确定的单位组织测定土地面积的，以测定的面积为准。

（2）尚未组织测量，但纳税人持有政府部门核发的土地使用证书的，以证书确认的土地面积为准。

（3）尚未核发土地使用证书的，应由纳税人据实申报土地面积，据以纳税，待核发土地使用证书以后再作调整。

值得注意的是，对在城镇土地使用税征税范围内单独建造的地下建筑用地，按规定征收城镇土地使用税。其中，已取得地下土地使用权证的，按土地使用权证确认的土地面积计算应征税款；未取得地下土地使用权证或地下土地使用权证上未标明土地面积的，按地下建筑垂直投影面积计算应征税款。对上述地下建筑用地暂按应征税款的50%征收城镇土地使用税。

2. 税率

城镇土地使用税采用定额税率，即采用有幅度的差别税额，按大、中、小城市和县城、建制镇、工矿区分别规定每平方米城镇土地使用税年应纳税额，见表9-1。

表9-1 城镇土地使用税税率表

级别	人口（人）	每平方米税额（元）
大城市	50万以上	1.5~30
中等城市	20万~50万	1.2~24
小城市	20万以下	0.9~18
县城、建制镇、工矿区	—	0.6~12

各省、自治区、直辖市人民政府可根据市政建设情况和经济繁荣程度在规定幅度内，确定所辖地区的适用税额幅度。经济落后地区，城镇土地使用税的适用税额标准可适当降低，但降低额不得超过上述规定最低税额的30%，经济发达地区的适用税额标准可以适当提高，但须报财政部批准。

3. 应纳税额的计算

城镇土地使用税的应纳税额可以通过纳税人实际占用的土地面积乘以该土地所在地段适用税额求得，其计算公式为：

城镇土地使用税全年应纳税额=实际占用应税土地面积（平方米）×适用税额

【例9-1】物美企业坐落于某中等城市，占用土地20 000平方米，其中，企业自办的托幼机构占用土地1 000平方米，当地政府核定的城镇土地使用税税额为每平方米4元，计算该企业当年应纳的城镇土地使用税税额。

该企业当年应纳的城镇土地使用税税额=（20 000−1 000）×4=76 000（元）

三、城镇土地使用税的核算

城镇土地使用税通过设置“应交税费——应交城镇土地使用税”科目进行核算。该科目贷方登记本期应缴纳的城镇土地使用税税额；借方登记企业实际缴纳的城镇土地使用税税额；期末贷方余额，表示企业应交而未交的城镇土地使用税税额。

核算时，企业按规定计算的应交城镇土地使用税，借记“税金及附加”科目，贷记“应交税费——应交城镇土地使用税”科目；上交城镇土地使用税时，借记“应交税费——应交城镇土地使用税”科目，贷记“银行存款”科目。

【例9-2】根据【例9-1】的资料，进行会计处理。

（1）计提城镇土地使用税时：

借：税金及附加——城镇土地使用税　　76 000

　贷：应交税费——应交城镇土地使用税　　76 000

（2）交纳城镇土地使用税时：

借：应交税费——应交城镇土地使用税　　76 000

　贷：银行存款　　76 000

四、城镇土地使用税的优惠政策

1.免征城镇土地使用税的情形

（1）国家机关、人民团体、军队自用的土地。

（2）由国家财政部门拨付事业经费的单位自用土地。

（3）宗教寺庙、公园、名胜古迹自用的土地。

（4）市政街道、广场、绿化地带等公共用地。

（5）直接用于农、林、牧、渔业的生产用地。

（6）经批准开山填海整治的土地和改造的废弃土地，从使用之月起免交城镇土地使用税5年至10年。

（7）非营利性医疗机构、疾病控制机构和妇幼保健机构自用的土地，自2000年7月起免征城镇土地使用税。对营利性医疗机构自用的土地，自取得执照之日起免征城镇土地使用税3年。

（8）企业办学校、医院、托儿所、幼儿园，其用地能与企业其他用地明确区分的，免征城镇土地使用税。

（9）免税单位无偿使用纳税单位的土地。如公安、海关等单位使用铁路、民航等单位的土地，免税；但纳税单位无偿使用免税单位的土地，纳税单位应依法缴纳城镇土地使用税。

（10）部分特殊行业用地暂免征收城镇土地使用税的规定：❶高校后勤实体用地；❷企业的铁路专用线及公路等用地；❸企业厂区以外的公共绿化用地和向社会开放的公园用地；❹港口的码头用地；❺盐场的盐滩和盐矿的矿井用地；❻水利设施管护用地；❼机场飞行区。

（11）特定土地的城镇土地使用税的减免，由各省级税务部门确定，主要包括：❶个人所有的居住房屋及院落用地；❷单位职工家属的宿舍用地；❸集体和个人办的学校、医院、托儿所及幼儿园用地；❹基建项目在建期间使用的土地以及城镇集贸市场用地等。

2.“营改增”时期支持农产品流通体系建设的优惠政策

（1）自2018年10月1日至2020年12月31日，对按照去产能和调结构政策要求停产停业、关闭的企业，自停产停业次月起，免征房产税、城镇土地使用税。企业享受免税政策的期限累计不得超过两年。

（2）自2019年1月1日至2021年12月31日，对农产品批发市场、农贸市场（包括自有和承租，下同）专门用于经营农产品的房产、土地，暂免征收房产税和城镇土地使用税。对同时经营其他产品的农产品批发市场和农贸市场使用的房产、土地，按其他产品与农产品交易场地面积的比例确定征免房产税和城镇土地使用税。

农产品批发市场和农贸市场，是指经登记注册，供买卖双方进行农产品及其初加工品现货批发或零售交易的场所。农产品包括粮油、肉禽蛋、蔬菜、干鲜果品、水产品、调味品、棉麻、活畜、可食用的林产品以及由省、自治区、直辖市财税部门确定的其他可食用的农产品。享受上述税收优惠的房产、土地，是指农产品批发市场、农贸市场直接为农产品交易提供服务的房产、土地。农产品批发市场、农贸市场的行政办公区、生活区，以及商业餐饮娱乐等非直接为农产品交易提供服务的房产、土地，应按规定征收房产税和城镇土地使用税。

（3）自2019年1月1日至2020年12月31日，对向居民供热收取采暖费的供热企业，为居民供热所使用的厂房及土地免征房产税、城镇土地使用税；对供热企业其他厂房及土地，应当按照规定征收房产税、城镇土地使用税。对专业供热企业，按其向居民供热取得的采暖费收入占全部采暖费收入的比例，计算免征的房产税、城镇土地使用税。对兼营供热企业，视其供热所使用的厂房及土地与其他生产经营活动所使用的厂房及土地是否可以区分，按照不同方法计算免征的房产税、城镇土地使用税。可以区分的，对其供热所使用厂房及土地，按向居民供热取得的采暖费收入占全部采暖费收入的比例，计算免征的房产税、城镇土地使用税。难以区分的，对其全部厂房及土地，按向居民供热取得的采暖费收入占其营业收入的比例，计算免征的房产税、城镇土地使用税。对自供热单位，按向居民供热建筑面积占总供热建筑面积的比例，计算免征供热所使用的厂房及土地的房产税、城镇土地使用税。

（4）由省、自治区、直辖市人民政府根据本地区实际情况，以及宏观调控需要确定，从2019年1月份开始，对增值税小规模纳税人可以在50%的税额幅度内减征城镇土地使用税。

五、城镇土地使用税的缴纳

1.纳税期限

城镇土地使用税实行按年计算、分期缴纳的征收方法，具体纳税期限由省、自治区、直辖市人民政府确定。

2.纳税义务发生时间

（1）纳税人购置新建商品房，自房屋交付使用之次月起，缴纳城镇土地使用税。

（2）纳税人购置存量房，自办理房屋权属转移、变更登记手续，房地产权属登记机关签发房屋权属证书之次月起，缴纳城镇土地使用税。

（3）纳税人出租出借房产，自交付出租、出借房产之次月起，缴纳城镇土地使用税。

（4）纳税人新征用的耕地，自批准征用之日起满1年时开始缴纳城镇土地使用税。

（5）纳税人新征用的非耕地，自批准征用次月起缴纳城镇土地使用税。

（6）纳税人以出让或转让方式有偿取得土地使用权的，应由受让方从合同约定交付土地时间的次月起缴纳城镇土地使用税；合同未约定交付时间的，由受让方从合同签订的次月起缴纳城镇土地使用税。

3.纳税地点

城镇土地使用税的纳税地点为土地所在地，由土地所在地主管税务机关征收。

纳税人使用的土地不属于同一省、自治区、直辖市管辖的，由纳税人分别向土地所在地的税务机关申报缴纳；在同一省、自治区、直辖市管辖范围内，纳税人跨地区使用土地，其纳税地点由各省、自治区、直辖市税务机关确定。

4.纳税申报

城镇土地使用税的纳税人应按照条例的有关规定及时办理纳税申报，如实填写城镇土地使用税　房产税纳税申报表。

六、企业城镇土地使用税纳税岗位实务

【工作示例9-1】

长沙市惠好超市地处开福区200号（属一等地段），商场土地使用证书上记载的占用土地面积为11 000平方米，其中，商场自办托儿所占地面积为2 000平方米。经核定

的一等地段年税额为10元/平方米，本市规定企业自办托儿所占地面积免税，城镇土地使用税分半年缴纳一次（注：超市办税会计在2020年7月10日已缴纳了一次城镇土地使用税）。

【工作任务】

1.根据涉税原始资料正确计算该超市应纳的城镇土地使用税并进行相应会计处理；

2.规范、正确地填报城镇土地使用税 房产税纳税申报表，进行2020年度纳税申报。

【任务实施】

1.长沙市惠好超市城镇土地使用税的计算及会计处理如下：

全年应纳税额=实际占用应税土地面积（平方米）×适用税额

=（11 000−2 000）×10=9 000×10=90 000（元）

（1）计提2020年上半年城镇土地使用税时：

借：税金及附加——城镇土地使用税　　45 000

　贷：应交税费——应交城镇土地使用税　　45 000

（2）交纳2020年上半年城镇土地使用税时（半年缴纳一次）：

借：应交税费——应交城镇土地使用税　　45 000

　贷：银行存款　　45 000

2.长沙市惠好超市进行2020年度纳税申报，填报的城镇土地使用税 房产税纳税申报表见表9-2。

任务9.2　企业耕地占用税实务

一、耕地占用税的概念

耕地占用税是在全国范围内，就改变耕地用途的行为在土地取得环节一次性征收的税收，目的是保护耕地。对占用耕地建房或从事其他非农业建设的单位和个人，就其实际占用的耕地按面积征税，它属于对特定土地资源占用课税。自2019年9月1日起，《中华人民共和国耕地占用税法》（简称《耕地占用税法》）实施，2007年12月1日国务院公布的《中华人民共和国耕地占用税暂行条例》同时废止。

耕地是指种植农作物的土地（包括菜地、园地）。占用鱼塘及其他农用土地建房或从事其他非农业建设，也视同占用耕地，必须依法征收耕地占用税。园地包括苗圃、花圃、茶园、果园、桑园和其他种植经济林木的土地。

（一）耕地占用税的纳税人

在中华人民共和国境内占用耕地建设建筑物、构筑物或者从事非农业建设的单位和个人，为耕地占用税的纳税人，应当依法缴纳耕地占用税。占用耕地建设农田水利设施的，不缴纳耕地占用税。

耕地占用税的纳税人，是占用耕地建房或从事非农业建设的单位和个人。

（二）耕地占用税的征税范围

耕地占用税的征税范围包括用于建房或从事其他非农业建设征（占）用的国家所有和集体所有的耕地。

表 9-2

城镇土地使用税　房产税纳税申报表

税款所属期：自 2019 年 01 月 01 日至 2019 年 06 月 30 日

纳税人识别号（统一社会信用代码）：******************

纳税人名称：**长沙市惠好超市**

金额单位：人民币元（列至角分）；面积单位：平方米

一、城镇土地使用税

本期是否适用增值税小规模纳税人减征政策（减免性质代码 10049901）	□是 □否	本期适用增值税小规模纳税人减征政策起始时间	年　月	减征比例（%）	
		本期适用增值税小规模纳税人减征政策终止时间	年　月		

序号	土地编号	宗地号	土地等级	税额标准	土地总面积	所属期起	所属期止	本期应纳税额	本期减免税额	本期增值税小规模纳税人减征额	本期已缴税额	本期应补（退）税额
1	*		1	10	11 000	2020 年 01 月 01 日	2020 年 06 月 30 日	55 000	10 000		0	45 000
2	*											
3	*											
合计	*	*	1	10	11 000			55 000	10 000		0	45 000

二、房产税

本期是否适用增值税小规模纳税人减征政策（减免性质代码 08049901）	□是 □否	本期适用增值税小规模纳税人减征政策起始时间	年　月	减征比例（%）	
		本期适用增值税小规模纳税人减征政策终止时间	年　月		

（一）从价计征房产税

序号	房产编号	房产原值	其中：出租房产原值	计税比例	税率	所属期起	所属期止	本期应纳税额	本期减免税额	本期增值税小规模纳税人减征额	本期已缴税额	本期应补（退）税额
1	*											
2	*											
3	*											
合计	*	*	*	*	*	*	*					

（二）从租计征房产税

序号	本期申报租金收入	税率	本期应纳税额	本期减免税额	本期增值税小规模纳税人减征额	本期已缴税额	本期应补（退）税额
1							
2							
3							
合计	*	*					

（三）耕地占用税的计税依据

耕地占用税以纳税人实际占用的耕地面积为计税依据，按照规定的适用税额一次性征收。

耕地占用税实行有地区差别的幅度定额税率。

二、耕地占用税的计算

耕地占用税应纳税额=纳税人实际占用的耕地面积（平方米）×适用税额

考虑到我国的地区差别、资源分布差别以及与此相关的税收调控力度等因素，耕地占用税的税额规定如下：

（1）人均耕地不超过1亩的地区（以县级行政区域为单位，下同），每平方米为10元至50元；

（2）人均耕地超过1亩但不超过2亩的地区，每平方米为8元至40元；

（3）人均耕地超过2亩但不超过3亩的地区，每平方米为6元至30元；

（4）人均耕地超过3亩的地区，每平方米为5元至25元。

国务院财政、税务主管部门根据人均耕地面积和经济发展情况确定各省、自治区、直辖市的平均税额。

各地适用税额，由省、自治区、直辖市人民政府在上述规定的税额幅度内，根据本地区具体情况核定。各省、自治区、直辖市人民政府核定的适用税额的平均水平，不得低于各省、自治区、直辖市耕地占用税平均税额表（见表9-3）规定的平均税额。

表9-3　各省、自治区、直辖市耕地占用税平均税额表

省、自治区、直辖市	平均税额（元/平方米）
上海	45
北京	40
天津	35
江苏、浙江、福建、广东	30
辽宁、湖北、湖南	25
河北、安徽、江西、山东、河南、重庆、四川	22.5
广西、海南、贵州、云南、陕西	20
山西、吉林、黑龙江	17.5
内蒙古、西藏、甘肃、青海、宁夏、新疆	12.5

【例9-3】某单位在一经济特区征用耕地4 000平方米用于建造楼房，当地耕地占用税适用的单位税额为35元/平方米，则该单位应纳耕地占用税的税额是多少？

耕地占用税应纳税额=4 000×35=140 000（元）

三、耕地占用税的会计核算

（一）耕地占用税会计科目的设置

由于耕地占用税是在实际占用耕地之前一次性交纳的，不存在与征税机关清算和结算

的问题，因此企业按规定交纳的耕地占用税，可以不通过“应交税费”科目核算。企业为购建固定资产而交纳的耕地占用税，作为固定资产价值的组成部分，记入“在建工程”科目。

（二）耕地占用税的会计核算

企业征用耕地获得批准后，按规定交清耕地占用税，应借记“在建工程”科目，贷记“银行存款”科目。如因结算差错等原因，需补交耕地占用税的，分为以下两种情况进行会计处理：

（1）工程尚未完工，或已完工尚未投入生产经营的，应借记“在建工程”科目，贷记“银行存款”科目；

（2）工程已完工并投入生产经营的，应借记“在建工程”科目，贷记“银行存款”科目，同时，由于工程完工并投入生产经营，在建工程成本已形成固定资产价值，因此，还应转入“固定资产”科目，借记“固定资产”科目，贷记“在建工程”科目。

四、耕地占用税的优惠政策

（一）免税项目

（1）军事设施占用应税土地免征耕地占用税。

（2）学校、幼儿园、养老院、医院占用应税土地免征耕地占用税。

（二）减征项目

（1）铁路线路、公路线路、飞机场跑道、停机坪、港口、航道、水利工程占用耕地，减按每平方米2元的税额征收耕地占用税。

（2）农村居民在规定用地标准以内占用耕地新建自用住宅，按照当地适用税额减半征收耕地占用税。其中，农村居民经批准搬迁，新建自用住宅占用耕地不超过原宅基地面积的部分，免征耕地占用税。农村烈士遗属、因公牺牲军人遗属、残疾军人以及符合农村最低生活保障条件的农村居民，在规定用地标准以内新建自用住宅，免征耕地占用税。根据国民经济和社会发展的需要，国务院可以规定免征或者减征耕地占用税的其他情形，报全国人民代表大会常务委员会备案。

按规定免征或者减征耕地占用税后，纳税人改变原占地用途，不再属于免征或者减征耕地占用税情形的，应当按照当地适用税额补缴耕地占用税。

（三）临时占用耕地征税问题

（1）纳税人临时占用耕地，应当按照规定缴纳耕地占用税。

（2）纳税人在批准临时占用耕地期满之日起1年内恢复所占用耕地原状的，全额退还已缴纳的耕地占用税。

（3）因污染、取土、采矿塌陷等损毁耕地的，比照临时占用耕地的情况，由造成损毁的单位或者个人缴纳耕地占用税。纳税人自损毁耕地之日起3年内恢复所损毁耕地原状的，全额退还已经缴纳的耕地占用税。

值得注意的是，纳税人占用园地、林地、草地、农田水利用地、养殖水面、渔业水域滩涂以及其他农用地建设建筑物、构筑物或者从事非农业建设的，缴纳耕地占用税。

占用上述农用地的，适用税额可以适当低于本地区按照人均耕地超过1亩但不超过2亩，每平方米为8元至40元的规定确定的适用税额，但降低的部分不得超过50%。具体适用税额由省、自治区、直辖市人民政府提出，报同级人民代表大会常务委员会决定，并报全国人民代表大会常务委员会和国务院备案。

占用农用地建设直接为农业生产服务的生产设施的，不缴纳耕地占用税。

五、耕地占用税的缴纳

（一）征税机关

耕地占用税由税务机关负责征收。土地管理部门在通知单位或者个人办理占用耕地手续时，应当同时通知耕地所在地同级地方税务机关。对占用非耕地建房或占用耕地从事农业建设的单位和个人，不征收耕地占用税。

纳税人因建设项目施工或者地质勘查临时占用耕地，应当依照《耕地占用税法》的规定缴纳耕地占用税。纳税人在批准临时占用耕地期满之日起1年内依法复垦，恢复种植条件的，全额退还已经缴纳的耕地占用税。

（二）纳税期限

获准占用耕地的单位或者个人应当在收到土地管理部门的通知之日起30日内缴纳耕地占用税。土地管理部门凭耕地占用税完税凭证或者免税凭证和其他有关文件发放建设用地批准书。

耕地占用税由各级财政机关对征税范围内的耕地一次性征收。纳税人应在耕地批准占用之日起30日内向税务机关申报纳税。

任务9.3 企业资源税实务

一、资源税的概念

1.资源税及其纳税人

资源税是对在我国境内从事应税矿产品开采或生产盐的单位和个人征收的一种税。

资源税的纳税人是在我国领域及管辖的其他海域内开采应税矿产品或者生产盐的单位和个人。（进口不征）

值得注意的是，《中华人民共和国资源税法》（简称《资源税法》）自2020年9月1日起施行。1993年12月25日国务院发布的《中华人民共和国资源税暂行条例》同时废止。本任务内容为最新法律内容的资源税企业实务。

2.资源税的特点

资源税对特定资源课税，具有受益税的性质。资源税实行从价计征或者从量计征方式，进行普遍征收，级差调节。因此，资源税有其自身特点：

（1）资源税实行幅度税率的，具体适用税率由省、自治区、直辖市人民政府统筹考虑该应税资源的品位、开采条件以及对生态环境的影响等情况合理调节资源级差收入，促进企业平等竞争。

（2）资源税的应税资源的具体范围，由《资源税法》所附的“资源税税目税率表”确定，发挥了税收调节功能，促进资源合理开采，节约使用国有资源，同时增加国家财政收入。

3.资源税的征税范围

凡《资源税法》所附的“资源税税目税率表”（见表9-4）列举的应税资源，都是资源税的具体征税范围，应当依照《资源税法》的规定缴纳资源税。

表 9-4　　　　　　　　　　　　资源税税目税率表

税目			征税对象	税率
能源矿产	原油		原矿	6%
	天然气、页岩气、天然气水合物		原矿	6%
	煤		原矿或者选矿	2%~10%
	煤成（层）气		原矿	1%~2%
	铀、钍		原矿	4%
	油页岩、油砂、天然沥青、石煤		原矿或者选矿	1%~4%
	地热		原矿	1%~20% 或者每立方米 1~30 元
金属矿产	黑色金属	铁、锰、铬、钒、钛	原矿或者选矿	1%~9%
	有色金属	铜、铅、锌、锡、镍、锑、镁、钴、铋、汞	原矿或者选矿	2%~9%
		铝土矿	原矿或者选矿	2%~9%
		钨	选矿	6.5%
		钼	选矿	8%
		金、银	原矿或者选矿	2%~6%
		铂、钯、钌、锇、铱、铑	原矿或者选矿	5%~10%
		轻稀土	选矿	7%~12%
		中重稀土	选矿	20%
		铍、锂、锆、锶、铷、铯、铌、钽、锗、镓、铟、铊、铪、铼、镉、硒、碲	原矿或者选矿	2%~10%
非金属矿产	矿物类	高岭土	原矿或者选矿	1%~6%
		石灰岩	原矿或者选矿	1%~6% 或者每吨（或者每立方米）1~10 元
		磷	原矿或者选矿	3%~8%
		石墨	原矿或者选矿	3%~12%
		萤石、硫铁矿、自然硫	原矿或者选矿	1%~8%
		天然石英砂、脉石英、粉石英、水晶、工业用金刚石、冰洲石、蓝晶石、硅线石（矽线石）、长石、滑石、刚玉、菱镁矿、颜料矿物、天然碱、芒硝、钠硝石、明矾石、砷、硼、碘、溴、膨润土、硅藻土、陶瓷土、耐火粘土、铁矾土、凹凸棒石粘土、海泡石粘土、伊利石粘土、累托石粘土	原矿或者选矿	1%~12%
		叶蜡石、硅灰石、透辉石、珍珠岩、云母、沸石、重晶石、毒重石、方解石、蛭石、透闪石、工业用电气石、白垩、石棉、蓝石棉、红柱石、石榴子石、石膏	原矿或者选矿	2%~12%

续表

税目			征税对象	税率
非金属矿产	矿物类	其他粘土（铸型用粘土、砖瓦用粘土、陶粒用粘土、水泥配料用粘土、水泥配料用红土、水泥配料用黄土、水泥配料用泥岩、保温材料用粘土）	原矿或者选矿	1%~5%或者每吨（或者每立方米）0.1~5元
	岩石类	大理岩、花岗岩、白云岩、石英岩、砂岩、辉绿岩、安山岩、闪长岩、板岩、玄武岩、片麻岩、角闪岩、页岩、浮石、凝灰岩、黑曜岩、霞石正长岩、蛇纹岩、麦饭石、泥灰岩、含钾岩石、含钾砂页岩、天然油石、橄榄岩、松脂岩、粗面岩、辉长岩、辉石岩、正长岩、火山灰、火山渣、泥炭	原矿或者选矿	1%~10%
		砂石	原矿或者选矿	1%~5%或者每吨（或者每立方米）0.1~5元
	宝玉石类	宝石、玉石、宝石级金刚石、玛瑙、黄玉、碧玺	原矿或者选矿	4%~20%
水气矿产	二氧化碳气、硫化氢气、氦气、氡气		原矿	2%~5%
	矿泉水		原矿	1%~20%或者每立方米1~30元
盐	钠盐、钾盐、镁盐、锂盐		选矿	3%~15%
	天然卤水		原矿	3%~15%或者每吨（或者每立方米）1~10元
	海盐		原矿或者选矿	2%~5%

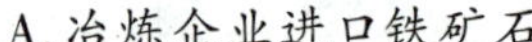
【边学边做9-1·多选题】根据资源税法律制度的规定，下列单位和个人的生产经营行为应缴纳资源税的有（　　）。

A.冶炼企业进口铁矿石　　B.个体经营者开采煤矿

C.军事单位开采石油　　D.中外合作开采天然气

【边学边做9-2·多选题】下列各项中，应征收资源税的有（　　）。

A.开采的大理石　　B.进口的原油

C.开采的煤炭瓦斯　　D.生产用于出口的卤水

二、资源税的计算

资源税按照“资源税税目税率表”实行从价计征或者从量计征。

“资源税税目税率表”中规定可以选择实行从价计征或者从量计征的，具体计征方式由省、自治区、直辖市人民政府提出，报同级人民代表大会常务委员会决定，并报全国人民代表大会常务委员会和国务院备案。

实行从价计征的，应纳税额按照应税资源产品（以下称应税产品）的销售额乘以具体适用税率计算。实行从量计征的，应纳税额按照应税产品的销售数量乘以具体适用税率计算。

应税产品为矿产品的，包括原矿和选矿产品。具体计算公式如下：

（1）从价定率征收：

应纳税额=应税产品的销售额×适用的比例税率

（2）从量定额征收：

应纳税额=应税产品的销售数量×适用的定额税率

值得注意的是，纳税人开采或者生产不同税目应税产品的，应当分别核算不同税目应税产品的销售额或者销售数量；未分别核算或者不能准确提供不同税目应税产品的销售额或者销售数量的，从高适用税率。

纳税人开采或者生产应税产品自用的，应当依照《资源税法》的规定缴纳资源税；但是，自用于连续生产应税产品的，不缴纳资源税。

具体分析如下：

（1）资源税在生产、开采销售（包括出口）或自用环节计算缴纳，在进口、批发、零售环节不缴纳资源税；与增值税不同，资源税实行一次课征制度，而增值税是链条税，多个环节征收。

（2）以自采原矿加工应税产品或精矿产品：

❶纳税人开采或生产应税产品，自用于连续生产应税产品的，移送时不缴纳资源税。

【提示】纳税人将开采的原煤自用于连续生产洗选煤的，在原煤移送使用环节不缴纳资源税；将开采的原煤加工为洗选煤销售的，应缴纳资源税。

❷纳税人以自采原矿加工精矿产品的，在原矿移送使用时不缴纳资源税，在精矿销售或自用时缴纳。

【提示】❶纳税人以自采原矿加工金锭的，在金锭销售或自用时缴纳资源税。❷纳税人销售自采原矿或者自采原矿加工的金精矿、粗金，在原矿或者金精矿、粗金销售时缴纳资源税，在移送使用时不缴税。

❸纳税人开采或生产应税产品，自用于连续生产应税产品或精矿产品以外的其他方面，视同销售，缴纳资源税。

【提示】以应税产品投资、分配、抵债、赠与、以物易物等，视同应税产品销售，在应税产品所有权转移时计算缴纳资源税。

❹纳税人以自产的液体盐加工固体盐，按固体盐税额征税，以加工的固体盐数量为课税数量。纳税人以外购的液体盐加工成固体盐，其加工固体盐所耗用液体盐的已纳税额准予抵扣。

【边学边做9-3·单选题】某砂石场2020年9月开采砂石5 000立方米，对外销售4 000立方米，取得不含税销售额40 000元。已知当地砂石的资源税税率为3元/立方米。根据资源税法律制度的规定，该砂石场当月应缴纳资源税（　　）元。

A.0　　B.12 000　　C.15 000　　D.40 000

【边学边做9-4·单选题】甲企业主要从事铝土矿开采与销售，2020年9月，向乙企业销售自采铝土矿原矿，向乙企业收取含增值税价款113万元、优质费5.8万元、代乙企业将铝土矿原矿从开采地运至货运站的运费2.32万元（可提供相应凭据）。已知甲企业铝土矿适用的增值税税率为13%、资源税税率为3%，甲企

业销售的铝土矿原矿应当缴纳的资源税的计算过程为（　　）。

A.（113+5.8）÷（1+13%）×3%　　　　B.（113+5.8）×3%

C.113 ÷（1+13%）×3%　　　　D.113 ×3%

三、资源税的会计核算

1.资源税会计科目的设置

资源税通过“应交税费——应交资源税”科目核算。该科目属于负债类科目，贷方登记企业应缴纳的资源税，借方登记企业已缴纳或允许抵扣的资源税，贷方余额表示企业期末应缴未缴的资源税额。

2.资源税的会计处理

（1）销售应税资源的会计处理。

企业计算销售应税产品应缴纳的资源税时，借记“税金及附加”科目，贷记“应交税费——应交资源税”；在缴纳资源税时，借记“应交税费——应交资源税”，贷记“银行存款”科目。

（2）自产自用应税资源的会计处理。

企业计算自产自用应税产品的资源税时，借记“生产成本”“制造费用”等科目，贷记“应交税费——应交资源税”科目；在缴纳资源税时，借记“应交税费——应交资源税”科目，贷记“银行存款”科目。

（3）收购未税矿产品的会计处理。

企业收购未税矿产品时，按实际支付的收购价款，借记“材料采购”等科目，贷记“银行存款”等科目；按代扣、代缴的资源税，借记“材料采购”等科目，贷记“应交税费——应交资源税”科目；上缴资源税时，借记“应交税费——应交资源税”科目，贷记“银行存款”科目。

（4）销售外购液体盐加工的固体盐的会计处理。

按规定企业外购液体盐加工固体盐的，所购入液体盐缴纳的资源税可以抵扣。在会计核算中，购入液体盐时，按所允许抵扣的资源税，借记“应交税费——应交资源税”科目，按外购价款扣除允许抵扣资源税后的数额，借记“材料采购”等科目，按应支付的全部价款，贷记“银行存款”“应付账款”等科目；企业加工成固体盐后，在销售时，按计算出的销售固体盐应纳资源税，借记“税金及附加”科目，贷记“应交税费——应交资源税”科目；将销售固体盐应纳资源税扣抵液体盐已纳资源税后的差额上缴时，借记“应交税费——应交资源税”科目，贷记“银行存款”科目。

四、资源税的优惠政策

1.原油、天然气的资源税税收优惠

❶开采原油过程中用于加热、修井的原油，免税。

❷对油田范围内运输稠油过程中用于加热的原油、天然气免征资源税。

❸对稠油、高凝油和高含硫天然气资源税减征40%。

❹对三次采油资源税减征30%。

三次采油，是指二次采油后继续以聚合物驱、复合驱、泡沫驱、气水交替驱、二氧化碳驱、微生物驱等方式进行采油。

❺对低丰度油气田开采的原油、天然气资源税减征20%。

❻对深水油气田资源税减征30%。

深水油气田，是指水深超过300米（不含）的油气田。

对符合上述减免税规定的原油、天然气划分不清的，一律不予减免资源税；同时符合上述两项及两项以上减税规定的，只能选择其中一项执行，不能叠加使用。

2.煤炭的资源税税收优惠

❶对衰竭期煤矿开采的煤炭，资源税减征30%。

❷对充填开采置换出来的煤炭，资源税减征50%。

纳税人开采的煤炭，同时符合上述减税情形的，纳税人只能选择其中一项执行，不能叠加使用。

3.水资源的资源税税收优惠

2016年7月1日起，水资源税在河北试点征收。自2017年12月1日起，在北京、天津、山西、内蒙古、山东、河南、四川、陕西、宁夏等9个省（自治区、直辖市）扩大了水资源税改革试点，水资源税实行从量计征。应纳税额计算公式为：

应纳税额=适用税额标准×实际取用水量

❶对规定限额内的农业生产取用水，免征水资源税。

❷对取用污水处理回用水、再生水等非常规水源，免征水资源税。

❸财政部、国家税务总局规定的其他减税和免税情形。

值得注意的是，对取用地表水或者地下水的单位和个人试点征收水资源税。征收水资源税的，停止征收水资源费。

水资源税根据当地水资源状况、取用水类型和经济发展等情况实行差别税率。

水资源税试点实施办法由国务院规定，报全国人民代表大会常务委员会备案。

国务院自2020年9月1日起5年内，就征收水资源税试点情况向全国人民代表大会常务委员会报告，并及时提出修改法律的建议。

值得注意的是，纳税人开采或者生产应税产品过程中，因意外事故或者自然灾害等原因遭受重大损失的，由省、自治区、直辖市人民政府酌情决定减税或者免税。

4.关于资源税优惠政策及管理

❶对依法在建筑物下、铁路下、水体下通过充填开采方式采出的矿产资源，资源税减征50%。

❷对实际开采年限在15年以上的衰竭期矿山开采的矿产资源，资源税减征30%。

❸对鼓励利用的低品位矿、废石、尾矿、废渣、废水、废气等提取矿产品，由省级人民政府根据实际情况确定是否给予减税或免税。

5.关于共伴生矿的资源税征免税处理

为促进共伴生矿的综合利用，纳税人开采销售共伴生矿，共伴生矿与主矿产品销售额分开核算的，对共伴生矿暂不计征资源税；没有分开核算的，共伴生矿按主矿产品的税目和适用税率计征资源税。财政部、国家税务总局另有规定的，从其规定。

符合税收优惠政策的纳税人，还应注意以下几点：

❶不同减税项目的销售额或销售量需单独核算，否则不予减税。

❷资源税减免税实行备案管理的，纳税人需要按纳税所在地主管税务机关的要求提交相关资料进行备案。

❸开采销售的应税矿产资源（同一笔销售业务）同时符合两项（含）以上资源税备案类减免税政策的，可选择享受较为优惠的一项政策，不得叠加使用。

6.关于页岩气的资源税征免税处理

自2018年4月1日至2021年12月31日，对页岩气资源税（按6%的规定税率）减征30%。

五、资源税的缴纳

1.资源税的纳税义务发生时间

（1）纳税人销售应税产品，其资源税纳税义务发生时间为：

❶ 纳税人采取分期收款结算方式的，为销售合同规定的收款日期当天；

❷ 纳税人采取预收货款结算方式的，为发出应税产品的当天；

❸ 纳税人采取其他结算方式的，为收讫销售款或者取得索取销售款凭据的当天。

（2）纳税人自产自用应税产品的，其资源税纳税义务发生时间为移送使用应税产品的当天。

（3）扣缴义务人代扣代缴税款的，其资源税纳税义务发生时间为支付首笔货款或者首次开具应支付货款凭据的当天。

2.资源税的纳税期限

资源税的纳税期限为1日、3日、5日、10日、15日或1个月，纳税人的纳税期限由主管税务机关根据实际情况具体核定。不能按固定期限计算纳税的，可以按次计算纳税。

纳税人以1个月为一期纳税的，自期满之日起10日内申报纳税；以1日、3日、5日、10日或15日为一期纳税的，自期满之日起5日内预缴税款，于次月1日起15日内申报纳税并结清上月税款。扣缴义务人的解缴税款期限，比照上述规定执行。

3.资源税的纳税地点

（1）凡是缴纳资源税的纳税人，都应当向应税产品的开采或者生产所在地主管税务机关缴纳税款。

（2）如果纳税人在本省、自治区、直辖市范围内开采或者生产应税产品，其纳税地点需要调整的，由所在地省、自治区、直辖市税务机关决定。

（3）如果纳税人属于跨省开采，其下属生产单位与核算单位不在同一省、自治区、直辖市的，对其开采的矿产品一律在开采地纳税，其应纳税款由独立核算、自负盈亏的单位，按照开采地的实际销售量（或者自用量）及适用的单位税额计算划拨。

（4）扣缴义务人代扣代缴的资源税，应当向收购地主管税务机关缴纳。

4.资源税的纳税申报

（1）纳税申报人。

一切负有缴纳资源税义务的单位和个人以及负有代扣代缴资源税义务的单位和个人，都是资源税的纳税申报人。

（2）纳税申报方式。

资源税的纳税人、扣缴义务人可以直接到税务机关办理纳税申报或者按照规定采取邮寄、数据电文或者其他方式办理资源税的纳税申报。

（3）纳税申报工作。

纳税人在填报资源税纳税申报表前需进行以下工作：❶必须按照《资源税法》的

规定，将其开采或生产的资源产品区分为应税资源税产品、免税资源税产品和非应税资源税产品。❷由于资源税实行的是幅度比率税率为主、定额税率为辅的方式，具体适用税率由财政部会同国务院有关部门确定，并依据矿产资源类别的不同，纳税税率均适用不同的税率标准。纳税人应依据具体法律规定确定好应税资源税产品所适用的税率和确定减征、免征资源税的产品和减免的税额。❸依据纳税人单位“库存商品”账户和相关凭证资料，确定和核实应税资源税产品的销售数量和销售金额以及自用数量，或按规定核实应折算的原矿产量。❹根据核实的应税数量和确定的适用税率计算应纳的资源税，并与“应交税费——应交资源税”账户资料进行核对相符后，填报资源税纳税申报表（见表9-5）。

表9-5　　资源税纳税申报表

根据国家税收法律法规及资源税有关规定制定本表。纳税人不论有无销售额，均应按照税务机关核定的纳税期限填写本表，并向当地税务机关申报。

税款所属时间：自　年　月　日至　年　月　日　　填表日期：　年　月　日　　金额单位：元至角分

纳税人识别号□□□□□□□□□□□□□□□□□□

<table>
<tr><td colspan="2">纳税人名称</td><td>（公章）</td><td colspan="2">法定代表人姓名</td><td></td><td colspan="2">注册地址</td><td></td><td>生产经营地址</td><td></td></tr>
<tr><td colspan="2">开户银行及账号</td><td colspan="2"></td><td colspan="2">登记注册类型</td><td></td><td colspan="2">电话号码</td><td colspan="2"></td></tr>
<tr><td>税目</td><td>子目</td><td>折算率或换算比</td><td>计量单位</td><td>计税销售量</td><td>计税销售额</td><td>适用税率</td><td>本期应纳税额</td><td>本期减免税额</td><td>本期已缴税额</td><td>本期应补（退）税额</td></tr>
<tr><td>1</td><td>2</td><td>3</td><td>4</td><td>5</td><td>6</td><td>7</td><td>8①=6×7;
8②=5×7</td><td>9</td><td>10</td><td>11=8-9-10</td></tr>
<tr><td></td><td></td><td></td><td></td><td></td><td></td><td></td><td></td><td></td><td></td><td></td></tr>
<tr><td></td><td></td><td></td><td></td><td></td><td></td><td></td><td></td><td></td><td></td><td></td></tr>
<tr><td></td><td></td><td></td><td></td><td></td><td></td><td></td><td></td><td></td><td></td><td></td></tr>
<tr><td></td><td></td><td></td><td></td><td></td><td></td><td></td><td></td><td></td><td></td><td></td></tr>
<tr><td colspan="2">合　计</td><td>—</td><td>—</td><td></td><td></td><td>—</td><td></td><td></td><td></td><td></td></tr>
<tr><td>授权声明</td><td colspan="6">如果你已委托代理人申报，请填写下列资料：
为代理一切税务事宜，现授权______（地址）______为本纳税人的代理申报人，任何与本申报表有关的往来文件，都可寄予此人。
授权人签字：</td><td>申报人声明</td><td colspan="3">本纳税申报表是根据国家税收法律法规及相关规定填写的，我确定它是真实的、可靠的、完整的。
声明人签字：</td></tr>
</table>

主管税务机关：　　接收人：　　接收日期：　年　月　日

本表一式两份，一份纳税人留存，一份税务机关留存。

【职业基础能力训练】

一、单项选择题

1.下列各项中，属于资源税应税产品的有（　　）。

A.石灰石　　B.煤矿瓦斯　　C.人造原油　　D.进口原油

2.对于原油中的稠油、高凝油与稀油划分不清或不易划分的，应该按（　　）计算资源税。

A.一律按照原油的数量　　B.按照税务机关确定的划分比例

C.一律按照最高单位税额　　D.一律按照高凝油的数量

3.扣缴义务人代扣代缴的资源税，应当向（　　）主管税务机关缴纳。

A.收购地　　B.开采地　　C.生产地　　D.销售地

4.甲拥有一土地使用权，其中40%自用，另60%出租给乙生产经营使用，则（　　）。

A.应当由甲缴纳全部的城镇土地使用税　　B.应当由乙缴纳全部的城镇土地使用税

C.应当按比例计算缴纳城镇土地使用税　　D.按双方协商比例缴纳城镇土地使用税

5.2019年7月甲公司开发住宅社区，经批准共占用耕地150 000平方米，其中，800平方米兴建幼儿园，5 000平方米修建学校。已知耕地占用税的适用税率为30元/平方米。甲公司应缴纳耕地占用税税额的下列算式中，正确的是（　　）。

A.150 000×30=4 500 000（元）　　B.（150 000−800−5 000）×30=4 326 000（元）

C.（150 000−5 000）×30=4 350 000（元）　　D.（150 000−800）×30=4 476 000（元）

6.2019年10月，农村村民刘某经批准在本村占用耕地150平方米新建住宅，另占用耕地20平方米用于修建大型鱼塘增氧泵。已知当地适用的耕地占用税税额为每平方米45元。有关刘某就上述业务应当缴纳的耕地占用税，下列计算正确的是（　　）。

A.150 ×45　　B.150 ×40 ×50%

C.（150+20）× 45　　D.（150+20）×45 ×50%

7.甲公司2019年年初实际占地面积为5 000平方米，2019年7月10日，甲公司经有关部门批准新征用非耕地2 000平方米。已知甲公司所占用的土地适用的城镇土地使用税年单位税额为5元/平方米。有关甲公司2019年应当缴纳的城镇土地使用税，下列计算正确的是（　　）。

A. 5 000×5　　B. 5 000×5+2000×5

C. 5 000×5+2 000×5×5/12　　D. 5 000×5+2 000×5×6/12

8.下列各项中，应缴纳城镇土地使用税的是（　　）。

A.直接用于水产养殖业的生产用地　　B.名胜古迹园区内附设的小卖部用地

C.公园中管理单位的办公用地　　D.免税单位无偿使用纳税单位的土地

9.（2015年）下列行为中，应同时征收增值税和资源税的是（　　）。

A.生产销售人造石油　　B.销售煤矿生产过程中生产的天然气

C.自产液体盐连续生产固体盐　　D.开采的天然气用于职工食堂

10.（2016年）根据资源税法律制度的规定，下列各项中，属于资源税征税范围的是（　　）。

A.海盐　　B.修井用的原油

C.用于农业生产的取水　　D.人造石油

11.（2018年）根据资源税法律制度的规定，下列各项中，不属于资源税征税范围的是（　　）。

A.以未税原煤加工的洗选煤　　B.以空气加工生产的液氧

C.开采的原煤　　D.开采的天然气

12.某煤矿本月共开采原煤6 500吨，对外销售2 000吨，取得不含税销售额20万元，剩余4 500吨全部移送生产洗选煤，本月销售洗选煤1 500吨，取得不含税销售额25万元。已知煤矿的计税依据为原煤，该企业开采煤炭适用的资源税税率为4%，当地政府规定的折算率为80%，则该企业本月应交资源税的下列计算中，正确的是（　　）。

A.20×4%=0.8（万元）　　B.（20+25×80%）×4%=1.6（万元）

C.（20+25）×4%=1.8（万元）　　D.（20+25÷80%）×4%=2.05（万元）

13.（2017年）甲砂石企业开采砂石1 000吨，对外销售800吨，移送50吨砂石继续精加工并于当月销售。已知砂石的资源税税率为4元/吨，甲企业应当缴纳的资源税的下列计算中，正确的是（ ）。

A.（800+50）×4=3 400（元） B.800×4=3 200（元）

C.1 000×4=4 000（元） D.50×4=200（元）

14.某铜矿2019年8月销售当月产铜矿石原矿取得销售收入600万元，销售精矿取得收入1 200万元。已知铜矿的计税依据为精矿，该矿山铜矿精矿换算比为1.2，适用的资源税税率为6%。则该铜矿8月应缴纳的资源税税额的下列计算中，正确的是（ ）。

A.600×6%+1 200×1.2×6%=122.4（万元） B.600÷1.2×6%+1 200×6%=102（万元）

C.（600+1 200）×6%=108（万元） D.600×1.2×6%+1 200×6%=115.2（万元）

15.（2018年）根据资源税法律制度的规定，关于资源税纳税义务发生时间的下列表述中，不正确的是（ ）。

A.销售应税资源品目采取预收货款结算方式的，为收讫销售款的当天

B.销售应税资源品目采取分期收款结算方式的，为销售合同规定的收款日期的当天

C.自产自用应税资源品目的，为移送使用应税产品的当天

D.扣缴义务人代扣代缴资源税税款的，为支付首笔货款或开具应支付货款凭据的当天

16.（2018年）根据资源税法律制度的规定，纳税人以1个月为一期纳税的，自期满之日起一定期限内申报纳税，该期限为（ ）。

A.10日 B.15日 C.20日 D.25日

二、多项选择题

1.以下关于资源税的应税范围的表述中，正确的有（ ）。

A.资源税中的应税产品包括开采原油和煤炭同时生产的天然气

B.资源税的应税产品中的煤炭，是指原煤，不包括洗煤、选煤

C.资源税的应税产品中的铁矿石，属于黑色金属矿原矿

D.资源税的应税产品中包括卤水

2.下列各项中，符合《资源税法》相关规定的有（ ）。

A.资源税采取从量定额计征方式

B.进口的矿产品和盐征收资源税

C.纳税人采取预收货款结算方式的，其资源税纳税义务发生时间为发出应税产品的当天

D.纳税人开采或者生产应税产品，自用于连续生产应税产品的，不缴纳资源税

3.下列属于城镇土地使用税纳税人的是（ ）。

A.位于市区拥有土地使用权的外商投资企业

B.位于郊区的内资企业

C.城市共有土地的企业

D.城市、县城、建制镇和工矿区外的工矿企业

4.计算城镇土地使用税时，对纳税人实际占用的土地面积，可以按照下列（ ）方法确定。

A.凡由省、自治区、直辖市人民政府确定的单位组织测定土地面积的，以测定面积为准

B.尚未组织测量，但纳税人持有政府部门核发的土地使用证书的，以证书确认面积为准

C.尚未核发土地使用证书的，应由纳税人申报土地面积，并据以纳税，待核发土地使用证书以后再作调整

D.尚未核发土地使用证书的，应由当地人民政府予以确定，作为计税依据

5.下列各项中，可以免征城镇土地使用税的有（ ）。

A.财政拨付事业经费单位的食堂用地 B.名胜古迹场所设立的照相馆用地

C.中国银行的营业用地 D.宗教寺庙人员在寺庙内的生活用地

6.（2017年、2018年）下列各项中，免征资源税的有（ ）。

A.进口的原油 B.出口的原油

C.开采原油过程中用于加热的原油　　　　　　D.开采原油过程中用于修井的原油

7.（2013年）下列各项中，应计入资源税销售额的有（　　）。

A.收取的价款　　　　　　B.收取的包装费

C.收取的增值税销项税额　　　　　　D.收取的运输装卸费

8.（2017年）根据资源税法律制度的规定，下列关于资源税纳税环节的表述中，正确的有（　）。

A.纳税人自采原矿销售的，在原矿销售环节缴纳资源税

B.纳税人以自产原矿加工金锭销售的，在金锭销售环节缴纳资源税

C.纳税人以自产原矿加工金锭自用的，在金锭自用环节缴纳资源税

D.纳税人自采原矿加工金精矿销售的，在原矿移送环节缴纳资源税

三、判断题

1.按规定免征或者减征耕地占用税后，纳税人改变原占地用途，不再属于免征或者减征耕地占用税情形的，应当按照当地适用税额补缴耕地占用税。（　　）

2.纳税人临时占用耕地无须缴纳耕地占用税。（　　）

3.农村居民经批准在户籍所在地按照标准占用耕地，建设自用住宅，可以免征耕地占用税。（　　）

4.土地使用权共有的，共有各方为纳税人，由共有各方协商轮流缴纳城镇土地使用税。（　　）

5.凡在城市、县城、建制镇和工矿区范围内的土地，不论是属于国家所有的，还是集体所有的，都属于城镇土地使用税征收范围。

【职业技能专项训练】

1.某市一家企业2018年已占用土地面积4 000平方米，2019年12月因需扩建生产车间，新征用非耕地500平方米。该地区适用的城镇土地使用税税额为10元/平方米。

要求：计算该企业2018年和2019年各应缴纳的城镇土地使用税。

2.某城市的一家公司2019年实际占地23 000平方米。由于经营规模扩大，2020年年初该公司又开发使用了2 000平方米土地，并进行申报纳税。以上土地均适用每平方米2元的城镇土地使用税税率。

要求：计算该公司当年应缴纳的城镇土地使用税。

项目10

企业车辆购置税、车船税和船舶吨税实务

10

【典型工作任务】

1.车辆购置税纳税人、征税对象的确定，优惠政策的运用，具体业务应纳税额的计算与会计核算，车辆购置税的纳税申报与缴纳；

2.车船税纳税人、征税对象的确定，优惠政策的运用，具体业务应纳税额的计算与会计核算，车船税的纳税申报与缴纳；

3.船舶吨税纳税人、征税对象的确定，优惠政策的运用，具体业务应纳税额的计算与会计核算，船舶吨税的纳税申报与缴纳。

【岗位工作能力】

1.能根据相关法律法规的规定，正确计算车辆购置税、车船税和船舶吨税的应纳税额；

2.能根据企业所发生的相关涉税业务，进行车辆购置税、车船税和船舶吨税的会计处理；

3.能熟练进行车辆购置税、车船税和船舶吨税的纳税申报工作。

任务 10.1　企业车辆购置税实务

一、车辆购置税认知

（一）车辆购置税的概念

车辆购置税是以在中国境内购置（且自用的）应税车辆为课税对象、在特定环节向车辆购置者征收的一种税。就其性质而言，车辆购置税属于“直接税”的范畴，是从2001年1月1日起执行的一个新税种。值得注意的是，购置包括购买、进口、自产、受赠、获奖或者以其他方式取得并自用应税车辆的行为。

（二）车辆购置税的基本内容

车辆购置税以列举产品（商品）为征税对象，未列举的车辆不征税。

1.车辆购置税的征收范围

车辆购置税的征税范围是：汽车、有轨电车、汽车挂车、排气量超过150毫升的摩托车。

值得说明的是，汽车包括无轨电车、农用运输车；排气量150毫升及以下的摩托车不再属于车辆购置税的征税范围。

2.车辆购置税的纳税人

在我国境内购买、进口、自产、受赠、获奖或者以其他方式取得并自用应税车辆的单位和个人，为车辆购置税的纳税人。即凡购置应税车辆，且购置行为发生在中国境内的单位和个人，都是车辆购置税的纳税人。

3.车辆购置税的税率

车辆购置税实行统一比例税率，税率为10%。

二、车辆购置税的计算

1.车辆购置税的计税依据

车辆购置税以应税车辆为课税对象，因此应税车辆的价格（即计税价格）就成为车辆购置税的计税依据。但由于购置应税车辆的来源不同，应税行为的发生不同，计税价格的组成也就不一样。其具体的计税依据有以下几种：

（1）购置自用应税车辆的计税依据。

纳税人购买自用应税车辆的计税依据为纳税人购买应税车辆而支付给销售方的全部价款和价外费用。其中，价外费用包括销售方价外向购买方收取的手续费、违约金、包装费、运输费、保管费以及各种代收代垫的款项，但不包括增值税税额。

（2）进口自用应税车辆的计税依据。

纳税人进口自用的应税车辆以组成计税价格为计税依据，且要根据纳税人提供的、经海关审查确认的有关完税证明资料来确定。组成计税价格的计算公式为：

组成计税价格=关税完税价格+关税+消费税

值得注意的是，《中华人民共和国车辆购置税法》（简称《车辆购置税法》）实施后，税务机关按照纳税人购买应税车辆时，支付给销售方的全部价款（不含增值税款）或者进口自用车辆关税完税价格加上关税和消费税，计算应纳税额。自2019年7月1日起，原车辆购置税最低计税价格停止执行。

2.车辆购置税应纳税额的计算

车辆购置税实行从价定率的办法计算应纳税额。应纳税额的计算公式为：

应纳税额=计税依据×税率

【边学边做10-1·单选题】（2018年）根据车辆购置税法律制度的规定，下列费用中计入车辆购置税价外费用的是（　　）。

A.保管费　　　　B.车辆购置税

C.车辆牌照费　　　　D.代办保险而向购买方收取的保险费

【例10-1】纳税人王某2019年6月20日购买一辆应税小汽车，发票注明不含税价为12万元。该车原最低计税价格为15万元。

如果纳税人王某在6月30日（含）以前申报车辆购置税，应按照最低计税价格计算缴纳车辆购置税。

车辆购置税=15×10%=1.5（万元）

如果纳税人王某在7月1日申报车辆购置税，应按其发票注明的不含税价格计算缴纳车辆购置税。

车辆购置税=12×10%=1.2（万元）

三、车辆购置税的会计核算

企业缴纳的车辆购置税应当作为所购置车辆的成本。由于车辆购置税是一次性缴纳，因此车辆购置税可以不通过“应交税费”科目进行核算。

购入汽车（计入固定资产）的相关会计分录为：

借：固定资产（机动车发票不含税价+车辆购置税）

　　应交税费——应交增值税（进项税额）（机动车发票注明的税额）

　　管理费用（保险费等）

　贷：银行存款等

【例10-2】2020年1月11日，湘中公司开出现金支票，购入汽车一辆，收到增值税专用发票一张，注明不含税价款为200 000元，增值税税额为26 000元；缴纳车辆购置税20 000元，购买车辆商业保险费6 000元，缴纳交强险1 000元，保险公司代收车船税500元，购买印花税票1元一张。其相关会计分录为：

借：固定资产（不含税金额200 000+车辆购置税20 000）　220 000
　　应交税费——应交增值税（进项税额）　26 000
　　管理费用——车辆费用（保险费6 000元+交强险1 000元）　7 000
　　税金及附加——车船税　500
　　　　　　　——印花税　1
　贷：银行存款　253 501

四、车辆购置税的优惠政策

以下车辆免征车辆购置税：

（1）外国驻华使领馆、国际组织驻华机构及其外交人员自用的车辆。

（2）中国人民解放军和中国人民武装警察部队列入军队武器装备订货计划的车辆；悬挂应急救援专用号牌的国家综合性消防救援车辆。

（3）设有固定装置的非运输车辆。

（4）城市公交企业购置的公共汽、电车辆。

（5）购置的新能源汽车。

需要注意的是，已经享受车辆购置税减税、免税的车辆，如果车辆所有权发生变化或者改变车辆用途后，不再符合车辆购置税减税、免税条件的，车辆所有人或者原纳税人在到公安机关交通管理部门办理车辆转移或者变更登记前，应先到税务机关办理车辆购置税缴税手续。

（6）《财政部　税务总局关于车辆购置税有关具体政策的公告》（财政部 税务总局公告2019年第71号）第一条规定，地铁、轻轨等城市轨道交通车辆，装载机、平地机、挖掘机、推土机等轮式专用机械车，以及起重机（吊车）、叉车、电动摩托车，不属于应税车辆。

五、车辆购置税的征收管理

1.车辆购置税的纳税期限

车辆购置税的纳税义务发生时间为纳税人购置应税车辆的当日。纳税人应当自纳税义务发生之日起60日内申报缴纳车辆购置税。国家税务总局2019年第26号公告对纳税义务发生时间分别不同情形进行了细化：

❶购买自用应税车辆的为购买之日，即车辆相关价格凭证的开具日期；

❷进口自用应税车辆的为进口之日，即海关进口增值税专用缴款书或者其他有效凭证的开具日期；

❸自产、受赠、获奖或者以其他方式取得并自用应税车辆的为取得之日，即合同、法律文书或者其他有效凭证的生效或者开具日期。

值得注意的是，纳税人如果在2019年6月30日前（含）购置属于《中华人民共和国车辆购置税暂行条例》征收范围，但不属于《车辆购置税法》征收范围的车辆（例如150毫升及以下排气量摩托车和电动摩托车等），未在2019年7月1日前申报的，在《车辆购置税法》实施后，仍然需要申报缴纳车辆购置税。购置日期的确定以购车相关凭证开具或者注明的时间为准。

2. 车辆购置税的征税办法

车辆购置税实行一次征收制度，最终消费环节为车辆购置税的征税环节。纳税人应当在向公安机关等车辆管理机构办理车辆登记注册手续前，自行申报缴纳车辆购置税。对于购置已征车辆购置税的车辆，不再征收车辆购置税。

3. 车辆购置税的纳税地点

纳税人购置应税车辆的，应当向车辆登记注册地的主管税务机关申报缴纳车辆购置税。车辆登记注册地是指车辆上牌落籍地或落户地。

购置不需要办理登记注册手续的应税车辆的，应当向纳税人所在地主管税务机关申报纳税。

4. 车辆购置税的缴税管理

车辆购置税缴款方法主要有自报核缴、集中征收缴纳、代征、代收、代扣等。

纳税人以现金方式向税务机关缴纳车辆购置税的，由主管税务机关开具“税收通用完税证”；纳税人以支票、信用卡和电子结算方式缴纳以及税务机关委托银行代收税款的，由主管税务机关开具“税收转账专用完税证”；纳税人从其银行存款户直接划转税款的，由主管税务机关开具“税收通用缴款书”。

值得注意的是，自2019年7月1日起，如果纳税人需要纸质车辆购置税完税证明，有两种方式：❶可以通过电子税务局下载打印车辆购置税完税证明（电子版）；❷可以到税务机关车辆购置税申报窗口申请出具纸质车辆购置税完税证明（电子版）。

任务10.2 企业车船税实务

一、车船税的概念

车船税是指在我国境内的车辆、船舶的所有人或者管理人按照规定缴纳的一种税。在我国境内，车辆、船舶的所有人或者管理人是车船税的纳税人。车船所有人是指在我国境内拥有车船的单位和个人；管理人是指对车船具有管理使用权，但不具有所有权的单位。

二、车船税的计算

（一）纳税人与征税范围

车船税以应税车辆、船舶的所有人或者管理人为纳税人；以从事机动车第三者责任强制保险业务的保险机构为机动车车船税的扣缴义务人（应当在收取保险费时依法代收车船税，并出具代收税款凭证）。

车船税属于财产税，其征税范围为《车船税法》所附“车船税税目税额表”规定的车辆、船舶。

【边学边做10-2·多选题】下列纳税主体中，属于车船税纳税人的有（　　）。

A. 在中国境内拥有并使用船舶的国有企业

B. 在中国境内拥有并使用车辆的外籍个人

C. 在中国境内拥有并使用船舶的内地居民

D. 在中国境内拥有并使用车辆的外国企业

（二）税目与税率

车船税实行“有幅度的定额税率”，即对征税的车船规定单位固定税额。由于车辆与船舶的行驶情况不同，车船税的税额也有所不同（见表10-1）。

表10-1 **车船税税目税额表**

税目		计税单位	年基准税额	备注
乘用车（按发动机汽缸容量（排气量）分档）	1.0升(含)以下的	每辆	60元至360元	核定载客人数9人(含)以下
	1.0升以上至1.升(含)的		300元至540元	
	1.6升以上至2.0升(含)的		360元至660元	
	2.0升以上至2.5升(含)的		660元至1 200元	
	2.5升以上至3.0升(含)的		1 200元至2 400元	
	3.0升以上至4.0升(含)的		2 400元至3 600元	
	4.0升以上的		3 600元至5 400元	
商用车	客车	每辆	480元至1 440元	核定载客人数9人以上，包括电车
	货车	整备质量每吨	16元至120元	包括半挂牵引车、三轮汽车和低速载货汽车等
挂车		整备质量每吨	按照货车税额的50%计算	
其他车辆	专用作业车	整备质量每吨	16元至120元	不包括拖拉机
	轮式专用机械车		16元至120元	
摩托车		每辆	36元至180元	
船舶	机动船舶	净吨位每吨	3元至6元	拖船、非机动驳船分别按照机动船舶税额的50%计算
	游艇	艇身长度每米	600元至2 000元	

（三）车船税应纳税额

车船税应根据不同类型的车船和其适用的计税标准分别计算。

（1）乘用车、客车和摩托车（排量＞1.6升），以辆为计税单位：

应纳税额=辆数×适用年税额

对于乘用车、客车和摩托车（排量≤1.6升）的：

应纳税额=辆数×适用年税额×50%

（2）货车、专用作业车和轮式专用机械车（不包括拖拉机），以整备质量每吨为计税单位：

应纳税额=整备质量吨位数×适用年税额

挂车以整备质量每吨为计税单位：

应纳税额=整备质量吨位数×适用年税额×50%

（3）机动船舶以净吨位每吨为计税单位：

应纳税额=净吨位数×适用年税额

非机动驳船、拖船以净吨位每吨为计税单位：

应纳税额=净吨位数×适用年税额×50%

游艇以艇身长度每米为计税单位：

应纳税额=艇身长度×适用年税额

车船税实行从量计税的办法，对于机动船舶，具体适用税额为：

净吨位小于或者等于200吨的，每吨3元；

净吨位201~2 000吨的，每吨4元；

净吨位2 001~10 000吨的，每吨5元；

净吨位10 001吨及以上的，每吨6元。

拖船按照发动机功率每1千瓦折合净吨位0.67吨计算征收车船税。

游艇，具体适用税额为：

艇身长度不超过10米的游艇，每米600元；

艇身长度超过10米但不超过18米的游艇，每米900元；

艇身长度超过18米但不超过30米的游艇，每米1 300元；

艇身长度超过30米的游艇，每米2 000元。

辅助动力帆艇，每米600元。

游艇艇身长度是指游艇的总长。

值得注意的是，计算车船税时，涉及的整备质量、净吨位、艇身长度等计税单位，有尾数的一律按照含尾数的计税单位据实计算车船税应纳税额。计算得出的应纳税额小数点后超过两位的可四舍五入，保留两位小数。

乘用车以车辆登记管理部门核发的机动车登记证书或者行驶证书所载的排气量毫升数确定税额区间。

计算车船税时，所涉及的排气量、整备质量、核定载客人数、净吨位、功率（千瓦或马力）、艇身长度，以车船登记管理部门核发的车船登记证书或者行驶证相应项目所载数据为准。

【边学边做10-3·多选题】（2018年）根据车船税法律制度的规定，下列各项中，属于车船税征税范围的有（　　）。

A.地铁列车　　B.游艇

C.两轮摩托车　　D.拖拉机

【边学边做10-4·单选题】根据车船税法律制度的规定，下列车船中，车船税以“净吨位数”为计税依据的是（　　）。

A.商用货车　　B.专用作业车

C.游艇　　D.非机动驳船

【例10-3】甲公司2019年拥有机动船舶10艘，每艘净吨位为150吨，非机动驳船5艘，每艘净吨位为80吨。已知机动船舶适用年基准税额为每吨3元，计算甲公司当年应缴纳的车船税税额。

解析：应纳车船税=10×150×3+5×80×3×50%=5 100（元）

三、车船税的会计核算

车船税的会计核算应设置“应交税费——应交车船税”科目。该科目贷方登记本期应缴纳的车船税税额；借方登记企业实际缴纳的车船税税额；期末贷方余额表示企业应交而未交的车船税税额。

核算时，企业按规定计算应交的车船税，借记“税金及附加”科目，贷记“应交税费——应交车船税”科目；缴纳车船税时，借记“应交税费——应交车船税”科目，贷记“银行存款”科目。

【例 10-4】根据【例 10-3】的资料，进行会计处理。

计算缴纳车船税时：

借：税金及附加——车船税　　5 100

　贷：应交税费——应交车船税　　5 100

实际缴纳车船税时：

借：应交税费——应交车船税　　5 100

　贷：银行存款　　5 100

四、车船税的优惠政策

（1）下列车船免征车船税：

❶捕捞、养殖渔船。

❷军队、武装警察部队专用的车船。

❸警用车船。

❹消防车船（2020年新增）。

❺依照法律规定应当予以免税的外国驻华使领馆、国际组织驻华代表机构及其有关人员的车船。

❻商用新能源车船。

【注意】免征车船税的“新能源汽车”是指纯电动商用车、插电式（含增程式）混合动力汽车、燃料电池商用车。

（2）下列车船不属于车船税征税范围，不征收车船税：

❶乘用新能源车船。

【注意】“纯电动乘用车”和“燃料电池乘用车”不属于车船税征税范围，对其不征收车船税。

❷外国和中国香港、澳门、台湾的临时入境车船。

（3）下列车船减半征收车船税：

❶节能汽车（1.6升及以下小排量）；

❷拖船、非机动驳船；

❸挂车。

【注意】

❶对于可以减征或者免征车船税的节约能源、使用新能源的车船和对受严重自然灾害影响纳税困难以及有其他特殊原因确需减税、免税的，可以减征或者免征车船税的车船，其具体减免办法由国务院规定，并报全国人民代表大会常务委员会备案。

❷省、自治区、直辖市人民政府根据当地实际情况，可以对公共交通车船，农村居民

拥有并主要在农村地区使用的摩托车、三轮汽车和低速载货汽车定期减征或者免征车船税。

【边学边做10-5·单选题】下列车船中，应缴纳车船税的是（　　）。

A.商用客车　　B.捕捞渔船

C.警用车船　　D.养殖渔船

五、车船税的征收管理

（一）纳税期限

车船税按年申报缴纳。纳税年度，自公历1月1日至12月31日止。具体纳税期限由省、自治区、直辖市人民政府确定。

（二）纳税义务发生时间

车船税纳税义务发生时间为取得车船所有权或管理权的当月。

应税车船购入当年不足1年的，车船税的纳税义务发生时间为车船管理部门核发的车船登记证书或者行驶证书所载日期的当月。纳税人未到车船管理部门办理登记手续的，以车船购置发票所载开具时间的当月作为车船税的纳税义务发生时间。对未办理车船登记手续且无法提供车船购置发票的，由主管税务机关核定纳税义务发生时间。

【注意】纳税人在首次购买机动车交通事故责任强制保险时缴纳车船税或者自行申报缴纳车船税的，应当提供购车发票及反映排气量、整备质量、核定载客人数等与纳税相关的信息及其相应凭证。

（三）纳税地点

车船税的纳税地点为车船的登记地或者车船税扣缴义务人所在地。

❶扣缴义务人代收代缴车船税的，纳税地点为扣缴义务人所在地。

❷纳税人自行申报缴纳车船税的，纳税地点为车船登记地的主管税务机关所在地。

❸依法不需要办理登记的车船，其车船税的纳税地点为车船的所有人或者管理人所在地。

❹纳税人自行向主管税务机关申报缴纳车船税的，纳税地点为车船登记地；依法不需要办理登记的车船，纳税地点为车船的所有人或者管理人的所在地。由保险机构代收代缴车船税的，纳税地点为保险机构所在地。

（四）纳税申报

❶车船税按年申报，分月计算，一次性缴纳。购置的新车船，购置当年的应纳税额自纳税义务发生的当月起按月计算。应纳税额为年应纳税额除以12，再乘以应纳税月份数。

❷扣缴义务人，应当在收取保险费时依法代收车船税，并出具代收税款凭证；扣缴义务人已代收代缴车船税的，纳税人不再向车辆登记地的主管税务机关申报缴纳车船税。

❸没有扣缴义务人的，纳税人应当向主管税务机关自行申报缴纳车船税。

❹已缴纳车船税的车船在同一纳税年度内办理转让过户的，不另纳税，也不办理退税。

❺在一个纳税年度内，已完税的车船被盗抢、报废、灭失的，纳税人可以凭有关机关出具的证明和完税凭证，向纳税所在地的主管税务机关申请退还自被盗抢、报废、灭失月份起至该纳税年度终了期间的税款。

❻纳税人应按照规定及时办理纳税申报，并如实填写车船税纳税申报表。

【注意】车船失而复得的，自公安机关出具相关证明的当月起计算缴纳车船税。

【例 10-5】某企业2019年年初拥有小轿车2辆；当年4月，1辆小轿车被盗，已按照规定办理退税。通过公安机关的侦查，9月份被盗车辆失而复得，并取得公安机关的相关证明。已知当地小轿车的车船税年税额为500元/辆，计算该企业2019年应缴纳的车船税。

该企业2019年应缴纳的车船税=500+500×7÷12=791.67（元）

任务 10.3　企业船舶吨税实务

一、船舶吨税认知

自中华人民共和国境外港口进入境内港口的船舶（以下称应税船舶），应当依法缴纳船舶吨税。

船舶吨税设置优惠税率和普通税率两种。中华人民共和国籍的应税船舶，船籍国（地区）与中华人民共和国签订含有相互给予船舶税费最惠国待遇条款的条约或者协定的应税船舶，适用优惠税率。其他应税船舶，适用普通税率。

船舶吨税税目税率表见表10-2。

表 10-2　船舶吨税税目税率表

税目（按船舶净吨位划分）	税率（元/净吨）						备注
	普通税率（按执照期限划分）			优惠			
	1年	90日	30日	1年	90日	30日	
不超过2 000净吨	12.6	4.2	2.1	9	3	1.5	1.拖船和非机动驳船分别按相同净吨位船舶的50%计征税款 2.拖船按照发动机功率每千瓦折合净吨位0.67吨
超过2 000净吨，但不超过10 000净吨	24	8	4	17.4	5.8	2.9	
超过10 000净吨，但不超过50 000净吨	27.6	9.2	4.6	19.8	6.6	3.3	
超过50 000净吨	31.8	10.6	5.3	22.8	7.6	3.8	

二、船舶吨税的核算

1.船舶吨税的计算

应纳税额=船舶净吨位数×适用税率

【例 10-6】甲国某货轮停靠上海港装卸货物，该货轮净吨位为9 000吨，货轮负责人已向我国海关领取了船舶吨税执照，在港口停留的期限为30天。已知甲国与我国签订含有互相给予船舶税费最惠国待遇条款的条约。

对该货轮应征船舶吨税=9 000×2.9=26 100（元）

2.船舶吨税的会计处理

（1）计算船舶吨税时：

借：税金及附加

贷：应交税费——应交船舶吨税

（2）缴纳船舶吨税时：

借：应交税费——应交船舶吨税

贷：银行存款（或库存现金）

如果船舶吨税的纳税人在应税船舶进入我国港口办理入境手续时，就向海关申报纳税领取船舶吨税执照（简称“吨税执照”），或者交验吨税执照，并缴清船舶吨税的，不必通过“应交税费”科目核算，直接借记“税金及附加”科目，贷记“银行存款”科目。

【注意】应税船舶在进入港口办理入境手续时，应当向海关申报纳税领取吨税执照，或者交验吨税执照（或者申请核验吨税执照电子信息）。应税船舶在离开港口办理出境手续时，应当交验吨税执照（或者申请核验吨税执照电子信息）。应税船舶在吨税执照期满后尚未离开港口的，应当申领新的吨税执照，自上一次执照期满的次日起续缴船舶吨税。

三、船舶吨税的优惠政策

（1）免征船舶吨税的船舶（直接优惠）：

❶应纳税额在人民币50元以下的船舶；

❷自境外以购买、受赠、继承等方式取得船舶所有权的初次进口到港的空载船舶；

❸吨税执照期满后24小时内不上下客货的船舶；

❹非机动船舶（不包括非机动驳船）；

❺捕捞、养殖渔船（需要在中华人民共和国渔业船舶管理部门登记为捕捞船或者养殖渔船）；

❻避难、防疫隔离、修理、终止运营或者拆解，并不上下客货的船舶；

❼军队、武装警察部队专用或者征用的船舶；

❽警用船舶；

❾依照法律规定应当予以免税的外国驻华使领馆、国际组织驻华代表机构及其有关人员的船舶；

❿国务院规定的其他船舶。

（2）在吨税执照期限内，应税船舶发生下列情形之一的，海关按照实际发生的天数批注延长船舶吨税执照期限（延期优惠）：

❶避难、防疫隔离、修理、改造，并不上下客货；

❷军队、武装警察部队征用。

延期优惠情况发生，应当提供海事、渔业船舶管理等部门、机构出具的具有法律效力的证明文件或者使用关系证明文件，申明免税或者延长船舶吨税执照期限的依据和理由。

四、船舶吨税的缴纳

船舶吨税纳税义务发生时间，为应税船舶进入港口的当日。

船舶吨税由海关负责征收。海关征收船舶吨税应当制发缴税凭证。

应税船舶负责人应当自海关填发船舶吨税缴款凭证之日起15日内缴清税款。未按期缴清税款的，自滞纳税款之日起至缴清税款之日止，按日加收滞纳税款0.5‰的税款滞纳金。

应税船舶到达港口前，经海关核准先行申报并办结出入境手续的，应税船舶负责人应当向海关提供与其依法履行船舶吨税缴纳义务相适应的担保；应税船舶到达港口后，依照规定向海关申报纳税。

【职业基础能力训练】

一、单项选择题

1.依据车船税的相关规定，对城市、农村公共交通车船可给予定期减税、免税的优惠，有权确定定期减税、免税的部门是（　　）。

A.省级人民政府　　B.省级税务机关　　C.市级人民政府　　D.县级税务机关

2.某船舶公司2019年拥有净吨位320.5吨的船舶12艘，3 000千瓦的拖船5艘，净吨位1 200.6吨的船舶3艘，12米长的游艇2艘。已知，净吨位201吨至2 000吨的，车船税为每吨4元；游艇长度超过10米但不超过18米的，车船税为每米900元。当年该公司应缴纳的车船税为（　　）元。

A.66 000　　B.68 000　　C. 53 401.20　　D.65 412

3.（2018年）某汽车企业2017年5月进口自用小汽车一辆，海关审定的关税完税价格为60万元，缴纳关税15万元，消费税25万元，已知车辆购置税税率为10%。计算车辆购置税税额的下列算式中，正确的是（　　）。

A.（60+15）×10%=7.5（万元）　　B.（60+25）×10%=8.5（万元）

C.（60+15+25）×10%=10（万元）　　D.60×10%=6（万元）

4.甲汽车专卖店购入小汽车（非新能源车辆）12辆，下列行为中，应当由甲汽车专卖店作为纳税人缴纳车辆购置税的是（　　）。

A.将其中6辆销售给客户　　B.将其中2辆作为董事长、总经理的专用轿车

C.将其中1辆赠送给乙企业　　D.库存3辆尚未售出

5.根据车辆购置税法律制度的规定，下列车辆中，不属于车辆购置税免税项目的是（　　）。

A.外国驻华使馆的自用小汽车　　B.设有固定装置的非运输车辆

C.城市公交企业购置的公共汽电车　　D.个人购买的经营用小汽车

6.根据船舶吨税的规定，“船舶吨税税目税率表”的调整，由（　　）决定。

A.省级人民政府　　B.全国人民代表大会　　C.国家税务总局　　D.国务院

7.根据船舶吨税法律制度的规定，应税船舶负责人应当自海关填发船舶吨税缴款凭证之日起一定期限内缴纳税款。该期限是（　　）

A. 30日　　B. 3日　　C. 15日　　D. 10日

8.根据船舶吨税法律制度的规定，下列船舶中，不予免征船舶吨税的是（　　）。

A.捕捞渔船　　B.非机动驳船　　C.养殖渔船　　D.军队专用船舶

9.根据车辆购置税法律制度的规定，下列各项中，免征车辆购置税的是（　　）。

A.外国使馆购买自用的汽车　　B.个人购买自用的汽车

C.企业自产自用的汽车　　D.个人受赠自用的摩托车

10.根据车辆购置税法律制度的规定，不属于车辆购置税应税行为的是（　　）。

A.自产自用行为　　B.获奖使用行为

C.购买使用走私车辆的行为　　D.馈赠车辆的行为

11.车辆购置税的纳税环节是（　　）。

A.销售和使用环节　　B.生产环节　　C.销售环节　　D.使用环节

12.下列表述中，符合车船税征税现行规定的有（　　）。

A.电车不需缴纳车船税　　B.半挂牵引车不需缴纳车船税

C.挂车不需缴纳车船税　　D.拖船按照船舶税额的50%计税

13.某公司拥有船舶2艘，净吨位分别为200.5吨、180.7吨，100千瓦的拖船1艘。该地船舶车船税税额为净吨位每吨年税额5元。该公司应缴纳的车船税为（　　）元。

A.2 155　　B.2 030　　C.2 500　　D.2 073.5

二、多项选择题

1.下列单位和个人中，属于车辆购置税纳税人的有（　　）。

A.购买应税货车并自用的某外商投资企业　　B.进口应税小轿车并自用的某外贸公司

C.获得奖励应税轿车并自用的李某　　D.受赠应税小型客车并自用的某学校

2.下列各项中，属于免征船舶吨税的有（　　）。

A.应纳税额在人民币100元以下的船舶

B.船舶吨税执照期满后24小时内不上下客货的船舶

C.捕捞、养殖渔船

D.军队专用的船舶

3.下列关于船舶吨税的说法中，正确的有（　　）。

A.船舶吨税只针对进入我国境内港口的外籍船舶征收

B.拖船和非机动驳船分别按相同净吨位船舶税率的50%计征税款

C.船舶吨税的执照期限越长，适用的单位税额越低

D.应税船舶在离开港口办理出境手续时，应当交验船舶吨税执照

4.下列关于船舶的车船税的表述中，正确的有（　　）。

A.非机动车船全部免税

B.捕捞、养殖渔船，免税

C.按照有关规定已经缴纳船舶吨税的船舶，免税

D.拖船以马力为计税依据征收车船税

5.下列关于车辆购置税的涉税管理政策的表述中，正确的有（　　）。

A.纳税人在申报纳税时，税款的缴纳方式主要有：现金支付、支票、信用卡和电子结算及委托银行代收、银行划转等方式

B.已经缴纳车辆购置税的车辆，因质量原因，车辆被退回生产企业或者经销商的，纳税人可申请退税

C.对公安机关车辆管理机构不予办理车辆登记注册手续的车辆，退还全部已缴纳税款。

D.代征、代扣、代收也是车辆购置税的缴税方法

6.车船税征税过程中，以“辆”为计税依据的有（　　）。

A.摩托车　　B.载货汽车　　C.专项作业车　　D.中型客车

7.下列表述中，符合车船税征税现行规定的有（　　）。

A.外国临时入境车船不缴纳车船税

B.对车辆自重吨位尾数在半吨以下的，按半吨计算车辆的税额

C.拖船按照发动机功率每1千瓦折合净吨位0.67吨计算征收车船税

D.依法不应当在车船管理部门登记的车船不征车船税

【职业技能专项训练】

1.2019年10月，王某从增值税一般纳税人处购买一辆轿车（非新能源车辆）供自己使用，支付含增值税的款项221 000元，另支付购置工具件和零配件价款1 000元、车辆装饰费4 000元。已知车辆购置税税率为10%、增值税税率为13%。

要求：计算王某应当缴纳的车辆购置税。

2. 张某2020年1月购买一辆小汽车供自己使用，支付含增值税的购车款项113 000元，另支付给销售厂商代收临时牌照费550元、代收保险费1 000元（使用委托方的票据），支付购买工具件和零配件价款2 000元、车辆装饰费260元。

要求：计算张某应缴纳的车辆购置税。

项目 11
企业环境保护税和印花税实务

11

【典型工作任务】

1. 环境保护税纳税人的判定，环境保护税计税依据和征税范围的确定，适用税率的判断以及优惠政策的运用。

2. 企业环境保护税的计算；企业印花税的计算。

3. 印花税纳税人的判定，计税依据和征税范围的确定，适用税率的判断以及优惠政策的运用。

【岗位工作能力】

1. 明确印花税贴花的意义与印花税的征收原理与方式，会判断企业哪些行为应当征收印花税。

2. 能根据业务资料计算印花税额并进行会计处理。

3. 能根据单位书立、使用、领受具体行为确定应纳的印花税，并能准确填报印花税的纳税申报表，同时能进行申报工作。

4. 明确环境保护税征收的基本原理，会判断企业哪些业务应当征收环境保护税。

5. 能根据业务资料计算企业应纳的环境保护税税额。

6. 能根据业务资料准确填报环境保护税纳税申报表，并能进行环境保护税申报工作。

任务 11.1　企业环境保护税实务

视频

税收　发展　民生

一、环境保护税认知

环境保护税是在我国领域和我国管辖的其他海域，直接向环境排放应税污染物的企事业单位和其他生产经营者征收的一种特定行为税。应税污染物，是指《中华人民共和国环境保护法》(简称《环境保护法》) 所附"环境保护税税目税额表""应税污染物和当量值表"规定的大气污染物、水污染物、固体废物和噪声。

环境保护税的具体税制要素内容见表 11-1。

表 11-1　环境保护税基本税制要素内容

税制要素	基本规定
纳税人	向环境排放应税污染物的企事业单位和其他生产经营者
征税范围	直接向环境排放应税污染物
税目	大气污染物、水污染物、固体废物和噪声
计税依据	污染当量数、排放量和分贝数
税率	实行定额税率，采取从量定额征收方式
征收方式	按月计算、按季申报缴纳

具体来说，环境保护税的征税范围有其自身的特殊性。

有下列情形之一的，属于直接向环境排放污染物，应缴纳相应污染物的环境保护税：

（1）依法设立的城乡污水集中处理、生活垃圾集中处理场所超过国家和地方规定的排放标准向环境排放应税污染物的，应当缴纳环境保护税（不超过规定排放标准的，暂免征环境保护税）。

（2）企事业单位和其他生产经营者贮存或者处置固体废物不符合国家和地方环境保护标准的，应当缴纳环境保护税。

（3）达到省级人民政府确定的规模标准并且有污染物排放口的畜禽养殖场，应当依法缴纳环境保护税。

有下列情形之一的，不属于直接向环境排放污染物，不缴纳相应污染物的环境保护税：

（1）企事业单位和其他生产经营者向依法设立的污水集中处理、生活垃圾集中处理场所排放应税污染物的；

（2）企事业单位和其他生产经营者在符合国家和地方环境保护标准的设施、场所贮存或者处置固体废物的。

（3）达到省级人民政府确定的规模标准的畜禽养殖场，依法对畜禽养殖废弃物进行综合利用和无害化处理的，不属于直接向环境排放污染物，不缴纳环境保护税。

【边学边做11-1·单选题】下列各项中，不征收环境保护税的是（　　）。

A.光源污染　　B.噪声污染

C.水污染　　D.大气污染

【边学边做11-2·多选题】下列各项中，属于环境保护税征税范围的有（　　）。

A.企业向依法设立的污水集中处理、生活垃圾集中处理场所排放应税污染物

B.企业在符合国家和地方环境保护标准的设施、场所贮存或者处置固体废物

C.依法设立的城乡污水集中处理场所超过国家和地方规定的排放标准向环境排放应税污染物

D.企业贮存或者处置固体废物不符合国家和地方环境保护标准

环境保护税税目按应税大气污染物、水污染物、固体废物的排放量和噪声分为四大类，具体见表11-2。

表11-2　环境保护税税目税率表

税目		计税单位	税额	备注
大气污染物		每污染当量	1.2元至12元	
水污染物		每污染当量	1.4元至14元	
固体废物	煤矸石	每吨	5元	
	尾矿	每吨	15元	
	危险废物	每吨	1 000元	
	冶炼渣、粉煤灰、炉渣、其他固体废物（含半固态、液态废物）	每吨	25元	

续表

税目		计税单位	税额	备注
噪声	工业噪声	超标1~3分贝	每月350元	1.一个单位边界上有多处噪声超标，根据最高一处超标声级计算应纳税额；当沿边界长度超过100米有两处以上噪声超标，按照两个单位计算应纳税额 2.一个单位有不同地点作业场所的，应当分别计算应纳税额，合并计征 3.昼、夜均超标的环境噪声，昼、夜分别计算应纳税额，累计计征 4.声源一个月内超标不足15天的，减半计算应纳税额 5.夜间频繁突发和夜间偶然突发厂界超标噪声，按等效声级和峰值噪声两种指标中超标分贝值高的一项计算应纳税额

【边学边做11-3·单选题】（2018年）2018年3月，甲企业产生炉渣150吨，其中，30吨在符合国家和地方环境保护标准的设施中贮存，100吨综合利用且符合国家和地方环境保护标准，其余的直接倒弃于空地。已知炉渣的环境保护税税率为25元/吨，甲企业当月所产生炉渣应缴纳的环境保护税税额的下列算式中，正确的是（　　）。

A.（150−30）×25=3 000（元）　　B.150×25=3 750（元）

C.（150−100）×25=1 250（元）　　D.（150−100−30）×25=500（元）

二、环境保护税的计算

环境保护税应纳税额按照下列方法计算：

（1）应税大气污染物及水污染物按照污染物排放量折合的污染当量数确定：

应纳税额=污染当量数×具体适用税额

（2）应税固体废物按照固体废物的排放量确定：

应纳税额=固体废物排放量×具体适用税额

（3）应税噪声按照超过国家规定标准的分贝数确定：

应纳税额=超过国家规定标准的分贝数对应的具体适用税额

其中，应税大气污染物、水污染物的污染当量数，以该污染物的排放量除以该污染物的污染当量值计算。每种应税大气污染物、水污染物的具体污染当量值，依照“应税污染物和当量值表”执行。

每一排放口或者没有排放口的应税大气污染物，按照污染当量数从大到小排序，对前三项污染物征收环境保护税。

每一排放口的应税水污染物，按照“应税污染物和当量值表”，区分第一类水污染物和其他类水污染物，按照污染当量数从大到小排序，对第一类水污染物按照前五项征收环境保护税，对其他类水污染物按照前三项征收环境保护税。

应税大气污染物、水污染物、固体废物的排放量和噪声的分贝数，按照下列方法和顺序计算：

（1）纳税人安装使用符合国家规定和监测规范的污染物自动监测设备的，按照污染物自动监测数据计算；

（2）纳税人未安装使用污染物自动监测设备的，按照监测机构出具的符合国家有关规定和监测规范的监测数据计算；

（3）因排放污染物种类多等原因不具备监测条件的，按照国务院环境保护主管部门规定的排污系数、物料衡算方法计算；

（4）不能按照上述（1）~（3）方法计算的，按照省、自治区、直辖市人民政府环境保护主管部门规定的抽样测算的方法核定计算。

三、环境保护税的会计核算

计算环境保护税时，借记“税金及附加”科目，贷记“应交税费”科目，同时在“应交税费”下设置“应交环境保护税”二级科目，在“应交环境保护税”下设置“大气污染税”“水污染税”“固体废弃物污染税”“噪声污染税”等三级科目。

（1）计算环境保护税时，会计分录如下：

借：税金及附加

　贷：应交税费——应交环境保护税（大气污染税等）

缴纳环境保护税时：

借：应交税费——应交环境保护税（大气污染税等）

　贷：银行存款

（2）当企业缴纳环境保护税滞纳金及相关罚款时，会计分录如下：

借：营业外支出——环境保护税滞纳金（或相关罚款）

　贷：银行存款

（3）当企业取得排污权时，会计分录如下：

借：无形资产——排污权

　贷：银行存款

对排污权按受益年限进行摊销时，会计分录如下：

借：管理费用

　贷：无形资产——排污权摊销

当企业通过环境治理，达到国家排放标准，不再需要排污权，进行排污权转让时，会计分录如下：

借：银行存款

　贷：营业外收入——排污权转让收入

　　　应交税费

　　　无形资产——排污权

四、环境保护税的优惠政策

《环境保护法》规定了我国环境保护税中的税收优惠，其中包括免征环境保护税和减征环境保护税两个方面。

（1）下列行为暂予免征环境保护税：

❶农业生产（不包括规模化养殖）排放应税污染物的；

❷机动车、铁路机车、非道路移动机械、船舶和航空器等流动污染源排放应税污染物的；

❸依法设立的城乡污水集中处理、生活垃圾集中处理场所排放相应应税污染物，不超过国家和地方规定的排放标准的；

❹纳税人综合利用的固体废物，符合国家和地方环境保护标准的；

❺国务院批准免税的其他情形，由国务院报全国人民代表大会常务委员会备案。

（2）下列行为减征环境保护税：

❶纳税人排放应税大气污染物或者水污染物的浓度值低于国家和地方规定的污染物排放标准30%的，减按75%征收环境保护税。

❷纳税人排放应税大气污染物或者水污染物的浓度值低于国家和地方规定的污染物排放标准50%的，减按50%征收环境保护税。减征环境保护税的，应当对每一排放口排放的不同应税污染物分别计算。

五、环境保护税的缴纳

环境保护税按月计算，按季申报缴纳。不能按固定期限计算缴纳的，可以按次申报缴纳。

纳税人按季申报缴纳的，应当自季度终了之日起15日内，向税务机关办理纳税申报并缴纳税款。纳税人按次申报缴纳的，应当自纳税义务发生之日起15日内，向税务机关办理纳税申报并缴纳税款。

环境保护税的申报一共涉及12张表单，如图11-1所示。

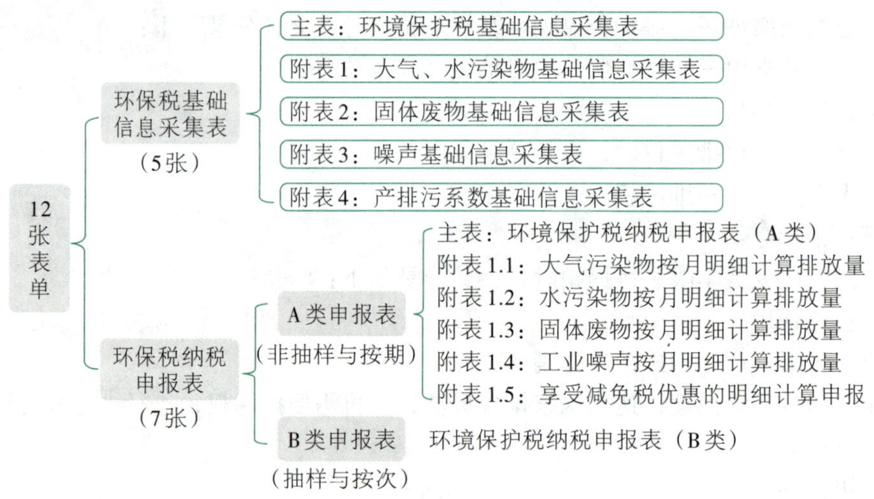

图11-1　环境保护税申报涉及的表单

六、企业环境保护税纳税岗位实务

【工作示例11-1】

湘南化工公司2020年1月向大气直接排放二氧化硫100千克、氟化物100千克、一氧化碳200千克、氯化氢80千克。假设当地大气污染每污染当量税额为1.2元，二氧化硫污染当量值为0.95，氟化物污染当量值为0.87，一氧化碳污染当量值为16.7，氯化氢污染当量值为10.75。该公司只有一个排放口，假设该公司于2020年2月15日进行纳税申报工作。

【工作任务】

1.计算该公司污染物的污染当量数，并按污染当量数排序；

2.计算该公司应纳的环境保护税税额；

3.进行该公司当月环境保护税纳税申报工作。

【任务实施】

1.计算该公司污染物的污染当量数，并按污染当量数排序。

❶计算各污染物的污染当量数。

污染当量数=该污染物的排放量÷该污染物的污染当量值

二氧化硫污染当量数=100÷0.95=105.26

氟化物污染当量数=100÷0.87=114.94

一氧化碳污染当量数=200÷16.7=11.98

氯化氢污染当量数=80÷10.75=7.44

❷按污染当量数排序。

氟化物污染当量数（114.94）>二氧化硫污染当量数（105.26）>一氧化碳污染当量数（11.98）>氯化氢污染当量数（7.44）

2.计算应纳环境保护税税额。

湘南化工公司只有一个排放口，排序选取前三项污染物征收环境保护税。

应纳环境保护税税额=（114.94+105.26+11.98）×1.2=278.62（元）

3.填报环境保护税纳税申报表（A类）（见表11-3）和环境保护税纳税申报计算表（A类）（大气污染物适用）（见表11-4），完成公司纳税申报工作。

表 11-3

环境保护税纳税申报表（A类）

税款所属期：自 2020 年 01 月 01 日至 2020 年 01 月 31 日

填表日期：2020 年 02 月 15 日　　　　金额单位：元至角分

*纳税人名称	湖南化工公司（公章）			*统一社会信用代码（纳税人识别号）			******************		
税源编号	*排放口名称或噪声源名称	*税目	*污染物名称	*计税依据或超标噪声综合系数	*单位税额	*本期应纳税额	本期减免税额	*本期已缴税额	*本期应补（退）税额
(1)	(2)	(3)	(4)	(5)	(6)	(7) = (5) × (6)	(8)	(9)	(10) = (7) - (8) - (9)
A*****	大气排放口	大气污染物	二氧化硫	105.26	1.2	126.31			126.31
A*****	大气排放口	大气污染物	氯化物	114.94	1.2	137.93			137.93
A*****	大气排放口	大气污染物	一氧化碳	11.98	1.2	14.38			14.38
合　计	—	—	—	—	—	278.62			278.62
授权声明	如果你已委托代理人申报，请填写下列资料： 为代理一切税务事宜，现授权________ （地址）________ （统一社会信用代码）________为本纳税人的代理申报人，任何与本申报表有关的往来文件，都可寄予此人。 授权人签字：			*申报人声明	本纳税申报表是根据国家税收法律法规及相关规定填写的，是真实的、可靠的、完整的。 声明人签字：略				

经办人：***　　主管税务机关：　　受理人：　　受理日期：2020 年 02 月 15 日

本表一式两份，一份纳税人留存，一份税务机关留存。

表 11-4

环境保护税纳税申报计算表（A类）

（大气污染物适用）（附表1.1）

税款所属期：自2020年01月01日至2020年01月31日

纳税人名称：**湘南化工公司**　　　　统一社会信用代码（纳税人识别号）：******************

*月份	*税源编号	*排放口名称	*污染物名称	*污染物排放量计算方法	监测计算		排污系数计算				*污染物排放量（千克）	*污染当量值（千克）	*污染当量数
					废气排放量（万标立方米）	实测浓度值（毫克/标立方米）	计算基数	产污系数	排污系数	污染物单位			
(1)	(2)	(3)	(4)	(5)	(6)	(7)	(8)	(9)	(10)	(11)	(12) = (6) × (7) ÷ 100 (12) = (8) × (9) ×N (12) = (8) × (10) ×N	(13)	(14) = (12) ÷ (13)
1	A******	大气排放口	二氧化硫	排污系数			100	1		千克	100	0.95	105.26
1	A******	大气排放口	氯化物	排污系数			100	1		千克	100	0.87	114.94
1	A******	大气排放口	一氧化碳	排污系数			200	1		千克	200	16.70	11.98

注：*为必填项。

任务 11.2 企业印花税实务

一、印花税认知

印花税是对经济活动和经济交往中书立、使用、领受具有法律效力的凭证的单位和个人征收的一种税，是一种具有行为税性质的税种，具有覆盖面广、税率低、税负轻以及实行“三自”纳税办法（纳税人自行计算应纳税额、自行购买印花税票并贴花、自行盖章注销或划销）等特点。凡在中国境内书立、使用、领受印花税法所列举的应税凭证的单位和个人是印花税的纳税人。按书立、使用、领受应税凭证的不同，印花税的纳税人分为立合同人、立据人、立账簿人、领受人、使用人和各种电子应税凭证的签订人六种。

❶立合同人，是指合同的当事人，是对应税凭证有直接权利义务关系的单位和个人，但不包括合同的担保人、证人和鉴定人。各类合同的纳税人是立合同人。

❷立据人。产权转移书据的纳税人是立据人。

❸立账簿人，是指设立并使用账簿的单位和个人。营业账簿的纳税人是立账簿人。

❹领受人，是指领取或接受并持有该凭证的单位和个人。权利许可证照的纳税人是领受人。

❺使用人。在国外书立、领受，但在国内使用的应税凭证，其纳税人是该凭证的使用人。

❻各类电子应税凭证的签订人，即以电子形式签订的各类应税凭证的当事人。

二、印花税的计算

（一）计税依据

印花税的征税对象是税法列举的各种应税凭证，即合同或具有合同性质的凭证；产权转移书据；营业账簿；权利许可证照；财政部确定的其他应税凭证。列入税目的就要征税，未列入税目的则不征税。计税依据是应税凭证的计税金额或应税凭证的件数，具体内容如下：

❶购销合同的计税依据为购销金额。

❷加工承揽合同的计税依据为加工或承揽收入的金额。

❸建设工程勘察设计合同的计税依据为收取的费用。

❹建筑安装工程承包合同的计税依据为承包金额。

❺财产租赁合同的计税依据为租赁金额；经计算，税额不足1元的，按1元贴花。

❻货物运输合同的计税依据为运输费用，但不包括装卸费用、保险费。

❼仓储保管合同的计税依据为仓储保管费用。

❽借款合同的计税依据为借款金额。

❾财产保险合同的计税依据为保险费，不包括所保财产的金额。

❿技术合同的计税依据为合同所载金额、报酬或使用费。

⓫产权转移书据的计税依据为合同所载金额。

⓬营业账簿税目中记载金额的账簿的计税依据为“实收资本”与“资本公积”两项的合计金额。其他账簿的计税依据为应税凭证件数。

⓭权利许可证照的计税依据为应税凭证件数。

同一凭证，载有两个或两个以上经济事项而适用不同税目税率，如分别记载金额的，应分别计算应纳税额，相加后按合计税额贴花；如未分别记载金额的，按税率高的计税贴花。

（二）印花税税率

印花税的税率设计，遵循税负从轻、共同负担的原则，所以，其税率比较低，凭证的当事人均应就其所持凭证依法纳税。

印花税采用比例税率和定额税率两种形式。在印花税的13个税目中，“权利许可证照”税目、“营业账簿”税目中的其他账簿，适用定额税率，均为按件贴花，税额为5元/件；其他税目，均采用比例税率。印花税税目税率见表11–5。

（三）应纳税额的计算

根据应税凭证的性质，印花税的计算可采用从价定率计算和从量定额计算两种方法，其计算公式为：

印花税应纳税额=应税凭证计税金额×适用税率

或　印花税应纳税额=应税凭证件数×适用税额

三、印花税的会计核算

由于企业缴纳的印花税，不发生应付未付税款的情况，也不需要预计应缴税款数，为简化会计处理，可以不通过“应交税费”科目核算，缴纳的印花税直接在“税金及附加”科目中反映。企业购买印花税票时，按实际支付的款项，借记“税金及附加”科目，贷记“银行存款”等科目。

四、印花税的优惠政策

❶收购农产品合同：对国家指定的收购部门与村民委员会、农民个人书立的农副产品收购合同，免征印花税。（《中华人民共和国印花税暂行条例施行细则》第十三条第一款）

对农民专业合作社与本社成员签订的农业产品和农业生产资料购销合同，免征印花税。（财税〔2008〕81号）

❷公益性捐赠合同：财产所有人将财产赠给政府、社会福利单位、学校所立的书据，免征印花税。（《中华人民共和国印花税暂行条例》第四条第二款）

❸征订合同：图书、报纸、期刊以及音像制品各类发行单位之间，以及发行单位与订阅单位或个人之间书立的征订凭证，暂免征印花税。（国税地字〔1989〕142号）

❹托运单据：对铁路、公路、航运、水陆承运快件行李、包裹开具的托运单据，暂免贴花印花。（国税地字〔1988〕25号）

❺租赁合同：2018年12月31日前，对公共租赁住房租赁双方免征签订租赁协议涉及的印花税。（财税〔2015〕139号）

❻房屋买卖合同对个人销售或购买住房暂免征收印花税。（财税〔2008〕137号）

2018年12月31日前，对公共租赁住房经营管理单位购买住房作为公共租赁住房，免征契税、印花税。（财税〔2015〕139号）

❼产权转移书据：2018年12月31日前，对饮水工程运营管理单位为建设饮水工程取得土地使用权而签订的产权转移书据，以及与施工单位签订的建设工程承包合同免征印花税。（财税〔2016〕19号）。

股权分置改革过程中因非流通股股东向流通股股东支付对价而发生的股权转让，暂免征收印花税。（财税〔2005〕103号）

表 11-5　印花税税目税率表

类别	税目	范围	税率	纳税人	说明
合同或具有合同性质的凭证	1. 购销合同	包括供应、预购、采购、购销结合及协作、调剂、补偿等合同	按购销金额的0.3‰贴花	立合同人	
	2. 加工承揽合同	包括加工、定制、修缮、修理、印刷、广告、测绘、测试等合同	按加工或承揽收入的0.5‰贴花	立合同人	
	3. 建设工程勘察设计合同	包括勘察设计合同	按收取费用的0.5 ‰贴花	立合同人	
	4. 建筑安装工程承包合同	包括建筑、安装工程承包合同	按承包金额的0.3 ‰贴花	立合同人	
	5. 财产租赁合同	包括租赁房屋、船舶、飞机、机动车辆、机械、器具、设备等合同	按租赁金额的1‰贴花。税额不足1元的，按1元贴花	立合同人	自2019年1月1日至2021年12月31日，对与高校学生签订的高校学生公寓租赁合同，免征印花税
	6. 货物运输合同	包括民航、铁路、海上内河、公路运输和联合运输等合同	按运输费用的0.5 ‰贴花	立合同人	单据作为合同使用的，按合同贴花
	7. 仓储保管合同	包括仓储、保管合同	按仓储、保管费用的1‰贴花	立合同人	仓单或栈单作为合同使用的，按合同贴花
	8. 借款合同	银行及其他金融机构和借款人（不包括银行同业拆借）所签订的借款合同	按借款金额的0.05‰贴花	立合同人	单据作为合同使用的，按合同贴花
	9. 财产保险合同	包括财产、责任、保证、信用等保险合同	按保险费收入的1‰贴花	立合同人	单据作为合同使用的，按合同贴花
	10. 技术合同	包括技术开发、转让、咨询、服务等合同	按所载金额的0.3‰贴花	立合同人	
书据	11. 产权转移书据	包括财产所有权和版权、商标专用权、专利权、专有技术使用权等转移书据	按所载金额的0.5 ‰贴花	立合同人	
账簿	12. 营业账簿	生产经营用账册	自2018年5月1日起，对按0.5‰税率贴花的资金账簿减半征收印花税，对按件贴花5元的其他账簿免征印花税	立账簿人	合伙企业出资额不记入“实收资本”和“资本公积”，不征收资金账簿印花税
证照	13. 权利许可证照	包括政府部门发给的房屋产权证、营业执照、土地使用证	按件贴花5元	领受人	

企业因改制签订的产权转移书据免予贴花。（财税〔2003〕183号）

对被撤销金融机构接收债权、清偿债务过程中签订的产权转移书据，免征印花税。（财税〔2003〕141号）

对财产所有人将财产（物品）捐赠给北京冬奥组委所书立的产权转移书据免征应缴纳的印花税。（财税〔2017〕60号）

❽借款合同：自2018年1月1日至2020年12月31日，金融机构与小型企业、微型企业签订的借款合同免征印花税（财税〔2017〕77号）

❾其他：对北京冬奥组委使用的营业账簿和签订的各类合同等应税凭证，免征北京冬奥组委应缴纳的印花税。对国际奥委会、中国奥委会签订的与北京2022年冬奥会有关的各类合同，免征国际奥委会和中国奥委会应缴纳的印花税。对国际残奥委会取得的与北京2022年冬残奥会有关的收入免征增值税、消费税、企业所得税和印花税。对中国残奥委会根据《联合市场开发计划协议》取得的由北京冬奥组委分期支付的收入免征增值税、消费税、企业所得税和印花税。（财税〔2017〕60号）

五、印花税的缴纳

（一）纳税方法

印花税根据应纳税额的大小、纳税次数的多少，以及税收征收管理的需要，分别采用以下三种纳税方法：

1. 自行贴花办法

自行贴花办法，一般适用于应税凭证较少或贴花次数较少的纳税人，使用范围较为广泛。纳税人书立、领受或使用印花税法列举的应税凭证的同时，其纳税义务即已产生，应当根据应税凭证的性质和适用的税目税率，自行计算应纳税额，纳税人自行向当地税务机关购买印花税票，在应税凭证上一次贴足印花税票并加以注销或划销，纳税义务才算全部履行完毕。这就是印花税的“三自”纳税办法。按比例税率纳税而应纳税额不足1角的免纳印花税，应纳税额在1角以上的，其税额尾数不满5分的不计，满5分的按1角计算缴纳；对财产租赁合同规定了最低1元的应纳税额起点，即税额超过1角但不足1元的，按1元纳税。采用该纳税方法的纳税人，一般可以不填写印花税纳税申报（报告）表。

2. 汇贴或汇缴办法

汇贴或汇缴办法，一般适用于应税税额较大或贴花次数频繁的纳税人。如果一份凭证应纳税额超过500元的，应向当地税务机关申请填写缴款书或者完税凭证，将其中一联粘贴在凭证上或由税务机关在凭证上加注完税标记代替贴花。这便是通常所说的“汇贴”办法。对同一种凭证需频繁贴花的，纳税人可根据实际情况自行决定是否采用按期汇总缴纳印花税的方式。汇总缴纳的期限最长不得超过1个月。纳税期满后，纳税人应填写印花税纳税申报（报告）表，向主管税务机关申报纳税。凡汇缴印花税的凭证，应加盖税务机关的汇缴戳记，编号并装订成册后，将已贴印花税票或缴款书的一联粘附册后，盖章注销，保存备查。

3. 委托代征

委托代征是受托单位按税务机关的要求，以税务机关的名义向纳税人征收税款的一种方式。受托单位一般是发放、鉴证、公证应税凭证的政府部门或其他社会组织。税务机关应与代征单位签订代征委托书。纳税人在办理应税凭证相关业务时，由上述受托单位代为征收印花税款，要求纳税人购花并贴花，这主要是为了加强税源控制。

（二）纳税环节

印花税一般在应税凭证书立或领受时贴花，具体是指权利许可证照在领取时贴花，合同在签订时贴花，产权转移书据在立据时贴花，营业账簿在启用时贴花。如果合同是在国外所签，并且不便于在国外贴花的，应在将合同带入境时办理贴花纳税手续。

（三）纳税地点

印花税一般实行就地纳税。如果是全国性订货会所签合同应纳的印花税，由纳税人回其所在地后即时办理贴花；对地方主办，不涉及省际关系的订货会、展销会上所签合同的印花税，由省级政府自行决定，确定纳税地点。

（四）纳税申报

按期汇总缴纳印花税的纳税人，以1个月为1个纳税期，自期满之日起15日内申报纳税，并如实填写印花税纳税申报（报告）表。

六、企业印花税纳税岗位实务

【工作示例 11-2】

公司名称：湖南智能高科公司

统一社会信用代码：911111222233334444

财务负责人：学生本人

税务计算机代码：400086

公司于2019年5月在高新3C区开业，领受房屋产权证、营业执照、土地使用证各1件；正式订立一份商品购销合同，合同金额为100万元；向商业银行借款，订立借款合同一份，所载金额为100万元；月底企业记载资金的账簿："实收资本"为500万元，"资本公积"为100万元；其他营业账簿共计5本，且各配备1个副本。

【工作任务】

1.根据涉税原始资料正确计算企业应纳的印花税并进行相应会计处理。

2.规范、正确地填报印花税纳税申报（报告）表，并于6月5日进行纳税申报。

【任务实施】

1.湖南智能高科公司2019年5月应缴纳的印花税税额计算如下：

（1）企业领受权利许可证照应纳税额：

应纳税额=3×5=15（元）

（2）企业订立购销合同应纳税额：

应纳税额=1 000 000×0.3‰=300（元）

（3）企业订立借款合同应纳税额：

应纳税额=1 000 000×0.05‰=50（元）

（4）企业记载资金的账簿应纳税额：

应纳税额=（5 000 000+1 000 000）×0.5‰×50%=1 500（元）

（5）企业其他营业账簿应纳税额：

应纳税额=0

（6）企业应纳印花税税额：

应纳税额=15+300+50+1 500=1 865（元）

企业印花税相关会计分录如下：

借：税金及附加　　1 865

　贷：银行存款　　1 865

2.湖南智能高科公司填报企业印花税纳税申报（报告）表，见表11-6。

表11-6　印花税纳税申报（报告）表

税款所属期限：自2019年05月01日至2019年05月31日

填表日期：2019年06月05日

纳税人识别号：911111222233334444　　金额单位：元至角分

纳税人信息	名称	湖南智能高科公司		☑单位　□个人
	登记注册类型	********	所属行业	********
	身份证件类型		身份证件号码	
	联系方式	********		

应税凭证	计税金额或件数	核定征收		适用税率	本期应纳税额	本期已缴税额	本期减免税额		本期应补（退）税额
		核定依据	核定比例				减免性质代码	减免额	
	1	2	3	4	5=1×4+2×3×4	6	7	8	9=5-6-8
购销合同	1 000 000.00			0.3‰	300.00				300.00
加工承揽合同				0.5‰					
建设工程勘察设计合同				0.5‰					
建筑安装工程承包合同				0.3‰					
财产租赁合同				1‰					
货物运输合同				0.5‰					
仓储保管合同				1‰					
借款合同	1 000 000.00			0.05‰	50.00				50.00
财产保险合同				1‰					
技术合同				0.3‰					
产权转移书据				0.5‰					
营业账簿（记载资金的账簿）	6 000 000.00	—		0.5‰	3 000.00			1 500 .00	1 500.00
营业账簿（其他账簿）	5.00	—		5	25.00			25.00	0.00
权利、许可证照	3.00	—		5	15.00				15.00
合　计	—	—		—	3 390.00			1 525.00	1 865.00

以下由纳税人填写：					
纳税人声明	此纳税申报表是根据《中华人民共和国印花税暂行条例》和国家有关税收规定填报的，是真实的、可靠的、完整的。				
纳税人签章	***	代理人签章		代理人身份证号	
以下由税务机关填写：					
受理人		受理日期	****年**月**日	受理税务机关签章	

【职业基础能力训练】

一、单项选择题

1.依据《环境保护法》之规定，未依法进行环境影响评价的建设项目，不得（　　）。

A.开工建设　　B.竣工验收　　C.正式投产运行　　D.招聘劳动人员

2.依据《环境保护法》之规定，企事业单位应当按照国家有关规定制订突发环境事件应急预案，报

（　　）和有关部门备案。

A.国务院　　B.地方政府

C.环境保护主管部门　　D.省级人民政府

3.排放污染物的企事业单位和其他生产经营者，应当按照国家有关规定缴纳（　　）。

A.环境保护税　　B.经费　　C.排污费　　D.环境保护基金

4.公民、法人和其他组织依法享有获取环境信息、参与和（　　）环境保护的权利

A.评价　　B.监督　　C.落实　　D.执行

5.公民应当增强环境保护意识，采取（　　）的生活方式，自觉履行环境保护义务。

A.低碳、节俭　　B.自给自足　　C.奢华、浪费　　D.自由、自主

6.在下列关于印花税的论述中，正确的是（　　）。

A.印花税是对经济活动和经济交往中书立、领受应税经济凭证所征收的一种税

B.印花税最早始于法国

C.印花税兼有财产税和行为税的性质

D.印花税税负较重

7.对于下列关于印花税纳税人的表述中，错误的是（　　）。

A.书立各类经济合同时，以合同的当事人为纳税人

B.所谓当事人，是指对凭证负有直接或间接权利义务关系的单位和个人，不包括保人、证人、鉴定人、代理人等

C.现行印花税纳税人包括外商投资企业和外国企业

D.建立营业账簿的，以立账簿人为纳税人

8.税法出于简化纳税手续的考虑，规定了印花税可采取的一些特殊的缴纳方法，下列项目中，错误的是（　　）。

A.按期汇总缴纳　　B.自行贴花

C.以缴款书代替贴花　　D.以完税凭证代替贴花

9.银行的下列账簿应当征收印花税的是（　　）。

A.空白重要凭证登记簿　　B.有价单证登记簿

C.现金收付登记簿　　D.实收资本登记簿

二、多项选择题

1.依据新《环境保护法》之规定，排放污染物的企事业单位，应当建立环境保护责任制度，明确（　　）的责任。

A.单位负责人　　B.相关人员　　C.分管领导　　D.工作人员

2.依据新《环境保护法》之规定，重点排污单位应当如实向社会公开其主要污染物的名称和（　　），以及防治污染设施的建设和运行情况，接受社会监督。

A.排污许可内容　　B.排放方式

C.排放浓度和总量　　D.超标排放情况

3.印花税的税率形式有（　　）。

A.定额税率　　B.超额累进税率　　C.比例税率　　D.全额累进税率

4.下列各项中，应按“产权转移书据”税目征收印花税的有（　　）。

A.商品房销售合同　　B.土地使用权转让合同

C.专利申请权转让合同　　D.个人无偿赠与不动产登记表

5.下列证照应当缴纳印花税的有（　　）。

A.营业执照　　B.土地使用证　　C.房屋产权证　　D.专利权证书

6.下列属于印花税纳税人的有（　　）。

A.某借款合同的保证人　　B.商标注册证书的领受人

C.转让房屋的立据人　　D.营业执照的领受人

7.下列各项中，应当征收印花税的项目有（　　）。

A.产品加工合同　　B.法律咨询合同　　C.技术开发合同　　D.出版印刷合同

三、判断题

1.依据《环境保护法》之规定，任何单位和个人不得生产、销售或者转移、使用严重污染环境的工艺、设备和产品。（　　）

2.依据《环境保护法》之规定，因污染环境和破坏生态造成损害的，应当依照《中华人民共和国侵权责任法》的有关规定承担侵权责任。（　　）

3.依据《环境保护法》之规定，实行排污许可管理的企事业单位和其他生产经营者应当按照排污许可证的要求排放污染物；未取得排污许可证的，不得排放污染物。（　　）

4.《环境保护法》赋予公众、新闻媒体对政府的监督权，但是不能越级举报。（　　）

5.地方各级环保部门应当对本行政区域的环境质量负责。（　　）

6.教育行政部门、学校应当将环境保护知识纳入学校教育内容，培养学生的环境保护意识。（　　）

7.新闻媒体应当开展环境保护法律法规和环境保护知识的宣传，对环境违法行为进行舆论监督。（　　）

8.对保护和改善环境有显著成绩的单位和个人，由人民政府给予奖励。（　　）

9.凡是向已有地方污染物排放标准的区域排放污染物的，应当执行国家污染物排放标准。（　　）

10.我国税法规定，对于在国外书立、领受，但在国内使用的应税凭证，应以使用人为纳税人。（　　）

11.凡由两方或两方以上当事人共同书立的应税凭证，以当事人各方为印花税的纳税人。（　　）

【职业技能专项训练】

1.A公司与B公司签订了购销合同，由A公司向B公司提供价值300 000元的钢材，B公司向A公司提供价值400 000元的水泥，货物价差由A公司付款补足。已知购销合同的印花税税率为0.3‰。

要求：计算A、B两公司分别应缴纳的印花税。

2.甲公司与乙公司签订一份加工合同，甲公司提供价值30万元的辅助材料并收取加工费25万元，乙公司提供价值100万元的原材料。

要求：计算甲公司应缴纳的印花税。

3.某建筑公司与甲企业签订一份建筑承包合同，合同金额为6 000万元（含相关费用50万元）。施工期间，该建筑公司又将其中价值800万元的安装工程转包给乙企业，并签订转包合同。

要求：计算该建筑公司此项业务应缴纳的印花税。

4.宏运高新技术企业2020年1月份开业，统一社会信用代码（纳税人识别号）为916345661324003000，注册资金为220万元，当月发生经营活动如下：

（1）领受营业执照、房屋产权证、土地使用证各一件；

（2）建账时共设8个账簿，其中资金账簿中记载实收资本220万元；

（3）签订购销合同4份，共记载金额280万元；

（4）签订借款合同1份，记载金额50万元，当月支付借款利息4.8万元；

（5）与广告公司签订广告制作合同1份，记载加工费3万元、广告公司提供的原材料7万元；

（6）签订技术服务合同1份，记载金额60万元；

（7）签订租赁合同1份，记载支付租赁费50万元；

（8）签订转让专有技术使用权合同1份，记载金额150万元。

要求：计算该企业当月应缴纳的印花税。

主要参考文献

[1] 中国注册会计师协会. 税法 [M]. 北京：中国财政经济出版社，2020.

[2] 财政部会计资格评价中心. 初级会计资格：经济法基础 [M]. 北京：中国财经出版集团，经济科学出版社，2019.

[3] 东奥会计在线. 2019年注册会计师考试应试指导及全真模拟测试：税法 [M]. 北京：北京大学出版社，2019.

[4] 胡爱萍. 企业税法基础与纳税 [M]. 北京：北京交通大学出版社，2013.

[5] 胡爱萍. 企业纳税实务项目化教程 [M]. 北京：电子工业出版社，2011.

[6] 胡爱萍. 企业纳税会计——项目教程 [M]. 2版. 北京：电子工业出版社，2015.

[7] 胡爱萍. 企业纳税基本技能与全真实训 [M]. 北京：电子工业出版社，2011.

[8] 胡爱萍. 企业纳税会计训练指导 [M]. 北京：电子工业出版社，2017.